老北京杂吧地

天桥的记忆与诠释

（修订版）

岳永逸 著

图书在版编目（CIP）数据

老北京杂吧地：天桥的记忆与诠释 / 岳永逸著. —修订版. —北京：生活 · 读书 · 新知三联书店，2019.7
ISBN 978 – 7 – 108 – 06452 – 3

Ⅰ. ①老… Ⅱ. ①岳… Ⅲ. ①风俗习惯 – 研究 – 北京
Ⅳ. ① K892.41

中国版本图书馆 CIP 数据核字（2019）第 014787 号

责任编辑 刘蓉林
装帧设计 薛 宇
责任校对 张 睿
责任印制 宋 家
出版发行 生活 · 讀書 · 新知 三联书店
（北京市东城区美术馆东街 22 号 100010）
网 址 www.sdxjpc.com
经 销 新华书店
印 刷 河北鹏润印刷有限公司
版 次 2011 年 5 月北京第 1 版
2019 年 7 月北京第 2 版
2019 年 7 月北京第 2 次印刷
开 本 635 毫米 × 965 毫米 1/16 印张 34
字 数 423 千字 图 35 幅
印 数 6,001 – 11,000 册
定 价 78.00 元
（印装查询：01064002715；邮购查询：01084010542）

谨以此书缅怀乔健先生（1935—2018）

目录

自　序 · 1

绪论　你说的与我写的：杂吧地天桥的叙事

一、北京城：大写的“凸”字 · 3

二、作为北京象征与焦点的天桥 · 7

三、新瓶陈酒：“人民首都”的天桥 · 15

四、养穷人：对话交流中的天桥 · 22

五、想象杂吧地：我写的天桥 · 27

六、俯仰易位：杂吧地天桥的北京 · 32

上编　养穷人：口述的天桥

一、落到天桥，你就不值钱了

——李长荣访谈录 · 47

二、在我看来，这是自然的事情

——玉庆文访谈录 · 65

三、茶馆的老东老伙

——冯建华访谈录 · 76

四、天桥的艺人都是混饭吃

——刘景岚访谈录 · 94

五、我就不说朱元璋，我就说范聃老祖

——王学智访谈录 · 108

六、天桥这地方，真养穷人

——朱国良访谈录 · 179

七、其实，学艺也不需要什么文化

——朱有成访谈录 · 211

八、我就觉得天桥有意思

——崔金生访谈录 · 220

九、我在天桥撂地，受双重压迫

——金业勤访谈录 · 240

十、拜师拨眼，家传还是要投师

——朱赤访谈录 · 250

十一、除了艺术之外，我什么都不爱动脑子

——李嘉康访谈录 · 262

十二、同盟、联盟与口盟

——杜三宝访谈录 · 275

十三、现在说这些有用吗？

——关学曾访谈录 · 293

十四、摔跤，一举一动都是文化

——马贵宝访谈录 · 310

下编 杂吧地：学术写作中的天桥

一、牵着鼻子走：无定法的田野
——天桥田野调查的回顾 · 339
二、城市生理学与杂吧地的“下体”特征
——以近代北京天桥为例 · 369
三、老天桥艺人的来源、认同与译写 · 426
四、生活、政治、商品及艺术：草根相声的知识考古 · 454

后 记 · 516

自　序

谢公时，兵厮逋亡，多近窜南塘下诸舫中。或欲求一时搜索，谢公不许，云："若不容置此辈，何以为京都？"

——《世说新语·政事》

老　街

在新农村建设、乡村城镇化过程之中，"社区营造"[1]之理念也随之回流中国。在文化保护的问题上，强调空间、呼吁居民享有知情权甚或参与权的社区（community）保护观念大有后来居上之势。正如人文区位学（Human Ecology）强调的那样，空间、人口和文化是一个社区的三个基本要素。无论有形还是无形，文化都不外在于人，而是与特定的人群捆绑一体，这个特定的人群又始终生活在具有支配力的特定时空。换言之，民俗、"非遗"以及传统文化的社区保护，不仅是要关注似乎外在于人的文化，更要关注与人和特定时空——村庄或街巷胡同——一体的文化。因应时间维度的"遗产"，空间再次高调回归人们的视野。时空一体、人物互动互现、惯习与文化弥漫而个性独特、有内在逻辑、韧性十足的场域（field）[2]、地方（place）[3]重要莫名。

在此语境下，似乎逆现代性而动、指向过去与远方之"乡愁"的

“故乡”、“家乡”与“乡土”，更加强调的是文化与人的土地性；而浓缩、凝聚“城愁”[4] 的大城小镇之“老街”，守望的则是街坊中的踟蹰而行、游湖浪荡与气定神闲。

作为一个场域与地方，老街是居住者创造、拥有、享用与消费过的一种物理空间、社会空间与文化空间，是人情味、生活气息浓厚的某座城市的标志性存在。对长短不一的居住者而言，随着岁月的流逝、人的挪移、空间的变形，老街会漫不经心地转型为一种情感性的存在，是印象也是愿景，是温馨也是感伤。对于短暂置身其中的游客抑或过客而言，老街有着让其过目不忘、念念不忘的魅力。对于不一定身临其境的他者而言，通过不同媒介获得了老街的相关信息之后，老街就成为其心向往之的所在。进而，通过老街，一座城市在远方的他者那里也有了别具一格的意义。

无论是作为具体时空还是一缕情思，家长里短、人情世故等浓厚的生活气息都与“老街”唇齿相依，如影随形。在人们的记忆或愿景之中，老街是发小放心打闹追逐、街坊邻居互帮互助、叫卖吆喝声此起彼伏、货郎定点定时游走的地方。它留存并显现在个体的感觉世界中。如同乡愁一样，作为“城愁”的核心，温馨、慢节奏与人情是指向过去抑或理想的老街的基本成分。换言之，老街首先是人们能够存身生活，具有安全感，至少是让人“念想”的地方。对于一座历史悠久的城市而言，老街所指向的空间和在该空间的生活方式、日常生活本身既是群体心性、社会事实，也是一种理想型的文化形态。简言之，在人与之或长或短互动的架构关系中，老街如“家”。它同时兼具段义孚强调的地方的安全与稳定和空间的敞阔与自由。

然而，当人们在念想、叙说老街时，理想型的老街并不一定指向过去。反之，它完全可能是针对当下的一种批判性的存在，是观察、理解当下世界的一种认知论与方法论。尤其是在新近自上而下、强力规划的对老街“历史文化街区化”的运动式的治理过程中，老街原有的居民——原住民 / 坐地户——基本处于缺位的状态。他者强调、看重并试图在此留住、堆砌的不少文化符号，成为支配居民挪移（拆迁 / 腾退）的工具。“老街”始终秉持的人情和以人为本，反而在街区化的实践中成为拦路虎。在乡野，与都市的“历史文化街区”同步的则是“历史文化名村——古村落”，或变脸的“生态博物馆”（ecomuseum）。

正是这种“老街—城愁”的长期存在，随着近代以来北京的巨大转型，在日新月异且不知明日是何番风景的快速巨变中，北京城本身也有了浓厚的“老街”意味，被人反复以不同的方式叙写。林海音的《城南旧事》、萧乾的《北京城杂忆》、王世襄的《忆往说趣》、北岛的《城门开》、维一的《我在故宫看大门》和刘心武的《钟鼓楼》等文学创作，都是如此。同样，王军对大历史之下大北京宿命的幽思，[5] 季剑青对厚重民国北京不同文类的辨析，[6] 杨青青对当下北京胡同空心化日常生活的民族志细描，[7] 谢一谊对近些年来十里河和潘家园两个新生市场民俗艺术“市场化乡愁”的洞察，[8] 莫不如是。这些不同文类背后都有着对作为“老街”之北京——理想化北京——的眷恋与深情厚谊，有着研究者对北京挥之不去的乌托邦梦想。

在北京城上演的如蝼蚁般的个体生命史以及将之视为真实的大小口述史，[9] 同样占有重要的学术地位。20 世纪 40 年代，罗信耀撰写了传记色彩浓厚的《吴氏经历：一个北京人的生命周期》，试图通过个人的生命史来展现被终结的帝都之日常。[10] 异曲同工的是，七十多年后，面对北京向国际化大都市的华丽转身，关庚同样试图通过其家族三代人的“流年留影”，再现 20 世纪北京的风俗、人物、自然景观和人文建筑的诸多变迁，图文并茂地记述他自己的“老街”北京。[11]

或直接或间接，或感性或理性，这些叙写回望、回味的都是似乎一去不复返的北京。在一定意义上，将“旧”京与“新”京对立了起来，至少，旧京成为新京的参照，新京有着无处不在的旧京阴影。其实，无论有多少帝王将相、皇族贵胄、文人雅士、名伶俳优、大德高僧在此风流、点染，因农耕文明而生的“流体”北京始终都有着浓厚的乡土性、杂吧性，抑或说杂合性。[12] 由于国际化的追求，这种乡土性、杂吧性可能在城市外在景观上不停退缩，可在理念、气韵上却难以挥之即去，甚至反而变形为现代性的诸多面孔，散布新京的大小角落。

在相当意义上，无论是一度的放以及倡导，还是当下的收与治理，城中村以及私搭乱建就是杂吧地以现代性的名义，在官民合力之下的强势回归。作为现代性也是全球化产物的星星点点的城中村、城郊村，[13] 很快也就成为兼具乡愁与城愁的另一种“老街”。如今，哈尔滨的道外，上海的城隍庙、田子坊，南京的夫子庙，开封的相国寺，成都的宽窄巷子，西安的湘子庙、骡马市等，都是海内外知名度很高的老街。当进入北京这个巨大城市的内部，让人们念念不忘的老街更是多多。地处内城的东安市场、西安市场、荷花市场，前三门外的大栅栏、天桥，等等。毫无疑问，在这众多被人念想的老街中，被老北京人惯称为“杂吧地”的天桥，更是别具一格，五味杂陈。

老天桥，它没有黄发垂髫的怡然自得，却有下等阶层的生计无着、“等米下锅”的艰辛，有假货、旧货，有下处、鸡毛小店，有乞丐、缝穷妇，有光膀子的耍把式卖艺，等等。人生的悲剧反串为喜剧的黑色幽默，在老天桥随处可见。尽管如此，杂吧地天桥却让人念想，甚至魂牵梦绕，以致一个多世纪来始终在不停地被叠写、刷新，如奇幻而瞬间即逝的沙画。

遗憾的是，经过不停的刷新，如今朝夕在天桥这个空间存身的人及其生活不再是文化，更不要说杂吧地天桥曾经具有的北京市井文化、“东方的文化和中国人民杰出的智慧”的典型性、象征性。[14] 尤为关键的是，如同被强制节育的人体，天桥这块多年被誉为“民间艺术摇篮”的沃土、母体，不再具有生产文化、艺术的能力。

市 场

鉴于“一战”后到中国的日本游客日渐增多，与鲁迅、周作人都交好的日本人丸山昏迷为其同胞编写的“指南书”——《北京》，在1921年出版。虽然篇幅不长，甚至仅仅是一个词条，“天桥市场”在这本颇受欢迎的导览书中占有了一席之地。原文如下：

> 天桥市场位于前门大街南端，天坛以北，日本人都知道琉璃厂的古董店很多，而天桥市场除北京当地人之外知道的人不多。这个市场都是露天经营，古董、日用品、寝具、服装类等物品廉价出售是这里的特征，在这里往往可以发现珍奇物品。这类露天经营的景象是中日风俗研究的一个特色。[15]

丸山的写作、介绍，开启了日本人对天桥的关注，也是日本人对北京进行文学想象进而欲实现其文化殖民的一个转折点。[16]正如丸山不长的文字点明的那样，无论在中国还是日本，城市中的露天经营既是一种社会现实，也是一种历史记忆，更是一道东方本土主义的人文地景，是中日共有的“风俗”。因为有着东京浅草的文化参照，明治维新后多少有着“亚洲救世主”情结的日本文人关于天桥的写作，很快经历了将天桥和浅草类比，强调其平民性，到污名、抹黑天桥的转变。这个看似是被文化殖民主义逻辑支配而将天桥定义为“文明的‘耻部’”，并非全然是王升远强调的在东方主义射程之内殖民逻辑的“双重战胜”。

正如王升远意识到的那样，日本文人无论是否到过天桥，其写作大抵是以张次溪的天桥书写，尤其是以《天桥一览》[17]为向导、为底色的。在那时的现实地景中，天桥的脏、穷、乱、俗甚至“邪”“贱”，确实是其一种真实的状态。不仅仅是诸如张次溪这样有心文人的写作，民国以来，政府主导下对天桥一带香厂“模范市区”的规划、建设，城南游艺园、新世界等大型前卫的购物、休闲、娱乐中心入主天桥，模范厕所的修建和北平城女招待在天桥一带饭馆的率先出现等，都是试图改变天桥作为“贫民窟”“红灯区”，尤其是“杂吧地”的行政努力、资本实践和文化试验。20 世纪 50 年代初期，龙须沟换颜的成功，对天桥一带八大胡同、四霸天、会道门的成功清理，都是新北京、新社会、新中国建设卓有成效的标志性成果。包括老舍殚精竭虑的话剧《龙须沟》在内，这些标志性成果实际上延续与强化的是本土精英对可以反复试验、不停刷新而成本相对低廉的杂吧地天桥的基本定位。换言之，人欲横流的旧京“下半身”——杂吧地天桥——一直都是传统的“耻部”，是不同时期精英都试图割舍的阑尾。

有些不同的是，民国北京对天桥的“平民”定位，多少延续了北京城这个肌体内在的演进、生长逻辑，顺应了既有的“城脉”。因为既有的权力格局、交通条件，清末以来的天桥是穷人、落魄者扎堆的地方。吃喝拉撒睡玩，满足人最低生存需求的物什，在尔虞我诈、真假参半、欺行霸市、弱肉强食与江湖义气、相互砥砺、抱团取暖、互帮互助中应有尽有。穷人可以短暂地游荡到大栅栏、东单西单甚或紫禁城，但他们明白自己的归宿在天桥。作为北平这个大市场的一端，天桥以最低成本养活着与之相依为命的一群群市井小民。蹦蹦戏、估衣、大力丸、瞪眼儿食、骂街的、乞讨的、要把式卖艺的、鸡毛小店、倒卧等，使天桥如一张五彩斑斓的拼图，或是熙熙攘攘还叮当作响的风中拼盘。

改革开放后，为迎合“天桥”情结，天桥市场的营业，天桥乐茶园率先的股份制运营，天桥乃民间艺术摇篮之命名，重建老天桥的呼声等，都有将天桥文化化、符号化进而资本化的诉求。显然，观演一体、任心随性、舒展欲望、夸饰下半身，时时洋溢着末世狂欢的天桥与规范化、绅士化、西方化也即“文明化”之都市主潮背道而驰。即使想保留一丝丝杂吧地老天桥的气息，也只能远离中心，位居地理意义上的城市边缘。对于天桥而言，已经处于城市中心地带的它，只能东单西单化、大栅栏化，必须要浅草化，要穿西装打领带，进而要百老汇化。“耻部”的残酷美学与穷乐活的贫民性、阿Q胜利法，只能也必须遮掩、驱离和阉割。这就出现了一种对杂吧地天桥悖论的诗学表达与黄粱幻景：

土得掉渣儿，洋得冒尖儿！

在天桥地界上重建天桥之不可能，促生了20世纪和21世纪之交北京城三环沿线内外诸多“天桥”的出现。2000年，依托已经声名鹊起的东南三环潘家园旧货市场，欲再现“原汁原味”老天桥的“华声天桥民俗文化城”隆重开业。不但云集了各色旧货古玩，相声、中幡、掼跤等与老天桥有关抑或无关的艺人，也纷纷在此现身。2001年，厂甸庙会重开后，老天桥的表演成为每届庙会组织者首先要邀请的对象。同样，地坛庙会、龙潭湖庙会等众多的庙会都争相以老天桥艺人的表演为特色。北三环的金五鑫批发市场，虽然没有强调老天桥这一文化符号，但汇聚了五行八作、天南地北的各色人等、各色物品。这些都为不同阶层的人的生计、生活提供了可能。不断拓展的北京城，依然显现出其抚育众生的博大、厚道与慈祥。

市 声

随着一座城市核心功能区持续外扩，三环沿线原本有着杂吧地意味的大小“天桥”抑或说“类天桥”市场，也只能继续被远迁。这正如近四十年来扎堆的北京“的哥”的聚居地之撤退。然而，我们不必为核心区有形杂吧地的不断被改造、驱离和阉割焦虑，因为无论采取哪种手段，酒神精神与日神精神同在、善恶并存、美丑混融的人之杂吧性（抑或说主体性）永远难以根除。作为旧京“人力车夫”[18]的延展，今日北京的哥虽然也是在消费肉身，但较其“骆驼祥子”等前辈，则明显豁达、开朗，有着更多、更强支配自己感官世界的能力、意愿。以主人翁的姿态和责任感，“的哥”乐观地建构着自己的感官北京。

2005 年金秋，香山红叶节期间，人们既能在香山脚下听到失明的乞讨者用大喇叭唱“铁门啊铁窗啊铁锁链”的高亢歌声，能听见卖锅摊贩的“单口”“不省油不省盐，咱这锅就不收钱”；也能听到卖刀具小贩唾沫横飞地吆喝：“走过路过，不要错过！大家看，大家买。切得多，就像北大清华的博士多，切得烂，好像美国在伊拉克扔炸弹……”同样，直到如今，密布京城的不少酒店，为了生意兴隆，不但要求服务员给客人端酒，还要求服务员定期创作以更新端酒词。这些充满才情、智慧，不时插科打诨又朗朗上口的吉祥话，见招拆招，眼到嘴到，其化腐朽为神奇的野气、地气与阿谀且不带脏字的缠斗，俨然当年在大街小巷游走要牛胯骨的数来宝的回归。诸如：

> 夕阳无限好，老人是块宝，给您端杯酒，祝您身体好！
>
> 第一杯祝您万事吉祥，万事如意，万事多赚人民币；第二杯祝您好事成双，出门风光，钞票直往兜里装；第三杯，一杯金二杯银，三杯才喝出个聚宝盆。
>
> 头发一边倒，钱财不会少；头发往前趴，事业顶呱呱；头发根根站，好运常相伴；头发两边分，喝酒一定深。
>
> 戴眼镜学问高，喝酒肯定有绝招！
>
> 感情深，一口闷；感情浅，舔一舔；感情厚，喝不够；感情薄，喝不着；感情铁，喝出血。
>
> 金杯银杯世界杯，不如一起干一杯。

巴什拉（Gaston Bachelard）曾说：“不管我们是谁，我们所有人都有一个私密的博物馆……人的幸福本身就是阴影中的一束微光。”[19] 在今日豪奢的北京，这些古老帝都之市井常见的方式——大小不同空间的聆听、叫卖，让人亢奋的祝福抑或喃喃自语，携带着不同个体的隐秘欲望，穿过耳膜，直渗心田。对感官世界的全方位包裹、抚慰，使在“快城”北京中奔波的芸芸众生有了丝丝喘息，有了巴什拉所言的“一束微光”。

拉图尔（Bruno Latour）强调，人与物之间不仅是互为主体的关系，二者还有着互为物体的本体关系。[20] 谢一谊对于效仿老天桥的潘家园和十里河两个“旧货”市场，尤其是对相对新生的“文玩核桃”的深度观察，就深受拉图尔认知论的影响。在其长时段的民族志研究中，谢一谊描述出了在快速国际化、都市化、资本化与市场化的当代北京，文玩核桃者等对旧京有着一定文化认同和怀旧的“类中产者”，也是“北京老大爷”哺育出的“类北京老大爷”（北京老大噎）的群像。通过长期的揉搓、抚摸、聆听、赏玩、评说，人与核桃之间形成的一体感，似乎是有意抵抗“现代北京”的旧京象征与实践。[21] 换言之，对当下在京城生活的相当一批市民而言，如同数十年前的玩票、提笼架鸟、品茗听曲儿、玩鼻烟壶、斗蛐蛐、养鸽子、逛琉璃厂、上妙峰山等，在双手拥抱新北京带来的红利、便利，并力求改变自己经济收入、生活水准的同时，人们又不自觉地在对“物”的把玩、经营而与物互现、互感的过程之中，建构着现代北京的“传统性”，稀释、解构着新北京的“现代性”。

尽管大音渐希，这种对传统性的执著，在八角鼓子弟票房的勉力坚守中，同样有着鲜明的体现。[22] 当然，相对文玩核桃者这些“北京老大噎”而言，强调自己子弟属性抑或身份的八角鼓票友们，有着其不言而喻的典雅属性，抑或他们格外珍视的皇族—旗人之正统性。这种对典雅“回旋式”的强调和追寻，也出现在始终闹热的相声界。在 20 世纪 50

年代，其表现是似乎“现代”的由俗变雅而主动服务于政治的自我蜕变，[23] 近十多年来则是反向回归传统的“清门儿”之自我归类。[24]

有了这些小而微的气息与声色，今日的物化北京、都市北京，或隐或现地延续着、弥漫着、飘荡着旧京的文脉，气若游丝，却袅袅不绝。

杂吧地

“杂吧地”是旧京土语。它多年都专指前门外那个叫作天桥的地方。旧京的意义就在于它能容许老天桥这样的地方发生、发展，从而开放式地为各色人等提供生存的契机，为参差不齐的芸芸众生提供表达自己、完成自己的可能，不论是轰轰烈烈、红红火火，还是凄惨悲壮、不值一哂。因此，无论作为一个具体时空，还是作为一个思维符号、一个挥之不去的影子，说杂吧地天桥更能代表北京并不为过。何况，北京的生机正在于其不断试图清理、消除的“杂吧地”之属性和市井小民不断在刷新的“杂吧地”之韧性。

2014 年 11 月，在广安门外国家话剧院上演的过士行编导的话剧《暴风雪》，惟妙惟肖地在室内借漫天飞舞的雪花布景，上演着人性的杂合性和雪地这个场域的杂吧性，催人泪下。同样，无论是金宇澄的原著长篇小说《繁花》，还是 2018 年 6 月在天桥艺术中心连续三天上演的马俊丰导演的话剧《繁花》，都在事无巨细地表达着一个时代、由大小异质空间组成的一座大城市、一群身不由己的“草民”的杂吧性。悖谬的是，艺术家及其艺术竭力再现、尽力表演的这种指向不完美的杂吧性、复杂性——一座城市的真实生态、人性的普遍性——只能锁闭在舞台上，只能印刷在纸张上。在现实生活上，力求完美的“现代化”城市追求的是单一、偏执的高贵与典雅，不乏畸形、病态的美，却拒绝、封堵美丽动人的丑。

在精神世界始终有一席之地的杂吧地，不是被政治医学化的“毒瘤”，不是被殖民化的“耻部”，也非拥有话语权、表达权，尤其是支配权的精英一本正经艺术化、娱乐化的“丑”。正如东区之于伦敦[25]、科纳维尔之于波士顿[26]，凯镇之于巴尔的摩甚至整个美国[27]、老城广场之于布拉格[28]、浅草之于东方[29]，古今中外，杂吧地才是一个空间、一座伟大城市真正的生态和常态，是一座城市前进的动力与助力。

无论有多强大的权力、多尖锐的技术，只要愿意，每个人都可以是他自己空间的王。每个人都有生存下去的权利与本能，他必然会以自己习惯的方式，抑或觉得舒服的方式表达自己、表现自己。以现代化为标准的均质化、标准化、格式化美学为基调的城市，仅仅是一种梦想，甚或说“异托邦”（heterotopias）。在此种意义上，北京也终将永远是一块大写的蕴藏着矛盾、生机和多种可能的“杂吧地”。

毫无疑问，在将杂吧地视为一种方法论时，上述论断难免会有“情人眼中出西施”或一叶障目而“见山不是山，见水不是水”的嫌疑。然而，目前似乎也只有先如此这般了！好在基于当下瞬间胜利性抑或灾难性的抉择，不可重复之“地方”的特质已经悄然改变。因为无论场域还是地方，其托身的空间都是“那个让生灵被迫互相遥远地生活的东西”[30]。

蓦然回首，向来萧瑟。天桥是天桥，又不是天桥；北京是北京，又不是北京。

一切坚固的东西都烟消云散了！

岳永逸

2018 年 9 月 18 日初稿

2019 年 1 月 8 日定稿

注 释

[1] 刘晓春,《日本、中国台湾的“社区营造”对新型城镇化建设过程中非遗保护的启示》,《民俗研究》,2014 年第 5 期,页 5—12。

[2] [法]布迪厄、[美]华康德,《实践与反思:反思社会学导引》,李猛、李康译,北京:中央编译出版社,1998,页 131—156。

[3] 段义孚,《经验透视中的空间和地方》,潘桂成译,台北:编译馆,1998。

[4] 岳永逸,《天眼、日常生活与街头巷尾》,《读书》,2017 年第 3 期,页 12—19。

[5] 王军,《历史的峡口》,北京:中信出版社,2015。

[6] 季剑青,《重写旧京:民国北京书写中的历史与记忆》,北京:生活·读书·新知三联书店,2017。

[7] Yang Qingqing, *Space Modernization and Social Interaction: A Comparative Study of Living Space in Beijing*, Foreign Language Teaching and Research Publishing Co., Ltd and Springer-Verlag Berlin Heidelberg, 2015.

[8] Hsieh I-Yi, “Marketing Nostalgia: Beijing Folk Arts in the Age of Heritage Construction”, PhD diss., New York University, 2016.

[9] 如:信修明,《老太监的回忆》,北京:北京燕山出版社,1992;Li Zhisui, *The Private Life of Chairman Mao: The Memory of Mao's Personal Physician*, London: Random House, 1994;定宜庄,《老北京人的口述历史》,北京:中国社会科学出版社,2009。

[10] Lowe H. Y., *The Adventures of Wu: The Life Cycle of a Peking Man*, Princeton: Princeton University Press, 1983.

[11] 关庚,《我的上世纪:一个北京平民的私人生活绘本》,北京:中国青年出版社,2007。

[12] 岳永逸,《朝山》,北京:北京大学出版社,2017,页 253—285。

[13] 参阅项飙,《跨越边界的社区:北京“浙江村”的生活史》,北京:生活·读书·新知三联书店,2000;刘娟,《北京群众演员研究》,北京师范大学硕士学位论文,2013; 胡嘉明、张劼颖,《废品生活:垃圾场的经济、社群与空间》,

香港：香港中文大学出版社，2016。

[14] 李景汉，《人民首都的天桥·李序》，见张次溪，《人民首都的天桥》，北京：修绠堂书店，1951，页1—11。

[15] ［日］丸山昏迷，《北京》，卢茂君译，北京：北京联合出版公司，2016，页98—99。

[16] 王升远，《文化殖民与都市空间：侵华战争时期日本文化人的“北平体验”》，北京：生活·读书·新知三联书店，2017，页140—167。

[17] 张次溪，《天桥一览》，北平：中华印书局，1936。

[18] David Strand, *Rickshaw Beijing: City People and Politics in the 1920s*, Berkeley: University of California Press, 1989；岳永逸，《都市中国的乡土音声：民俗、曲艺与心性》，北京：中国人民大学出版社，2015，页93—109；王升远，《文化殖民与都市空间：侵华战争时期日本文化人的“北平体验”》，北京：生活·读书·新知三联书店，2017，页168—198。

[19] ［法］加斯东·巴什拉，《梦想的权利》，顾嘉琛、杜小真译，上海：华东师范大学出版社，2013，页39、41。

[20] Bruno Latour, “On Interobjectivity”, *Mind, Culture, and Activity*, Vol.3, No.4 (1996), pp. 228-245.

[21] Hsieh I-Yi（谢一谊）, “Nuts: Beijing Folk Art Connoisseurship in the Age of Marketization”, *Asian Anthropology*, Vol.15, No.1 (2016), pp.52-67；《北京老大喳与文玩核桃：后社会主义的市场民俗志》，《当代中国研究通讯》第28期（2017），页2—6。

[22] 关于八角鼓票房之人、事、物、情、声、韵的集中呈现，可以参阅该群体从1998年至今自办的季刊《八角鼓讯》。对于该群体在京城的传承演进，可参阅崔蕴华多年的跟踪研究，《说唱、唱本与票房——北京民间说唱研究》（北京：商务印书馆，2017），尤其是该书的第六章“说唱票房的自娱空间与当代生存”和附录“瞻前顾后——张卫东谈子弟书的研究方向”两部分。关于当代北京评书书场形成的“音声北京”的观察与思考，可参阅杨旭东《当代北京评书书场研究》，北京：民族出版社，2013。

[23] 祝鹏程，《文体的社会建构：以“十七年”（1949—1966）的相声为考察对象》，北京：中国社会科学出版社，2018。

[24] 陈涌泉口述，蒋慧明整理，《清门后人：相声名家陈涌泉艺术自传》，北京：文物出版社，2011。

[25] ［美］杰克·伦敦，《深渊居民：伦敦东区见闻》，陈荣彬译，北京：北京大学出版社，2017。

[26] ［美］威廉·富特·怀特，《街角社会：一个意大利人贫民区的社会结构》，黄育馥译，北京：商务印书馆，2005。

[27] 宋念申，《"凯镇九人"事件五十年》，《读书》，2018 年第 10 期，页 79—88。

[28] 杨念群，《卖萌与政治》，《读书》，2018 年第 6 期，页 146—152。

[29] 芳賀登，《東京の下町の文化——浅草を中心として》，《都市問題研究》40.1（1988），页 80—92；権田保之助，《娯楽地"浅草"の研究》，《権田保之助著作集 第 4 巻》，东京：学術出版会，2010，页 174—223；［日］北野武，《浅草小子》，吴菲译，上海：上海人民出版社，2010。

[30] ［比利时］乔治·普莱，《普鲁斯特的空间》，张新木译，上海：华东师范大学出版社，2015，页 45。

绪论

你说的与我写的：杂吧地天桥的叙事

一、北京城：大写的“凸”字

何为北京人？吕方邑说：“就是这么一大堆人，圈在这么一个灰色的‘凸’字里，这就是‘北京人’。……我所说的‘北京人’，是被这灰色的‘凸’字圈住，出不去，也不想出去的人。”[1]李健吾也是用这个“灰色的凸”字来描述他眼中的北平城的：

> 北平的城像一个凸字，也像一辆铁甲车。平剧梅龙镇里面，明朝的正德皇帝用一个比喻说到他的住所，大意是：大圈圈套着一个小圈圈，小圈圈又套着一个小圈圈。所谓大圈圈，就是北平的外城，凸字的下半截；所谓小圈圈，就是北平的内城，凸字的上半截，城虽说分作内外，并不是圈圈，也并没有谁圈着谁。只有那个小而又小的圈圈，的确套在内城的中心，通常另有一个尊贵的名称，叫作紫禁城。[2]

因为有皇帝的关系，“凸”字的上半截、环绕上半截的城门和城墙、小圈圈中的小圈圈也就一直被人们关注、想象、书写和阅读。带着他者的新奇和敏感，奥斯伍尔德·喜仁龙曾经深情地将城门比作古老京城的“口腔”，并且是他探知北京这个“高度复杂的有机体的生命和活动的节奏”的入口与通道。[3]迈尔则更鲜明地指出，不是别的，城墙才是帝都北京以及传统中国的“真正本质”（real essence）。[4]曾在内宫伺候过慈禧两年的德龄出宫后，也曾作为见证者和代言人迫不及待地向西方人宣讲内宫秘密。[5]同样，在民国初年，有法国马可·波罗之称的谢阁兰也发挥了他丰富的想象力，与他的主人公勒内·莱斯一道，游刃有余地出入前门内外，在紫禁城中做起了密探、情人。[6]这种基于敬意、理解而有的窥私、探秘，并不无妒忌和泄愤的潜在的创作美学和接受美学不仅仅是西方人的，也是国人自身的。当年，收视率极高的《铁齿铜牙纪晓岚》《康熙大帝》等清宫戏的盛行，除不得已地“借古讽今”以满足人们评价现实的胃口之外，吸引观者的还是一直都神秘莫测的那个“小圈圈”本身。

随着新中国的建立，作为新中国象征的天安门取缔了小圈圈，成为学界新宠，不同学科的学者都给予了关注，试图将之视为“一种概念性的入口，借以踏进中国的漫长革命”。[7] 对于影响颇大的《天安门：中国的知识分子与革命》一书，陈平原感觉上“不是很过瘾”。他认为该书只讨论康有为、鲁迅、丁玲等人的作品，借以剖析其心路历程，而没将阅尽人间沧桑，也是中国近现代政治和历史的象征的天安门“作为主角来认真经营”。对陈平原而言，完美的天安门的研究，应该是融“都市建筑、历史陈述、政治符码、文学想象”等为一体的综合论述。[8]

确实，既是新中国象征也是北京这座古老的都市近代化象征的“天安门”，一直是人们解读的主要意象，但也正因为天安门本身有太多“政治和历史”的象征意义，专注于它的解读也仍然会不自觉地停留在精英和“大历史”层面。反其道而行之，我抛弃了天安门，要描述和研究的是老北京的杂吧地天桥，北京城这个“凸字的下半截”正中间的一小部分。杂吧地天桥位于京城南北中轴线，在天安门的南边，前门外永定门内。清末以来至20世纪中叶，这里是一个三教九流云集，在精英阶层看来脏、邪、乱、贱的地方。

关于这个大写的凸字的下半截，在与紫禁城进行比较时，谢阁兰这样写道：

> 如果你不是观看它，而是住在它里面，那它则是一幅令人难忘的图景。一座置于矩形之上的方城。这矩形，也就是唯一的底

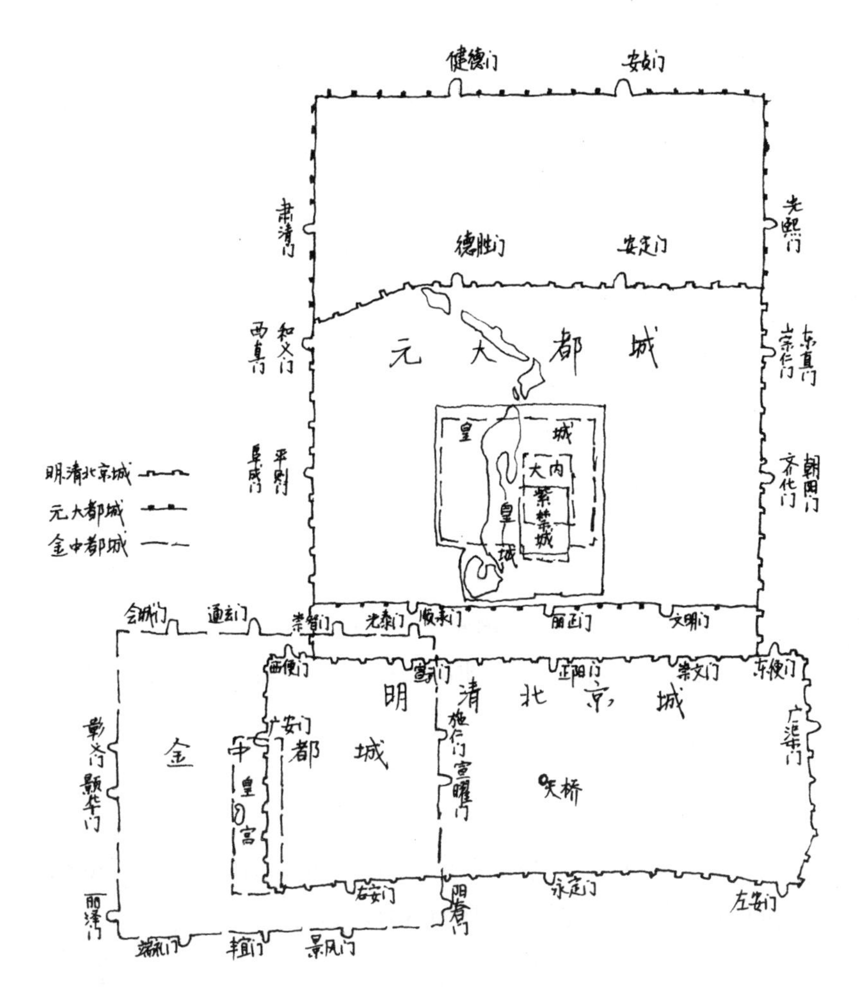

金中都、元大都与明清北京城示意图

> 座，尚未完成时，已经被弄得走了形；它的右城墙，它的东城墙，被弄得歪歪扭扭，断断续续。[9]

于是，进不了紫禁城并只能在前门附近游荡的“拾荒者”谢阁兰，既没有加入“这种麇集在粪堆之上的蠕虫的‘一致’而又肮脏的”凸字下半截的生活之中，也没有加入“那些寄生的绦虫的”凸字上半截的生活之中，而是“平行地、极端冷静而又谨慎地生活着”。[10]确如谢阁兰的粪堆、蠕虫、肮脏等意象，从外在景观、生活人群和文化归属等层面而言，外城的杂吧地天桥与内城的天安门都大相径庭，也与谢阁兰表现得极端冷静和谨慎实则是对紫禁城的臆想不同，对我而言，与轰轰烈烈、繁花似锦的天安门一样，杂吧地天桥同样是北京的象征和焦点。

早在明代，谢肇淛的《五杂俎》卷三“地部一”中就勾画出了北京杂、乱、丑的面相：

> 燕云只有四种人多：阉竖多于缙绅，妇女多于男子，娼妓多于良家，乞丐多于商贾。至于市陌之风尘，轮蹄之纷糅，奸盗之丛错，驵侩之出没，盖尽人间不美之俗、不良之辈，而京师皆有之，殆古之所谓陆海者。昔人谓不如是，不足为京都，其言亦近之矣。[11]

在编辑出版自己1933—1946年拍摄的老北京精美的照片时，赫达·莫里逊同样盛赞繁华帝京生活的“阴暗”面：

> 在迷人的北平和能够感受到的快乐生活的背后，却是沉重的困难与触目惊心的贫困。乞丐并非贫穷的真实写照，因为许多乞丐是专门组织起来行乞的。正是那些不要饭的人才真正反映出最极端的贫穷。无论是捡废纸破布还是在夏天为养鸟的人捉蚱蜢，

这些谋生手段常常为人们忽视。冬天，不少人倒卧，冻死街头。最了不起的是那些忍受着巨大苦难却从不抱怨，依然快乐坚毅的人们。[12]

林语堂也曾说：“北平最大的动人处是平民。绝不是圣哲的学者或大学教授，而是拉洋车的苦力。”[13]而诸如骆驼祥子那样拉洋车的苦力，在京城忍受着巨大苦难而仍然坚毅地活着，半数原因就在于这“凸”字下半截的杂吧地天桥：

平日，这里的说相声的，耍狗熊的，变戏法的，数来宝的，唱秧歌的，说鼓书的，练把式的，都能供给他一些真的快乐，使他张开大嘴去笑。他舍不得北平，天桥算是一半儿的原因。每逢望到天桥的席棚，与那一圈一圈儿的人，他便想起许多可笑可爱的事。[14]

二、作为北京象征与焦点的天桥

因为城墙和狭窄的街道阻碍了近代商业社会所需要的人与货物的自由流动，所以象征中国人宇宙观和帝国秩序的城墙环绕的传统中国城市的近代化历程，是以“拆除城墙为开端的”。[15]在此进程中，为工商业服务的经济逻辑取代了保卫行政中心安全的防卫逻辑，城市空间被重新经营配置。20世纪的前三十年，甚或更早，北京城就在官民的共同努力下，开始了效仿西方都市的近代化历程。与排污系统、供水系统、电灯照明、铁路、电车等城市交通的改造一道，社稷坛、天坛、先农坛、太庙、颐和园等皇家的花园、祭坛成为公园。[16]作为北京城开始近代化转型过程中的一部分，铁路站和有轨电车车站在天桥附近的修建，民国初年政府在天桥南侧的香厂模范区的规划、建设等，使前门外天桥的公共市场和娱乐业在清末民初迅猛发展起来。[17]换言之，这座横跨东西龙须沟、南北走向并一度仅仅是祭天和祭农时皇帝才能通行的石拱桥——天桥，演变成“传统”平民娱乐地名的天桥[18]，是“新兴的”，是随着北京城在列强外在威逼和民族内在求生存发展交互作用下的近代化历程中发展兴旺起来的。作为老—旧北京的象征之一，作为显露人生众相、观念变化和都市发展的标志，天桥也是有着“眼光向下”意识的人们关注并书写的对象。

乾嘉时期，社会相对安定。在相当意义上，诗人笔下的天桥是作为与城市生活相对的乡村而出现的，一片江南风光。夹在天坛和先农坛之间的天桥是游玩地、饮酒地与送别地，是文人雅士消愁觅恨、激发灵感，也表达着闲暇安逸和生活情趣的地方。黄景仁在此醉酒，张问陶来这里踏青，孙尔准不仅在小寒时节踏青至天桥小饮，还在十月的望夜到天桥玩月，洪亮吉则在此“送君约君”。[19]

诗作中妩媚迤逦的天桥差不多延续到道光年间。至清末民初，天桥已经是人潮涌动、艺人群集的地方了。关于天桥的浅吟低唱也就多了些人间的烟火气息，多了对艺人表演的描述，也多了苦难，但不少仍然是浪漫的与古典的，尤其是对艺人演技的赞誉。如：描述说书的“道旁有客说书忙，独脚支棚矮几张。白叟黄童齐坐听，乞儿争进手中香”。说四趺子“趺腿何曾是废人，练成杠子更通神。寒鸭浮水头朝下，遍体功夫在上身”。说百鸟张“学来禽语韵低昂，都下传呼百鸟张。最是柳荫酣醉后，一声婉转听莺簧”。说双簧“由来杂耍演双簧，徐狗从前独擅场。博得满堂开口笑，挤眉簸脑应声忙”。[20]这种风格的吟唱一直延续到民初，如：“正阳迤逦到天桥，剧座书场处处招。漫道平民娱乐地，个中粉黛也销魂。”“金鱼池畔柳依依，春满天桥透紫薇。车马如梭人如鲫，坛墙作壁松作帷。歌声响彻朱砂痣，戏法巧脱仙人衣。热闹场中兼斗笑，解颐还是云里飞。”吟咏大兵黄的“市人环顾立中央，吐气扬眉道姓黄。热骂冷嘲无忌惮，却原兜售纸包糖”，“骂不绝声立广场，群皆属目大兵黄。官僚军阀从头数，博得游人笑断肠”。说大金牙“钹鼓冬呛静不哗，西洋美景客争夸。唉声怪气愁眉脸，人人喜听大金牙”。[21]

考虑到那时的仁人志士正在效法西方，考虑到清王朝正不可避免地走上末路，考虑到这些原本欲效忠朝廷、科举制度培育下的文人奋斗之路被阻，面临着精神上的断奶和阵痛，我们不难理解这些在天桥街头目睹艺人表演的文人，对命运陷于窘境的艺人演技吟唱的隐喻意义。换句话说，在这些吟唱展示出来的街头艺人演技与动荡中的帝都市民生活一角的背后，是“同是天涯沦落人”的失意文人的身影与顾影自怜的哀伤、惆怅。于是，也就有了“士女不知亡国事，倾城车马下天桥”的绝望式的享乐。

主要以姜德明编的《北京乎：现代作家笔下的北京，1919—1949》和《如梦令：名人笔下的旧京》两本散文集中诸多篇章为例，董玥分析指出，民国时期，“不是人群中的诗人”，“甚至根本就不在人群中”的“新知识分子”的“我的北京”，是“建基在他们与其他市民的距离上，并且在某种程度上是靠这座城市普遍的贫困支撑的”。与这些“新知识分子”不同，关注并描写天桥的新知识分子注意的正是支撑北京这座城市的“普遍的贫困”。老舍就是“在天桥街头涌动的百姓人潮中看这座城市的”，并用他“笔下鲜活的人物，为收藏家在五花八门的再版明清史籍、方志以及风土人情百科中捕捉到的静止、凝固的旧京注入了活力”。[22]

在小说《啼笑因缘》中，张恨水不但将天桥与什刹海、西山相提并论，与那个年代刚对市民开放不久的公园先农坛、北海等文化北京的标志性旅游景观并置，而且还以天桥为故事发生的基本场景。[23]沈凤喜、关秀姑这些在天桥卖艺讨生活的人都是故事中的主角，这些生活在天桥的俗人“价值虽然有点儿功利实际，但人情却醇美深厚”；相反，混迹于天桥的樊家树等人，虽然出身上流社会，却多能鄙事，与练把式的关老爷子平起平坐，谦逊恭谨。亦即，在张恨水这里，俗雅之人的界限是模糊的，俗雅之人寄身的凸字上半截与下半截的界限在日常生活中也是模糊的。作为张恨水表达自己对生活理解的一个意象，天桥也就有了无穷的意味。也正因为《啼笑因缘》的影响，直到20世纪末，还有游客前往天桥寻找早已经没有了的水心亭。[24]

与老舍人潮涌动也不乏欢快的天桥不同，也与张恨水明晰而朦胧的天桥不同，钱歌川笔下的天桥更多了几分实感、愤怒，直呼天桥是“贫民窟”。在《游牧遗风》一文中，他这样写道：

> 天桥也就和伦敦的东区（East End）一样，是北平的贫民窟。这儿的人所受到世间的最大的恩惠，就是阳光。……惯在北平王府井大街或东交民巷一带走动的人，他们是不会知道人间有地狱的。一朝走到天桥，也许他们要惊讶那是另外一个世界。殊不知那正是我们这个世界的基础，我们这个人间组织的最大成分呢。[25]

同样，作为“下层阶级群众的乐园”，并掺杂牛肉腥味、烤锅贴饺油香味的天桥，在衷若霞笔下是复杂的、多角的，是苦难而悲情的，是要皱眉、恶心、难受的恶魔派艺术家的作品，“是一部沉痛的人生悲剧”。这儿生活的各色人等“把自己的悲剧反串喜剧，把自己的眼泪滴成歌曲，把自己的技艺作为商品，把自己的精力变成娱乐”。她由此说，天桥才是“北平的焦点，这儿才是人生的正面”。[26]

与作为文人意象，表达其世界观的天桥稍异，同期旅游指南等书籍中的天桥，作为都市景观，作为因主流意识形态宣扬的“民生”“文明”而发展并自觉“改良”的平民市场，则是相对平实与中性的。这些表述没有一味标榜老北京的悠闲，也不回避这里的“下处”、骗术和不法，所有人的奇技淫巧都是给游客介绍的景观：

> 天桥早年为落第文人求生之处所，挟医卜小技，以谋糊口。今则市井杂处，良莠不齐，率多江湖庶士，淫词艳语，以期迎合人心，借博蝇头微利，其行虽贱，其情可悯。然仍有身负绝技者，若卖药糖之大兵黄，相声小焦于俊波，滑稽戏云里飞，丸药张宝忠，小人赵林堃，拉大片大金牙，等等，号称天桥八大怪。又有武术家朱国全、牛茂生、苏祥林、满宝珍、王奎亮、蓝武贵、沈三、宝善林。……昔时天桥皆系圈地为场，支棚为屋，卖艺者居其中而作，游人围其外而观，每次演毕，观众掷钱于地，自午至晚，其佳者可得五六元，次者亦得一二元，除地租棚桌等开销外，所余者系无本之利，以之养家糊口。久之，如三王老八怪小八怪等奇号出焉。近来亦知改良，渐趋文明。有易场为屋者，有茶社与卖唱合作者。[27]

这些作为指南的旅游书籍的宣扬更加提升了老天桥和老天桥艺人的名声。对于眼光向下的文人描述中的最脏、最乱、最下等的天桥，过往的当政者也一直试图整治。天桥成为新中国首先要整治、改造的对象，民国初年就试图推行的龙须沟整治被落到实处。在 1950 年 7 月到 9 月的两个月内，归国后不久的老舍就“奉命”创作出了话剧《龙须沟》的初稿。1951 年，北京人民艺术剧院将其搬上了舞台。1952 年，该剧被北京电影制片厂改编成了电影。于是，城市规划、话剧和电影合力打造出的一项为新中国献礼的工程出现在“城市空间概念的转型过程”中，作为新中国缩影、新北京城隐喻的龙须沟的街道实景和舞台景观“一起推广了想象作为权力符号的都市空间的新方式”。[28]其实，《龙须沟》的成功，不仅是老舍本人思想由旧向新的转变已经引发的创作技巧的改变，以天桥为剧中人物活动场景本身也是该剧成功的原因之一。

在整治龙须沟的同期，政府开始了对天桥撂地场子、估衣铺、小食摊等的整治与改造。在整治天桥外在景观的同时，人的改造也在同步进行。天桥东、西、南、北“四霸天”，林家五虎等得以镇压，一贯道、青红帮等秘密会社，反动会道门也被清理，妓女从良，乞丐返乡，街头艺人被教育改造成人民的文艺工作者，等等。但是，包括《人民日报》在内的媒体对邪恶、肮脏、不法、落后等规训的大力宣扬，以改造妓女为主题的电影《姐姐妹妹站起来》的公映，话剧《龙须沟》和电影《龙须沟》的演出和上映等，反而在无形中加深了一般人，尤其是远观者对“旧”天桥的脏、乱、不洁、不法的印象。与老舍《龙须沟》的以旧映新一样，吴祖光在歌颂“美丽的北京”的天桥时，也花了大半的篇幅描述旧天桥的邪恶、黑暗和生活在这里的人，尤其是艺人的凄苦。[29]改革开放后，获得新生的萧乾在关于北京城记忆的文字中，仍然谨小慎微地强调“北京真正的黑世界在南城”，而他本人当年曾亲自采访的天桥左近的八大胡同则是一座“人间地狱”。[30]

改革开放后，在北京，天桥仍然是人们表述自己观念与欲求的焦点之一。天桥乐茶园准许外资入股的股份制经营模式，对老天桥把式的挖掘等很早就引起西方人的关注。“文化搭台、经济唱戏”的大政方针使天桥有了无尽的魅力。在新的语境下，新中国成立初期被不断强化的，与乱、杂、恶等属性相连并与“新”相对的“旧”天桥，成为充满乡愁的、原汁原味的“老”天桥。老天桥、老天桥艺人转瞬间成为财富、名誉、地位的象征，被转化为一种象征资本，具有了新的阐释价值。关于天桥的电视剧、小说纷纷进入人们的视野。但是，在这些文艺创作以及为老天桥艺人树碑立传的自叙中，新兴的文化经纪人和生产者眼中具有再生能力的老天桥依然基本上是“旧”的。

老天桥是小说《那五》的基本场景。与《龙须沟》等新中国成立初期的文学创作一样，作为一个意象和一种景观，小说中20世纪前半叶的天桥与故事的主人公那五都是没落、彷徨甚至黑暗的象征，也是顺着潮流的裹挟茫然前行并必然会被改变的对象。在天桥清音茶社，那五与贾家兄妹联手摆弄人。晚上从清音茶社出来的那五被人洗劫之后，借拉胡琴的艺人胡大头的口，作品认真地呈现出创作者心目中的老天桥不足挂齿同时也是必然低下的意象：

> 大头摇了摇头说：“唉！听大鼓东城有东安市场，西城有西单游艺社。这清音茶社可是您去的地方吗？”
>
> 那五说：“反正消遣，哪儿不是唱大鼓呢？”
>
> 大头说：“唱与唱可大有分别。清音茶社里献艺的是什么人？有淌河卖唱的，有的干脆就是小班姑娘。还有是养人的卖了孩子，在这儿见世面！光叫人抢几件衣裳还真便宜了！”[31]

在新时期京味小说的另一代表作家陈建功的小说中，老天桥也是以“英雄末路”的骂街和“瞪眼儿食”的形象出现的。[32]继之而起的小说《天桥演义》和电视剧《天桥梦》等关于老天桥的文艺创作大抵都未脱离此窠臼。[33]

同期，诸如侯宝林、新凤霞、孙书筠、关学曾、赵玉明、金业勤等，这些再次获得新生、身份地位很高、社会影响巨大的老天桥出身的著名艺术家也纷纷撰写自传或者回忆录。他们发自肺腑地讴歌彻底改

等待拆除的天桥一带的胡同

变了他们社会地位、阶级归属并给予他们新生和荣誉的党与新社会。[34]翻身后的感恩和新光环的萦绕，使得他们传记体的写作与“大历史”的叙写模式相符，同样演绎着“美好新社会的光明和万恶旧社会的黑暗”的二元叙事，成为一种旨在“向后看的写作”。[35]

随着现代化步伐的加快，已经在新中国成立后彻底整治的天桥外观再次被纳入城市规划的行列。与“凸字上半截”等其他社区相类，新天桥社区高楼林立，并修建了天桥文化广场。在广场，规划者们竖起了曾有的四面钟，雕刻了让老街坊摇头叹息的“八大怪”，种了些费水的花草，铺了些大理石，试图雕刻、固化这里昔日似乎悲怆和不堪回首的历史，以映衬当下的美好。

在赵园看来，现代文学中“不同作家笔下的北京是同一个”的，是将北京视为“精神故乡”意义上的乡土和肉身化了的“乡土中国”与“现代中国”。[36] 与之类似，上述的这些文艺创作中，似乎是北京焦点的“旧天桥”也是“同一个”的：它是世俗的、平民的、低下的，还是需要改造并必须被改造的；它始终都是以天安门等为象征的精英文化的参照物，本身并没有存在的价值与意义，是匿名的，也是失语和失忆的。之所以不时有他者前往并写到它，只是因为对通往天安门、故宫和天坛、先农坛的这个过道“偶尔的好奇”（once in a while out of curiosity）。[37]

三、新瓶陈酒：“人民首都”的天桥

民国时期，不仅是较长时间在北京生活的外国人在自己的著作中叙写天桥，[38] 就连短期来北京讲学的学者也对天桥情有独钟，并使天桥作为一个象征成为中国社会科学发展的再生点。1932 年秋天，罗伯特·派克（Robert E. Park）在燕京大学讲学，他鼓励学生直接观察社区生活，并教授学生进行田野研究。为此，他本人亲自前往监狱和北平的红灯区天桥（Heaven Bridge, the Red-light Area in Peiping）调查，证明有用的知识可能来自甚至是最底层的人们。他的教授和身体力行，极大地推动了中国社会学社区研究的系列实践。[39]

作为新兴的平民市场，反映时代变化和北京城变化的天桥一直吸引了很多记者的注意。20 世纪 20—40 年代，京沪两地的报纸纷纷开设专栏，有的记者更是长期跟踪访谈，进行深入的调查。这些报道主要包括：

1. 敏公，《天桥之一瞥》，《北平晨报·北平里面（一）》1927 年 7 月 31 日第五版。

2. 阔斧，《天桥之八大怪》，《晨报·三十年前之北京》1927年8月26、27、28、30日第五版。
3. 老成，《云里飞剧场改良记》，《京报·京国剧刊》1929年5月26日第八版。
4. 扶平，《天桥的戏棚之瞥》，《京报》1929年3月24日第八版。
5. 秋生，《天桥商场（一）：天桥可为本市繁荣地，五方杂处昔今不同》，《北平日报》1930年2月14日第七版；《天桥商场（三）——坤书大鼓害人不浅，什锦杂耍各有妙诀》，《北平日报》1930年2月22日第七版。
6. 《相声家焦德海访问记》，《世界日报》1932年5月11、12日第八版。
7. 柱宇，《如此下处》，《世界日报》1932年11月28、29、30日，12月1、2、3、4日第八版；《掼跤家沈三访问记》，《世界日报》1932年12月23—25、29—31日，1933年1月8日第八版；《拉大片的大金牙访问记》，《世界日报》1933年1月31日至2月5日第八版。
8. 姚克，《天桥风景线》，《申报·自由谈》1934年1月7日第四版；《北平素描·落子馆》，《申报·自由谈》1934年3月26日第四版。[40]
9. 克非，《天桥百写》，《新民报》1939年2月28日至6月13日第七版。
10. 《相声套子》，《新民报》1946年12月26日第三版。
11. 侠公，《穷不怕》，《民强报》1947年4月6日第二版。[41]

尤其值得提及的是柱宇和克非的采访报道。柱宇对当时天桥有名的艺人沈三和大金牙进行了深入的采访，详细地记述下了这两个艺人所从事的掼跤与拉洋片两个行当的知识。克非的“天桥百写”持续四月，正好一百篇，涉及天桥艺人、表演、小吃、货摊各个方面，其叙述简洁，常在数百字，间或有评述，难能可贵的是不少期还配有照片。改革开放后，这些照片被人反复翻拍、重印。

在这些调查记述的基础上，张次溪在新中国成立前后写了天桥系列专著，包括《北平天桥志》《天桥一览》《天桥杂技考》《天桥丛谈》《天桥景物图录》《天桥丛话》《人民首都的天桥》数种。出生于广东东莞的张次溪是民国二年才到北京的，先后在北平研究院、辅仁大学历史研究室工作的他一直从事北京风俗的收集、整理与研究。对于天桥，他更是“特别爱好，时常留心它的演变，总想将来写一本记述天桥故事的书，像宋朝人的《东京梦华录》，以存天桥风物”。[42] 为此，他不但自己时常前往天桥调查访谈，还在20世纪30年代——他对天桥最感兴趣的时候，带领赵羡渔、谢素生和方问溪等前往天桥调查。谢、方二人还一同与他“常常到天桥小红楼茶馆上，或到先农坛四面钟东南松荫下的野茶馆，买些水果烟酒，来请老云里飞谈天桥故事”，并“分别来记录老云里飞的谈话”。[43]

作为数十年都专注于天桥调查研究的专家，张次溪的代表性成果是成书于20世纪30年代，但直到1951年才出版的《人民首都的天桥》，它是张次溪“研究了天桥三十年来一个总结”。[44] 该书虽然分了九章，实则是四个方面的内容：1. 一、二、三章分别从天桥外在景观、诗文中的天桥、游乐的演进等方面谈天桥的变迁；2. 四、五、六三章分别从天桥卖艺的种类、艺人、撂地场子及表演内容四个方面描写天桥卖艺表演的群像；3. 七、八章叙写的是天桥的摊贩和吃食；4. 末章介绍天桥调查研究可能有的方法。如李景汉为该书作序所言，这本书“已经做了搜集资料和描写”的工作，“使人对于天桥的过去情形，一览无余，无论是在学术方面或在实用方面，均有贡献”。[45] 周作人的序言也说到，“我喜欢次溪的天桥志，觉得它有意思，有意义”，并认为专讲天桥近时演出的曲艺和杂技的第四章与叙述百年来天桥艺人事迹的人物考的第五章，“加上若干难得的图画，差不多把天桥演艺方面的面相整个地映写出来了，在这上面可以说是空前的成功的著作”。[46]

根据“周序”，可知这本书原名“天桥志”，是在抗日战争全面爆发前的一二年就编好的，而且书稿一直保存在周作人手中。1950 年，周作人将稿本还给了张次溪。在张次溪对意外保存完好的旧稿“破费了三个月工余时间，把这些材料精密地组织了一番”后，[47] 该书于 1951 年以“人民首都的天桥”之名出版。但是，这样一本“空前的成功的著作”，也是当时自觉划清界限，并告别过去，服从于党的宣传工作者角色的张次溪本人顺应新形势大加修改、重新编排、精密组织的描述性著作，[48] 刚出版就遭到“停止出售”的噩运。

1951 年，北京市人民政府新闻出版处出版科审查组对《人民首都的天桥》一书审读报告认为，该书是“反动的”，命名为“人民首都的天桥”是“不恰当的”。除对李景汉序言和天桥调查研究方法中所犯的政治错误的批评之外，该报告的其他措辞严厉的批评是：1. 称“白莲教匪作乱”，称“义和团为匪军”等引用反动的旧资料不加以批判，从而诬蔑中国农民革命；2. 错误地歌颂“旧报人”邵飘萍、林白水二人为革命先烈；3. “真是荒谬已极的盲目歌颂”妓女赛金花；4. 没有批判地引用了许多封建反动的旧曲艺唱词，诸如“侮辱不识字的劳动人民”的相声《假斯文》词、诬蔑山西挖煤工人为“杨七郎猪八戒”的太平歌词《十不黑》词、侮辱山西人民的拉大片《绣花鞋》词等；5. 无论是在前面附的人物画像，还是第五章天桥人物考中的介绍文字，“所描写的艺人，绝大多数都是弯腰曲背、作揖叩头、丑态毕露的人物。这是对天桥艺人极大的侮辱”。鉴于如此之多的反动因素和不足，审查组提出了两条处理意见：1. 本版应附印勘误表后，再继续发售，勘误表应将包括政治性错误在内的全部错误校正；2．写书评给予严格批评。[49]

与老舍和过去的自己成功划清界限，从而创造了一例向毛泽东思想转化的“景观”不同，[50]也与话剧《龙须沟》的成功和光环不同，人和作品都改得不彻底的张次溪成了在当时强调必须绝对服从与顺从的新的支配性意识形态的反面教材和牺牲品。这种责难一直延续到改革开放后。在为《天桥史话》所写的序言中，熟悉张著的史树青说：

> 由于此书内容近于“新瓶装入陈酒”，未能体现时代风貌。时当建国之初，随着社会改革，天桥已发生巨大变化，书中所述，有的已成陈迹，有的正在消失，使读者有新旧不分之感。其书作为近代北京社会变迁史则可，人民首都的天桥则与当时客观存在不尽相符。[51]

可见，张著当年被禁止出售的根本原因是书名的问题。大历史的逻辑很简单：人民的首都自然处处都是新的，是好的，人民首都的天桥同样也应该是新的，是好的，没有对旧天桥、旧首都、旧社会的批判，只描述旧天桥的书肯定就是不好的，是有问题的，是反动的。其实，张著也明确地记述了人民政府对作为天桥一部分的龙须沟的改造，并这样写道：“解放了，人民政府不修东单牌楼，不修西单牌楼，偏偏要修龙须沟，首先照顾了劳动人民的利益，这就可以证明今天的人民政府，才真正是人民的政府。处处为着人民着想，这是我们梦想不到的事。”[52]但是，与老舍《龙须沟》的主体和主题就是要宣扬新社会的好不同，张次溪这些只言片语的表扬和绝大部分文字都实录的主体虽然指向的是日常生活的城市景观，却没有能够将天桥转喻为新北京、新中国、新社会的缩影，没有将注意力投注到“平视中的城市形象”，更没有能够同时表现天桥这个城市空间、都市景观与整个国家的三重解放。

这对掌握着话语权的审查者而言，人民首都的天桥不但是“失声”了，而且也被凌辱和“失身”了。

尽管有不同程度的变动，但是改革开放后的1988年和2006年，《人民首都的天桥》分别被中国曲艺出版社和中国人民大学出版社重印，这本身就是对当初审读报告的否定。[53] 该书的原创性使得它成为后来不同的写作者写作天桥的基础。

除张次溪多年杰出的调查研究外，1936年分三册由北平时言报社出版的云游客（连阔如）的《江湖丛谈》也是对1949年以前老天桥众生相记述的重要著作，尽管它不单单是记述天桥。正是因为常年行走在江湖、行走在天桥的连阔如的记述，该书同样在改革开放后一版再版，当然也按照时下编者的旨意对原著进行了新的编排、删改。

1949年之后，记者关于天桥的报道经历了“文革”前对新天桥新气象新人的颂扬到改革开放后对健在老天桥艺人的深度访谈。这集中体现在记者白夜、沈颖著的《天桥》中。[54] 该书是两位记者在改革开放初期，对当时尚健在的“大狗熊”孙宝才、成连宝、朱国良等老天桥艺人的访谈。这些访谈保留了大量鲜活的口述材料。稍后，北京市宣武区政协编撰的《宣武文史》，尤其是1993年印出的第二集，辑录了不少老艺人的自述以及由专人整理出的关于老天桥和老天桥艺人的资料。

在新的调查材料基础之上进行学术写作的则有成善卿的《天桥史话》。与张著相较，该书有如下特色：1．多了一些类别，如面具、泥塑等民间玩意儿，鸡毛小店、剃头挑子等服务行业，皮匠摊儿等修理业，当当车等运输业，当票局子等特殊行业，半日学校。这些内容弥补了周作人当年读张著时的遗憾，即“只可惜这里关于天桥的货物即是摊贩的事情没有说及”[55]。2．把张著的“天桥人物考”译写为“民间艺人的摇篮”，并新增了张著中未曾记述的20世纪三四十年代在天桥卖艺的侯宝林、高凤山等晚期艺人。老天桥是“民间艺人的摇篮”已经是当下北京对天桥感兴趣的异质性群体获得认同的最大公约数。3．记述了旧社会的“恶”，设了“鬼蜮横行的罪恶世界”“日寇在天桥的滔天罪行”和“天桥居民的悲惨生活”三章，并在此基础上全面总结了人民政府在新中国初期对天桥的改造与重建，展望了天桥的美好未来。

该书与大历史叙事相符的基调，实事求是、褒贬得宜的风格，指向未来叙事的清晰的时间线索，使在张著那里“失声”与“失身”的人民首都的天桥恢复了记忆与尊严。这种与“旧”的决绝，不但使得史树青作序，还赢得“定会不胫而走，洛阳为之纸贵”的赞词。[56]

在已提及的董玥那本关于民国北京精深的著作中，她特别强调天桥作为旧货市场的象征意义，并将精神和物质两个层面的北京比作一个巨大的“古董旧货市场”，而循环再生的“废物利用”（recycling）就是民国北京生活的重要内容。她将天桥比作20世纪早期北京城存放杂物的“阁楼”（attic），并分别从可视的细节与不可视的整体、假货与真表演、艺人组织和游艺园三个方面浓描出天桥是北京城废物回收与利用中心的地位。[57]这样，杂吧地天桥首次在学者关于北京城的研究中被放在了核心位置，摆脱了学界对天桥的关注长期停留在事象描述、赞美新社会的基本叙写风格，既使天桥成为审视北京的视角，也使天桥成为20世纪早期北京的隐喻。

新近，国内民俗学界也有人将天桥与牛街、大栅栏、宣南会馆、厂甸庙会、琉璃厂一道，作为北京宣武区的“标志性文化”进行书写，强调其作为平民市场的特征。[58]与上述诸书不同，当然也是在前述著述的基础上，结合自己的访谈，拙著《空间、自我与社会——天桥街头艺人的生成与系谱》在翔实地论述“天桥街头卖艺文化的历史脉络、传承机制和博弈规则”的基础上，“思辨了人的‘异化’与文化传统式微之间的关系”[59]，并欲以此入手，打通地理、社会、文化和身体各个空间层次之间的门户机关，探索民俗学研究“人”的可能性。[60]虽然将杂吧地天桥这个空间置于“城市生理学”的整体情境之中进行了阐释，但该书研究的重点仍然是人。

四、养穷人：对话交流中的天桥

显然，作为都市形象或者城市景观与意象，在文学写作中“同一个”的旧天桥虽然主观而任性，但仍然是深刻并具有穿透力的。学术写作中的天桥，尽管有近于实录的描述与学理探索两类，但都存在共同的不足：为什么要进行这些调查、访谈？调查研究具体是怎样进行的？访谈是怎样展开的？如何解读这些被诱发出来的口述资料？口述的资料与学术写作是一种怎样的关系？学者在学术写作中，究竟剔除了哪些，使用了哪些？即从第一手资料到学术译写的轨迹是怎样的，学术写作有着研究者怎样的想象与建构。

除了上述关于天桥的文字，已经成为老北京人“思维符号”的天桥在当下民众的日常交流中有着异同共存的表述。我对天桥的调查研究，正是先从对天桥这个城市景观的感受开始，继而进入对合作者（co-worker）的访谈，[61] 最后进行学术思考和写作。顺此思路本书欲大致再现整个研究的过程，并将内容分为了“记忆”与“诠释”两部分。我首先要强调的是记忆，或者说口述史是被诱发出来，由提问者和回答者共谋、妥协完成的一次斗智斗勇也是相互安慰的言语冲突。在调查初期，不少合作者对我“天桥在哪”“天桥多大”“天桥穷吗”等发问，激发了我对当下日常对话交流中的“天桥”这个语词本身的思考，并有了我关于天桥的第一篇文章《当代北京民众话语中的天桥》。因此，我直接将这些看似平静的言语冲突推向了前台，而不是将其作为附录放在书尾。

改革开放后，在中国学界，多少受到法国年鉴学派的影响，具体而微的“小人物”及其生活光明正大地进入学者的视野，并被赋予了非凡的价值。在此背景下，口述史研究也就有着深刻的意义。对口述史的发现与关注，广泛地波及民俗学、历史学、社会学、人类学、社会史等多门人文社会科学。这一有些赶时髦的浪潮也影响到了当下通俗作家、记者的写作与叙述模式，并进一步影响到读者的接受心理。带有个体“口述”色彩的写作成为20世纪末以来的一种最为流行的写作。这一写作潮流更加强化了商业社会中孤独的写作者的暴露癖和受众的窥私欲。在相互迎合的交易中，生产者和消费者都获得了感官真实的安慰与意淫的快感。近几年来，民间文化遗产抢救与保护、非物质文化遗产、传承人的申报与认定等由政府相关职能部门掀起的工程、运动，使得“小人物”的口述具有了更加重大的社会价值与认知意义：在经济全球化的语境下，他们的口述与国家富强、民族独立、社会和谐等有着不同程度的关联。

但事实上，大多数与口述史相关的写作，尤其是学术写作，仍然将讲述者“格式化”“匿名化”，最终呈现在读者面前的依旧是经过写作者层层“处理”后的“讲述”：或者，口述必须符合写作者的意图，被写作者规训与篡改；或者，通过写作者而呈现出的口述迎合了相互之间有着妥协的写作者与讲述者之间的共同需求；或者，在一定程度上被阅读者所左右，迎合着这些接受者的胃口。在看似口语化甚至亲情化的叙述中，我们仍然无从知晓写作者在其记述的口述资料中究竟扮演了什么样的角色，无法知晓写作者在多大程度上左右了讲述者，或者被讲述者所左右。

史家所标榜和追求的“实录”之写作精神、风格背后的“隐蔽语本”（hidden transcript）就是所记述事实的相对真实，甚或虚假。任何刚直不阿的史官都会受到诸多的限制，并被包括自己主观因素、生存策略在内的诸多因素左右。这使得一本看似正经、中规中矩的史书常常只不过是有板有眼、一丝不苟的文字游戏而已。与此相类，包括勒华拉杜里的名著《蒙塔尤》所巧妙引用、串写的“审判”材料在内，[62]结合个人经历或者耳闻目睹记述下来的口述材料，同样也无法逃离这一悖论与宿命。因为任何一种讲述显然都会受到多种因素的影响和制约，尤其是在中国这个始终都重人情、顾脸面、讲关系、好虚饰的社会。这些因素大致包括：

1. 处于强势地位的主流话语；
2. 讲述者过去的身份、地位和当下的身份、地位，以及二者之间的反差；
3. 因为讲述者现有身份、地位而对往事的有意忘却、掩饰、篡改以及杜撰；
4. 讲述者习惯性的叙述方式；
5. 讲述者对访谈者的潜在期待；
6. 访谈者的身份、动机、相关的知识储备；
7. 访谈者的亲和力、访谈策略与技巧，有意或无意对讲述者的规训、诱导；
8. 访谈者和讲述者（以及能影响讲述者讲述的家人、朋友、同事等）双方之间的揣测、考量及认同程度；
9. 访谈者和讲述者双方对相关话题认知的差异；
10. 在这种差异中，营造出的具体的对话、交谈时空，等等。

也即，意在讲述过去事实或亲历事件的口述史，其本身就悖谬地意味着讲述内容的部分真实。换言之，在一套无形的记忆机制和讲述机制的制约下，源自群体记忆和个人记忆的口述史或有意或无意地强化、渲染了某些东西，同时淡化和隐去了另外一些东西。带有一定意识形态色彩的书写的历史是单面的，口述的历史也是单面的。正因为如此，也就出现了诸如作为“事件、经历和神话的义和团”那样，不同人对同一事件完全不同的，蕴含认同、针对现在的记忆与表述。[63]

基于以上认知，同样作为有些赶时髦的“口述史”，本书所言的记忆是“诱发的记忆”。如此限定，一方面想说明，与多数口述史一样，本书是关于过去的人和曾经发生过的事情、存在现象的讲述的记录；另一方面想说明，本书不仅仅是关于过去讲述的记录，它更是一个被诱导、激发的过程，仅仅是讲述者的一次讲述行动，是讲述者他们和访谈者我互动完成的，是我们双方之间在当下的社会语境下“合谋”与一个相互建构的过程。这些讲述是真实的，但又不是绝对意义上的真实。

起初调查时，我目的明确地想窥视或者说探知天桥是个什么样的地方，在这里生活的人是什么样的人，他们怎样生活，这个都市空间和与之辉映的文化景观对我们存身的都市、社会有着怎样的意义，在这个空间生活的人如何看待空间本身和他们自己的前世今生。这样，在我的“诱导”下，合作者讲述的不仅仅是过去的事情，他们讲述的还是与他们当下的知识结构、社会认同、身份地位、价值判断、生活理想等相关的过去的经历、体验与事情，是他们基于当下的世界观对过去、现在的评判，以及对将来的期待。在此意义上，可以说，他们讲述的不是过去，而是现在，是借过去的事情来强化现在他们已经有的和没有的，这时他们的讲述又是指向将来的。由于我的目的不在于重塑“原型”和辨识真相，所以书中我没有将不同讲述者就同一事象相似的或者矛盾的讲述给予整理或删除，而是尽可能地保持讲述的原貌，呈现出更多的“异文”。仅仅想从本书的记述探求关于过去“真相”的读者，可能难免会发出失望的叹息了。

在与每位合作者访谈之前，我都告诉他们我访谈的目的，和将来可能会写成书的愿景。因此，对于合作者因我的激发的那次讲述行为而言，书中所记述的这些东西又都是真实的，是合作者那次讲述行为有机的一部分。正如合作者李长荣、王学智、朱国良等老人时常都强调的，他们所说的都是“实话”，是他们“知道的”或“亲身经历的”，不知道的绝不乱说。这些朴实的强调既展示了合作者那一瞬间的心智，也隐晦地表达着我们生存的语境、心境与窘境。在此意义上，我也愿意不无夸张地说：本书是一部受大社会影响的“小人物”的心灵史、思想史，是一本深藏着诸多谈话技巧，闪烁着这些“小人物”智慧、哲思与生命体验的自白，并非仅仅是关于过去事象简单的言说和追忆。所以，虽然这些经过选择和洗礼的记忆有着无法克服的矛盾：基本表述策略仍然是新—好、旧—坏的二元叙事，但也清晰地说出了旧天桥“养穷人”，旧天桥才是民间艺人摇篮的基本事实。

由于整个社会对于文化与经济“拉郎配”式的强制联姻，在今天人们的生活世界中，老天桥和老天桥艺人不但是谈话聊天、文本生产的话题，也是进行文化开发、经济建设、精神建构、升官发财的原点和动力之一。尽管有这样多的意义，我并未将自己的合作者圈定在当年亲身在老天桥撂地卖艺的老人。作为在历史语境中复合、叠加的天桥和天桥艺人，我也将合作者的范围进行了有限延伸。在我的合作者中，只有朱国良、朱有成、金业勤、杜三宝、关学曾、马贵宝等数位是曾亲身在老天桥撂地卖艺的当事人、局内人，而其他合作者都是不同意义上的他者、局外人：有的是观众，有的是老天桥艺人的后人，有的是老天桥艺人的传人，有的则是有心的资料收集者和研究者，还有个别人甚或与天桥没有什么关系。显然，通过这些不同身份、年龄、经历、观念的合作者个性鲜明的讲述，呈现出来的将完全不仅仅是在人们有限记忆中的老天桥和老天桥艺人。

“记忆”部分是按照访谈时的录音磁带和笔记整理而成。在尽可能保留合作者原有的个性化叙述风格的前提下，为了使合作者讲述的内容相对连贯，我没有采取一问一答的记述方式。同时，对同一个合作者讲述中重复的内容，我也进行了相应的删减，并适当调整了讲述的顺序，以求使每个合作者讲述的内容条理更加清晰。出于最基本的学术伦理道德和人之常情，我也删除了显然会影响甚至伤害讲述中涉及的相关人物感情的部分以及会给合作者带来不利影响的部分。当然，这种叙写方式也有篇幅方面的考虑和对一般读者接受习惯的迎合。

因此，虽然我力求使本书有些学术气息，但鉴于我主观的这些调整，这或者依然不能够算是一本严格意义上的学术著作，尤其不是近几年国内民俗学界讨论的热点，力求将声音惟妙惟肖地转化为书面文本的“民族志诗学”式的符号化写作。

五、想象杂吧地：我写的天桥

诠释部分（下编）的首篇《牵着鼻子走：无定法的田野——天桥田野调查的回顾》实际是记忆与诠释两者之间的过渡，展示的是我自己访谈过程中的心路历程，是访谈者——我的自白。我想说明，作为“对话”双方中的我，作为有着研究者身份的我，究竟在访谈中扮演了什么样的角色，即这些讲述与我有着怎样的关系，我是在怎样的场景和怎样的心境下进行的。虽然我没有亲身经历、目睹这些讲述中所涉及的绝大多数人和事象（事实上也不可能这样），但显然，似乎是旁观者的我不可避免地构建着对那些人与往事的讲述。正是面对我和我的问询，我的讲述者—合作者才说出了本书“记忆”中的这些话。

其中的“调查提纲”将会局部地说明我是在何种程度上，目的明确地诱导这些合作者的讲述的。虽然在调查提纲中罗列出了自己当初拟定的问题，但正如书中所言，这只是使我自己明确了访谈的问题框架。针对不同合作者及其讲述习惯、记忆和他们对自己曾经操演的知识、技能的当下认同，我的现场提问不但发生了相应的变化，而且是随机的、无序的与口语化的。在发生这些变化的时候，已经是合作者在激发我、引导我、规束我，而非我在主导他们了。在我与合作者的对话中，主体与客体、主位与客位的界限是模糊的，也是没有多少意义且枯燥乏味的学术字眼儿。在此基础上，这部分已经不仅仅是对天桥调查的田野反思，也是对当下多学科都强调的田野研究的回观。我想强调的是：在调查现场，研究者必须具备的审时度势、灵活机动的“现挂”才能，调查中“牵别人”和“被人牵”的辩证关系，尤其是研究者明智的“被人牵”的必要性与重要性。

在众多合作者的表述中，“杂吧地”实际上是“老天桥”的代名词。随着交谈的增多，书面文献阅读的增多，对合作者习惯性使用的这个口语词，我越来越发现它不仅仅是一个民俗名词，不仅仅是三个“字”，而是本身就有着理论意义和价值理性的本土表述。于是，以杂吧地天桥作为起点和终点，我展开了我的“想象力”，在哪吒城的脉动与气息声中，我提出了“城市生理学”的命题，并进一步挖掘“凸”字的象征意义，一反从紫禁城、从天安门、从上半身—上体对北京的常态解读，而是从下半身—下体逆向解读景象万千的北京，并进一步将北京视为是天桥的。在此基础上，从方法论角度，进一步说明有着“下体”特征的本土表述“杂吧地”对于研究中国都市所具有的价值理性，和用生理学眼光研究城市空间及生活在其中的异质性群体的意义。这或者是本书最大胆也最虚妄的想象，但我相信它也是有意义的想象。显然，这时的我已经远离了上编的记忆——我和合作者一起唠唠叨叨的记忆，有些天马行空的顽劣与任性了。我也相信，渺小的我的淘阴沟、摸下身、挠痒痒的有些不择手段的卑劣行径，完全不会损伤已经修炼千年的古城北京的道行，更无损它的伟岸和尊容。

从对空间的探究出发，我的视点再次回到我曾经浓墨重彩、褒贬不一的在这个空间生活的艺人的回审。我试图指出，这些艺人是作为杂吧地天桥的异文，与杂吧地天桥是一种互文性的存在。在当下保护民族民间文化遗产、发扬优秀的传统文化的大语境中，不仅是杂吧地天桥—老天桥成为具有再生能力的象征资本、名誉资本，有着杂吧地经历或者与杂吧地有着关联的人都已经成为具有魔力的纸，机会适当时，这些纸都会变为钱。与新中国成立后老天桥艺人群体要与过去切割不同，20世纪末21世纪初的艺人是急切要与旧—老联姻，要故意采用传统的仪式、符号、身体动作以刻写自己的社会属性。这使得今天在外观上已经成为现代都市标准社区的天桥在本质上依旧延续着杂吧地的属性：杂吧地天桥是“民间艺人的摇篮与母亲”，新天桥则成为当下“老天桥艺人”的摇篮、慈母，一如既往地为京城的上半身提供着养分与活力。

在新天桥艺人群体中，已经非常红火的郭德纲无疑最吸引人的眼球。在他未红火之时，我就曾前往首都图书馆附近的潘家园和“天桥乐”听他的相声。他忽如一夜春风来的梨花灿烂，使我持续收集关于他的报道。正是对媒体写作的阅读，激发了我对相声这个“土生土长”的北京货、天桥货的浓厚兴趣。基于对杂吧地天桥和在其中生活的群体共性的认知，我按图索骥地发现，作为艺人生计，在杂吧地天桥很红火的撂地相声与旗人闲暇生活象征的八角鼓有着血缘关系，是近亲。当京城穷途的旗人走上天桥撂地卖艺时，与演者身份从票友向艺人的变化相应，娱己的八角鼓中的丑角等逗乐性质的表演发生了向娱人的撂地相声的转换。由于同样具有的演者和观者共同进化的关系，撂地相声与它的母体八角鼓一样，同为“自由的艺术”。新中国成立后，江湖艺人成为人民的文艺工作者，原本是生计和娱人的撂地相声向政治化的相声转变，以宣讲教化为主。自由的艺术沦为卑从的艺术。在社会和文化都呈单一、肤浅的“青少年化”并片面追求效益与利润的洪流中，在保护和发扬民族民间文化、回归传统和民间的镜像下，将郭德纲在天桥说的相声定格为草根和非主流相声的表述，隐含了社会转型期的个人主义与民族主义之间的张力和社会各界共谋将“传统”相声转换成商品的努力。先后被政治和经济“污名化”的撂地相声在发展的同时也走向“死亡”，也在人们对相声“味儿”这样增魅化的想象和言说过程中走向永恒。实际上，这看似吊诡的历程几乎是当下北京众多与杂吧地天桥的玩意儿有着关联的非物质文化遗产近世以来共有的宿命。

这样，从田野研究方法（方法论）的反思出发，在合作者与我共谋完成的记忆基础之上，我完成了对杂吧地（空间）、老天桥艺人（人）和杂吧地与艺人共有的相声（艺术）的学术写作之旅。显然，方法论、空间、人、艺术四者的认知是连带的，也是一体的、互显的。这一体的学术写作正是基于诱发的记忆，不论是我的想象距离记忆已经多么遥远。不仅如此，我大胆的想象甚至越过了中外和古今的鸿沟，这就是对杂吧地天桥及其艺人的延伸书写——对日本落语艺人和唐代教坊艺人的研究。[64]在一定意义上，我将二者分别看作是他文化和历史深处的“天桥”及其艺人。

2005年7月，受日本神奈川大学的邀请，我前往日本进行了为期半个月的访问研究。出于了解日本传统艺术及其传承人现况的目的，根据自己调查天桥艺人时所拟制的提纲，我对日本的落语家桂歌助以及研究者清水一朗进行了访谈。落语类似于中国的单口相声，是日本一种传统语言艺术，也与中国文化有着渊源。作为式微的传统艺术，落语早已受到日本政府的扶持。尽管相对过去而言，落语的传承状况已今不如昔，但从访谈内容我们完全能感知到落语传承者桂歌助的那种自信、胸襟与反思精神。他那种犹如哲人式的深远关怀，正是今天中国从事传统艺术表演的绝大多数演员和明星们所缺乏的。当然，我并无意否认今天中国的这些艺人对他们所从事艺术的热爱与技巧的娴熟。

在过去，落语家的谋生方式以及社会地位与老天桥艺人颇为相似，可以说他们是一衣带水或者说隔海相望的“天桥艺人”。就是2005年7月24日那个闷热的中午，在浅草神社旁边的空地上，看着主要是日本人围观并扔钱给要猴艺人时，我惊奇地发现要猴者象征性圈起来的那个圆圈就是日本艺人的杂吧地，那只不过是落语家最早在神社旁搭建的说笑话的小屋的时空变体。

与对日本落语家和落语的关怀是源自经验事实不同，2001年冬日的北京，在教一位韩国朋友读《教坊记》时，我发现了这本字数不多的小册子的丰富信息。于是从《教坊记》开始，《碧鸡漫志》《羯鼓录》《唐语林》《唐会要》以及《唐史》、唐诗等纷纷进入我阅读的范围。当时，正在硕士论文基础上进行《脱离与融入：近代都市社会街头艺人身份的建构》写作的我，决心深入到历史悠长的隧道，对主要生活在唐代长安、洛阳的教坊艺人进行研究。我没有艺术细胞，不懂艺术，沿着老天桥艺人生活史研究的路子，我想从纷繁的文献中梳理出一千多年前这个多姿多彩的群体的生活状况，而这同样是唐研究、音乐史、舞蹈史、杂技史等专门史研究相对薄弱的一个话题。

在九曲回环的宫廷，在繁华的勤政楼前，在夜色苍茫的船头，在人头攒动的街头，在以泪洗面还强装笑脸的北里等歌楼妓院，在觥筹交错的豪门府邸，在清寂的宫观庙庵，处处都有身怀绝技艺人的身影。包括狂欢的大酺之内，所有这些有他们身影的地方实际都是那个年代教坊艺人的杂吧地。在这些杂吧地，无论男女，他们都尽情地演，每个人既是演者也是观者。而在这些艺人包裹下生活的好羯鼓、通音律的三郎与善歌舞、晓音律、精琵琶的杨贵妃显然是敢爱敢恨的教坊艺人的同类。换种读法，换种视角，不仅仅是野史笔记，正史同样趣味盎然。于是，我有些不知趣地读出了国人津津乐道的“咬猪食猫”的盛唐文化、大唐雄风的负面与私处。

牵强附会地说，该研究有点国内近些年也较为红火的“历史人类学”或“文学人类学”的味道。根据正史、野史、笔记小说、诗歌等文献，我对生活在唐代宫廷内外的教坊艺人进行了“后现代”式的解读。这种解读以及其中的思考（如果有的话）是与杂吧地天桥和老天桥艺人的调查研究相得益彰的，是对后者的一次延伸性阅读。了解历史也即了解现在，了解现在也有助于理解过去。换言之，虽然不尽相同，但在一定意义上，即从中国传统社会主流意识形态界定、区分出的“非良人”这个群体而言，近代主要在街头杂吧地卖艺谋生的老天桥艺人也即一千多年前沦落江湖市井的教坊艺人，更何况早年天桥艺人中的不少人都是从北京城的上半身来到杂吧地天桥所在的下半身的。而且，正如已经发生的那样，这些沦落市井街头的艺人也可迅速地重回“宫廷”，得到宠幸、荣耀与辉煌，在“丑角 / 玩物”与“显贵 / 玩人”两种角色和身份之间自然地转换、游走。在此意义上，线性的历史似乎并未前行，只是发生了一次逆转。

六、俯仰易位：杂吧地天桥的北京

在上海研究蓬勃之势的威压下，“北京学”在近些年也日渐热闹起来。最早倡导“北京学”的学者陈平原依然是该领域的领军人物。2003年，他参与发起和组织的“北京：都市想像与文化记忆”国际学术研讨会以及会后出版的同名论文集无疑是“北京学”的一个标志性事件。虽然陈平原有守护“用文字构建的、带有想像成分的北京”之意图，要在力所能及的范围内保护哪怕是已经成为残片的历史记忆，有着要“基于沟通时间与空间、物质文化与精神文化、口头传说与书面记载、历史地理与文学想像，在某种程度上重现八百年古都风韵的设想”，但他最终的本意还是“希望借此重构中国文学史图景”。[65]这与早年研究孟姜女故事的历史学家顾颉刚极为类似。作为历史学家的顾颉刚研究孟姜女不是因为对故事本身的兴趣，而是要为“古史是层累地造成的，发生的次序和排列的系统恰是一个反背”之新史学理论添砖加瓦，“为研究古史方法学举一个旁的例”，“研究了民俗学去认识传说中古史的意义”。[66]但是，正如顾颉刚的孟姜女研究一直被中国民俗学界视为经典一样，作为文学史家的陈平原对北京学的倡导与实践同样推动着北京民俗文化研究的发展。

与二位方家明确的学术定位不同，作为长期从事经验研究的我，研究的起点是民俗学，终点还是民俗学。将北京城视为灵肉俱在、活生生的肌体，“透过肌肤，深入其肌理与血脉”，兼及“史学与文学、文本分析与田野调查”，将“城市作为文本来阅读、品味”是本书的旨趣之一。[67]同时，把“地理学与社会学的想象力结合起来”[68]，在北京城开始了近代化历程并局部有着电灯、自来水、电车等外在景观的背景下，关注地理与社会之间、社会空间与人及其文化之间的联系，探究“霓虹灯外”日常生活中[69]的杂吧地天桥亦是本书的旨趣所在。

对我而言，不仅仅是北京城，杂吧地天桥同样是人本主义地理学所强调的“活生生、有思想的”个人的存在，是在地化的，更是一种地方感觉结构。但是，杂吧地天桥不仅仅是供人回忆、写作与想象的城市意象，它有着自己的呼吸和脉搏，有着宰制人和社会的力量，而非仅仅被人和社会所宰制。它绝对不是静默、沉积甚至死的，也不是与时间无关甚至敌视时间的空间，而是指向时间、历史、权力的活生生的空间。如此之故，景观上已经面目全非的杂吧地天桥今天依旧是人们思维、斗争、妥协的工具和场域，“天桥艺人”“草根相声”等也才再次从这里焕发出活力。

在解释为何要将一项原本复杂研究的书名定为“人力车北京”时，大卫·斯特兰德提出了两点理由：一是这种小的、单个乘客的交通工具在20世纪20年代的北京非常普遍，二是人力车这种新旧、人工与机械、中外融于一体的杂糅性是民国时期中国和北京困境的一种暗示。[70]本书关注的主要是20世纪前半叶的天桥。斯特兰德所说的民国时期人力车有的普遍性、杂糅性都在天桥同样有着体现。因此，在一定意义上，也可以说我研究的是“天桥北京”或“杂吧地北京”。

这里要再次提及在斯特兰德等人研究基础之上的董玥关于民国北京的杰出研究。如前文所述，在董玥的研究中，天桥是一个重要的分析和描述对象。基于天桥的估衣铺等旧货市场，她将天桥誉为一个巨大的回收站——具有强大吞吐功能的“胃”——十分有新意。她强调要借天桥来说明北京在20世纪早期社会结构、政治制度、经济生活、空间组织和文化想象等各个方面新旧、传统与现代、东西杂乱纷呈、交错并存的局面。于是，她竭力勾画了大量的旧货、假货云集天桥，草根艺术经过变形融合了新的元素之后现身天桥等所体现出的由旧到新、新旧并呈的局面。最终，董玥的旨趣回到了对北京城、中国社会现代性（modernity）的探讨，并雄辩地指出中国社会现代性有别于西方的复杂性和混融性。

同样是研究天桥、北京、日常生活和民俗文化，我的研究与董玥有着明显的不同。首先，我的兴趣并不在于借经验材料来思索“现代性”这样众说纷纭的复杂命题，而是在于杂吧地这类都市空间的价值理性。天桥固然是北京的一个部分，是体现北京发展变化的一个部分，但我更强调北京是天桥的。换言之，董玥是从宏大的北京来研究天桥，也是在世界都市发展与现代化历程的比较视野下研究天桥，是外向的，虽然天桥是她研究的重点甚至核心，但天桥并非她研究的起点与终点；而我则是从杂乱的“小”天桥来研究“大”北京，杂吧地天桥本身就是我研究的本体，是我研究的起点和终点，是内敛的，我要表达的是社会、政治、文化、历史结构和人们观念世界中的“杂吧地”的价值理性。由此，我的研究是历时的与过程的，但更是心意的和结构的，也似乎是静态的。

虽然是内敛的、专注于本土的，但也与专从传说的角度研究北京的历史学家陈学霖不同。陈学霖的研究非常精彩地梳理了哪吒城传说在不同历史背景下的演变历程，并探析出其中隐含的不同族群之间、官民之间的斗争与妥协，但他基本上还是“眼睛向下”的俯视，并在一定意义上忽视了传说这种口头文学最为重要的“情感”特征和“闲坐说玄宗”式的生活意义。[71] 换句话说，与理性、智慧、精英、超然有着关联的传说在流布于街头巷尾的时候，已经不“讲理”了，而是民众情感世界和日常生活的一部分。进一步而言，我是从民众的情感世界出发，来研究他们嘴中的也是他们地方感觉结构中的“杂吧地”天桥。另一方面，陈学霖的研究也承袭了与传统史学不同的新史学研究传说一贯有的求真伪、析缘起、明意义的传统，本意是要告诉世人流动传说的真相——是一种“虚妄”的美丽。这实际上是芬兰历史地理学派的方法在当下掺杂了权力、话语分析后，国内外学界传说研究趋之若鹜的新范式。但是，由于已经近乎有些教条主义，传说本身有的率性、单纯、神圣等丰富的情感特征和娱人娱己、赏心悦目、仅供一乐、止增笑耳的美感与快感反而被忽视，承载着太多政治、社会、经济以及文化功能的传说等民间叙事已经不堪重负。正因为如此，如前所述，我对于有关天桥言说、景观和行为的研究是无意于定格真假的。事实上，感觉、言说以及行为都是微妙的、流动性的，甚至是一次性的，但也是实在的并能感觉到其美丽的。毫无疑问，这种实在与美丽和诗人北岛的感官记忆之北京与“玩家”王世襄的实物记忆之北京大相径庭，相去甚远。[72]

作为一项具体而微的“小研究”，本研究既非“眼睛向下”的俯视，也非意在教育、改造、提升民众“到民间去”的有些一厢情愿的亲民，而是下层、下体不卑不亢的“眼睛向上看”的平视，是地平线一端的杂吧地天桥对地平线另一端的紫禁城、天安门的对视和呢喃细语。这或者是我所理解的民俗学的本色。俯仰易位，攻守易也，结论也自然不同。但是，本书并没有建构理论的诉求。因为就如今天人们口中的“杂吧地”的能指和所指那样，日常生活的“琐事”常常能揭示出复杂深奥的理论所无能为力的简单明了的真理。更何况，当卑微的人在冥思苦想时，上帝会在一旁偷笑！

总之，本书仅仅是作为一种方法与视角的民俗学感受、认知、阐释北京及其空间、人群、文化艺术的尝试，是从“下体”读解那个简单的“凸”字，想说明不但杂吧地天桥是北京的一部分，而且北京也仅仅是杂吧地天桥的一部分。尽管将杂吧地天桥作为“北平的焦点”“人生的正面”和“我们这个世界的基础”，渺小的我还是要谦卑地说：这些自说自话的记忆和诠释都仅仅是“我”所知道的那点儿“我的天桥”。

注 释

[1] 吕方邑，《接壁儿老太太言》，收入陶亢德编《北平一顾》，上海：宇宙风社，1939，页 27。

[2] 李健吾，《切梦刀》，上海：文化生活出版社，1948，页 41。西方人也曾用凸字来描绘京城的形状，参阅 Nigel Cameron & Brian Brake, *Peking: A Tale of Three Cities*, New York: Harper and Row, 1965, p.42。

[3] Osvald Sirén, *The Walls and Gates of Peking,* London: Lane, 1924, p.130.

[4] Jeffrey F. Meyer, *The Dragons of Tiananmen: Beijing as a Sacred City,* Columbia, S.C.: University of South Carolina Press, 1991, p.4.

[5] Der Ling (德龄), *Two Years in the Forbidden City,* New York: Dodd, Mead and Company, 1931. 就在该书内销到国内后，多年在清廷做官的夏仁虎曾指出其“语多非实”的虚妄以及背后的目的，可参阅［明］史玄《旧京遗事》,［清］夏仁虎《旧京琐记》,［清］阙名《燕京杂记》，北京：北京古籍出版社，1986，页61—62。

[6] ［法］谢阁兰,《勒内・莱斯》，梅斌译，北京：生活・读书・新知三联书店，1991。其实，关于紫禁城的写作很多很多，一直都在持续，如Reginald F. Johnson, *Twilight in the Forbidden City,* Oxford: Oxford University Press, 1935；Frank Dorn, *The Forbidden City: The Biography of a Palace,* New York: Scribners, 1970；Roderick MacFarquahar, *The Forbidden City*, New York: Newsweek, 1972；May Holdsworth, *The Forbidden City,* Hong Kong: Oxford University Press, 1998。

[7] 史景迁（Jonathan D. Spence),《天安门：中国的知识分子与革命》(*The Gate of Heavenly Peace: The Chinese and Their Revolution, 1895-1980*)，温洽溢译，台北：时报文化，2007，页14。另外可参阅敬文东《从铁屋子到天安门——关于20世纪前半叶中国文学“空间主题”的札记》,《上海文学》2004年第8期，页68—82; Wu Hung, *Remaking Beijing: Tiananmen Square and the Creation of a Political Space*, University of Chicago Press, 2005。

[8] 陈平原,《“五方杂处”说北京》，收入陈平原、王德威编《北京：都市想像与文化记忆》，北京：北京大学出版社，2005，页533—534。

[9] ［法］谢阁兰,《勒内・莱斯》，梅斌译，北京：生活・读书・新知三联书店，1991，页113。

[10] 同上书，页49。

[11] 谢肇淛,《五杂组》卷三“地部一”，潘膺祉如韦馆刻本，万历四十四年，页九上、下。

[12] Hedda Merrison, *A Photographer in Old Peking*, New York: Oxford University Press, 1985, p.7.

[13] 林语堂,《迷人的北平》，收入《语堂杂感集》，香港汇通书店，1963，页22—29。

[14] 老舍，《骆驼祥子》，北京：人民文学出版社，1979，页 135。

[15] 周锡瑞，《华北城市的近代化——对近年来国外研究的思考》，收入刘海岩主编《城市史研究·第 21—22 辑》，天津：天津社会科学院出版社，2002，页 2—3。

[16] 北京城市空间发展与社会变革的关系、意识形态和科学技术在促进基础设施变革中的作用、变革对城市环境和城市生活的影响等一直都是史明正北京研究的关注点。他认为这些使城市市民化、现代化并意味着效率的举措，不仅改变了北京城旧有的象征皇权、威严和社会等级的城门、城墙、宫殿环环相套的大小圆圈的风貌，还意味着政治的民主化、经济的近代化等转型，而这一转型时间上的起点是义和团运动和随后清政府实施的“新政”。参阅史明正，《走向近代化的北京城——城市建设与社会变革》，王业龙、周卫红译，北京：北京大学出版社，1995；“From Imperial Gardens to Public Parks: The Transformation of Urban Space in Early Twentieth-Century Beijing”, *Modern China*, 24.3(1998.7), pp.219-254；《清末民初北京城市空间演变之解读》，收入刘海岩主编《城市史研究·第 21—22 辑》，天津：天津社会科学院出版社，2002，页 434—441。另外可参阅王均，《近代北京城内部空间结构的历史地理研究》，北京大学博士学位论文，1997。与本土学者力图梳理清楚北京城现代化历程的诉求稍异，西方学者已经提出了新中国的北京城又在营造新的神圣化的意识形态这样的命题，以及北京作为圣城（sacred city）的内在性和延续性，分别参阅 Marwyn S. Samuels & Carmencita Samuels, “Beijing and the Power of Place in Modern China”, in John A. Agnew and James S. Duncan ed., *The Power of Place: Bringing Together Geographical and Sociological Imaginations*, Boston: Unwin Hyman, 1989, pp.202-227; Jeffrey F. Meyer, *The Dragons of Tiananmen: Beijing as a Sacred City*, Columbia, S.C.: University of South Carolina Press, 1991。

[17] 参阅 Madeleine Dong Yue（董玥）, *Republic Beijing: The City and Its Histories, 1911-1937,* University of California Press, 2003, pp.173-183；本书下编“城市生理学与杂吧地的‘下体’特征·日渐繁荣的天桥”一节。

[18] 岳永逸，《当代北京民众话语中的天桥》，《民俗研究》2001 年第 1 期，页 54—67。

[19] 这些诗人关于天桥的诗作，张次溪进行了梳理和摘录，参阅张次溪《人民首都的天桥》，北京：修绠堂书店，1951，页 27—33。

[20] 雷梦水、潘超、孙忠铨、钟山编《中华竹枝词（一）》，北京：北京古籍出版社，1997，页218、229、429。

[21] 雷梦水辑《北京风俗杂咏续编》，北京：北京古籍出版社，1987，页252、191、90、209。

[22] Madeleine Dong Yue, *Republic Beijing: The City and Its Histories, 1911-1937,* University of California Press, 2003, pp.266-295；《国家视角与本土文化：民国文学中的北京》，收入陈平原、王德威编《北京：都市想像与文化记忆》，北京：北京大学出版社，2005，页239—268。

[23] 张恨水，《啼笑因缘》，北京：北京出版社，1981。

[24] 成善卿，《天桥史话·自序》，北京：生活·读书·新知三联书店，1990，页1。

[25] 钱歌川，《北平夜话》，上海：中华书局印行，1936，页95—105。

[26] 衷若霞，《天桥》，收入陶亢德编《北平一顾》，上海：宇宙风社，1939，页155—159。

[27] 马芷庠，《北平旅行指南》，北京：经济新闻社再版，1936，页85—86、260—261。除所引文字之外，该书还分述了天桥的源起、演变、性质，天桥的大鼓书场、评书、杂耍、掼跤等。其他如徐珂1920年编的《实用北京指南》、北平民社1929年编的《北平指南》都有相类的介绍。

[28] 柏右铭，《城市景观与历史记忆——关于龙须沟》，收入陈平原、王德威编《北京：都市想像与文化记忆》，北京：北京大学出版社，2005，页410—431。

[29] 曹禺对新龙须沟的赞美也是类似的描写方式。参阅吴祖光《北京的天桥》，曹禺《半日的旅行——记龙须沟、北京体育馆和百货大楼》，收入曹禺、沈从文等著《美丽的北京》，香港：三联书店，1956，页91—98、1—11。

[30] 萧乾，《北京城杂忆》，北京：人民日报出版社，1987，页31。

[31] 邓友梅，《那五》，北京：作家出版社，1995，页31。

[32] 陈建功，《建功小说精选》，北京：华夏出版社，1997，页62、81。

[33] 蒋寒中，《天桥演义》，北京：紫禁城出版社，1987。宫晓东、李三林导演，北京天梦影视文化公司，海南鸿盘实业有限公司，香港银都机构有限公司，北京电视艺术中心联合录制，《天桥梦》，北京：北京电视艺术中心，1995。

[34] 侯宝林，《我的自传》，收于中国人民政治协商会议北京市委员会文史资料研究委员会编《燕都艺谭》，北京：北京出版社，1985，页161—324；新凤霞，《新

凤霞的回忆》，北京：北京出版社，1982，《以苦为乐——新凤霞艺术生涯》，北京：中国戏剧出版社，1983，《我当小演员的时候》，北京：生活·读书·新知三联书店，1985；孙书筠口述、包澄挈整理《艺海沉浮》，北京：中国曲艺出版社，1986；关学曾口述、郑忠立整理《路——琴书泰斗关学曾先生的演艺生涯》，北京：中国文联出版公司，1999；赵玉明口述、孟然整理《艺苑寻踪——赵玉明从艺六十年》，北京：新华出版社，1997；金业勤，《我从老天桥走出来》，北京：中国民族摄影艺术出版社，2006。

[35] 岳永逸，《空间、自我与社会——天桥街头艺人的生成与系谱》，北京：中央编译出版社，2007，页 263—269。

[36] 赵园，《北京：城与人》，上海：上海人民出版社，1991，页 245、8。直至北岛建构的感官世界的北京，20 世纪以来文人笔下的北京多是在寻找已有的或应有的“精神故乡”。除前文已提及的文学著作，还可参阅 Lin Yutang, *Imperial Peking: Seven Centuries of China*, New York: Crown Publishers,1961；邹仲之编，《抚摸北京：当代作家笔下的北京》，北京：生活·读书·新知三联书店，2005；北岛，《城门开》，北京：生活·读书·新知三联书店，2010。

[37] Lynn, Jermyn Chi-Hung（雷齐虹）, *Social Life of the Chinese in Peking,* Peking-Tientsin: China Booksellers Limited, 1928, p.56.

[38] L.C. Arlington and Wm. Lewisohn, *In Search of Old Peking,* Peking: Henri Vetch, 1935, p.224.

[39] Fei Hsiao-Tung, “Forword”, in Hsiao-Tung Fei and Chih-I Chang, *Earthbound China: A Study of Rural Economy in Yunnan,* Routledge and Kegan Paul Ltd, 1948, p.ix.

[40] 关注下层阶级生活的“北平素描”是姚克在《申报·自由谈》开辟的专栏，在 1934 年 3 月 26、27、31 日，4 月 2、9、10、11、14 日上连载。

[41] 另外，1938—1939 年，常年致力于天桥研究的张次溪也在《实报》开有“天桥丛话”专栏。连同新中国成立后不久对天桥整治的相关报道，今人黄宗汉将其辑录成专书出版，这为研究老天桥提供了极大的方便。遗憾的是，辑录后的不少文字与原文有出入。参阅黄宗汉主编《天桥往事录》，北京：北京出版社，1995。

[42] 张次溪，《人民首都的天桥·自序》，北京：修绠堂书店，1951，页 2。

[43] 同上书，页 5。

[44] 同上书，页 4。

[45] 李景汉,《人民首都的天桥·李序》，收于张次溪《人民首都的天桥》，北京：修绠堂书店，1951，页 10、9。

[46] 周作人,《人民首都的天桥·周序》，收于张次溪《人民首都的天桥》，北京：修绠堂书店，1951，页 1—3。

[47] 张次溪,《人民首都的天桥·自序》，北京：修绠堂书店，1951，页 5。

[48] 我曾经以对天桥八大怪的写作为例，分析指出“包括书名在内，发生由‘旧’向‘新’的转化是张次溪这个旧时代的文人、学者对新时代、新形式、新语境的认同结果，是他不得不采取的策略，这也是当时语境所决定的他只能采取的策略”。参阅岳永逸,《空间、自我与社会——天桥街头艺人的生成与系谱》，北京：中央编译出版社，2007，页 277—279。

[49] 参阅《北京市人民政府新闻出版处对〈人民首都的天桥〉一书审读报告》，北京市档案馆藏，J8 全宗 2 目录 312 卷。

[50] 柏右铭,《城市景观与历史记忆——关于龙须沟》，收入陈平原、王德威编《北京：都市想像与文化记忆》，北京：北京大学出版社，2005，页 428。

[51] 史树青,《天桥史话·序》，北京：生活·读书·新知三联书店，1990，页 1。

[52] 张次溪,《人民首都的天桥》，北京：修绠堂书店，1951，页 25。

[53] 2006 年，中国人民大学出版社将《人民首都的天桥》易名为《天桥丛谈》，添加了些插图出版。

[54] 白夜、沈颖,《天桥》，北京：新华出版社，1986。

[55] 周作人,《人民首都的天桥·周序》，收于张次溪《人民首都的天桥》，北京：修绠堂书店，1951，页 3。

[56] 史树青,《天桥史话·序》，北京：生活、读书、新知三联书店，1990，页 2。

[57] Madeleine Dong Yue, *Republic Beijing: The City and Its Histories, 1911-1937*, University of California Press,2003, pp.172-207.

[58] 詹环蓉,《平民市场老天桥》，见刘铁梁主编《中国民俗文化志·北京·宣武区卷》，北京：中央编译出版社，2006，页 219—269。

[59] 参阅 http://qkzz.net/magazine/1000-4173/2007/03/10029737_2.htm。

[60] 华智亚,《民间艺人群体的多重镜像——评〈空间、自我与社会〉》,《民俗研究》2008 年第 2 期，页 269—272。

[61] 出于对学术伦理道德的反思，从事田野调查的学者对于自己当事人在称谓上已经发生了明显的变化，那就是从报告人（reportor）、信息提供者（informer）到合作者（co-worker）的转变。称谓的变化，强调的是对于当事人的尊重和对其参与研究的肯定。确实，在一项田野研究中，研究者所面对的当事人并非仅仅是研究的对象和被动的信息资料的提供者，而是与研究者一样的行动主体。对研究者的问询，当事人之所以给你这样表述而不是那样表述，其本身就是他对研究者这个人及其调查研究目的的思考、认同的结果。而且，在相当意义上，当事人的讲述和所提供的资料决定了研究者的最终成果，以及研究成果可能会有的效度与信度。因此，调查研究者和当事人之间的关系，正是迈克尔·波伦所精辟地指出的蜜蜂与花的互为主体性的"共同进化"的复杂关系。有鉴于此，笔者使用合作者一词，意在强调我的当事人对我研究参与的主动性和主体性。参阅迈克尔·波伦（Michael Pollan），《植物的欲望：植物眼中的世界》（*The Botany of Desire: A Plant's-Eye View of the World*），王毅译，上海：上海人民出版社，2005。

[62] ［法］埃马纽埃尔·勒华拉杜里（Emmanuel Le Roy Ladurie），《蒙塔尤：1294—1324年奥克西坦尼的一个山村》(*Montaillou, villahe Occitan de 1294—1324*)，许明龙、马胜利译，北京：商务印书馆，1997。

[63] Paul A. Cohn, *History in Three Keys: The Boxers as Event, Experience, and Myth,* Columbia University Press, 1997. 值得提及的是，就口述史的合理性、创新性、历史、具体访谈技巧与阐释方法，保尔·汤普逊曾有精深的论述。参阅［英］保尔·汤普逊（Paul Thompson），《过去的声音：口述史》（*The Voice of the Past:Oral History*），覃方明、渠东、张旅平译，沈阳：辽宁教育出版社，2000。

[64] 岳永逸，《日本落语的传承与文化自觉》，《民族艺术》2006年第1期，页18—30；《眼泪与欢笑：唐代教坊艺人的生活》，《民俗研究》2009年第3期，页58—98。

[65] 陈平原，《想像北京城的前世今生》，收入陈平原、王德威编《北京：都市想像与文化记忆》，北京：北京大学出版社，2005，页547—555。

[66] 顾颉刚，《古史辨自序》，见周作人编《中国新文学大系·散文一集》，上海良友出版公司，1935年出版，上海文艺出版社1981年影印本，页307—319。

[67] 陈平原，《北京记忆与记忆北京》，收入陈平原、王德威编《北京：都市想像与

文化记忆》，北京：北京大学出版社，2005，页6。

[68] John A. Agnew and James S. Duncan ed.，*The Power of Place: Bringing Together Geographical and Sociological Imaginations,* Boston: Unwin Hyman, 1989.

[69] Lu HanChao, *Beyond the Neon Lights: Everyday Shanghai in the Early Twentieth Century*, Berkeley: University of California Press, 1999.

[70] David Strand, *Rickshaw Beijing: City People and Politics in the 1920s*, Berkeley: University of California Press, 1989，p.xiii.

[71] Hok-lam Chan（陈学霖），《刘伯温与哪吒城——北京建城的传说》，台北：东大图书股份有限公司，1996；*Legends of the Building of Old Peking*, Hong Kong: The Chinese University Press, 2008。

[72] 北岛，《城门开》，北京：生活·读书·新知三联书店，2010；王世襄，《自珍集》，北京：生活·读书·新知三联书店，2007；《京华忆往》，北京：生活·读书·新知三联书店，2009。

上编

养穷人：口述的天桥

一、落到天桥，你就不值钱了

——李长荣访谈录

访谈时间：1999 年 11 月 6 日、13 日，
2000 年 3 月 10 日
访谈地点：北京市宣武区永安路
访 谈 者：岳永逸

访谈者记：

李长荣（1934—2009），男，油漆工人。他出生于北京，1939 年之后一直在永安路居住。小时候，家中贫穷，他常常同许多穷孩子一起在天桥附近拾煤核儿，一有闲暇就去天桥观看各种杂耍和说唱，对 1949 年前后天桥各处的场子、艺人、摊位、演技，如数家珍。退休后，老人常到天坛公园遛弯儿，拉京胡，给其他业余唱京剧的人伴奏。他不识乐谱，也没拜过师，拉京胡全靠自学与他好的听力及乐感，而他将这归功于当年在天桥的熏陶。

1999 年，当我在天桥一带的胡同瞎转悠，熟悉天桥的方位与布局时，李长荣先生是我无意中遇到的第一位合作者，也是我真正进入天桥，开始访谈的起点。1999 年 11 月 13 日访谈完后，他不顾自己感冒，亲自带着我到“天桥”旧地重游，一一给我指点当年撂地卖艺的每一个场子以及其他摊点的位

置。实际上，作为老观众和老街坊，他心中始终有一幅活的老天桥地图。此后，我还去过老人家中数次，核对相关信息，并曾与他一同到天坛公园遛弯儿。

2005 年 8 月 7 日，我与学弟王诗愉、学妹谢磊一道对李长荣老人进行了回访。那时，他仍住原地。一进院门，老人的老伴就认出了数年未曾谋面的我，热情地招呼我们进屋，并将刚刚躺下准备午休的李长荣老人叫了起来。与数年前一样，老人是有问必答，知无不言。

（一）我就住在这屋，没动过窝儿

我姓李，叫李长荣，1934 年在北京出生。五岁时，我们家就搬到这个地方来了，就住这屋，没动过窝儿，一直没动窝儿。我父亲那会儿也是给人“打工”吃饭，什么财产都没有。五岁之前，我们家住在现在的天桥邮局那块儿，就是阡儿胡同。原来我们这房都是大栅栏同仁堂药店的房。过去，住这房也不花钱，房子坏了，自己修理，人家不管修。房子漏了，自己买点洋灰，买点沙子，上房一和，把漏的口子糊上。为什么这么弄呢？没什么钱呀！在旧社会，咱们就是上班，挣工资，什么财产也没有，就是吃工作饭。

我小时候，没什么事，也就是在家帮着做做饭，捡捡煤核儿什么的。就是侯宝林说的那样，拿一煤筐，到处捡煤核儿，哪儿都去。早晨起来，那些饭馆生完火的话，煤灰就倒出去了，挎着筐子，就把这些煤灰扒拉扒拉，捡回来就烧。那时候，不穷吗？就得捡这个。我上过学，不多久，家里没钱供应就不上了。上学时，放学之后，也常挎着煤筐捡煤核儿去。那时候，捡煤的小孩很多，穷人多。捡完煤，没事了，就往天桥去看看。那儿不花钱呀！要钱也根本没有。听书，或者站在场子外头看看。

1954年，我参加了建筑工程队，做油漆工，一直干到退休。我在工地干活的时间不太一样。这工地也许干一年，也许干半年，完了再换别的。平时，白天上班，晚上回家住。工地都在附近，没有太远的。有专管业务的，到时就把我们派出去干去，施工地方不一样，有离家远的，有离家近的。离家近的话，中午就回家吃饭。参加工作后，天桥也还有各种玩意儿，我要挣饭吃，就没时间上天桥看了，但偶尔还是上天桥转转。天桥的各种演出、杂耍、摊位的整顿、取缔、消失是在1956年。

我退休有十多年了。退休后，我常常上天坛遛弯儿去，或在家里帮着看看孩子，拉胡琴。天坛里有好些人，一般有十多人常常在那里，有好唱的、好拉的，有新学的。我就只管拉，伴奏，他们唱。唱都是唱京剧，北京人都好唱京剧。礼拜六、礼拜日上午人会多些，有二十多个人，平常老是十多个人，多是老头儿、老太太，年轻人少，他们都不太好这个。我拉京胡没有拜过师，是自学的，就是过去爱听，脑子凭着记忆，自己刻苦练习。我不识谱，就是听这个节奏，听几遍，脑子里反应，试一试，就会了，脑子里也就记住了。

你说的储子营以前叫“厨子营”，但并不都是住的厨子，那胡同过去大部分都是妓院，现在叫嫖娼的地方，那属于是档次低的地方。厨子在天桥这地方不多。你像刚才我在口里碰见你的那地方，叫铺陈市。为啥叫铺陈市呢？过去，它就是做鞋、打袼褙、纳底子的。那条胡同就是好几代人都卖铺陈的。

过去，在天桥谋生的很多，说书的、说相声的、唱莲花落的、掼跤的、演双簧的、拔牙的、镶眼的、拉洋片的、砸石头的、蹭油的、吞铁球吞宝剑的，还有剃头的、乞丐和小偷，等等。这些我都见过。

（二）过去，说评书的是摆地摊

过去，天桥的三角市场在我们居委会那儿。公平市场那时则是老说书艺人连阔如说书的地方，他说“东汉”“西汉”。说评书最早在旧社会是王杰魁说《包公案》。说书的就是一字一句，连带日月、朝代那都是没错儿的。过去，说评书的是摆地摊，比如说吧，它四处圈一圈儿板凳，中间放一方桌。说书的表演艺术家就在中间说，四周坐着人。说书的是有钟点的，十分钟或一刻钟为一段，一段完之后，就拿着小笸箩向观众要钱。

说书的也有在茶馆里说的。在屋里说，收费高一点，在外边搭板凳说，则收费少一点。按现在的说，即在外边说，税收得少一点。在屋里说，刮风下雨没关系，撂地摊就不行了，一刮风下雨，观众就呼啦啦全跑了！在屋里说，每天都有一定的收入，外边阴天下雨就不能说。在屋里说书的，不一定就好。你像我们现在七十岁左右的老人，都听过王杰魁说书。王杰魁在外边说书时，里三层外三层都是人，老挤不动。有的在屋里说也不见得就说得好。技术高点儿或低点儿，不在于在不在哪儿，这就说句土话吧：“饭桶到哪儿都是饭桶，好的搁哪儿也是好的。”

天桥的每一个摊位都是固定的。外来的想在这儿讨口饭吃，是吃不上的。你比如说，你也是说书的，我也是说书的，你外地说书的到这儿来，想在这儿说书，你必须先找这儿的头头儿，先送礼。你不送礼，你这一天也吃不上！

说书艺人有组织。在这一片儿说书的它有个头儿，你说书的给他不时地递个红包儿，你就会待得时间长点儿，你说得就硬气点儿。如果你递得少，你就在这儿干不长。那时，还讲“胳膊头”，即讲势力，你说我不送钱，只要你有势力你也能吃开，你上边认识人也行。如果你什么人也不认识，你再不送礼，又想在这儿说书，那你就说不上，一个钟头也不让你说。过去，还讲打手，甚至还派打手给你捣乱。你说书我也说书，你不是没上供吗？我弄点儿人给你起哄，你这说书的说了一阵儿，等你要钱时，给你稀里哗啦全弄跑了，你上哪儿要钱去？向谁要钱去？

说书的他们有行话，具体有什么行话，就不知道了。你到天桥，要是没到云里飞的场子，就太遗憾了。说书的，要是你没听王杰魁的《包公案》，那就太遗憾了。为什么呢？这都是天桥的老艺人呀，要是活着的话，也应该有一百三四十岁了。我小的时候，王杰魁起码就有八十岁出头了。王杰魁说书真有点儿"台风"。什么叫"台风"？王杰魁说书的话，别人都挤不动。他没有文化，这一辈子他就是吃这段书，说到了头儿，返回来，这是王杰魁的特长。还有个老说书的叫段兴云，他主要说《济公传》。还有个叫赵英颇，就主要说《聊斋》，他说的《画皮》是一绝。为什么说他这个是一绝呢？他一说这个，人就老满着，一般要是（天）黑墨叽叽的话，你就害怕。这几个都是天桥说书成名的。

落子馆中的艺人表演与说书的不一样。说评书就站在那儿说。落子馆中大部分的都是女的，还得化点儿妆，还带扭。简单地来说，也不是怎么忒正派，就是凭"那个"要钱。要钱的话呢，不是明目张胆地要，有点不正规似的。落子馆的女艺人一般都是比较年轻的，都是五六个人或七八个人一班。人太多了不行，她们挣不了钱，怎么分呀？落子馆里的"戳活儿"就跟现在的点歌一样。比如说，你叫我给你唱一个，好，我给你唱一个，就是五千。

（三）相声的"脏口"与"撒村"

过去，在天桥说相声的是最受欢迎的，听众最为喜欢。因为说相声的时间短，三言两语逗大家一乐，十来分钟就完了，短小精悍。愿意给钱就给，不愿意给钱的话呢，这场子就散了。这里边有时间长短的问题。唱戏的、话剧的一来就是两三个小时。

解放前，相声不让女同志听，因为它那里面尽胡说，不适合女同志听。解放后，经过侯宝林的改，说相声在什么场合都能听，男同志、女同志，岁数大小都可以听，他就是不“脏口”。“脏口”是他们的行话，不脏口就是大众化。过去，讲堂会，胡骂、胡说，人家女同志怎么听？侯宝林使相声男女老少都可以听，在这点上，他是有功劳的。曲艺当中，相声改革就是侯宝林改的。过去，说相声时，如果有女同志听，说相声的就会说：“同志，你上别处去，我们这儿是‘撒村’，你别听。”“撒村”是什么呢？就是胡说八道。[1]

（四）掼跤：××× 与 ×××

摔跤又叫掼跤，以前写成“掼交”，是分派的。[2] 在天桥，经常是大牌子上面贴着红纸黑字，写着“掼交：××× 与 ×××”。掼跤是从清朝开始的。过去，皇上爱好那个，有一部分人好练，后来就传到民间来了。宫廷的掼跤也就等于保卫皇帝的大力士似的。那时，皇上全凭保驾，没有现在的先进武器，全凭力气，摔呀！

掼跤的有专业的，也有“玩票”的，出身都是穷苦人。有钱人也不练那个，摔得真疼呀！掼跤的牛街的人多，主要因为那儿有宛八老爷，他以前是善扑营的。天桥的沈三、宝三都是他的徒弟。掼跤的收徒弟有规矩，要人介绍，还要看你的坯子怎么样，是不是掼跤的那块料，不是这坯子就不行。学戏一般六七岁就得开始，而掼跤的一般在十六七岁开始，太小，没力气呀。掼跤的没有祖师爷，他们不拜神。他们结婚没什么限制，都是普通老百姓。他们都吃得多，同样是早上起来练功。除卖艺外，平常生活与一般人差别不大。

最早到天桥摔跤的是沈三、宝三，在三角市场。沈三是回民。过去，他是卖杂碎的。清末的时候，宫里有摔跤的。他看摔跤的入神了。人家看他有意思，说："嘿，你入摔跤吧？"为什么叫沈三、宝三呢？他俩是师兄弟，都贯一"三"字，就像辈分一样，也像科班的"字"儿一样。一提你是哪个字儿，就知道你是哪一科的。喜连成科班就有七科。你要一提你是"喜"字的，那就是头一科的，你"运"字就是晚辈了。学出去了，就表明艺有所成了。这就跟说书似的，你说得好了，吸引人了，就老有人听。你说得人困了，人还听什么？说得不好听点儿，饭桶它就是饭桶，是金子，它搁在哪儿都放光。今天，你碰上我了，我喜欢说实话，要是你碰不上我，你听不到这些！

天桥的跤场中，外省来的一个姓徐，叫"坦徐"。坦徐是沈阳的，他一摔跤，就走起来。还有，满宝珍的叫"快手跤"，他是回民，也收有好些徒弟。为什么叫"快手跤"呀？他那摔跤的话，手脚特别快，你要是不了解他的情况，头三下，你要是躲不开，你准趴下。

那时候，摔跤穿的是褡裢，就是一件小褂，没有袖子，都是白布。摔的时候，四周坐着人，开始练了，常说："各位老师父，多关照一下呀！我才学，各位老师父，多给提意见。"说完以后，就有板有眼地练上了。

宛八老爷没有了，沈三和宝三就接着再收徒弟，就这样一代一代地传下来了。摔跤的一般都不抽大烟，他抽大烟就会很快没体力。唱戏的老京剧演员都吸大烟，他老是在夜里12点唱戏，他吸大烟提神。摔跤的一抽就没劲儿了。

（五）大狗熊、赛活驴与蹭油的

天桥过去有"八大怪"。八大怪中的"云里飞"场子中有个叫"小疯子"的，他就是出洋相。怎么出洋相呢？一瞅没人过来，他就往自己脸上抹白，一块一块的，扮作小丑，不停地扭，出洋相。人们看着奇怪，就围上来了。他就能招人。你要是规规矩矩的话，他那板凳就没人坐。他场子里面非得有一跳梁小丑，他这一活动，就有人来了。

天桥过去有个最老的艺人叫孙宝才，他的艺号叫“大狗熊”。为什么叫他“大狗熊”呢？他脑袋特大，块儿也大，也笨重，站在那儿就跟傻子似的，所以有了外号“大狗熊”。侯宝林都在他之后，他的资格最老。孙宝才擅长演双簧。双簧就是两个人表演，前边一个人装扮成花脸，背后一个人发号施令，前边的人就按口令做动作、表情。后边的人说笑，前边的人就做笑的动作，后边的人说哭，前边的人就做哭的表情。我有时候就上天桥去看大狗熊的双簧，那是他的绝技。

那阵儿，天桥的绝技还有“赛活驴”的上桌子，“赛活驴”两口子都是卖艺的，他们是在三角市场演。为什么叫“赛活驴”呀？他做一个黑衣裳，前面做一个大驴脑袋，加俩木蹄子，他媳妇骑着他。这我亲眼见过。他练是怎么练呢？这是桌子，这桌子三条腿呀，下面有一个碗，他码几条板凳，都有一条腿跨着空，但平衡都找好了的。你要是不蹬好，就摔下来了。每次表演的时候，都是他媳妇骑着他先在场子绕一圈，两前腿一抬，站在上面，然后下来，先要钱。为什么先要钱？他把人都招来了以后，把他练的功夫都说完以后，把钱要下来，练得就踏实了。要是等练完了，戴着驴脑袋才下来要钱，人都跑了。这很容易就掉下来了，人心里就不踏实了。我就看见，真有一次，刚上去，就摔下来了。[3]

蹭油的是看你来逛天桥了，发现你衣裳上有一块油。他就拿一块橡皮，旁边搁一盘，在盘中蘸一下，蹭蹭蹭，衣裳上的油没有了。不能白蹭，那橡皮至少你得买五块，一块五毛。但你拿回家蹭就不行了，都是假的。那阵儿的人都好面子，按现在来说吧，两块五毛钱，你好意思再回头找他去呀？穷光蛋他不会买，有钱人他也就算了，拉倒吧！蹭油

访谈完后的合影

的就是这种情况。现在的不也有蒙人的吗？我这盆儿就是在天坛那儿买的，买回家没几天就漏。现在假的多，净蒙人。

那吞宝剑的是为什么？比方说吧，他演了一场，或者半个小时，或者二十分钟，只有人站着看，却没人给钱。没人给钱的话，他就拿一宝剑吞。这人都心软，一看这样，就扔钱，无论多少。练杠子的“飞飞飞”练的几项都跟别人的不一样，这我都看过。他的杠子是特制的，他自己起倒立。另外，还有“小金牙”拉洋片也非常吸引人。

天桥各类表演都是在白天，晚上没有。白天一般也是从中午 12 点开始，天黑就收场了。过去，天桥这一片并无住家人户，晚上摊子一收，便空荡荡的。艺人撂地的场子一般就在他们的住地前，在解放前方圆二里地的天桥内，住的人就只是艺人。

（六）拜师与拜地头蛇

卖艺的、杂耍的是拜师，不拜祖先。你比如说侯宝林，他是说相声的吧？最早，他是学京剧的。后来，他又在天桥“云里飞”场子撂地过活。过去，艺人的生活不是有一定的保证。天津的白全福是侯宝林的师弟。侯宝林最早学京戏的话，收入也没有固定的，于是落到了天桥。落到了天桥呢，就跟天桥云里飞撂摊儿，这是一点儿不假的。过去，艺人的生活是没有保障的，是“风来跑，雨来散”嘛！不像现在的每月都固定。那阵儿，今儿天好，上座的人就多，可以多收入点儿。要是刮风下雨，谁管你站在哪儿？师父教会徒弟后，徒弟也先得挣几年钱给师父。出师以后，挣的钱才归徒弟自己的了。

拜师有规矩。拜师以后，按现在来说，你得白帮着师父先挣几年钱。拜师后，互相都有个照应。你像现在这个文艺来说，你说梅兰芳收了徒弟了，不论在哪个场合儿，他的徒弟要唱，这个价钱就低不了，为什么呢？梅兰芳的徒弟呀！要是发奖的话，也不可能给少发的了。给他少发的话，对他就不好了。你光说张君秋的徒弟就是多少？他的徒弟很多。为什么呢？你要是拜了他之后，你到哪儿都吃得开！你要是到了各省、各县，一说北京来的表演艺术家，张君秋的徒弟，他都不敢小看你。

师兄师弟是这样的，上午先来拜师的，就是师兄，下午来拜的，就是师弟，如果他之后，再来一个，下午这个师弟就成师兄了。

艺人结婚都是艺人跟艺人，不在其他阶层找。换句话说，大学生找对象一般都是找大学生，或者有知识的，他不找工人吧？生活都得一样呀！一般的是说书的跟说书的，说莲花落的跟说莲花落的，说书的也有找说莲花落的。唱戏的都是跟唱戏的，他不找外人，最次的就是找一个拉琴的、弹弦的、打鼓的，就是搞伴奏的。要与其他人找，别人不愿意，他们自己也不愿意。外人、不同行当的，他生活习惯、职业都不了解，言语上也不通，弄不到一块儿。所以，都不找外行，都是各行找各行。

天桥的艺人之间并不互相歧视。比如说，都是说评书的，你说得好就有观众，你也就能站得住脚。说得不好的，没人听，你自己也就站不住脚。

这些艺人他们平常不拜神，拜就拜“地头蛇”，拜“把头”。你要来天桥卖艺，你就必须拜把头，先给把头上供送钱呀！不这样的话，你想摆地你都摆不了。你一个钟头也说不了。他不说理呀！你不给他钱，他就要处置你。旧社会复杂就复杂在这里，各占一片，谁不管谁。你横，你就能把别人轰走。穷人你就只有干受气。技术好的艺人，他给把头送钱就多。技术不好的艺人，你想给把头拿高钱，你也拿不了。但把头不管这个，你只要在这儿撂地，你就得给我拿钱。

你听说过去“南霸天”有个叫张八的枪毙了吧？什么意思不知道了吧？为什么他叫南霸天？他住在天桥这一带。过去买菜，都在 105 公共汽车站那儿，那是个大菜市。是卖菜的，早晨起来拉着车子去那儿上了菜之后，再用车子推着串胡同卖。菜市这块地方是国家的地方，但被南霸天霸占着。你从那儿涮菜、停车、推着车卖菜，就得向南霸天交钱。每天二三百辆车子，这钱全都是他要，你不敢惹他。他上头有人、下头有人，就等于他就是一霸。[4] 他就是个流氓，也不敢惹他，为什么呢？他就是太恶了。

（七）“戏子”与“傻子”

我小时候最喜欢看京戏，喜欢听相声，喜欢看掼跤的。体育方面，我喜欢练双杠的，别看我现在六十多了，有时还能练两手儿。一生的喜好就是拉京胡。我不吸烟，不喝酒。

唱京戏分派，路子都不一样。比如说唱花脸的，有金派，有郝派的，有裘派的裘盛戎。金派指的是老艺人金少山，郝派指的郝寿臣。

唱胡子的，就是扮老年人的派别呢？有谭派、马派、杨派等。这几种派别唱的韵味都不一样，就跟都爱吃辣的，四川人与北京人辣的东西不一样。

这些京戏艺人的出身都是穷光蛋，是演戏的，家里都是没辙的。他们的祖辈都是演戏的，演戏的后代都是演戏的。这些人有外来的，也有当地的。当地的你像梅兰芳，他的祖先叫梅巧玲，他的父亲叫梅竹房，梅兰芳的儿子叫梅葆玖，女儿叫梅葆玥。过去的“富连成”科班就专门培养唱戏的，就像现在的中国戏校是专门培养演员的学校一样。富连成就在现在的晋阳饭庄那儿。

唱戏的都是穷孩子，学唱戏要挨打。过去，又把唱戏的叫“戏子”嘛！一般，戏子被人瞧不起。过去，说考进士，唱戏的不让考，剃头的不让考，杀猪的不让考，这三个行业是最低等的行业，被人瞧不起。唱戏的只能在场上、台上练、演，下边的看戏的人管唱戏的叫“傻子”。过去，没钱的才干这个。唱戏的要经过多年的苦练才能有所成，可它就是被人看不起。

师父招弟子在科班里头招，实际上所招这些徒弟都不次，就是借用师父的名目，要借师父的名声才吃得开，也就是带艺投师，但要是不借师父的名就不行。徒弟有外地的，也有当地的。拜师时，师父要给其他有名的艺人通报一声，说明这人是我徒弟了，不周不到的希望今后多多关照。如果这些有名气的艺人也在场，为徒的也会给他们磕头。

学这个的家庭出身都贫寒。学戏等于是受罪，家庭富裕的也舍不得这孩子。过去，学戏得签个合同，时间七年，七年打死了、打跑了，不管。怎么是打死了打跑了？一掰腿练功，你练得不对，那就拿个竹板“啪啪”地打。为什么那阵儿出人才？对不对？有的实在是忍受不了的，就跑了，家里也找不着，班社里也找不着。死了，死了就活该！签着合同，你吃不了这苦，就不行。打是真打，可是真出人才呀！

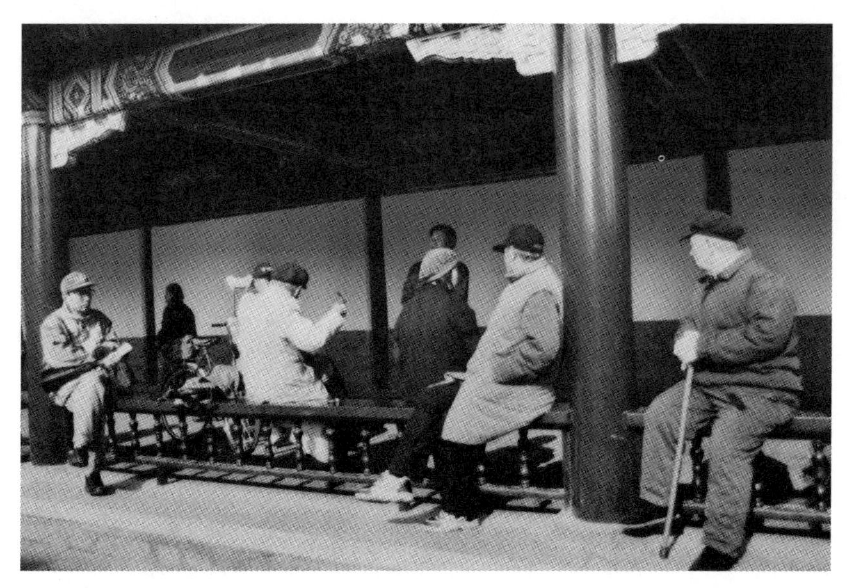

1999 年冬日在天坛公园长廊遛活儿的老人们

也有极个别的出身贫寒，自愿去学戏的，这也要家长舍得孩子才行。一般的家长是绝不会自愿送孩子去学戏的。学戏得找人介绍，毕了业，出了科，还得给师父服务三年，挣的钱都归师父，这之后挣的钱才是自己的。学戏不容易，打跑的多了。人家科班出来的，就像写字一样，横平竖直，到哪儿一看都能看出来的。专业的与业余的就是不一样。

有一个现在还常常跟我在天坛遛弯儿唱戏的，年龄也差不多，他唱戏味儿挺足，与其他人不一样。有一天，他给我说："老兄，我给你说吧，我小时候在富连成学戏，我给打跑了，学小生，真他妈打，实在忍受不了，这咬不住牙，没挺过来。"

尽管徒弟经常挨打，但师徒之间的关系还好。过去，不管哪行哪业，师徒如父子，那阵儿真不保守。现在，一般的师父他不见得说全都教给你。一个动作我给你说两遍，徒弟当着面不骂，背地里骂，我何必呀？我不教给你这些，每月我也拿这么些钱。所以，现在各行各业真正能人都不愿意教了。不是自己的亲人，人家不教了。现在，是这字号，不是那东西。现在的小吃，与我小时候吃的味道都不一样了。为什么呢？现在的老人都不愿意教那些了，教那些不行呀！你像现在的相声，不少的徒弟都篡改师父的，改俩腔，这就是我创造的了。现在的京剧也一样，就是胡改，已经不是传统的艺术了，听的人也没啥了。这就跟做饭似的，是什么你就得搁什么作料，你胡来不行，看一阵子就没人看了。

当然，也有徒弟与师父翻脸的。有的徒弟学一阵子感觉自己行了，就不理师父了，这也使得有些东西失传了。过去的老艺人都非常客气，人家随时都在说自己是在学习。不像现在的小年轻，这也瞧不起，那也瞧不起，谁都瞧不起。

在咱们天桥市场有一个练杂技的。前年，我上商场买东西，碰上了。他自己的小女孩儿，这一条板凳，拿起一条腿来，脑袋上顶着个碗，碗里装着小米。他就拿竹板子，看着她。这小米要是撒了，竹板子“啪”地就是一下。我说你不能轻点儿吗？他说：“这是我的孩子，你说我能不心疼吗？我这要是不狠着点儿，她出不来呀！这是我自己的女儿，我能不心疼？不这一下，她的腿就耗不住，不打不成才呀！”所以，学艺，一般的父母都不愿意孩子去受那个苦。

唱戏的早上得一大早就起来去坛根儿[5]喊嗓子练功。比如说练武生的得活动腰腿。有这样一句话：“人前显贵，背地里受罪。”要人们给你叫好，背地里你得下功夫。早上五六点就得起来，一直折腾到差不多中午。中午吃过饭休息休息，下午就准备上场。如果是晚上 7 点半开场，头 5 点就得到戏馆做准备工作，唱的要与弹的核对核对。唱完戏之后，一般都到夜间十一二点了，会吃点儿夜宵，然后睡觉。第二天又依次轮回。

演戏的都不能吃得太饱，只能吃个半饱，尤其是武生，否则，翻跟头会受不了。唱戏的也受罪。夏天，咱们穿背心都热得很，那唱花脸的还得穿着小棉袄，不穿这个，他的外衣就支撑不起来，不然，这大花脸出来时，就不会显得胸背宽厚，同时还得勾上脸，还得化妆。演出时，你会看见那汗珠直掉。秋冬无论多冷，你得穿着秋衣秋裤练功夫，夏天无论多热，你也得穿着大靴子。

过去，不少唱戏的唱一辈子戏连衣服都置办不全。解放后，都是国家发工资了。艺人与一般的人没什么差异，都互相尊重，尊老爱幼，比一般人更讲义气，对"利"不是很看重。而且，经常在技艺上互相切磋，并不保守。当然，师兄弟、师徒之间也有反目成仇的，比如……

艺人也拜祖先，跟平常人一样，过年过节时烧烧香。唱戏的有行业神，一般戏台后头都有老爷龛，供着他们唱戏的祖先，就是唐明皇，戏台后台一直都供着。平时，油灯一直燃着——与皇宫中的万年灯似的。唱戏前，艺人要给祖师爷烧香。神龛的大小不太一样，主要在心诚，凭心。拜唐明皇是因为传说他也爱看戏，传说他还演过戏呢！一代一代人，他资格最老了。其他没有什么特殊的说法。唱戏的只应堂会。唱莲花落的、说相声的有时会去串妓院卖艺。

（八）剃头挑子与乞丐

剃头的在天桥也是一个专门的行业，与现在不一样。过去，剃头的一般都拿的有"唤子"，"当当"地响。剃头的跟澡堂子修脚的身份不一样。修脚的给别人摆弄臭脚丫子吧？但修脚的比剃头的还要高一级。为什么叫高一级呢？这高一级的原因是怎么来的呢？你要在这级别上说，修脚的与被修脚的人平起平坐，谁修脚的站着给修呀？来修脚的人洗完澡了，躺在那儿，修脚的拿一马扎，坐在那儿呢！剃头的没有坐着给人剃头的，他总是站着绕着人剃。所以，虽然都是靠手艺挣钱吃饭，但剃头的比修脚的更低一级。剃头的主要来自宝坻县，百分之九十是来自天津宝坻县。修脚的是定兴县的多。

剃头挑子是流动性的，他流动服务的范围没有什么限制，哪儿都可以剃，你也可以上马路北边剃。[6] 为什么叫“剃头挑子一头热”呢？一边有一小炭火，小铜盆。

剃头的也有组织，他们这个讲的是你在哪儿学徒，他在哪儿学徒。现在蒙人的多，你要是叫他像过去老剃头的那样剃，他剃不了。过去，讲的是师承，谁是你师父，你在哪儿学的徒。一听你这师父不行，你这徒弟也好不了啦！就像现在买东西一样。咸菜吃六必居的，买药是同仁堂的。

南城穷人多，天桥也是乞丐多的地方。乞丐就是要饭的，他们也有组织。就是说，你要哪块儿，他要哪块儿，都有规定，你胡来不行。他有花子头，具体名字就不知道了，反正他们都有头儿，都有组织。你是这地儿的，上别的地儿去要，那就不行。拾破烂的比讨饭的更有脸面些。这在不同的区，你比如说宣武和崇文都不一样。与乞丐一样，过去，在天桥的小偷也很多。这小偷也有组织。小偷是什么组织呢？每个小偷都有自己的地盘，得听头儿的吩咐，不能到别人的地盘上去。

（九）一到南边来，名誉就给毁了

过去，内城是比较高层次的人，南边是低层次的人，等级不一样。内城的人是不屑于到天桥来的。如果一去天桥，别人就会问：“你怎么到那个地方去呀？”你按现在来说的话，外国都知道有个天桥。可是，那时天桥是最低层次、下流的地方。一听说你在这地方住，你换房子都不好换。我以前有个同事，一听说在天桥住，别人就不跟他换房子了。一听说你在天桥，人们就有这个感觉：“在天桥，就没好人。”这过去形成的，他不能指着你某某人说，但你说你在天桥住，就觉得你没什么水平。这就等于是低级似的。

艺人也一样。你说你再好，你珠市口以北唱戏，你就是好样的。要是你到天桥这儿，你就完了，卖不上价了。天桥唱戏的有个叫梁益鸣，梁益鸣就是“天桥的马连良”。为什么叫“天桥的马连良”呢？他在南城，落在街南了。梁益鸣他是群益社的，为什么叫梁益鸣呀？他得起中间的那个字，他的师兄叫王益禄。你说你再好，你落在天桥，就不值钱了。

街北和街南的艺人之间的差别相当大，那不是一般的大。拿戏曲演员来说，你要是在大栅栏演戏，在街北唱，按现在来说，工资能拿一千七，但要是他到天桥唱，一个月就只能拿五百。不论你多好的演员，你落到天桥了，也就是南城了，就等于说你不值钱了。它有这个区别。你说我是次演员，但一到了大栅栏，到庆乐、三庆唱去，这就抬高你的身份了。天桥的艺人到街北去不了。所以，街北的艺人不会轻易到街南来，一到南边来，名誉就给毁了，就等于你“降价”了。通常都是，街北的艺人他宁肯不唱，也不到天桥这儿来。天桥“八大怪”同样也去不了街北，天桥就是他们的家乡，到北边去不了。

注　释

[1] 关于天桥早期相声的“撒村”，张次溪亦有记述：“现在在天桥说相声的，有刘德智、郭启儒、于俊波。他们说相声时，人永远是满满的，可是所说的不怎么雅，常常撒村。”另外，就相声的起源、种类、表演技巧、早期天桥相声艺人

的经典段子，张次溪也均有记述。参阅张次溪《人民首都的天桥》，北京：修绠堂书店，1951，页76—79、198。

[2] 亦写作蹪跤，该行当的情形可参阅柱宇，《蹪跤家沈三访问记》，《世界日报》1932年12月23、24、25、29、30、31日，1933年1月8日第八版；克非，《蹪跤家沈友三具强烈个性》《新民报·天桥百写（十二）》1939年3月11日第七版；张次溪，《人民首都的天桥》，北京：修绠堂书店，1951，页207—208；成善卿，《天桥史话》，北京：生活·读书·新知三联书店，1990，页290、325—332。关于掼跤的当下记忆，亦可参看后文“马贵宝访谈录”。

[3] 赛活驴这种民间表演的起源，与天桥“赛活驴”的表演，可参阅张次溪《人民首都的天桥》，北京：修绠堂书店，1951，页118、151。

[4] 老人的记忆与事实有些出入。根据1951年5月22日《人民日报》刊登的《苦主控诉横行天桥的“三霸一虎”》，1951年5月23日《人民日报》刊登的《中国人民解放军北京市军事管制委员会军法处布告》和《广大群众欢呼人民政府为人民报仇》，“南霸天”是孙永珍，又叫孙五，而李长荣提到张八是“东霸天”，他的全名是张德全。如李先生所回忆，张八确实霸占天桥菜市，在《苦主控诉横行天桥的“三霸一虎”》的报道中，就提到了那时天桥流行的歌谣“天桥菜市两头洼，不怕阎王怕张八”。根据1951年5月23日《人民日报》刊载的在5月22日颁发的《中国人民解放军北京市军事管制委员会军法处布告》，当时枪毙的称霸天桥的恶霸还有，“伏地皇上”“西霸天”福德成，又叫福六，“坐地虎”白文光和同样称霸天桥菜市的“林家五虎”之一的恶霸林文华等。

[5] 指那时的天坛或先农坛的墙根儿。

[6] 马路北边指珠市口以北。

二、在我看来，这是自然的事情

——玉庆文访谈录

访谈时间：1999年11月15日

访谈地点：北京宣武区北纬路甲1号天桥乐茶园

访 谈 者：岳永逸

访谈者记：

玉庆文（1953— ），男，满族，镶黄旗人。其祖父在老天桥开了万盛轩，他的母亲是一度有名的评剧艺人。十二年前，他是天桥乐茶园的副总经理。当天，我原本是想到天桥乐茶园寻访在北京文化界颇为有名的黄宗汉先生，但接见我的是一位中年人，即玉庆文先生。经过简短寒暄之后，他爽快地与我交谈了起来。他本人也曾拜师学艺，并曾是评剧院的演员。玉先生从事过有关老北京天桥的电影、电视专题片的策划与制作。访谈完之后，玉先生还慷慨地赠送我一本在市场上已经很难买到的黄宗汉先生主编的《天桥往事录》。

2007 年开始管理天桥茶馆的玉庆文先生

1999 年的天桥乐茶园

（一）天桥卖艺，你必须是这行里的人

如果是外地来的艺人要在天桥卖艺，当地艺人一看你练的是这么回事儿，你再提及张三李四的，“我跟谁学的，我师父是谁”，也就应该可以了。一般的艺人他要出外谋生，也跟咱们现在要掌握大量信息一样。因为他谋生的手段，他肯定要说，北京谁有名气，这个有名气的人跟自己的老师或者是老师的朋友有一种什么千丝万缕的关系，他就会尽量地往一块儿搭。搭上以后，他就好说话。现在好多人出去办事儿也一样。所以，你到我这儿来，你跟我提黄宗汉，跟我说那个什么老师，其实，这其中的道理一样。当时也是这样，但是你必须是这行里的人。要不是这行里的人，那就很难接受了。因为你要是自己带着些，不能说绝技吧，你得有点儿艺术，对吧？你得有点表演手段，一看你是这么回事儿。不像那个外行人，肯定本行里的人他就接纳你。

唱戏的一样，你说我在天津是唱角儿的，到北京来了，你一张嘴，你在台上一走，你还没“亮调”呢，那人家就不会要你。要是一张嘴就那么回事儿，那人家肯定就能容纳你。你说你是说书的，行，你有什么段子？比如说，我有《杨家将》，这一部大块头的书，对吧？行，你给我说其中哪段听听。一听你是那味儿，艺人一听就知道，内行人嘛！你就包括我现在，你说来个人，说我是搞什么表演的，你就甭表演，我就知道你是不是这行里的人了。你要说的全是外行话，有的你尽管说的是内行话，但真要具体到细节上了，表演点儿东西了，就你往那儿一说、一站，就知道你是干吗的了。所以说，只要他一看你是这行里的人，他就能接纳你。

退一步说，过去学艺呢，它都是口传心授。为什么说他们比较低层一点儿呢？就因为他没有文化嘛！他是靠一种口传心授学来的东西。这样，学来的东西肯定要有老师的。没有老师，他又不识字，又不像现

在似的手段比较多，肯定不行，对吧？现在，我可以听录音呀，我可以尽量去模仿呀。你看，现在那种模仿的人很多嘛！那种靠无师自通的也有，但在那个年代，这种人就很少很少了。没有文化嘛，就要靠老师那种口传心授的来教。这种教，肯定就要受当时来说正规的训练吧！所以说呢，一说就知道是不是这行中的人了。

拜地头蛇呢，是你要想在这儿站住脚了才有的事。比如说，你想在天桥，你想在此扬名立万，你想在这块地上谋生了，而且这块地的艺人已经接纳你了，先给你一个时间段。你比如说，我在这块场地表演就是一个小时，然后一个小时发展到两个小时，两个小时发展到三个小时，然后我说我也在天桥找块地儿，我在这儿混饭吃了。这会儿，他才会说，这块地，你在天桥，你不能惹谁，不能惹谁，有他照顾着你，关照着你，你就能练，你就能占这块地。到那时候，他才很有可能去，包括警察呀、黑社会呀，他肯定要笼络这些人呀，为了保护他嘛！才能给他碗饭吃嘛！他肯定要尽量去结交这些人。这都是为了谋生。

要是临时性的演出，那就不会有这些事。这块地是我的，我让给你演俩钟头。对吧？或者有的你就不用演，也可以大伙儿筹点钱，我给你。这艺人都是很讲义气的。对吧？我给你凑点儿盘缠钱，你就走了。要不然，你说我就想在北京来发展了，我就想在北京找碗饭吃，这么着啦，你看能不能接纳我？他呐，也可以协调。当时，我估计在天桥这块地上，卖艺的一般是比较固定的，不是张三来，李四也来。

（二）拜师不是情不情愿的问题

学艺唱戏是两个因素。家里面要想给孩子找碗饭。那个时候，我相信它不是一个情愿不情愿的问题，他是为了吃饭问题。另外，你还得祖师爷给他这碗饭，是干这个的。到那儿去看看，说这小孩挺机灵的，能干这个，这师父才能给你领进这门去。否则的话，你木头疙瘩一块，你想学，他还不会要你呢！这包括不管是哪行业，尤其是艺人这一个行业，你得具备这个基本条件，你才能吃上这碗饭。“吃开口饭的”，那不是件容易事。你不具备条件，你说那么多人，他出了几个侯宝林呐？真是从艺的，你就说曲艺界也好，戏曲界也好，出了几个有名有姓的呀？对吧？一般地，就是说，不是很多人，这种艺人很少。

投师的仪式一般是送出去跟老师学。过去的戏班，你像是有什么荣春社呀，比较正规一点的戏班，你得托人，有关系，而且你的孩子还得具备一定条件，这样戏班才能要你。要你呢，你就要去学几年。学几年以后，就分出来了，生、旦、净、末、丑，你是学哪个行当的，你具备哪方面的条件，哪方面有优势，你就往哪方面去发展，然后你就在这个戏班里学了。一般的艺人，你比方说，我当时跟我老师学曲艺的时候，我先学的弹三弦。学三弦，那就是说，最起码你要喜欢这样乐器。学以后，你一上手一弹，你人跟木头说话，这不是说谁都能做到的。你要自己有这个乐感、音准，而且你要自己有这方面的细胞，你才能学。你跟老师一学，老师看你弹两下有发展，就给你简单地指导指导。你再比较开窍，进展比较快，他就会拿你当回事，想收你做学生了。那时候，他才会让很多人承认你。

过去拜师呢，就是真是要拜师了。收你做徒弟，你拜师要请客。这个，当着很多前辈的面，这是我的学生了，要有一定的仪式。然后，你才能说我拜过他。这个拜过跟没拜过永远是不一样。你拜过他呢？他就承认你了。将来你在社会上，你走到哪儿，你说我是荣剑臣的学生，那在艺人这一块儿，他肯定要会关照你的。你说我是侯宝林的学生，他肯定就又不一样。我说我是李文华的学生，就又在另外的一个档次上了，他比侯宝林差一辈了，这是有等级的。

拜师的具体仪式就是吃个饭，在饭庄子吃个饭。如果说学生没有这条件，因为他穷嘛，老师特别喜欢这学生，有时候赶上一饭局，得了，老师当大伙儿面说："我今儿个收一学生啊！"这不见得是学生掏的钱。有的呢？你要是学生家里具备这条件，也有说条件好的，就是后拜老师的。或者说，有的呢，都小有名气了，才正式拜师。它是形式多种多样的。

一般地，我还没有听说拜师时拜行业神的仪式。唱戏呀，那时艺人的流动性大，哪儿都演出去。你比如说到一个新台口了，大伙儿呢，很可能有一种仪式——拜祖师爷。就包括后台，你看那个小孩儿，唱戏时，怀里经常抱着小孩儿，那小孩儿叫"大师哥"。那是大伙儿不能动的，一定要尊敬的，不能说你拿他不当一回事。还有，后台甭管是供谁，因为它这个信仰都一样，他都有可能拜。你像现在那个香港剧组到内地来拍戏，他们都是开机这一天，一定要拜的。然后，关机的那天一定要拜的。香港、台湾的剧组到北京来拍戏，这种仪式相当隆重。就是它呀，保佑这部戏开拍顺利，这一定要拜的。咱们国内剧组呢？也有这种形式，但不是像他们那样讲究。因此，过去的艺人他换一个台口，肯定也有一些类似于这样的活动。

天桥的天乐、小小、万盛、小桃园、丹桂这些小戏园子拜的神没有什么太细的规定，也很少有说举行隆重的仪式拜，很少。

（三）晚睡早起：艺人的日常生活

一般地，不管是哪行哪业，早上起来，他都要去喊喊嗓子、练练功。这是多少年的这种传统。即便是现在，敬业的演员他也应该是这样的。他最起码要早起练练功呀，活动活动呀，像一般过去都是到坛根儿去喊喊嗓子去。这一个上午的活动应该是这样。而且，他这个上午的概念短。他因为夜长，唱得很晚。为什么说艺人都有这种习惯呢？睡得晚，起得晚，都是这种生活习惯。因为晚上要唱戏，要演出，而且根据观众的上座的时间不一样，收场子的时间也不一样。你像有点名气的艺人，散戏之后，吃个宵夜呀，打几圈麻将呀，我估计这都是很自然的事儿。所以，他一般都是睡得晚，起得也很晚。

至于说，早起这个概念，起得不是很早的。当然，他上午肯定要练功呀，喊嗓子呀，有学生的还得带学生，上午给学生说说戏呀，给指导指导段子呀。一般这些活动比较多。再就是中午了。你像下午他再睡一午觉，就该上园子了，就该有活动了。他们这一天应该是很忙碌的，就是他不是从事体力劳动的，他是从事表演的，肯定要讲究点儿。吃呀、穿呀，肯定要比一般人讲究点儿。这是职业的需要。不能说你穿得破衣烂衫的，就上园子了，肯定得讲究一点儿。

（四）伺候人与被人欣赏

从正常的心理角度分析，这只代表我个人的分析，那些达官显贵你说他看不起艺人，他也无非就是说，你作为一种被他欣赏的对象，你是他取乐的对象，是这种职业的划分，是他花了钱，你来给他们表演。是这么一种所谓的看不起。可是，有很多有钱的人，他甭管是从欣赏一个人也好，从爱慕一个人也好，他对这些从事表演的人，应该从他心里头来讲，他也有一个爱慕的成分在里头，他不完全是分成三六九等的。无非就是，我花了钱，你来伺候我，是这么一种概念。你要说这些人到底怎么让人瞧不起，在那阵儿，我听这些老先生们讲，他们没有被这些人甭管是歧视也好，真的就是那么瞧不起，那么不值钱。这些人，我感觉在当时那个社会中，没有到那种程度。

通过我接触的那些人，这是我的感觉，就跟现在的电影明星一样。对吧？你就说现在那些明星，叫“大腕儿”也好。现在百万富翁也有的是呀，也有很多有钱人，你说他怎么真正瞧不起那些明星？有些绯闻或者“花边”啦，那是单说了。只不过这些人是备受关注的人。所以说，大伙儿对他的这些新闻关注的这个点是不一样的。其实，在任何一个圈子里都有这些东西。只不过他是一个焦点人物了。你呢，没被人家作为焦点，所以说没人去关注你。

但是，这些艺人当时在谋生上也是很辛苦的，因为他没有权势，他只有艺术。当今，这道理不也是一样吗？他只不过是没有权势罢了。但是，他也可以依附有权势的人呀。千丝万缕的，这种东西它很微妙。有时候，说谁谁谁傍着谁呢，这跟当时那些人不也是一样吗？就说女艺人吧，哪个哪个当地的长官喜欢她，她肯定要依附他的势力，为了她自己的生活。

（五）挤对与孝敬：师徒关系

师徒关系呢？肯定是徒弟尊敬老师。当时，是因为文化的限制，这个老师呢？你是我的得意门生，我毕生所会的东西，就是肚子里的东西，都倾囊传授给你。要不是那种得意门生呢？得了，我给你一半也就完了。对吧？甚至那都是“师父领进门，修行在个人”。说师父给你领进门来了，教你三年另一节，你学会了，你学得差不多了，你真想在社会立住了，那完全是靠你个人。其实，你说甭管是谁，你学他，你得像他，这永远是两码事。你不能说，我就跟你一模一样，一模一样你出不了名。你只能继承发展。你吸各家之长，你才能超过你师父。

这个师徒关系也就是，我把你领进门来了，我喜欢你，我就多教你。一旦说，你自己有你自己的思想，你有你的特点，你怎么去博采众家之长，那是你自己的事儿。当时也是一样，每行每业都是一样！

在日常生活中，甭管是哪个行业，就包括我跟我的老师学，也是一样。我刚跟他学的时候，我也要为了我的老师尽心尽力地去做一些额外的事情，它是一些友谊的促进。你要说，当然啦，过去，从事的劳动不一样了。过去，没准儿你早起来上师父家了，来四五个学生。师父起了，你什么洗脸水呀、漱口水呀，包括给师父倒尿盆。师娘还没起来呢！那阵家里头可不吗？他就那么的一个环境。一家，私人有一宅子，有一院子，对吧？我有五个学生，早起来，这五个学生把院子给我扫干净了，都给我归置好了，都弄利落了。然后，我起来，我教你点玩意儿。我认为，这是很自然的东西。是吧？他为了博得老师的喜欢，他就要付出很多的劳动。

师父呢？是严师出高徒。这个认识角度都不一样。有的老师他是出于一种严厉，他是出于严师出高徒的这么一种严厉。对吧？有的呢，可能是我看不上你这个学生，我就拼命使唤你，你也出不来，我挤对你，没准儿能给你挤对走了，你就不在我这儿学了，你走就走吧！我这也就别在你身上白花这心血，没用。

也免不了有些人有很多个性，艺人的个性也都很强。过去，教书先生你念不好书还要打你手板儿呢！就是现在也一样，现在戏校操弓子老师照样拿一竹藤子，说你这个一小翻过去，或者一踢过去，你这条腿老耷拉着，藤子棍准打你这条腿。“记住了，这条腿你得往上来！”就这两藤子棍，或者两刀坯子，你就记住了。到时候，后踢的时候，你这腿肯定是跟起来。他这是为你好。现在，教书也一样。你想，他纠正你很多不正确的东西、不规范的东西。你要说，这里头有些个性刁蛮的艺人，或者说有些个性强的艺人，有些或者是说出于一种很不正常的心理，说我多教几个学生，让学生伺候我，我这舒舒服服的，教不了学生什么真功夫的，鱼目混珠的这些人肯定有。或者说剥夺学生很多东西的这些人肯定是有。

天桥的艺人，你要说练武术的、卖艺的这一块儿，一般都是家传，很少有外来的学生进来。至于对他的家人如何，那就是另当别论了，很少有外人进来。尤其是变魔术也好，变什么也好，他都是一代一代往下传，不传外人。

（六）我母亲与万盛轩

艺人的婚姻范围，第一没有严格的限制，第二没有什么规律性。很难找出一个规律性。现在的规律性倒很强了，一般都是圈内人找圈内人。那阵儿，没有什么严格的规律性，你像我先生的老婆就是很普通的一个妇女。

那阵儿，你说我母亲这个经历吧，是不一样。我母亲过去学艺，也是跟老师学出来的，也是比较系统的。像当时的花月仙啦，什么花彩莲啦，花艳茹啦，也有那么一个班吧，有很多艺人一块儿学出来的。学出来以后呢？她嫁给我父亲了。我父亲是两个太太，为什么娶我母亲呢？因为当时新凤霞她们呀都在万盛轩唱戏，唱评戏，有很多艺人在那儿唱，这个剧场是我们家的，戏班不是我们家的。但是说，要想维持自己这个正常的营业状态，怎么办呀？让我父亲娶一个唱戏的人，这唱戏的人怎么样呢？她最好能挑班唱戏。就是说，一旦艺人跟剧场有摩擦的时候，或者说，我跟你合同期满了，我不在你这儿唱了，我到华北唱去了，我往民主唱去了，唉，一旦产生摩擦的时候，有什么意外的时候，我有我家里人能在这儿继续唱。有我自己的人。

我没有给母亲做详细的传记材料。这其实就跟万盛轩戏院发展似的。上次，他们重新盖万盛的时候，要讲讲它的发展史。其实，就几句话，很简单。我们家是满族，过去家里也有钱。随着时代的变迁吧，也是逐渐走向没落了。最早的万盛轩就是一个茶棚子，就是卖茶。那时候，我奶奶是主力，她是挺能干的。她在这儿卖茶，然后就圈上席棚。

1999 年的万盛剧场

有圈了，然后也就立墙了，然后有顶了，有顶了就有台了，有台了然后就唱戏了。很简单这么一个演变过程。

当初，有很多手工艺品也都是宫里的。想当初，家族有钱的时候，那些作为一种消遣，纯属是玩儿。可是，一旦这个家族没落了啦，他认为这个东西能够作为商品呢，他就逐渐完善、发展它，然后就成为一件工艺品。它也是一种谋生手段嘛，对吧？这些人，他不是说不能干，当时是他有条件，他可以不干。一旦没有条件了，他就要去谋生，就要去活着，肯定是要去做些事情了。人就是这样！

三、茶馆的老东老伙

——冯建华访谈录

访谈时间：1999 年 11 月 15 日

访谈地点：北京宣武区琉璃厂西街京味茶馆

访 谈 者：岳永逸

访谈者记：

1999 年 11 月初，北京师范大学民俗学社邀请了冯建华先生来北京师范大学做讲座。无意中看到海报，我前往北师大科文厅听了这次讲座。也就是通过这次讲座，我认识了冯先生。他妙趣横生的讲演展示着他丰富的北京民俗知识。在讲演结束后的交流中，我得知他在琉璃厂经营着一家古色古香的茶馆。这样，就有了我们之间的这次访谈。

这次访谈之后，我也成了京味茶馆的常客。这个茶馆的茶资在三五块不等，一度还是八角鼓票友定期前往聚会、过排的场所。遗憾的是，这个让老人们喜爱并且一度吸引了不少外国游客的京味茶馆在 2001 年前后停业，冯先生也改做他业了。

（一）简单的我

我今年三十二岁，个人没有什么经历。最早的时候顶班，在工厂里头，从工人干起。然后，我自修了大专学历，被提拔到科室，又从科员开始，副科长、科长，后来调到劳动服务公司当经理。从那里调出来后，我去六里屯街道办事处下属的一个工贸公司当业务经理。接着，去老北京微缩景园，那儿有个风情一条街，街里头有个广和楼，在那儿的茶馆当掌柜的，那个茶馆是我一手给弄起来的。然后，就从那里到了这儿，在这里做掌柜，直到现在。这很简单，没有什么。

开茶馆的技艺，我都是磕头拜师学的，完全是按老道来的，磕头顶大帖。那还是在我开茶馆之前。我师父叫王德魁，他原来是西四西安市场双胜轩的掌柜。这个茶馆是1900年由王德魁的叔父开的。十八岁的时候，他接了他叔父的班，因为他叔父无后。在他叔父过世之后，就一直是由他接管这个茶馆，一直干到1956年公私合营。去年10月13号，八十七周岁的师父无疾而终。

最初，我也在茶馆中沏茶、倒水，现在也干。我也看了些书，而且走访了许多老人、艺人，真正的老北京人，还实地考察了些遗迹。我在《北京晚报》《北京晨报》上写过些关于老北京风俗，尤其是小吃、茶馆方面的文章。

（二）伙计的“机灵劲儿”与“眼力劲儿”

过去，北京茶馆的伙计大多是来自山东、河北农村的农民。有的是自己找上门的，有的与掌柜是家乡人或远房亲戚，有的是托先出来的伙计介绍过来的。过去北京茶馆的伙计几乎没有南方人。

伙计进茶馆一般都已经十五六岁，先是干些零碎活，再跟老伙

京味茶馆歇业后，冯建华仍活跃在众多有着传统文化色彩的场所。这是 2004 年 5 月，在大兴区旧宫镇群英同乐小车圣会贺会仪式上的冯建华

计学，先学粗活。伙计是要拜师学艺的，师父或者是掌柜，或者是老伙计。拜师有“三媒六证引保代”“磕头顶大帖”“一日为师，终身为父”“三节两寿不敢忘”等说法。三节指的是咱们传统的三个节日，春节、五月节、八月节，两寿就是师父和师娘的生日。学艺三年零一节，师父管徒弟吃饭、穿衣。业满，要替师父效力一年，就是白尽义务，白干一年。从学徒一直到学艺满，效力一年完了之后，才出师。出师后，有的就到别的茶馆去干了，有的仍然留在这个茶馆里干，但就开始挣份儿了，就是挣工资。

过去都不像现在这样似的，学艺的东西，主要要掌握的，都是口传心授。所学的东西，最主要的是茶这方面的知识，它的种类、产地以及它的生长情况、适应的气候。它在什么情况下才能生长，什么地方才能产茶，而且还有什么地方产什么，这些都必须知道。那时候，有这么句话嘛，“中国的茶叶有名的三千六，无名的赛牛毛”。这都得知道。有名的茶叶的特性都得知道。什么叫“雀舌”，什么叫“小叶”，哪个叫“大方”，这些都得知道。还有茶叶的采摘时间，等等。雀舌、小叶、大方这也不是茶叶的名字，指的是茶叶的等级以及茶叶的形状。伙计还要掌握不同的茶叶不同做法，一共有四大种类，是沏、冲、泡、煮。不同的茶叶你得区分是沏还是冲，是泡还是煮，这都得分清楚了。再一个，就是从事这个行业所在地区的风俗习惯、礼节讲究都必须知道。除了这些之外，还有一些忌讳的东西，禁忌，包括一些词汇和字眼都不许说。

你比如说，在茶馆里头不能随便说这个“蛋”，那个“蛋”的。不能说，这绝对不能说。这是骂人的意思，因为在民国初年有很多太监从宫中出来，你不知道在座的哪位就是太监。你说这个不成。再一个不能说“劁”，不能说“割”，不能说“公”，这都是忌讳。还有一些就是词汇、称谓一定要搞清楚。比如北京人管平辈的尊称为“爷”，这个必须搞清楚。“爷爷”是“爷爷”，“爷”是“爷”，“大爷”是“大爷”。再一个就是平常的礼仪都是要注意的。与客人之间什么是骂人的，什么是尊敬的这些都得搞清楚。如果说茶客在那儿敲碗盖，你可以要么不管他，要么就过去问问：“哎，我怎么得罪你了？你干吗骂我呢？”敲碗盖是骂茶房的。什么意思？就是骂你是王八，敲盖儿骂王八呢！

反过来，在说话方面，都得注意，处处得客气。过去，茶馆是“勤行”，饭馆也属于勤行。“勤”是“勤快”的“勤”，“出勤”的“勤”。在勤行里，有这么一句话，叫什么呢？“进门是客（qiě），坐下是爷”，也就是说像现在说的“顾客是上帝”，但是那个说得更直接，不像现在说得那么笼统、宏观。就是说，你上我这儿来了，你随便瞧瞧、随便看看，你不喝茶，你随便，同样招待。但是，你坐下了，你就不是客人了，你是我这儿的财神爷。因为你往那儿一坐，你肯定是要花钱的，你就是只花一个大子儿，你也照顾我买卖了。它是这个，是这规矩，这些都是伙计必须掌握的。

而且，伙计必须干净，按照过去的规矩，伙计无论立冬立夏，不能留头发。大清朝的规矩是什么呢？是梳辫子，绝对不能让月亮门——前边这儿——长出头发来，那不成，一个礼拜准得一剃，必须干净，瞅着干净利落精神。这袖口跟这袜子永远是白的，肩上搭的带手也永远是白的，讲究的是“三白”嘛！同时，还得注意，无论来的是什么人，人家在那儿聊着，绝对不能问，不光不能问，也不能听。如果你需要给人家续水的时候，走到人旁边，你大老远就得来一句：“您慢回身，您呢！”这样，人家就知道了，这是给我续水来了，就不说了。续完水，走人。

给人续水的时候，无论是盖碗也好，茶盖也好，绝对不能自己伸手给人掀盖去，这都得是让客人自己掀。有两大原因，一个呢是卫生，人家嫌你脏；再一个是历史的原因，这里边曾经有一个故事。有人到茶馆去喝茶，想不给钱就走，在把这茶水滗干了之后，往碗里放了一小鸟，给盖着。伙计过去“啪”地一掀盖，鸟飞了。这下，就跟你没完，说我这鸟是“银”的。这江湖上叫“碰瓷”。你得赔我，结果，掌柜的倾家荡产，说不出去呀！人家那飞了的，你不知道是什么东西。他说什么是什么呀！从那之后，茶馆留下一忌讳。这是乾隆中叶的事情。

碰瓷是江湖上“风马雁雀”里的东西。过去，江湖上有十六大法门都是骗人的。金皮彩挂、风马雁雀、评团调柳、横挡拦荣，十六大法门。包括李洪志法轮功这个属过去的老雁门，是老雁行，这都是过去的骗术。你看，他们都是练法轮功的，我们这儿没有练的，因为都了解这么个东西。知道这里面是怎么回事，不会上他那当！这并不是说谁圣明，关键是如果你把这东西都看懂了，都知道了其中的内幕，你自然就不会相信。就跟那个算卦似的。你说那算卦的算得再灵，让他给我算算，他下辈子也骗不了我。为什么呢？他那底儿，我都知道。就光这算卦的就分十二种。过去，又叫“金买卖”“金点子”。

回头来，我们还是来说这个。伙计具备了这些之后，就得锻炼自己的“手准儿”，就是给人沏茶倒水时的准头。给人续水的时候，续满了不成，不够不成，这里头有个尺寸。而且，讲究提壶时必须是反手，正手不成。因为北京人过去呀不像咱们现在住楼房，楼房屋里头都有厕所。过去都是尿盆呀、夜壶呀，男的是夜壶，女的是尿盆。过去，夜壶它也带着柄，要不然怎么提溜呢？但是过去，北京人有这个习惯，没有大老爷们儿出去倒夜壶的，都是本家呀、老太太呀、媳妇呀倒这个。过去夜壶有铜的，紫铜夜壶。这么着正手给人家倒水，人家上来就给你一嘴巴：“你往碗里倒什么呢？”这个不成，得反手拿着，手心向上，两手指头掐缝头，这指的是江湖上的“三老四少”，但跟黑社会的是两码事，与青红帮什么的挨不上边儿，不是那个意思。它指的是什么呢？就是说，不论你的阶级和你的年龄，只要你到我这儿，都是上卿，都是爷，对待你就像对待长辈老人一样，是这个意思。给往碗里续水的时候，是点一下或者三下，往茶壶里续水最多不能超过五下。续水的时候，点三下就是“凤凰三点头”，表示三鞠躬的意思，点一下就表示一鞠躬的意思。每点一次就是我谢谢你花钱了。给人续水是这样，续完水，这壶“啪”就变过来，不能再像原先那么拿着。先退后一步，再走。这是抱拳的意思，表示我再给你行礼了，谢你一回，你花钱了。[1]退后一步，走人。这北方茶馆最讲究的就是礼节，处处不能落了礼。

而且，在给客人续水的时候，你续到多少？你续到这种程度，离碗边差一个韭菜叶，不能续满了。过去，有这么个说法，叫“茶七饭八，酒满为十”，有这么句话。就是说，续茶水时占这个茶碗的七分，不能续满了，续满了就表示轰人走了。盛饭的时候也不能给人溜满上尖儿，我吃不了呢？这就是变相地骂人了。吃得了与吃不了这都是变相骂人了。“难道我是吃货吗？”北京人讲究这个。“你给我盛这么多，我上你这儿吃歪食来了？”如果你只给别人盛半碗，“我没吃过饭吗？我吃不起了，我上你这儿要饭来了？你舍不得给我呀？”就是这个意思。八成，盛饭只能盛八成满，表示对你的热情，我给你盛了一满碗，但是留有余地，回头我还给你添饭。这是待客之道，北京人很在乎这个。酒就必须倒满了，溜满溜满，甚至往下流，实在！好朋友！反之，你这我就没法喝了。“你不欢迎我，你舍不得呀？”“你瞧不起我呀？”所以说，当茶馆的伙计必须掌握这些个东西。

除此之外，茶房知道的事情必须杂，不能一问三不知，什么都得明白。你既然在北京这个地面儿上干，当伙计，你就必须懂得北京的地理人文。这些你必须懂。人家外地老乡问你了：“我跟你打听打听，这个北京为啥叫‘八臂哪吒城’呀？是哪八臂呀？”“这我不知道，你问我们掌柜的去吧！”上来，就给你一嘴巴。“你干什么吃的呀？”人家不打你，掌柜的都揍你了：“平常的这饭都白吃了？”为什么叫这八臂哪吒城，这是当初元世祖忽必烈怎么着怎么着。到了大明朝，这个燕王扫北定都北京城，建“里九外七皇城四”，哪为三头，哪为六臂，哪为哪吒两只脚，腰带在什么地方，你得给人说清楚了。什么叫“九门八典一口钟”，子午线是怎么回事，都得给人说清楚了。

这是一方面，就是讲北京的地理。再一个就是传说你都得知道，还有一个就是北京人的生活习惯、讲究，这得懂。再一个，北京是什么人都有，五方杂居，很多都是不同的民族，这个你得尊重人家的民族习惯。你不尊重人家的民族习惯，胡来不成。坐这儿，拿话一招人，跟别人一搭话，就得知道别人是怎么回事。伙计的眼皮子要宽。过去，茶馆里的伙计，你一进来，就能瞧出你个八分。你是干什么的，我当时就能瞧出个八分来。没有这个眼皮子，你干不了。再一个，如果遇到什么事了，你怎么去破这档子，怎么去解开，又不伤脸，还得把这个给圆了。这都是学艺的那时候得练的，需要知道，需要懂的。除此之外，就是还必须多听多看，消息得灵通。人家跟你打听点什么事儿，除了政治以外，其他的一定要明白，什么事糊里糊涂不成。

过去，干这行，最忌讳的就是谈政治。因为政治这个东西，过去的人都知道，你看，过去的茶馆都贴着两个字条，“莫谈国事，衣物自看”。别瞅过去的人没什么文化，他都知道一个永远的真理，就是谈这些个对自己没有好处。因为过去军阀混战的时候，今儿个你谈论张大总统，明儿个你知道人家什么时候就找你了？你知道今儿个张大总统下台了，你知道人家明儿个什么时候又当国务总理了？那时候，确实是这样呀！翻来覆去的，所以他们都怕这个，所以莫谈国事，乱七八糟的。因此，在茶馆里聊的，简直是一档子正事儿没有。

所有这些除外，还要求茶房的伙计们对茶叶价格了解。什么茶叶它是什么价格，市场上它的零售价是多少、批发价多少。在这种茶叶的产地，它今年产了多少、利润多少。这些你都必须知道。这些个都除外，花生也好，瓜子儿也好，有的是柜上自己做，有的是外边、外头趸去，你要知道它的成本是多少，柜上卖多少钱，有多大利，给客人应该盛多少，这手底下必须有准儿的。

总的一句话，在茶馆中当伙计，要求的最主要的就是“机灵劲儿”“眼力劲儿”。没有这个，什么你都不要谈，都无从谈起。

（三）茶馆中没有女伙计

到茶馆里来做伙计，一般都是十五六岁、十七八岁。没有说从五六岁、七八岁、十一二呀就进门的。但是，有几个行业例外，练武的、唱戏的、妓院里头、说相声的、唱大鼓的，包括过去唱莲花落的、耍把式卖艺的，这些都得从很小的时候开始学。要不然，你没有幼功不成。

茶馆里头还有个最大规矩，就是一律不用女的，不用女服务员。你像老舍先生写的小丁宝，那实在是没活路了，没辙了。[2]茶馆里没有用女的的。为什么不用女的？这不是说歧视妇女，不是，而是对妇女最大的尊重。因为茶馆这个地方是三教九流各色人等，什么人都来，什么人都有。你有一个十七八的大姑娘，你舍得让她上这儿来干这个，提溜壶把儿吗？因为这属于下九流。人家要说点什么荒唐话，摸一把、抓一块的，说实在的你得受呀，你不能跟人家翻着去。你想想，这委屈你受得了吗？你有闺女你舍得吗？你绝对不舍得。因为过去它很在乎这个，不像我们现在干什么工作都无所谓。过去，它不是这样。谁家要是把姑娘送出去干了这个，那他就没法儿在这趟街上待了，人家都得笑话他。明儿个，他这姑娘就嫁不出去，没人要。其实，很清白，姑娘没做什么见不得人的事情，就是提溜壶把儿去了。不成，倒不是说过去的封建，因为过去跟现在又不一样了。

现在，你不规矩，一电话，警察来了，对吗？过去不是那么回子事呀！过去，警察来了，警察都还给你逗逗嗑呢！所以说，过去没有，没有！人家好人家也不把闺女往这儿送。因此，茶馆都是男伙计。你看我这儿也不是？你说什么？我让你使劲说去！别说我们这儿伙计是男的，连我们养的猫都是公的！你说，你说什么？你说的还没我花哨。你能说出个什么大便来？你能说个怎么样？所以他就不说了。过去，它是这种观念，是怕姑娘吃亏。

在民国时候请女招待，像老舍先生写的那样，这只是一种嫁接，就是多种行业的浓缩，茶馆里没有请女招待的。过去，什么里头有？酒吧里头、舞厅里头。茶馆、饭馆里没有用女招待的。但是，不能说是绝对没有。石头胡同那儿有，胭脂胡同那儿有。但是，那种茶馆就不是给平常人预备的，你明白我的意思吧？那就是专门给嫖客准备的。所以按现在说，就是变相“三陪”，它是那种买卖，跟这正经买卖是两回子事。[3]这得区分开，所以说没有。老舍先生呢？那是一种艺术的夸张，是为了反映当时那个时代和那个社会的背景，设定了小丁宝这么个人物，但是在事实中不存在。

天桥的茶馆也没有女伙计。它里头可以有女演员，没有女伙计。但是，过去也有种例外，有女人开茶馆的。女掌柜的带着自己的闺女开茶馆，这有，那伙计自然是女的了，这个例外。这种情况比较少。过去，确实有这种茶馆。咱们北京最后关的几家茶馆，其中有一家，在鼓楼那边，就是娘儿俩，妈妈、闺女。它是怎么个情况呢？自个儿老爷们儿死了，做买卖生意的死了，孤儿寡母娘儿俩无以为靠，又什么能耐没有。老爷们儿留下几间房，留下点有限的钱，娘儿俩得活着呀，那怎么办呢？得了，开个茶馆，妈妈当掌柜的，闺女给人沏茶倒水，就像京剧《铁弓缘》里头陈秀英娘儿俩似的，这种情况有。但是，一般上那儿去的人，就是连混混都算上，都不敢死乞白赖的。因为但凡是老太太她要敢开这茶馆，她就不是一般人，那嘴里头要没点泼劲，没三把神叉，她也就不敢这么干。但那是特殊性，一般人上那儿去，也都是规规矩矩的。

你比如，过去在崇文门外，有一个茶馆叫万乐园。听说过这个茶馆吗？这个茶馆是谁开的，知道吗？是咱们国家“四小名旦”之一宋德珠他妈开的，宋家茶馆。[4]我这儿几个老先生都上那儿去过。[5]一直到老太太死，这茶馆才关了园。孤儿寡母，那时宋德珠还小，爷们儿死了，怎么办？开个茶馆，然后把自个儿的儿子送到科班里，送进中华戏校学戏去了，“德”字科的。中华戏校“德、和、金、玉、永”头一科的。很快就红了，唱刀马旦的宋德珠。万乐园，是他妈开的，这个，老先生们都知道。

再一个，饭馆，你像那个琉璃厂出来，路南往东了，臧家桥这条胡同里头，穆家寨，有一小门脸儿，特小，跟我这儿似的，也就我这么大，甚至比这儿都还稍微小点。里头有一老太太，当时有四十来岁吧，带着个闺女，专卖什么呢？专卖炒疙瘩。她那炒疙瘩，比恩源居的还好。穆家寨的这掌柜的，人送外号穆桂英。说叫穆桂英，[6]这四十多岁，北京人叫老娘们儿呀，一脸三环套月的梅花，大麻子。但是，人家会做买卖，一直生意特好，直到公私合营以后。那是妇女干的，但是这种情况都极个别，极少的。茶馆掌柜是男的，用俩女伙计的没有。首先，内掌柜的就不干了："孙子，你又憋什么主意呢？"唉，知道吧？是这样！都是男伙计。

（四）伙计与柜上

只要你伙计踏实干，柜上就不会亏待你，老东老伙的。过去，有这么一句话："东辞伙，一笔抹；伙辞东，一笔清。"伙计可以跳槽，但是东家也可以辞伙计。伙计不犯错，不得罪人，勤勤恳恳，规规矩矩，不馋不懒，这个一般都用长了。你看，老舍先生写这个《茶馆》中的李三伺候了王掌柜他们家两辈儿。从老掌柜那儿就开始。这个情况，确实多，老东老伙的，不像现在。现在，至大的用两年，然后，你干得再好都不能用你了。为什么呢？你都明白我这买卖了，你要是给我闹点故事了，我怎么管你呀？包括现在的饭馆，没有用服务员时间长的，你干得再好也不成。都是这样，但是过去不是。

过去讲究的是老东老伙的，用得熟，而且都是有感情的。过去，你要说是老掌柜的死了，这伙计呀有感情哇，就像儿子一样披麻戴孝，那不得了。那时候，伙计从十多岁开始学徒，干得又不错，到说媳妇的时候了，柜上也会帮着张罗。如果伙计在老家要是父母双全，兄弟姊妹都有，家里给说媳妇了，柜上给笔钱。如果说伙计父母双亡，兄弟姐妹都不在跟前儿，或者是街坊给介绍的呀，内掌柜的给张罗的呀，那就柜上当伙计的家长了，操持着给办这档子喜事。爹妈都没有了，那柜上就是爹妈了，如果爹妈都在世，那就回家办。

它是那样，就拿这伙计当儿子了。它是这么个对待，名分上伙计、掌柜的，实际上有父子的情谊。那么，到老掌柜的死了，少掌柜的接班了，这伙计照样伺候这少东家。过去，一直都是这样。而且，伙计在学徒期间的一切费用都由柜上包，出了师之后，置办穿的等就得伙计自己花钱。要是伙计家里有点儿什么事，柜上也绝不吝啬，不像某些电影里说的周扒皮那样。他要真对他那样的话，他能给他好好干吗？柜上多多少少都会给钱物，安抚安抚伙计家里头。那感情深，像一家人一样。柜上吃什么，伙计吃什么。没有说掌柜的吃好的，给伙计俩窝头，那没有，都是一块儿吃。

伙计的婚姻范围没什么限制，都是门当户对。这个观念到现在都存在，“鱼找鱼，虾找虾，乌龟单找大王八”。这事不假，等级观念非常严重，都是找跟自己差不多的。你说你是提壶把儿的，资本家愿意把闺女嫁你吗？你也不敢要。它那都是差不多的，同一阶级！

（五）你给我滚：真轰与假轰

过去，包括天桥在内，茶馆都比较小，一般伙计也就一个两个的，至大的不过仨。你像我这儿，就一伙计，足够了，我弄俩仨的，我用不开呀！我得给开份儿呀，是不是？过去，就这样，有一两个伙计就够了。

同是茶馆，伙计之间不许串，因为这是行规。同行不许串，掌柜之间也如此。在茶馆中献艺的艺人也不能互串，像什么书茶馆呀、大鼓园子呀、落子馆呀，还有鼓书馆呀、杂耍馆呀，都一样。这些个茶馆用的这些演员在给这个茶馆演的时候，我就在这个茶馆里边唱，没事的时候，我绝不到其他茶馆去。我可以到清茶馆聊天去，但是，凡是有演艺的场子，绝对不允许，你上人家那儿瞧地去不行。而且，在我这儿表演过了，演完了，到别的地方演去了，不在这儿演了，那么我不找你的话，就不许你登这门。这是规矩，你不能上我这儿来。为什么呢？别人在这儿表演呢！你上这屋里来，这个那个地一说，你有“抢地”的嫌疑，绝不允许。茶馆里说书的不见得比地上说书的能耐就高，地上说书的不见得就比茶馆里的低。它是这样，凡是上园子的艺人，都是从地上起来的，都先从地上开始。王杰魁怎么样？也是从地上开始。这个，他们没有高低贵贱之分。

伙计之间要有什么矛盾的话，不能背着柜上。如果你不说，又让柜上知道了，是各打五十大板。你不团结，闹小意见，这个那个地，就各打五十大板。谁犯小心眼儿，想算计谁的话，那你就别干了。这里头有“真轰”，有“假轰”。

什么是真轰？你跟他，你们俩人都在我这儿干。你跟他有意见，你想把他踢跑了，你在背后说小话，这个那个地。如果我知道了的话，你就别干了，立刻滚蛋，这是真轰。还有种是假轰。客人上这儿喝茶来了，明显是找刺儿来了，这个那个地骂伙计。这时，柜上怎么办？为了圆客人的面子，上去就给伙计一个耳刮子：“你他妈混蛋，你在我这儿干，你给我得罪客人，你为什么？你给我夹上铺盖，给我滚蛋！”把伙计骂走，让他上后屋收拾东西。夹上铺盖卷后，伙计给掌柜的说：“得了，掌柜的，你这么多年待我不错，我这就走，你多保重吧！”“滚！”骂出去。这不走前门，走前门是真轰了，从后门走。这实际上就是给客人做个样子瞧。从后门走，在外头转一两个弯儿，又回来了，又在这儿干上了。

过去，都有这样的，都知道这个。柜上这个必定是要替伙计说两句好话呢。有的呢？掌柜当时就顺锅下米。“滚，滚滚滚！”第二天，伙计又回来了。你说这怎么又回来了？“要不仗着这老几位的面子，你永远也甭想吃上这碗饭，我看北京城谁敢用你！”掌柜的就放这话，实际上这都是假的，就是让客人过得去，以后呀，你还得来，要不然，我们吃什么呀？他这都是为了生意的需要。这就是真轰和假轰。伙计就得明白这个，我是真错了，还是假错了。如果掌柜的说：“你给我滚！”伙计就得明白是真轰还是假轰。

掌柜的不是任何人都能干的，必须洞察秋毫。往那儿一坐，你别看他什么事都不管。但是，有时候站出来，那说话就得是地方儿。而且，这里头的一举一动都必须清楚，明察秋毫，全都得明白，谁也别在我跟前做“局子”。你们伙计俩把活儿干好了，你们俩穿一条裤子跟我没关系。

伙计也可以与其他不同行当的人拜把子，但平常不许串。为什么呢？因为秦桧都还有俩好朋友呢！在同行之间，你在我这个茶馆干伙计，你就不能跟其他茶馆的伙计来往密切，但是你跟打鼓儿的呀、卖假货的拜把兄弟，我管不着。只要是同这行的，门儿都没有。

平时，茶馆中的伙计老早就得起来捅炉子、生火，在早上5点左右。6点左右，人家喝早茶的就来了，晚上要十一二点才能封火，也就是说，他基本上没有业余时间。吃饭的时候都是倒着个儿吃，没有时间，所以他也就没有其他什么嗜好。

伙计一般一两年回家一趟，祭奠祖宗，那是他个人行为。给逝去的先人烧烧纸、圆圆坟，跟爹妈吃个饭呀，帮家里干点活儿等，与柜上没有关系。另外，伙计在茶馆里干活的时候，不能加入任何组织，任何行帮行会，都不允许。你说我入了青帮了，我入了洪帮了，我入了一贯道了，我入了九宫道了，门儿都没有，立刻走人，不允许。或者说我入了什么商会了，这个会了、那个会了，不允许，走人。

茶馆和茶馆的伙计都没有统一的组织，都是各干各的。它也有行帮，过去干什么都有行帮。你比如说，过去戏班、京剧界，它有梨园公会，曲艺界它有长春公会，这茶馆呢？它同样也有公会，水会。但是这个水会与过去救火那个水会是两码事。是茶馆都入这行帮，平常不走动，有个大事小情儿的，大家都来帮忙，都来帮助一下解决困难，这个都有，就好比现在都入工会一样。它每年都要把行帮里头的茶馆的各掌柜聚在一块儿，开个会，让大家吃一顿什么，让大家都联系什么的。以前，茶馆的帮是以区划分的，到年底，各区的掌柜的就聚一块儿了，不是全北京的都在一起。会长是公举，要德高望重，人品好，有能力，在同行中有威信，经济是次要的。

（六）五堂半：对祖师爷的供奉

过去，每行都有祖师爷，干什么都有祖师爷。你像干我们这行儿的，跟茶叶铺的一样，只不过是茶馆里头多一坛子水，这坛子水是财神爷。人家供的财神爷不都是赵公明吗？或者是比干，文财神、武财神。茶馆里不供那个，茶馆里供的是一坛子水。其他的，祖师爷，茶馆跟茶叶铺都是一样。正中间供的是神农伏羲氏，上首，也就是它的左侧供的是青苗神，主管植物生长的，右首供的是陆羽，三位祖师爷，这都一样。[7] 如果是说书馆，后台还有一个，那是给艺人预备的，也是三位祖师爷，正中间是老周庄王，老周庄王的上首是鼓板郎君，下首是清音童子。按照神话来说，鼓板郎君等于是老周庄王的一个化身，打的渔鼓简板，也是云游四方，击鼓唱词，教化人们行善，就有点跟张果老似的。鼓板郎君是管乐器的，清音童子是管说唱的。老周庄王是艺人的祖师，当初周庄王击鼓教化，是从他那儿开始的嘛！[8]

各行都有祖师爷，包括小偷都有祖师爷。“毛遂自荐”这个典故你知道吧？小偷的祖师爷就是毛遂。妓院的祖师应该是白眉毛老神，但有人把关云长给放进去了，这像话吗？秦楼楚馆是从管仲那儿开始的。那罪臣的家属充妓呀，包括一些俘虏什么的，不都是那样吗？

茶馆的掌柜和伙计都要供奉祖师爷，二者没有什么不同。就是每月初一、十五举香。到他们生日的时候，还有重大节日的时候，也要举香。神农的生日是在农历的四月初一。平常，茶馆里是不允许烧香的。因为茶叶容易串味，所以茶馆里绝不烧香。特殊的时候特殊对待、特殊处理，要摆上全份的钱粮；一般的时候，祭神农就可以了，其他神就不祭祀了。

祭神的具体仪式我就不能告诉你了，因为这是我们行内的事情。除非明儿我不干这个了，我可以。它有一套很烦琐的、隆重的仪式，而且它还有专门的“赞”，就是赞词呀，那是固定的，而且还要上表，送疏上表。里面具体是什么，这事我不能给你说。我当说的就给你说，不当说的我就不能给你说。这应当能够理解，对吧？

供品是这样，有“五堂半”。所谓“一堂”就是用这个大海碗盛的无论是饽饽也好，蜜供也好，[9]还有寿桃也好，面鲜也好，果鲜也好，每五海碗为一堂，一共是二十五碗。所谓那半堂是三盖碗茶。在五供下还得压上全份钱粮。拜神时，掌柜的家中人要回避，只是掌柜和伙计参与。家里人转脸到后宅单给财神爷上供，这是两码事。

在茶馆说书时，说书艺人要服从茶馆的规矩，但他们还有自己的组织。说书的上场之前，都先要给祖师爷磕头。除忌日、春节等特殊的时日，平常不摆供品。供品由说书人自己准备，各摆各的。你要是一直都不摆，柜上也是干涉的。但是，一般都没有这种情况。过去的人都迷信，不像现在人们什么都明白，什么祖师爷呀？所以，他们特信这个，推崇备至。

戏班也同样如此。唱戏的怀中抱的小娃娃是“阿哥”（à gá），那是谁呀？那是喜神，喜神是纣王。老郎神是唐明皇。唱戏时，得先给他烧香磕头。要是演关老爷戏，除了给他们磕头以外，还得给关老爷磕头，摆一关老爷的神马，磕完头之后，把供的这神马揣怀里头，然后才开始勾脸呀，上场。过去，戏班里有规矩，比如说演《千里走单骑》也好，演《古城会》也好，这“老爷”只要扮上了，在后台就不许说话了，一句话都不许说了，他就以“老爷”自居了，别人也绝对不给他打招呼。直到散戏了，卸了妆，将神马取了出来放好，漱完嘴，这口水喷出去了，才能说话，这是规矩。

注　释

[1] 讲这些动作时，冯先生专门提着壶给我示范。前去续水时，伙计提壶的姿势是手心向上，用拇指、食指掐系，其余三指托；续完水后，伙计提壶的姿势是用拇指和食指之间的指缝与无名指和小指之间的指缝持系壶把。

[2] 小丁宝是老舍话剧《茶馆》中的人物。小丁宝的母亲是寡妇。抗战胜利后，政府将小丁宝父亲留下的房产以“逆产”之名没收，小丁宝母亲因此气死。年方十七的小丁宝被逼无奈，在刘麻子的介绍下，到裕泰茶馆做伺候人的女招待。参阅老舍《茶馆　龙须沟》，北京：人民文学出版社，2009，页1—69。

[3] 关于民国时期在北京新兴起的女招待这个特殊的行业群体，其起初的情形和社会看法与冯建华的讲述大致相符，但并非说1949年以前饭馆等服务行业没有女招待。可参阅张如怡《北平女招待研究》，北平：燕京大学文学院社会学系学士毕业论文，民国二十二年五月。

[4] 1936年，北京《立言报》举行公开投票选举，选出当时尚在科班或尚未满师的京剧旦角李世芳、张君秋、毛世来、宋德珠四人为“四大童伶”。1940年，在四大名旦的影响下，再次选举上述四人为“四小名旦”。宋德珠，12岁入戏校

学艺，曾求教于四大名旦中的程砚秋、荀慧生。戏路宽广，尤以扮演武旦、刀马旦见长，其代表作有《杨排风》《扈家庄》《金山寺》《战金山》《泗州城》等。他的武旦戏，博采前辈名家之长，并能融合体操与舞蹈等造型美，加以创新。

[5] 在我们交谈时，茶馆里一直有几位老先生在喝茶。

[6] 对此，白铁铮在其《漫谈吃面》一文亦有忆及，但名字稍左，云："和平门外陕西巷有个小饭馆叫'穆柯寨'，掌勺的女老板绰号人称穆桂英，相貌是膀阔腰圆。这小馆以炒面疙瘩出名，把面先煮成疙瘩，凉了以后加作料炒。笔者慕名吃过两次，只觉得太油腻，吃多了不行。"参阅白铁铮，《老北平的故古典儿》，台北：慧龙文化公司，1978，页 62。

[7] 实际上，北京尤其是内城的众多茶馆供奉的祖师是"东厨司命之鬼神"，即皂神，详情可参阅刘佳崇璋《北京各行祖师调查记略》第八集之第四部分"茶馆的祖师"，传抄本，1961，首都图书馆藏。

[8] 可参阅上编"同盟与联盟：拜把兄弟""'写字'拜师"两节。另外，作家姚克也曾记述落子馆中也有清音童子和鼓板郎君的纸马，只不过是写在"冀宿星君之位"的两旁。姚克，《北平素描·落子馆》，《申报·自由谈》1934 年 3 月 26 日第四版。

[9] 历史上，蜜供是过去老北京人一种较为常见的祀神供品。《天咫偶闻》记载更详："正月元日至五日，俗名'破五'。……又有蜜供，则专以祀神，以油面作荚，砌作浮图式。中空玲珑，高二三尺，五具为一堂。元日神前必用之果实、蔬菜等，亦叠作浮图式，以五为例，此人家所同也。"参阅震均《天咫偶闻》，北京：北京古籍出版社，1982，页 217。另外，《光绪顺天府志》有载："蜜供，用面切细方条，长寸许，以蜜煎之，每岁暮祀神祭祖，用充供果，亦有相馈送者。"但蜜供实在是奢侈之物，并非一般人家所能做也，因此有专门的制作蜜供者，而且从购买者付款的方式就可以确定其贫富和地位的高低。《旧都文物略》云："新年祀神，例用麦果合糖制成之供品曰'蜜供'，其形如塔，为每户人家所必需，其价亦昂，故凡制卖蜜供者，每岁春季，照顶约券法，收订购者之资，分月摊收，至岁底而款齐，而蜜供交购者持去，盖较一次购买者为贱也。"以上引文均转引自李家瑞编《北平风俗类征》，上海：上海文艺出版社根据商务印书馆 1937 年版影印，1985，页 19。

四、天桥的艺人都是混饭吃

——刘景岚访谈录

访谈时间：1999 年 11 月 10 日、17 日

访谈地点：北京丰台区芳星园

访 谈 者：岳永逸

访谈者记：

刘景岚（1931— ）先生是我在天坛公园的长廊中遇见的。当时，他正在那里十分投入地与一些老人一起唱京戏。他那字正腔圆的唱腔和满头白发吸引了我的注意。在他休息的间隙，与他闲聊后，我预约了这次访谈。刘先生一生坎坷，他有四个女儿、一个儿子，均已成家。令他欣慰的是，就在我与他进行访谈的时候，他十八岁的外孙女已经上大学，已经无他儿时的艰辛了。

2005 年 8 月 18 日，在龙潭湖公园，我对刘景岚先生进行了重访。如今，刘景岚先生每天上午基本都在龙潭湖公园与票友们一起活动。与数年前不同，他现在很少唱，主要是给票友伴奏。如同正规的戏班，票友们也带齐了全套家伙，有滋有味地敲打，有板有眼地演唱。

(一)卖瓜果、童工与扛小活

我出生在1931年，是理发师，现已退休。原先家住梅兰芳曾经唱戏的第一舞台后边。我搬那儿的时候，第一舞台就已经着火烧完了。第一舞台那会儿还算个大剧场。解放前，我就离开那儿了。那阵儿，我是住在大马神庙里头，东口就通大栅栏，通那儿，我天天就上大栅栏玩去了。现在不是有大观楼吗？前门小剧场从前叫广德楼，路南挨着大观楼的是三庆戏院，三庆戏院斜对面路北是庆乐，庆乐戏院。这就是说大栅栏里头。

我出生在三河县农村。小时候，父亲吸毒，母亲也走了，就剩我一人了。日本人来北京的时候，我七岁，我也就来北京了。当时，奶奶在北京给人当保姆。我从八岁就做买卖，十岁学徒，学织布。做小买卖是奶奶给的小本钱，就是卖瓜果，挎个篮子，满街地串，都在前门西边一带，接近二年。十岁学织布是在白塔寺锦什坊街宏利织布厂，在那儿待得有半年就上恒丰了，后来又上丞相胡同福昌织布厂。恒丰织布厂在莲

在龙潭湖公园活动的京剧票友们。左二是刘景岚先生

花寺湾烂漫胡同，在庙里头。在这三个厂一共待了二年。十三岁，又下农村扛小活去了，当了一年的小伙计，那是在三河北边的大唐回村，给侯财主家扛小活。赶骡子、薅苗、耥地、割麦什么都干。十四岁，我回北京卖估衣。东家姓张，张宝亭，在他家干了二年。他家在天桥菜市附近，现在那儿全改成住家了。天桥铺陈市过去是卖铺陈的，没人卖估衣。十六岁，我就学理发了，直到解放。解放后，就在粪污处置厂理发去了，这厂是北京环卫局的下属单位。五九年，我上丰台服务局了，一直到八八年退休。退休后，我也没干什么事，就自己随意玩玩，四处遛遛，唱唱京戏。

学织布就等于是做童工，整天都是打线，也上机，但那时机子都是脚蹬。那阵儿，工作时间长，7 点就得干活了，晚上 10 点收工。10 点收工之后，还得扫机房，差不多要 11 点才能睡觉，早上 6 点又得起来了，连着转。吃饭，两顿饭也就是一个多小时。吃的东西，没别的，就是窝头、白菜、咸菜汤，没有白面吃，米根本吃不着，整天就是窝头。一般都还是能吃饱。做童工和扛小活一个样，都累，没什么大的区别。扛小活时，赶俩驴，驮麦子。财主跟你碰不上头，你是“半活儿”呀，是半个伙计，人家还有大伙计呢！大扛活的。是大扛活的带着你，你跟他干活去，是他跟你凶凶，呲儿你啦，说你啦！在工厂，犯规时，才打，不犯规没有人打你。我倒没有碰见谁挨打，你规规矩矩干活，他打你干吗？就是累，时间太长。你想，正是玩儿的时候，一天十四五个小时地干活。

卖估衣就是卖旧衣服。过去不是有打鼓儿收破烂的吗？他们走街串巷地买，卖估衣的从他们手中买来再卖。卖估衣也不挣钱，就是供你吃饭。包括当童工和扛小活都这样，只是供饭。卖估衣时，我只是打个“补子”，看孩子做饭的时候多，做买卖的时候少。

做小买卖时，也没什么人欺侮，没什么好欺负的呀！我这个小篮子不过才挎二斤多。就是能够站直身子，也赚不了什么钱。我也不招人，也没人欺负你。扛小活的时候倒是吓过我一跳，东家没地儿住，就让我上他们街坊那儿住去。那街坊呢？有五间房，中间是堂屋，做饭的地儿，我在东边这两间。他们一家呢，在西边两间。西边两间它还隔断，里边是存粮食的，外边一间是他们住。我呢？是一个人住两大间、一大炕。

有回，东家买回来烂果子分给我们吃。我呢？分给我的我也没吃，我拿回来了，心想在人家住，就给人家的孩子吃。拿回去就搁在瓦罐子里。那时，也没得盖，也没得铺，就是一块狗皮。那是8月的时候，也还不冷。没事儿，我就在那儿躺着看月亮。没有窗户纸，那窗户一块纸也没有。躺着躺着就听见外边的门响了一下，那阵儿的门都是木头门。只听见那门“吱溜”，哎，开门了。我想是房东出来进去的。但一下就听不见声儿了。待会儿呢，又是“嘎哒”一声儿。我听着怎么不动呢？过会儿，又是“嘎哒”一声儿。怎么回事呢？待会儿，就比开始快点了，“嘎哒，嘎哒”，嘿！到我这屋来了，精神就集中起来了。“嘎哒，嘎哒，嘎哒”，越来越快。到我门这儿了，一推这门，“啾”就进来了。可把我给吓着了。吓得我就喊起来了，把那狗皮蒙在了脑袋上。房东就来了，问：“怎么啦？怎么啦？”我就把情况给他一说。“没什么，你一个小孩也没什么，就跟我们住一个屋去吧！”到现在我也不知道那是怎么回事，反正是给我吓着了！反正本家知道，要不他怎么会让我跟他们一个屋去住呀？

小时候，在城里，还捡过烟头、煤核。一般地，像专门的要饭的，他就是懒，他不愿捡这些个东西去。小小的就流荡的不多也不少。有的穿不上衣服、吃不上饭，冬天就上饭馆，抱着那炉子。路边死的人也不少，有的是抽“白面儿”抽的，有的就是懒。

（二）天桥的场子

艺人在拜师学艺后，才与其他艺人有了密切联系，实际他们撂场，到场子去了，也是先碰头，各自为政，不是那么一个完美的组织。但是，艺人比较讲义气。在那儿呀，五花八门的事太多。天桥的艺人收徒弟就是找一个助手帮忙，到时，有一小孩儿能招人。

我小时候整天都在那儿玩，什么都喜欢看，什么也想看，比较多的是听评书。我那会儿听过耿仲春说的《三侠剑》、赵兴云的《济公传》。现在有些名儿都忘了。书场吧，说书也有在茶馆说的，也有在外头撂地说的，也是不一样。在茶馆说的给他们提成，在外头说的都归自个儿，就给点场子钱。在茶馆说书的就比较规格些了，到那儿去的都是喝茶的，一边喝茶一边听着评书，或者是听着大鼓。评书也不是他一天老在那儿说，像茶馆这个，它就是轮着来，他说完一段评书，一会儿就是大鼓，一会儿就是相声，它都是轮着班的，一人一场，轮着层次，茶客比较稳定。

像在外头撂地说书的这个，他天天老说这个，天天半天都是他一人说，这个茶馆是轮着，是有场次的，这点不一样。爱听这一套书的，他就上那儿听去了，不爱听的就上别处听去了。茶馆里的不是说都喝茶、听书，不喝茶也听书，不过他也“敛钱”，也给钱。茶馆里说书的不见得就比撂地的好，这各都有各的特长。这个水平，在天桥那儿都一般，再高的水平都上电台说了。电台有评书。你像连阔如他们这些人就是在电台上说，不撂地。说书的经常说十多分钟，留一扣子，就拿着小笸箩打钱。他留着扣子，老拴着你。那是挣钱的艺术。[1] 王杰魁在电台也说，在天桥也说，不过他也就一本《小五义》，老说。

那时候，说相声不像现在，现在是挺“文”的了。那时候在天桥是胡说八道，什么都有。要不是女的怎么就不能看不能听呢？那时候就女的不能看，尽胡说八道！你像侯宝林吧，他也在天桥说，但他不像一般的艺人一待在那儿就是半天，他说一场、两场就走。

天桥有“八大怪”，听说过吧？天桥的地痞、流氓挺多的，艺人就是全都得点头哈腰，陪着他们点儿，混熟了才能在那儿搁一个场子。解放初，天桥的“四霸天”啰，什么“林家五虎”全都处决了。解放前，这些人统治着天桥。没有给他们打通路子，谁在天桥也落不了脚。你像解放前夕，朱国全那儿来一个山东姓徐的，他功夫挺深的，挺好，正统。开始的时候，那就是借朱国全场子的名儿在那儿演出，跟朱国全他们搭班儿了，反正还在那儿待了几年。如果是生人，你就进不去。“山东徐”刚来时候怎么搭上关系就不知道了。朱国全那时候也是在天桥说得上话的人。

天桥的众多场子之间有一定的差别。其实并不是说有多宽裕，就是能糊口而已。但是，像一般的唱大鼓的，特别是唱单弦的，这些人尽管做出一种风度来，实际上也挺寒酸的。就是说，他在外表上、装束上看来挺不错的，好一点儿。天桥艺人如果正派去做，一般养家糊口都没问题，但也没什么富裕的。你像“大狗熊”，一辈子，他也挺有名的，但也没富过。他八十多的时候，我还在天桥碰见他在包子铺吃包子，跟他聊了会儿。他也就是靠在天桥撂地，养活了一家人。那时，是殖民地，没法跟现在比，是“平地抠饼”。

在天桥，艺人有什么嗜好的话，就全完了。翟青山他就抽大烟，琴书是他的创始。对吸毒的艺人，谁都躲着。虽然关系都挺好，但是人家就躲他。他怎么着？有时候，他得向你要钱，他得抽去！有的吸上毒的艺人，在场子中表演一段，要了一点钱就马上去白房子吸毒。这就太下贱了吧？白面儿又叫白粉，就是海洛因，大烟就是鸦片。具体怎么回事，我不懂。

听说天桥有“轰”外来艺人的情况。天桥的场子不能闲着，天天都有人占着。你要是占了这地儿的话，人家上哪儿去？就跟现在一样，早市也一样呀！有“常”摊，他交了费了，他就天天在这里摆。你占了他的地儿，他也不干。这种情况总是有的呀！不过，他有些个是混三天、两天的，凑合着就走了。这些艺人没有他的地儿，他能不走吗？人家都是长期的场子，你在哪儿弄呀？所以，他就走了。

天桥艺人都是在别处住，就是上天桥那儿撂摊去。到晚上，只有有些摊子不动，你像卖吃的，它就不动。卖吃的搭的都有遮雨的棚子。艺人基本就没有棚子，就一圈，搁几条条凳，这里头就是他的场子，收场时，一摞凳子就完事。撂地一般都在下午。上午十一二点以后，人就逐渐地多了，一直到黑天，黑天就没什么了。

你像那些戏馆子，什么万盛轩呀，丹桂呀，小小呀还有活动。戏馆子中演出的剧目是循环的，演出的时间也是从中午 12 点以后，一两点钟开始。像万盛轩这个，他们就不卖票，进门就听，看节目就在那儿看，完了后再打钱。一会儿打一次，一会儿打一次，老那么走过来、走过去地敛钱。打钱用的是小柳条笸箩，跟帽子似的，手拿着笸箩，从这头敛到那头，再从那头敛到这头。唱戏的一般晚上七八点也就完。街北的就不同了，那都要闹到夜里一两点钟。当然，也有时间长点儿的。你像吉祥，它也临街，时间也可能就长点儿，这也不一定，不是死的。不过，那边，它挨着“下处”[2]，下处晚上它有人。像赵锥子胡同，福长街了，四圣庙了，这一带了，都是下处。

（三）街南再好的也上不了街北

这个街南和街北，它有分别。街南都是低层次的，下九流的，五方杂居，那里头它什么都有。地痞、流氓、混混，什么人全有，干什么的都有。所以，它非常杂。说北边呢，它也有，但管束上要正统些，不像南边，它不是那么正统。

够那个层次的时候，它就上街北了。你像新凤霞，她以前唱《唐伯虎点秋香》这些评戏吧，解放后，一唱《刘巧儿》，一下红了，就上街北了。一般的在街南它上不了街北去。你像马连良他们这个，是在街北的大戏院演出。但是，在天桥那儿，也有一个马派的，梁益鸣，被称为“天桥的马连良”。他就在天乐，一直他出不去，马连良他也不承认梁益鸣是他徒弟。梁益鸣也没跟他学。那是大后大后说他们拜师了，好像是一个宣传，不一定是。[3] 不过，梁益鸣的一些戏路子都是马派的戏路子。次于马连良的也就是嗓子，他的嗓子没有马连良那么宽。1949 年前，街南再好的也上不了街北，绝对去不了。解放后，才把这界限给打开了。

没名的街北艺人也会过街南来，但是有名的街北艺人他就不会过街南了。就是干别的，也不会上南边去。如果他有名，他要是到了南边，那的确骂名太大了。因为他还有师父，有一套的联系，这些联系控制着他呢！别人不光会骂他，还会骂他师父：“他妈的，你这徒弟是怎么收的？”这些约束着他，到别的地方干什么都可以，就不会去天桥。就是闯关外去了，也不上那儿去。

在天桥，不同戏园子唱戏的人一般比较固定。天乐长期就是梁益鸣、张宝荣、张宝华他们唱。像小小就是王益禄他们老占那儿。丹桂中的艺人流动性较大，很少有长期的，唱梆子、唱评戏什么的，都有，有的街北的艺人也上这儿来唱过。二三十年代，天桥的那评戏就没法听，就跟叫街似的。现在的评戏挺好，提高多了。天桥的艺人都是混饭吃，都是瞎起哄，用那阵儿的话说，就是没办法。

天桥落子馆卖艺的是小班，一般有七八个人，最多不超过十人，最少也有两三人。落子馆就是茶馆，底下喝茶，上面演评戏，就是这个。德盛轩啦、天乐啦都属于这个。上边在演着，下边就要钱了。像天乐，就卖票。落子就是评戏。这些小班以女的为主，也有男的，它有伴奏的，有音乐，怎么也有七八个人，十来个人。

落子馆中的女艺人真正要是有人才的话，避免不了会惹事，它不是说她班头出事，她在那地方就出事了。出堂会了，找你唱去了，你去不去？他有钱有势的，你得去。完了之后，也就不知怎么样了。一到那时候，也就不说什么了，给钱吃饭吧！[4]

过去，女艺人避免不了这些。白玉霜在街北唱戏，常住开明。她的评戏就比较正规，是那么个味，天桥就不成，乱七八糟，但人家也吃饭。天桥的“全家福”它也唱评戏，也唱落子。怎么它那外号叫“全家福”呢？它就是一家子，快板书呀，全唱，什么戏都演，跟云里飞场子那套差不多，不过它是评戏，它那杂吧。天桥的“赛活驴”也是两口子，一个骑驴，一个装扮成驴子。他们两口子在三角市场那儿，一出门那儿，天天都在那儿演，骑着“驴”上几个桌子，还能练点玩意儿出来。

（四）科班与收徒

街北有戏校，街南没戏校。现在的晋阳饭庄就是以前“富连成”班的旧址，日本时就在那儿。街北的艺人基本都是从那儿出来的。科班的都是街北的。

街南的唱戏哪儿来的都有。我记事的时候，天桥唱戏的主要是“云里飞”。他是唱花脸的，说他是科班出身，落魄到了天桥，但他没有艺名，“云里飞”就是他的艺名，估计他不叫这个。他也不常露，就是偶尔地露一回。他那场子不是单纯地唱，什么都干，有好多女的。他的场子最出名的就是“小疯子”，解放后也给处决了。“小疯子”是云里飞场子的丑角，叫什么名字忘了，就是艺名叫小疯子。小疯子的乱事太多了，听说那场子的女人什么的全都是他的，真正的情况怎么样不知道。

反正那就是罪大恶极吧，要不怎么给处决了？

真正有一点身份的，他也不上天桥学去。这就是说，落魄的、没有生活出路的，或者，得了，这孩子给他碗饭吃吧，拉乎他一下，就收一个，多是这种情况。

街南、街北收徒在条件上不同，生活习惯上各方面都不同。科班有组织、有纪律，出门都是打着大红旗子，排着队，都穿着灰布大褂，都是大褂，排得挺规矩。街南的就没这套，什么都没有。在街北学唱戏的孩子条件也要稍微好一点，但出身也不都是好，就是说，到了那里头，就得按班里的规矩。他们都有合同、条约，都得“立字儿”。科班中师父打徒弟的有，徒弟跑了的也有。跑了的，他又不留名，也就没有谁清楚了。跑了是一种违约关系，家长要给班里赔钱的。

街南具体怎么个拜师形式还真不清楚。街北这个等科班出来了之后，也还得拜师。怎么拜？它是这样的。师父收不收的原因是什么？就是你成不成，是不是那块料。不成，也就算了，那就不知道沦落到哪儿去了，也有可能到了天桥去了，没准儿。你像云里飞可能就是这种情况。咱们这是猜测。因为他那阵儿岁数太大，我那时小，也不打听这个。这是道听途说，听了那么点儿，确切的咱也不太清楚。

（五）祖师爷、师父与徒弟

天桥艺人拜把子的很少。除非游手好闲，没有正规的职业，一天就靠着“晃”吃饭的人拜把兄弟的多。艺人之间讲义气，这主要表现在表演艺术方面，不会有谁拆谁的台。他们相互之间都有联系。艺人之间关系的远近，那是人情问题，在于他们各自的性格怎样，并无什么固定的格式。徒弟与师父走得近与远都在性格和交往的条件，这是前提。你要是没条件，性格合不来，就越来越远。不过，对师父他尊敬是尊敬。你要成名，他在什么时候都会说你是师父；你要是不成名，“我这师父什么也没教我”，他也就只能在心里说，不能满街嚷嚷去。

艺人都有祖师爷。过去唱戏的抱的那小孩就有说辞，我不清楚，你跟别人聊聊。反正后台还上着供。天桥戏园子的后台其实我也老看，没有看见他们供什么。唉，他们那太简单了。梨园界到一定时候，都要去精忠庙拜祖师爷。这跟街南没有什么大的联系，都是街北的。精忠庙也就挨着天桥。参加祭拜活动的都是梨园界的名人，一般的人也挂不上牌，就是去了也不知道，谁给他记呀？就天桥而言，那些戏园子的戏我老看，但没看见他们供什么。天桥唱戏的太简单了。

艺人祭不祭本家，就很难说了。有记载的就可以祭祖，没有记载的，你上哪儿找祖宗呀？一般的老百姓都是流离失所的，有这个没那个的，上哪儿找祖宗去？那不是瞎掰吗？那会儿，天桥艺人的婚姻范围没有什么限制，反正都是门当户对，现在也一样呀！艺人不是绝对就要找艺人。婚姻状况没有什么约束，男女关系什么样的情况都有，没有什么法则。天桥的艺人就我知道的都有家有眷。天桥的艺人还是汉人多，旗人有，少。也有那种从前是“票友”，落魄“下海”的。

（六）理发业：水为师，石为父

理发的有祖师爷，是罗真人。他大约是明朝什么时候的人，后来都不传了，就有这么个印象。具体说呢，他并不是梳头的，他救了一个梳头的人，完了之后，就认他为祖师。

有人又说理发业的祖师是和尚，管和尚叫师父。为什么管和尚叫师父呢？因为和尚是剃光的，所以用刀剃头就得是和尚的师父。和尚要在你剃头的这儿吃饭，他就要在你座子上头坐着，非得你说对了行话，他才站起来。这行里的行话多了，我就没学到，也没用。我学徒已经不用这个了。我的掌柜还算开明的了，我还挣钱呢！多少都给你点儿。以前有行会的时候，是一分钱也不给，非得三年零一节。

我是1946年跟我们一个同乡学的理发，在兴隆街“义兴隆”理发店学徒。那时，我是开车与理发任选一个。因为我小时候，手和脚一冷就冻，所以就学理发了，室内暖着点儿。要是学开车，车抛锚了，露天修也冷。

那时，我师父就不讲祖师、行规之类的了。罗真人、和尚这些都是后来才知道的。我们那儿也有雇的伙计什么的，闲聊天时知道了这些。聊天时，说什么是师父，有“水为师，石为父”的说法。我认为这些都是瞎扯。因为理发剃头离不开水，离开了水，就没法剃头了。石就是磨刀石。到我学徒的时候，什么说法都没了。我学徒时，行会也没了。我记得在我小时候住的地方就还有理发业的行会，那时候有，那是日本的时候。

我学徒的时候，还有剃头挑子。我们那个是开店做包月活。就是拿着一小笸箩，里面装着工具，定期到买卖家做活去。比如说，张家初一，李家初二，约定十天去一趟，或者半月去一趟。到了之后，就给他们这一家子理理。那都是拿折子记账，一节一算账。

我学徒时没拜师，那掌柜的是老乡，我管他叫哥哥，就等于没师父。学艺都是跟伙计学的，一边干，一边学，没有正式拜师。理发店的伙计哪儿的都有，就跟现在打工一样。过去，理发的宝坻县的特多。宝坻县出理发的，定兴出修脚的。它就是说啊，你来北京剃头了，老乡又找你了，一个介绍一个。这样，同一个行当，一个地方的人就越来越多了。

学徒一般都是跟师兄学，都是师兄带着。伙计还不让他做外活。一个伙计要在店里学徒三年零一节。一节就是五月节。伙计跟掌柜的关系也就那么回事，就是劳资关系。出师之后，如果掌柜需要，他就会留你，如果不需要就自己找事儿。也有那种常年在一个铺子里干的，这种情况就要求两边都合得来。一般的徒弟都不愿意在本店里干，因为本店里他不好干，师父、掌柜的毕竟还有个约束，你没法在这儿待着。把掌柜的叫师父，其实他也没教，就是那么个称呼，以后出去了也好向别人说，自己是从哪儿哪儿学出来的。

理发铺里的条件比剃头挑子要好一些，店里头的环境都有个安排。挑挑儿的就那么一盆水，无论剃多少个头，反正一天就那么一盆水。剃头挑子的唤头有“三不打”。我只记得“过桥不打”和“过理发店不打”了。这都没传下来，没有谁去记了。我学的时候就谁也管不了谁，这不像有行会的那阵儿。

干这一行的都没有什么阔绰的，都是穷人，是最下层的，比要饭的强点儿。这是凭劳动力挣钱呀，你要是要饭，不就是张口吗？就得说点好听的要去。所以，我们这个比要饭的强点儿。后来。添了女活儿，女的也能到理发铺理发了。这时，身份就提高一点儿了。[5]

注 释

[1] 关于说书场、露天书场，张次溪有载：“数十根木柱包围着几张破苇席，再加上几只歪腿缺脚的旧板凳，一寸见方的红色木板，直径一尺的铜钉小鼓。那说书的紧眉弄眼地喊，力竭声嘶地唱，这便是所谓说书摊。”“在五十年以前，北京说评书的，系以露天书场为本位。茶馆里带书馆的家数不多，内外城统计起来，不足十家之数。……平常日子，都是两个月一转儿，说书的是好是赖，妙在与地点无关，其价值不因进茶馆而增，亦不因在露天而减也。此项露天书馆，各条大街上，触目皆是，设列于甬道之旁（土质甬路高于地二尺有余，后来都改为马路了）。冬日则露天以向阳，夏令则支棚以避日。场内设有板凳，或四行或六行，中央之二行，名曰龙须凳，说书的必须正支正派，始准其适用龙须凳，否则撤去一条，盖即王佐所谓之说书规矩是也。每一回书敛钱一次，

坐客以当十钱一文，说书的先生，须自己绕场领取，打多少是多少，不得悬定数目，更求增加，外围子站着听的，给就接着（用茶碗接），不给不许要。”另外，书茶馆和坤书场茶社的异同，以及书茶馆中听书、打钱的规矩，说书者所使用的道具，张次溪同样有记载。分别参阅张次溪《人民首都的天桥》，北京：修绠堂书店，1951，页118—120、194—197。

[2] “下处”即妓院。在老人的记忆中，妓院都是“下处”，亦可参阅后文朱国良、马贵宝等人的叙述。

[3] 根据刘东升撰写的《天桥人民艺人梁益鸣》，梁益鸣可能是在1959年拜了马连良为师。参阅中国人民政治协商会议北京市宣武区委员会文史资料委员会编《宣武文史》第二辑，1993，页128—129。

[4] 天桥落子馆的情形，文献同样多有记载，参阅敏公《天桥之一瞥》，《晨报·北平里面（二）》1927年8月1日第五版；秋生，《坤书大鼓害人不浅，什锦杂耍各有妙诀》，《北平日报·天桥商场社会调查（三）》1930年2月22日第七版；克非，《坤书场：共有八家组织划一》，《新民报·天桥百写（四十一）》1939年4月11日第七版；魏喜奎，《天桥话旧》，《燕都》1986年第4期；张次溪，《人民首都的天桥》，北京：修绠堂书店，1951，页190—194。

[5] 天桥理发业的情形，可参阅克非《剃头帐篷：每日午后始支篷为业，所订价格实行平民化》，《新民报·天桥百写（四十八）》1939年4月17日第七版。

五、我就不说朱元璋，我就说范聃老祖

——王学智访谈录

访谈时间：1999 年 11 月 22 日、29 日，12 月 6 日

访谈地点：北京朝阳区官庄

访 谈 者：岳永逸

访谈者记：

王学智（1935—2007），又名王德智，男，汉族，出生在天桥，是相声、快板、拉洋片兼通并一直生活在社会下层的艺人。他自小眼睛弱视，前后大约读了两年私塾。不论是读书还是不读书，他都经常逗留于天桥各种撂地场子，喜欢听说书、相声、快板等。1948—1950 年，他曾在天桥一小酒铺当小伙计。1951 年回到朝阳区官庄，仍经常进城到天桥玩耍。大约在 1952 年，他拜穷家门的南城“丐李”（李德顺）为师，学说快板、数来宝，1958 年拜高凤山为师。1955—1965 年，他在家务农的同时也参加朝阳区农民曲艺队，担任过队长，主要说快板和相声。改革开放后，因受电视的影响和师哥毕学祥的劝说，先是参加票房活动，后开始了业余卖艺的生活，先后在地坛、大观园、新东安市场等地拉洋片。

或者是由于其普通人的身份，在我数次访谈中，身兼数种技艺、记忆力超常的王学智先生都侃侃而

谈，毫不保留。王学智先生是北京有名的民间艺术家“鬃人白”白大成先生介绍给我的。至今都还记得十二年前北京初冬的一个夜晚，在新街口白大成先生拥挤的居室中，介绍完他的鬃人后，白先生对我说：“采访我的人很多了，你去东安市场找拉洋片的王学智聊聊，他对天桥知道得比我多，也是个老天桥！”于是，我开始了对王学智先生的寻访。第一次与王学智先生见面是在1999年11月15日中午，就在王府井新东安市场“老北京一条街”的大门口里侧，当时他带着自己的徒弟陈友全等人正表演拉洋片。

1999年11月22日，在王先生家中的访谈是在王先生的忘年交、北方昆曲剧院青年老生演员张卫东的帮助下完成的。张卫东是身体力行地以弘扬传统民俗文化为己任的青年人。十多年来，他不但在北京大学、北京师范大学、中央音乐学院、中国音乐学院等高校向青年学生宣讲、教授昆曲、岔曲等传统艺术，还在集贤承韵、霓裳续咏等票房培育喜好八角鼓岔曲的后学，并在1997年创办了《八角鼓讯》这样一个在八角鼓票友中很有影响的民间刊物，一直坚持到今天。后来，张卫东先生也成为我的挚友，并就我对老天桥艺人和北京其他民俗文化的调查给予了无私的帮助。

这三次访谈，王学智先生的老伴王文宏女士会不时参与进来，并偶尔插话，帮助王学智先生回忆。此后，我们经常电话联系，知道他们最小的儿子结婚了，知道王先生几乎不再外出拉洋片了，在家安享晚年。

2007年岁首，王先生仙逝。其亲友、徒弟以老人喜欢的方式送别了老人。在“送三”这天，人们会聚王宅庄重举行了“白事堂会”，纷纷演唱拉洋片、小曲、岔曲、乐亭大鼓、西河大鼓、梅花大鼓等，佛家子弟则恭颂《大悲咒》等经文，并笙、管、铙、镲等演奏《叹八仙》《二十四孝》等曲牌。[1]

（一）并不如烟的家世

1. 我们王九爷

现在，我住的这个村过去就叫官庄。因为朝阳区有两个官庄，所以这个村子改名叫南官庄。听祖辈讲，我家世代居住此地，历时已达三百多年，是跟清朝一块儿来的。我们不是旗人，是汉人。

再往上说我记不详细，打我曾祖父那辈我能说。我曾祖父叫王兴，因为他们哥们儿挺多，家也挺大的。当时，官庄还有一个挺有名的人，王九爷，我也叫曾祖父，不是亲曾祖父。他具体名叫什么，我不知道。那时，这会儿叫东郊区——东城外头，即广渠门外，这一带有三个“九”，都是有名的人物，其中一个就是王九。他在这个村子开店，王家店，王家老店，结交官、匪两面。开店的都是官、匪两面，为什么说呢？官家来得应酬，土匪来也得应酬，不应酬，就抢你。后来，他还有给皇上拉皇木的大联车。联车就是许多辆车连在一起，拉皇木。那阵儿，好儿丈长的木头都得找他拉。一辆车装不下，就要把好儿辆车调到一起，用许多头牲口拉，那叫联车。我这个曾祖父经营这个，还开店。我亲曾祖父跟他是哥们儿。

这联车走到东边一带，有丁、张、马、孟四庄，丁庄、张家湾、马驹桥、孟家庄。过去，在一二百年前，马驹桥这一带都是土匪，走这儿，车根本就过不来。过不来怎么样呀？给你劫了，叫你掌柜的来。这样，我们王九爷就得去。去呀，那真是刀山呀！就像刀山油锅一样。一到，土匪就用刀子尖给你往嘴里递肉，你得吃。“啪”，九爷把刀子尖给叼着。“罢了，够朋友。”土匪一个劲儿地夸奖。从那之后，九爷就与土匪交了朋友。九爷家办事，办红白喜事时，都是大教一棚，回教一棚。[2]我们王家这根儿就是他那儿，挺阔。

我亲曾祖父跟王九爷不是哥们儿吗？他却把我亲曾祖父给拨出去。那会儿都有私心，知道吧？得了，那儿是清朝的一个大坟地，叫世子王坟，他爸爸是王子，他呢，就是世子。他爸爸没死，他就死了，就埋这儿了，叫世子王坟。叫我曾祖父去看那坟地，这就是我们的根儿。[3]

2. 我父亲心实

我曾祖父下头有三个儿子，大儿子就是我祖父，叫王世荣，二儿子叫王世华，三儿子叫王世贵。这是我爷爷那辈儿，他们哥儿仨。我祖父有俩儿子，就我大爷王代贤和我父亲王代诚。大爷三十七岁夭亡，大伯母也死得早。过去穷，他们留下两个儿子都我父亲给养着。一个是王德仁，今年七十八，在通州住。我们叔伯哥们儿是“仁、义、礼、智、信”。还有一个叔伯哥哥是王德元，他没有了，他故去了，埋在小汤山了。他从小就出了家，为什么？家里养活不起，就当小和尚去，不在我们这个“仁、义、礼、智、信”之内。

我父亲 1913 年生，只比我两个堂兄弟大十多岁。1927 年，父亲进城学艺，学卖估衣，在天桥干了一辈子。他那摊是“吆唤摊”。吆唤摊是什么？就是过去拿起这衣裳吧，比如说拿起一件夹袄，就这样吆唤：“哎，这件大夹袄，瞧瞧里，你再看看面吧！这两面翻新……”就专门吆唤，这吆唤也是一种艺术。

学完之后，我父亲就去了吕掌柜那儿当伙计。因为我父亲嗓子好，吆唤得好，十八九岁就红了。后来有了点钱，就与人合伙开了一个铺子，叫“三义成”，是三个人合伙开的。除了我父亲，还有一个叫林山，一个叫刘金坡，他们三人搭伙。林山我叫二大爷，刘金坡我叫叔。他们两人拿出了一部分钱来，我父亲拿出一部分钱来。但那俩人实际上什么也不管，是东家，而我父亲什么都做，是老板，或者说掌柜的，连买带卖，用几个伙计，带几个徒弟。但这铺子没几年就完了。你知道为什么完的呀？日本一失败，小日本投降那年就完了。

小日本在那几年，那八年，我父亲的买卖挺丰富的，生意顶红火。1945年以后就关张了。小日本一失败就怎么样呀？过去，做买卖的东西不见得都给人钱。你的衣裳说这会儿一百块钱一件赊给我卖，我卖完了给你钱，是吧？我父亲心实。到日本一失败，这衣裳一百块钱一件来的呀，就只能卖二十块钱了。其实，把衣服给人拿回去也没事，我父亲不拿，别人说一百块钱，就给一百块钱。把这个买卖整个地都卖完了，还人家的账，连自行车都折出去，一个子儿没剩。[4]也就是说，日本人在的时候，这衣服可以卖一百元钱，日本刚一投降，老美国来了，东西"欻"地一下子就落下来。这东西一百元钱就值十元钱了。日本的烟卷也是一块钱一大堆。日本一投降，它的东西就不值钱了，贬低它呀！说把东西给拿回去，也不赔钱。我父亲心实，卖完了，全还完了，什么也没有了。没过半年呀，"砰"一下物价又回升了。整个买卖就给糟践没了。我父亲没有办法了，就给人家当伙计去了，还是在天桥。那时，我十二岁。

我父亲学艺是在我姑奶奶家，也就是我父亲的亲姑姑家。他们在天桥开的估衣铺。姑爷姓康，叫康老四，卖估衣挺有名的，我父亲就在他的店中学艺。父亲在那儿学艺是拉着"排子车"摆摊去，那是住家的，不是买卖铺。排子车也就是一轱辘车，上面放着大包包，早上起来就上天桥，摆上案子卖，卖完再收摊回家。拉车去，拉车回来，是"撵摊"的。学这个撵摊，也不挣钱，就管饭，三年零一节就管饭。

一节指的是第四年学到五月节，也就是端午节，就相当于半年。三年零一节满了，就算你出师了。在三年零一节中，师父什么也不给你，就管饭。学艺要三年零一节这个规定就太久了，记不清有多长时间了，原因是什么，还真不清楚，反正传下来的就是这样。过去，做买卖的也讲究这个，不论你开的是什么铺子，粮油店也好，卖衣服的也好，都这样。有个俗语，"学什么也得三年零一节啊"，这是街面上的一句口头禅。

我父亲十八九岁在天桥就红了。卖估衣，他嗓子好，他的吆唤就卖钱，“圆黏儿”圆得好，一会儿人就围上了。这样，到二十一岁娶的我母亲。这是我父亲这点儿历史。

3. 姥爷的名儿是西太后赐的

我母亲叫桂尚文，她的那点儿历史也不错。因为我母亲她父亲呀，过去给皇上，给西太后唱，唱单弦，唱大鼓，叫桂润桥。姥爷的名是西太后慈禧赐的，赐名桂敏。因为那，我母亲他们都姓桂，是满人。他这是呀，皇上爱听他的玩意儿。其实，我外祖父不姓这姓，就给他起了一名儿：“你叫桂敏吧。”有这么一回事。

我现在会唱，与这也有关系。我母亲从小也会唱单弦，可是我母亲没给我们唱过。后来，我们都大了，母亲也没唱过。因为，那会儿，我姥爷、姥姥带着母亲上茶馆玩票儿去，大鼓单弦自弹自唱，全会，弦子弹得也好。我姥爷那会儿都五十多了，我母亲才十来岁，于是老带着。人家孩子多，就我母亲最小。这是我母亲娘家的那点儿事。老艺人金小山先生给我说过，有一本宫词就是我姥爷的。我没见过他，母亲十多岁的时候，姥爷就死了。

4. 我们家是穷人

母亲为什么嫁一个卖估衣的呢？就是家败了，穷了，没办法。因为卖估衣的跟她住一个院儿，这卖估衣的吕掌柜就对我姥姥说：“你这姑娘也大了，十八九了，给她介绍个对象吧？是卖估衣的，那小伙子挺精神。”说：“那我可以瞧瞧去！”后首，我姥姥带着我母亲去相亲，我姥姥一瞧就相着我父亲了。大高个，还一表人才，穷人，就是穷，卖估衣的，那也给。她也破落了，也没钱呀！这些都是母亲告诉我的。我姥姥是在 1942 年去世的。

母亲他们兄弟姊妹有七个，但不是同一个母亲所生，姥爷有两个妻子。我有三个舅舅叫桂文英、桂文华、桂文森，还有三个姨。三舅和我母亲是一母所生，但他早年跟着军阀韩复榘，给别人当秘书，走了之后就音讯全无，到现在都没有信。二舅桂文华夭亡，年轻的时候就死了。大舅吸毒，好抽个大烟，国民党时期生活破落，抽大烟也抽不起了，大约是四五、四六年死的。我见过大舅。三个姨的情况也不清楚，因为她们的年岁特别大，而我母亲的年岁特别小，又不是一个母亲所生。母亲没给我提过她们的事。

那时候，我们家是平民百姓，我大舅家也不算富，我那几个姨家却都是有钱的、做官的，跟我们说不到一块儿，就一直没有来往。走亲戚也是门当户对，人家是地主，是官，有钱人家，我们是穷人，人家瞧不起我们，我们也不跟别人攀。所以，我母亲也不跟我谈她们的事。后来，共产党一来，我大姨她们就被扫地出门，因为她们既是地主又是官宦，共产党就专门治这个。二姨跟我二舅一样，年轻的时候就死了，夭亡，不过三十来岁。三姨教书，人家的儿子都是共产党的官，至少是相当于营长之类的官，跟咱们也没来往。人家解放后在上海做官，人家阔，咱们穷，没来往。人家瞧不起咱们，咱们也就不高攀他。

过去的女人不干活，就在家待着。母亲与父亲结婚后，也一样，就在家做饭，洗洗衣服，看看孩子。平时，没事时就与附近的其他女的打打牌。

（二）我是坎坎坷坷一辈子

1. 我从小就在天桥耳熏目染

我是1935年生人，出生在天桥西沟旁西市场西街。那时，我们的买卖在那儿。北口是鸟市，南口是三角市场。三角市场是块杂吧地，是我们艺人待的地儿。那会儿，我在天桥念书。我前前后后大约一共念了两年私塾。先生一个是马老头，还有一个赵老头，两个老师。我最小的时候是跟着我姥姥住，所以就在崇文区三里河南桥湾里头鞭子巷四条跟马先生读书。姥姥死了以后，又搬回到天桥，跟着赵先生在福长街二条念书。一个先生跟着念了约一年，都是私塾。在天桥念时，老师跟我父亲说："甭让他念了，他眼睛瞧不见！"我眼睛是先天性的，那会儿还比现在好，要强一点儿。我自己瞧不见，父亲也没钱了，我就失学了。那时，我也就将近十一岁。失学后，我干吗？我就在天桥玩，就耳熏目染了，各种曲艺我都爱听。1944 年，我们住家又搬到崇文区花市南边的包头胡同十七号，在那儿住着，我还是上天桥玩儿我的。

在自己的估衣铺关闭后，父亲去了天桥的"聚兴隆"估衣铺当伙计，掌柜的姓杨。这是个大估衣铺，五间门脸。卖估衣的"哑巴摊"和"吆唤摊"，我父亲都成，他真卖钱呀！天桥杂耍的地方在南边。在杂耍场子的北边、西沟旁的南边有一条专门卖估衣的街，叫估衣街，专门卖估衣。现在，没这条街了。那时，这条街全是棚子，门口是棚子，里头是门脸。聚兴隆估衣铺也在那儿。我天天上天桥玩儿去，不见我父亲。我父亲说我："不在家待着，你瞎跑什么呀！"我就自个儿玩儿去。

我从小一直就喜欢什么呀？喜欢听书，喜欢听评书，天天就长在评书那儿，这评书整套的我都能说下来。我母亲那会儿就爱打个小牌，也不说我，就让我带着我弟弟、妹妹出去玩儿，她好打她的牌。我把他们带走了，母亲才高兴啦，有时还给我们几毛钱！我于是就带着他们上天桥去。我兄弟姊妹就三个，弟弟叫王德信，妹妹叫王淑云，现在健在，都活得挺好。一开始，我听书，听了二年书。后头，我就不听书了，要听相声、快板、拉洋片等所有的曲目。我一去就是一天。比如说我 10 点钟走的吧，我非要等到都收摊了，黑了算，太阳都落山了，我才回家，整天都在那儿泡。

那会儿，我最喜欢听的是武侠小说，陶湘九的《三侠剑》、李万兴的《雍正剑侠图》，还有连阔如的《东汉》、王杰魁的《包公案》、王艳芬的西河大鼓，我都听。相声就更多了，像高德明、高德亮、孙宝才、高凤山，还有赵玉贵、罗荣寿、王长友、“汤瞎子”汤金澄这些人的。王世臣、赵玉贵是一对儿，高德明、高德亮是一对儿，孙宝才、高凤山是一对儿，罗荣寿、李贵山是一对儿，王长友、谭伯儒是一对儿。汤金澄说单口相声，带说口技，他会学小蛐蛐等各种小动物的叫唤，是天桥一绝。快板、数来宝主要是听我师父高凤山的，自小我就喜欢高凤山。

快板和数来宝有区别。快板是一套辙。比如，我们唱东西吧，中东辙呀、言前辙呀、怀来辙呀、发花辙呀，一套辙到底叫快板。比如说“大年三十夜光明，八月十五黑咕隆咚”，老是这辙，是五百句都不变辙，这叫快板。数来宝就是顺口溜，比如说“二月二，三月三，王禅老祖下高山”，这是言前辙，接着是“王禅老祖真有份，收一个徒弟叫孙膑”，这是人辰辙了，“孙膑爷爷下山早，下山带着几宗宝”，遥条辙了。“刀子剪子月牙刀”，哎，顺口溜。[5]快板书是加“白”。说“有一乘滑竿正在下山坡”，那个说，“什么叫滑竿呀？爬山坡用的一种交通工具，又叫‘爬山虎’，两人抬着”，说着说着加道白，就是快板书。最早是数来宝，然后是快板，快板书在最后。咱们中国有“三大快”——王凤山、高凤山、李润杰，王凤山是我师伯，李润杰是我师叔。师叔他在天津。名望最大的是我师父，高凤山。

这些东西我一听就能记住，这是我的一大特长。今儿记点儿，明日记点儿，耳熏目染，天天都在那儿，年头多了就记多了。后首，就自己跟着拉洋片的小金牙罗佩琳学。我叫“私淑”罗佩琳，就是没正式拜他为师。实际上，就是站在他身后，他怎么唱，我就怎么学。就这样听了二年，把他所有在天桥唱的段子，我全听会了，一字不落。我现在唱洋片唱得好，就是因为那时天天在天桥听。

自小我虽然没在天桥住，跟姥姥住一块，可是因为我父亲的买卖在那儿，所以也就常去天桥玩儿。在读私塾期间，经常逃学，背着书包去了天桥，回到家就挨打。后来，我爸爸的买卖倒了，门脸还在，我爸爸就常让我看着这门脸，我同样偷跑去听书。我爸买货回家看门锁着，就四处找我。别人告诉他，你找就上天桥说书的那儿找去。他一瞅，我在说书的屁股后蹲着呢，揪回去就一阵好打，还边骂“好小子，我这找你半天都找不到你，你还在那儿蹲着”。就这样，自小我什么都不爱，就是爱曲艺这些东西。自我一懂事就老在天桥看，一直到解放，从七八岁一直听到十四五岁。1948 年，共产党把城围上时，我还在天桥听，都没回家。

1948 到 1950 年这三年，我在一小酒铺当过小伙计，掌柜叫赵俊田，人称赵老五，我管他叫五大爷，他会的东西很多。那时，“话匣子”——扩大器[6]常直播评书、相声、太平歌词等。只要我在大铺子门口一听见“匣子”唱，我就不走了，就站在那儿听。在外面听完了，我就回去跟他说，那匣子放一段常宝霆的《饽饽阵》挺好的。他就问我：“你喜欢吗？喜欢，我就教你。”那时，我约莫十三岁。五大爷教我了《饽饽阵》《古人名》《武松赶会》等。十三套大辙的《古人名》在曲艺界是必须会的。在他这儿当小伙计时，中午没事，就让我买东西去，就买调料去，那意思就是让我玩儿去。玩儿够了，再回来。这酒铺呀，早上有事，晚上有事，中午这三四个钟头没事，所以我还上天桥听去。

2. 党号召什么我就编什么

1951 年，我就回官庄来了。那时，官庄虽然是农村，但有文化站。我先是在文化站演相声、快板、评戏。1953 年，文化站撤走，没人管了，我们成立了剧团，我就执掌剧团，是剧团的负责人。我既编又演又教，生、旦、净、末、丑我都能教。一到冬天就排，春节演半个来月。

到1955年，成立农业社了。一成立农业社，就实行汇演。年年我都到朝阳区里汇演。我自己写的段子。其实，我不会写呀，我就是瞎编。我会编，人家给写。那时，有下放到农村的大学生，帮助农村搞文艺，搞这文化活动，他们给我写，我编他们写。就是五五年，我演的我自己编的段子《积尿肥》，打那一下我就红起来了，朝阳区我有名了。五五年，我就在朝阳区拿头等奖，朝阳区再选拔我到北京市汇演。就现在我待的那地方，东安市场，过去有吉祥戏院，我们在那儿汇演，整个北京市所有的区，一百来节目，我得了个二等奖。

在1956年前后，我写了相声段子，叫“修渠”。为什么呢？已到合作化了，不能靠老天爷吃饭了，咱们得修大渠浇水。《修渠》这段子我编得挺好。1958年3月的《北京文艺》周刊上，有我这段子。1958年，我又编了相声《深翻土地》，还写了一个小歌剧《决心入伍》，各新华书店都有卖，还有小快板《夜灌小麦》。我出了这么五六个段子，新华书店摆着卖。后来，我还编了快板《红色保管接班人》、相声《人民公社颂》，等等。我编的东西太多了，也记不了那么多。

一辈子，我就抱着这个态度：党号召什么我就编什么，党号召什么我就写什么！那时，我老听毛主席的话。毛主席号召水利化，我就编演水利化，毛主席号召深翻土地，我就编演深翻土地，说大力积肥，我就编演积肥。这些，我都干过呀！你说挖渠我也挖过，积尿肥，我抬着尿，浇过麦子。我干过这些农活。所以，我没有因编演节目挨过批斗，老是红五类。后来，跟我说相声的搭档有点儿别扭，我就不说相声了，自己一个人单说快板。

1955年到1965年，论搞曲艺在朝阳区我算头把交椅。朝阳区农民曲艺队我是队长，说相声我是第一名，朝阳区区长跟文化馆的馆长就这样捧我，说“朝阳区的侯宝林就是你”，就把我捧得那么高。那时，年轻啊，年轻嗓子也好，艺术青春嘛！每回汇演都是我压阵，下不了台，特别红，红了那么十年。我的大相片文化馆门口一边贴一张，这边是说快板，那边是说相声，整贴十年。朝阳区区长喜欢我，朝阳区的书记也喜欢我，见了我都跟我拉手，一块儿喝酒，都接待我。其实，我一点文化都没有。

3. 旧瓶装新酒：名改了，词没改

到 1964 年，国家不许唱老段子，说书的不准说老书，什么《三侠剑》《小五义》都不许说，就许说《平原枪声》《铁道游击队》《敌后武工队》《林海雪原》，就说这些。可是茶馆里一个人没有，没人听。听惯了武侠小说，谁听你这个？有的挺大名望的人，才有一个人在那儿听。这样，卖不了钱，茶馆伙计也无法开支，就得挨饿。没有办法，后首，茶馆的老板就找文化馆的馆长了，求他给想点办法，也卖点节目，好生活。馆长就找到了我，说："王德智，你是曲艺队队长，能不能给他们找点人演去？"我答应了下来。我就找了十多个人，老头也有，大姑娘也有，也有我徒弟，带着他们就去了。老头儿都八十来岁了，弹单弦。到张五茶馆，一演就红了。票价卖多少钱呀？五分，五分一位！五分钱的票价，你要喝水，给一毛钱，五分钱的水钱，可卖二百来座呀！也是十好几块！为什么上座呢？价钱便宜，五分呀！再则我们唱的活儿新，种类多，快板、相声、单弦、大鼓什么都有。天天客满，外头还扒着窗户往里瞧。

为什么我们的新段子就有人瞧呢？我们唱新段子唱得有声有色呀，那说书的不就是说吗？《双枪老太婆》这是我们的新段子，也有"旧瓶装新酒"，把老段子改了。《大过会》农村过会的这事儿，我们叫《天安门过会》，起一新名，天安门毛主席检阅这会，照样有人听。这是没办法的办法，词没有改，名儿给改了。[7] 这都是我张叔出的主意。

哎呀，我们在那儿特别红，一个礼拜演两场，客满，老是满着，

二百多人，外头扒着窗户往里瞧。要么我叔压底，要么我压底，反正我跟我叔轮着来。他压底，我倒二。后来，越弄越大，连工人文化宫曲艺队都往我们这儿跑。都有这口子瘾呀！虽说不挣钱，可爱说爱唱呀！我们来一个吧，我们来一个吧，净是上我们那儿去的，后来越弄越大。可是，比如说，我们是礼拜二、礼拜四，我跟我叔带着演，可是礼拜三、礼拜五呢，又有一个团体演去。好，这帮人还说过去的东西，胡说八道，老一套，全有。到“文化大革命”，这茶馆掌柜的挨斗，差不多给打死。说“放毒”，就是他们这帮人给放的毒。我们这帮人是业余的，没有一个专业的。那时好几家茶馆都打我的牌子，把“王德智”三个字写得斗大，把我捧得挺高。

“文化大革命”一来，也就不演了。我仍当农村宣传队队长，就按“文化大革命”时的要求编词来演。那时，队里也重视这个，我没干多少活儿。夏天、冬天我不干活，先编后演。编一个月或两个月，编完了，再带着这帮人演。给我的待遇与社员一样，别人挣十分，我就九分，因为我眼神不好。我老干这个，这又干了几年。

4. 我的前妻与后妻

我在文工团的时候结的婚，1959 年结的婚。我老伴儿是当地的，比我小七岁，那年我二十五，她十八。一开始，她挺好的。后来，她有一种病，神经病，得了抽风这个病，就是羊角风。抽吧，一月抽一回也不影响很大。我父亲呢？老给买药。后来，她听我们丈母娘说，也不知哪儿有配药，五十块钱，配的药能去根儿。那会儿，穷哇，一天才挣几毛钱。到哪儿找几十块钱去？那是六几年那会儿。好，她一赌气，就把那药全给吃了。吃完后，人就不行了。赶紧送医院，住了一个月的院，花了好几百块钱。没钱，借了好多家的钱。慢慢地，咱们家没条件，她也就疯了，1971 年她死的，留下了一孩子，王少魁。那时，穷得要命，穷得没裤子穿，吃喝都不够，现在扔的东西都比那时穿的好。家中老是欠队里、别人的钱，而且越积越多。媳妇死了，我刚刚三十多岁，能不续吗？没媳妇怎么过呀？不好办啦！有人给介绍一寡妇，带俩孩子，我不敢要。为什么？仨孩子打架，怎么办呀？

后来，就有人给我提我们这先生，[8]王文宏，说瞧不见的。我说一点都瞧不见吗？就是，那不成。又过了一阵儿，别人又说，我带你瞧瞧去，你看看怎么样？街坊带我就去了。我一瞧，嘿，擀面擀得倍儿好，切菜切得倍儿溜。嘿，做饭没问题。后来，我们就结合了。

5. 我是黑六类呀?

那时，结婚就太惨了！白天结婚管饭，吃了一顿就没了。到晚上，应该给人家弄点面呀、菜呀、酒呀，没有，穷得什么都没有！那时，那房子，还在村外，三间破土房，下雨，外边不下屋里下。那比旧社会都穷。结婚的那年她二十二岁，我三十八岁，比她大十六七岁。接下来的日子，那苦受的呀，养过猪呀，捡破烂呀，干活呀，弄猪菜呀，这两口子黑白天地干。后来，混得短队里五百多块，人家不给粮食了，说短得太多。

当时，我就跟队里打架。我说，黑五类都给吃，我是黑六类呀？人家说，你父亲是工人，半工半农，就不能给你吃，让你父亲拿钱买。我父亲一月给点儿钱，我得用钱买这个棒子面。买了一年呀，真不错。后来，我终于不欠队里的了。我头一年拿队里的钱。拿了多少？四块九毛五。干了一年，王德智拿四块九毛五！这我都记得清清楚楚。嘿哟，我还挺高兴。老短，人家队上还给我宽心："你瞧好不好？我们不是挤对你，我们是要让你爸爸给你拿钱买粮食呀！"我父亲是搞商业的，一个月挣六十多块钱，交我母亲三十多块钱，他在十一届三中全会前一年去世。母亲比父亲晚死八年。

那时，我自己给自己编句顺口溜："挣点儿分啦，吃窝头，下个鸡蛋卖了买煤球，捡点破烂，截长补短地喝点二锅头。"就是捡破烂，别人都捡值钱的、轻的捡，我眼睛看不见，只有捡别人捡剩下的，如烟筒皮之类的铁皮。大伙儿都不要的，我就收集了起来，一捆，还三十斤。我就推着小推车往收破烂的地方走。我把车往那儿一推，人家说："不要，我们这儿地方狭窄。"于是，我就央求人家。其实，人家才三十来岁，我都快五十了。我说："大姐，我们家孩子没辙，卖块儿八毛的，我们好生活。"终于同意收了，这一称，好家伙，一车两块钱，还高高地给码上去。高兴着啦！那会儿，得两块，美得人了不得。那会儿，东西贱，一毛八一斤的面。两块钱回家，唉，打二两酒吧，高兴着啦！一喝，美！现在，你看我什么酒没有？多高档的酒，整箱的酒！无论是多困难，我也去演出，文艺这事，我也不撂下。

后妻又为我生了两个儿子，我的后代是"单品种"，没有女儿呀！如今只有老三没结婚了。生老三的时候，我在厂里干活，没事时，我就在厂里玩儿。老三户口是一会计帮我们报上去的，我也没告诉人家孩子叫什么。到那儿，人家就帮着起了一名，叫王少宏。他妈叫王文宏，他叫王少宏。回来，我就不满意，人家说："你没有告诉我们叫什么呀！"我的意思呀，是想给他起名叫王少鹏，蓬勃呀，大鹏展翅呀！我是那样想的。但我也没改。二儿子是春天生的，所以叫少春。少春小时候，我曾带去见过高凤山，师父一个劲儿夸我名儿给起得好，说这名字起得响。

6. 救场如救火：回去拉洋片

再后来，也不讲阶级斗争了，咱们邓老不是开放搞活了吗？开放搞活了，我也退休了，我也不在农村干了，我到岁数了。退休了怎么办？一次，我在电视上发现，电视上演孙宝才、毕学祥的双簧，孙宝才在前

主　编：张卫东
副主编：吴光辉
编 辑：史汉钧 罗剑 陈祖荫 张晓松
地　址：北京市朝阳区垂杨柳北里
十四楼一门十五室
邮　编：100022

八角鼓讯

2004年3月　第廿六期

【曲头】

卷首语：

春日已至，今将传统岔曲《琴》、《棋》、《书》、《画》四支奉上，请读者们欣赏吟唱。

这些岔曲在演唱时还可称为《赞琴不露琴》、《赞棋不露棋》、《赞书不露书》、《赞画不露画》，皆是旧日八角鼓票房经常传唱之作。近些年来《赞画》亦能在歌场见之，而其它三支只留有曲词传世，均已无职业演员或票友名家们传唱。

[岔曲]

梧木为身，常伴斯文。身长三尺六寸零六分，前宽后窄尾不匀。〔过板〕

外按五行内按五音，上有官、商、角、徵、羽，文、武七弦〔卧牛〕

分清浊韵，它本是瑶池雅品能赋经纶。

四方形迹，内有定局。横十竖九，中间有溪，十六对兵马扫对敌。〔过板〕

黑红将帅分强弱，只杀得队伍支离〔卧牛〕

散而复聚。满盘只走一步错，想改前非后悔迟。

赞书

诗词歌赋，广览多读。五经四书似宝珠，方行锦秀文章要熟。〔过板〕

翰墨文字仓颉造，孔夫子周游列国〔卧牛〕

把愚民渡。若非仁、义、礼、智、信，怎收七十二贤徒。

赞画

地无尘沙，天无云霞。雨无时下，风无时刮，日无精彩月无华。〔过板〕

水流无声山无土，花开不分春〔卧牛〕

春秋冬夏。禽兽无毛人无影，树无阴影草无芽。

1

张卫东主编的《八角鼓讯》

面比画，毕学祥在后边说。电视上还演毕学祥的拉洋片。我受这启发了。我一听，觉得这拉洋片不够味儿。我心里头想，我也得回去，我得攀登。我呀，玩儿票！现在我都不玩儿票了。上票房，在龙潭湖鸟市附近的“柳荷轩”。[9] 我就去玩儿票，找找我师哥他们。我心想，他拉洋片不行，要真搞这个，我跟他一起搞搞这个。

就这么一想法。头一回没碰见他，第二回就碰见了我师哥毕学祥。我们都是“学”字辈，他是高凤山的大徒弟。在三中全会后，他又恢复了洋片这艺术，最早在地坛庙会恢复拉洋片，可是他本身对拉洋片的造诣并不深，名为拉洋片，实际上是只说不唱，而且还是按相声的路子说的，味道不正。

在柳荷轩我碰见他，我说：“我看见你演双簧，拉洋片。”“是呀！现在我正做着洋片呢！明儿个，你跟我拉洋片去？”我说：“你那味道，我听着还有点差！”当时，他就有点不太愿意，我是师弟，他是师哥，我不应该这么说呀！他生气了：“我差？你比我强呀？”“我比你强点儿！”“走走走，跟我回家吃饭去。”我在他们家吃饭，也是一大录音机，他说：“你给我录段我听听。”他给我打鼓，我就唱了两段。一段是光绪二十六年，庚子年间闹义和团，太后西逃这么一段。还有一段是，光绪十九年小日本进中国，经高丽进中国。就这么两段，这两段是拉洋片的绝活，“大金牙”当年的东西。我就成心给他录点老的。他一听，大拇指一伸：“地道！”那意思就是说，他不如我。他说：“你怎么会这个？”我说：“你不知道，我站在别人屁股后边三年，在小金牙屁股后边站三年，专门听的。”“好，我在做洋片呢，6 月 1 号开张！在什刹海荷花市场六一儿童节开张，你到时一定来！”那阵儿，我正做生意，卖果子呢，一天能挣三四十块钱，拉洋片才五毛钱一位，所以没去，我还是卖我的果子。

后来，我又玩儿票，在票房又一次碰见师哥。他说：“你怎么不去呀？”“我不愿意去，挣不了几个子儿。”“嘿，玩吧！”我说：“我做买卖，卖果子，我一天卖几十，我们得指望这个生活。”“那好办呀，你儿子也二十好几了，头晌你卖，不玩儿，这要后晌才开始啦。三四点钟，四五点钟，太阳快落才开呢。你呢？卖不完，剩下的让你儿子卖，你就来，你不是喜欢这个吗？”我想，也对，于是就去了。到那儿，我一人可忙乎了，不但拉洋片，还说相声，我这一人就满包了，“圆黏儿”也是我。

“圆黏儿”是我们的行话，要说白话，就是请人，把观众招来。我呢，就把人给请过来。你猜怎么着，都是我一个人闹腾了。好，还没开始，没人，瞎写，瞎写我也写，我哪儿会写？人家是撒呀，白沙撒字。我就用大白，什么“一字写出来一架房梁”“二字写出来上短下长”之类的，这些太平歌词我就唱上了，招人呀！我还得说相声、说快板、拉洋片，这一天他们都要我干，挣的钱我也不多分。干了一个礼拜。后来，咱们一人还招我生气，我就不干了，就那份钱都不要，我就走了。

我走了以后，他们就弄到北海公园去演，你猜怎么着？还是我师哥会唱，那帮人谁也不会唱。我师哥呀，没底气，嗓子不好使，不到一礼拜就唱不出来了。我正在家做买卖，晌午不是在家睡觉嘛，合作社来人让我接电话。我还担心是我上中学的孩子碰着了。结果，接电话一听：“别害怕，我是你师哥！”我说：“师哥干吗呀？”“我在北海挺火的，不少人都看，就是呀我唱不了了，我唱不出来，他们谁也不会唱。”“我不干了，你找我干吗呀？”“救场如救火呀！咱们哥儿俩没意见呀！你还得帮我来，你要不来，这儿好买卖就吹了。”我说我明儿去吧。“明儿不成，你现在就来！”“我还有一筐桃儿没卖呢！”“不要紧，烂了，我给钱！”那阵儿，我那小儿子还小呢，他要跟我去玩儿，这样，我就带着他去了。

到那儿，我一唱，一下就来了四个人，六个人满呀！观众爱听！师哥唱不了，就在那儿晃悠。一天给我十块钱，管饭。五毛钱一位，一天卖二百，要给北海一半，北海要一百。剩这一百，连吃带喝，还有好几个伙计，不就一人合十块钱吗？后来，那儿打架了，我们就做了一套洋片，反正就东走西转吧，哪儿都去，也不挣钱，前门楼底下都干过。唱一晚，一人来碗卤煮火烧，再喝二两酒，就没钱了，就走人。就挣个十多二十块，大伙儿一吃一喝就没钱。就这样两年，也没挣了钱。后来，好不容易弄到大观园这儿，五毛钱一位，一天能卖三百块钱。卖三百块钱，一天给我二十块钱，到礼拜天给我三十块钱，就我那么大能耐，因为我师兄的关系，咱也不说，再说别的就不好了。我红的原因在哪儿呢？

我师哥寿命短，他得了脑血栓，1994年就故去了。那会儿，我师哥唱不过我，那也不成呀！电视台一来采访，都是他，叫你下来，他就上去了，电视老演他，演不着我。现在，他没了，不演我演谁呀？电视老演我，我比他那会儿红火。他去世时，就像托孤一样，把洋片托付给我。六年，我保它六年。

…………

可是，他活着的时候说了："贵贱我不涨钱，我就五毛一位。"我不听那套。五毛一位？五毛一位吃什么呀？他一死，我一块一位，照唱不误。说五毛一位，一天要卖三百座，五百座，一块还是卖五百座，那二百五就变成五百了。哎，一下钱就来了，名也有了。我一下就红火了。

今年春天，我在东安市场六楼干了四十多天，某种原因吧，人家说不让干了，我把洋片拉回来，在家待了五个月。唉，我在家待着就烦，手中有点钱也烦。我要是吃没了呢？不是还没钱吗？我就遛鸟儿，哄孩子，还是烦。我老伴说："你甭着急，一个电话就挣钱。"我老伴就开导我。

嘿，她说了没半个月，真来电话了，是新东安！"王老，你是王学智老先生吗？”“我是呀！”“我们成立老北京一条街，你是不是能来，你能来，就帮我们参考一下。”嘿，拿我当人！到那儿一看，我给出了好些个主意。我说：“我来，给我拿多少钱一天？”“来的话，就给二百。”保底二百，我说，保一百你也得保。“王先生，我给你说，不是不能保。六楼没人，这儿人多，你先干着瞧。”那意思是说，实在你挣不了钱了，我再给你想主意，你要挣不了，多少我都给你拿点，你要能挣，就算了。到这儿，就火，特别火。报纸就上六回了，《北京日报》、《北京晚报》、《北京晨报》、青年报、外国报，电视上也演好几回。就在这儿，要红一阵子。头天晚上上了电视，第二天就忙了一整天，这多大的宣传力呀！电视呀，真有好处，我呀，就是这么个情况。

这一辈子，我是坎坎坷坷一辈子。这十年混饭吃，最火的也就这三二年，有这底儿。我兄弟也帮助我，需要什么词，我就上兄弟那儿淘去。[10]现在，我是“北京双绝”，不是我自己吹啊，“京都双绝王学智”，太平歌词和拉洋片没有超得过我的，我自己就敢这么说。曲艺界的人，不论你多大的腕儿，你太平歌词和拉洋片你唱不过我。[11]

（三）“你说拜就拜，人家收吗？”

1. “你不是喜欢这个吗？”——拜南城丐李

在1951年还是1952年，说快板，我最先拜的是穷家帮，就是过去的丐帮帮主，叫“南城丐李”，李德顺。[12]天桥是1965年才没的。50年代初期，农闲时，我仍常到天桥。解放前，北京南城说数来宝的都是李德顺的徒弟，都得归他管。过去，要饭的都唱数来宝，一到你门口打板就唱。你什么买卖，就唱什么，是棺材铺就唱棺材铺，跟你“叭叭”打板就唱，有的店主不用你唱，就把钱拿出来，说：“就这一毛钱，你赶紧走。”一毛钱不多，可是店铺的数目多呀！一家一毛，十家一块，一百家也就十块，他一天也能要十块。

李德顺就是这些人的帮主。[13]前三门外，前门、哈德门、顺治门之外的南城这一片都归他管，连高凤山都是他管，只要是说数来宝的，都归他管。哈德门是现在的崇文门，顺治门是现在的宣武门。他下面再没有其他小头目，就他分派，你上哪儿要，他上哪儿要，他一人说了算。

共产党一来，一解放，说他教小孩打板要饭，是误人子弟，叫他"丐霸"。政府把南城要饭的一集中有二百多个，先把这些人的铺盖卷都堆在前门火车站那儿，让李德顺坐在最上面，其他乞丐依次坐在下面，集体照相。相一照，就将他送往了河南省，改造他"不劳而获"的思想。他也是剥削呀，大伙儿要来的钱，都得给他上缴，然后再分。比如说，一块钱，他顶多给别人三毛，自己留七毛。这么着，他改造二年。共产党就讨厌这个。

在我拜他的时候，他已经不要饭了，改造回来了，那大约是1952年。他也主要是编一些歌颂共产党的段子，不要饭了，给党做宣传，所以他还是敢收徒。那时，官庄这儿，没有地主，都是二三亩地，都是穷人。家家都不够吃，老得抓点钱去。所以，农闲之时，我就挑着挑子去城里做点小买卖，卖点瓜果梨桃之类的，天晚了就住在我姑奶奶家。第二天早上就上天桥趸点货，或者是在永定门外头趸点货卖。要是卖得高兴，就上天桥转转。

当时，丐李正好跟我姑奶奶一个院住。我表叔，就是我姑奶奶的儿子就问我："哎，你不是喜欢这个（快板）吗？那是丐李呀！你拜他吧！那可是一个老实巴交的老头儿！"这丐李长得就跟现在的李文华一样，小平头，个儿不高，比李文华长得还好看点。我见他时，他说："你说一段我听听。"我就噼里啪啦地一说，他竖起大拇指："嘿，好呀，地道，我这帮徒弟都没你唱得好！你拜我吧！我算你师父。"我也没给他磕头，就这么一说，这样就算拜了师。

师父可真疼我，我一去就给我做饭吃。师父后来就拉排子车了，[14]挣那俩钱真疼我，我去了就给我钱花。常说，你还没吃，给你两块钱你吃去。那会儿，两块钱，一天也挣不了两块钱呢！排子车就是在俩胶皮轱辘上铺木板，老长，有六七米，专门运送大、重、长的东西。拉排子车的又叫“起重队”。还有什么呀？这大锅炉，五吨，装不了车，怎么办？找起重队不是吗？把铁管搁板子底下，锅炉放在板子上，大家伙一齐使劲拉。拉的时候口喊号子，如：“撑起了哎，哎咳吆耶，加把劲儿呢！”这些活儿，我都干过。干这行儿，挣的钱还能维持生活。那时，我表叔也在起重队，他与丐李一块儿干这个。

师父他还教一帮小徒弟，说：“你瞧，你们都不行，你瞧你们师哥，你师哥多大的段子——三段，半个钟头一段，一说一个钟头，面不改色，一字不落。你们就只是打板花哨，上场就忘词。”我跟他学了不少东西，如《黑牛结婚》《武松打店》《同仁堂》《开买卖》等都是跟他学的。

拜丐李时，我没见过他解放前收的徒弟。只知道以前有一个姓陆的，跟丐李一块儿要过饭。后来，七几年那会儿，他收了一大帮孩子。[15]有一姓白的，叫白玉仁，这些孩子也都是找他玩儿，学点儿快板，不要饭。有一姓苏的，叫小苏。还有一个叫唐老虎的，他的小名叫老虎。这些孩子都是崇文区这边的人。我与这些师弟在七几年还有往来，现在就没有联系了。那时，他们找我要点儿词呀。他们也不干这个，就是好玩儿，学雷锋嘛！就是玩儿。

丐李家原先也是在崇文门外红桥一带做买卖的。他小时候也是游手好闲，不认真干事，就流落到了穷家门里头。高凤山的师父曹德魁是丐李的师哥，赵德喜是他的师弟，我就知道这俩，其他的我都不知道了。丐李的字辈也是“德”字辈。穷家门的师徒辈分不像说相声的辈分那样清楚，反正我估计到我这儿也有那么七八辈儿了。咱们不清楚，这也不像说相声的那样清楚，穷家门没人提它呀！

乞丐头的选法是这样的。比如他师父是“杆儿上的”[16]，为头儿，收了好些个徒弟，就由师父指定在他之后谁当头儿。主要是看师父喜欢谁，有德有才有能耐。现在不时兴这个了。这就跟皇上立太子一样，谁好就立谁。你像唐朝的李世民，李渊有四个儿子呢！李元霸是老四，李世民是老三，他上面还有俩哥哥。你比如我是“杆儿上的”，我瞅着哪个徒弟能干、有才学、品质好，各方面都不错，我就将头儿传给他。

要饭的同样有帮有派，有区域的划分。如果遇到不认识的来这里要饭，那当地的乞丐就会“盘道”：“谁是你师父呀？”你说对了，哦，是咱们门儿里的，就不管你。如果你不是门儿里的人，就会把你板儿抢过来，给你砸碎了，并把这些给烧了。这里面有帮派，不是任何人都可以随意干。要饭的，不是说你一打板儿就可以要去，不成，这里面有指令，有片儿。这片儿归你们门儿里的人要，那片儿是其他门儿的人要。没门没派，胡说八道的你就要，就会有人把板儿给你劈了，给你踩了。

后来，在我最困难的时候，师父到了我家。那时，我常上他那儿瞧他去，他没事也到我家里来。有次，我就给他说，要是你高兴的话，你就到我家去，上我那儿住着。他就来了。接他来，那是义气呀！这是我最困难的时候，但也能吃饭，不是说吃不上饭，能吃上饭，就是穷，不像现在这么好。那时，我还在村外头住。他爱在街里头去玩儿“啪子牌”，不玩儿钱。玩儿完了，我就背着他回家。那时，我家还住在坟地那儿，街里头离我家有二里多地。爷儿俩感情就特好，他当我是他儿子，我就当他是我父亲。他死的时候，是我抱着他的骨灰盒，在我们这儿找了个地方，把他埋在我们这里。他是我师父，我能不埋他吗？

在拜丐李的前后，我还有过拜“小金牙”罗佩琳的尝试。我父亲跟他比较熟，就直接给他说了。可他只管我饭，不给钱，而且他的段子我也都会唱了，更主要的是我都十七八岁了，不挣钱能行吗？所以就算了。

2. “我可不是镀镀金”——我拜高凤山

我是1958年才拜的高凤山。为什么拜高凤山呢？说我是南城丐李的徒弟，那我是要饭的，我上哪儿要饭去？高凤山可是艺术家，北京曲艺团团长，我拜了他之后也可以有点儿名望呀！要饭的徒弟，一辈子没名望。五八年，我怎么拜的高凤山，你知道吧？当时，我在高碑店文工团。北京市经常汇演，高碑店文工团是朝阳区最大的一个文工团。那会儿，都合乡并社，农业社都人民公社化了，越搞越大，几个社并成一个社。高碑店就在我们村的北边。高碑店文工团必须把我找去，必须请我去当演员。因为那会儿，我在朝阳区挺有名的。把我请到那儿呢，相声、快板就主要归我管。后首，高碑店文工团常跟天桥皮影剧团呀，还有木偶剧团呀一块儿演出。我一张口一唱，人家就说高派，行、动、坐、卧，唱法完全走的是高派。人家都承认我是高派，可我没拜过高凤山呀？后来，我一想，既然大家伙儿承认我是高派，我何不拜高凤山呢？我得拜他。可没那么简单，你说拜就拜，人家收吗？

当时，在我们村，我有一叔，他是工人曲艺家。天津有一个工人曲艺家叫董祥昆，北京就是他，张玉林。我叔他当时是大栅栏亨得利钟表铺的工人。亨得利钟表铺当时在北京前门小剧场斜对过儿，都在大栅栏里头。我叔跟高凤山他们这班搞曲艺的经常见面。因为他们的表一坏了，就找我叔修：“哎，玉林，给我修修这表吧！”我叔给他们修表都是白修，一点儿钱不要，所以与高凤山他们特熟。我叔对我特别好，我有时编的东西他帮我参考，给我改一改。他是曹宝禄的徒弟，在北京也是很有名的人物。我就跟他说拜高凤山的事，他说：“你甭管了，我跟他说去吧！”我叔跟高凤山一说，高凤山就同意了：“让他来吧！”于是我就去了。

他在哪儿住呀？那时，高凤山住东花市礼拜寺街五号，过去叫下唐刀胡同。我到了那儿，高凤山在家呢："你干吗来啦？"我说："是我叔让我来的，他让我找你，我打算拜你为老师。"高凤山瘪瘪嘴说："呀，是打算蘸蘸金呀？[17]是打算什么意思呀？""镀镀金"的意思就是要一名儿。呵，我是高凤山的徒弟，实际上不学什么，这叫镀金。我赶紧说："我可不是镀镀金，高老师，我找你就是要跟你学点儿艺，学你的东西，学你的艺术。因为我在外边演出，人家说我演得有些像你。小时候，我在天桥长大的，我天天听你，我就酷爱你的东西，喜欢你的玩意儿。虽然没跟你学，但都是听你的学会的。""那你唱段我听听！"我唱了一段，他没说好，也没说不好，只说："还不错，那就成。这不是张先生让你来的吗？你就算我徒弟了！"也没给他磕头。我说，给你磕头吧？他说："行了，也就不用磕头了！"

高老师也很喜欢我。他说："我现在打算的是工、农、商、学、兵我都有徒弟。军队里有我的徒弟，工人有我的徒弟，商人有我的徒弟，学生有我的徒弟，你是农民，我正缺一个农民徒弟！工农商学兵，合适！"老师特别宠爱我的原因在哪儿呀？我五八年拜的他。到五九年的下半年开始，食物实行定量供给制，实行粮票了，票制了。三年自然灾害来了，我师父也缺吃呀。在农村，我能弄点"边边沿"，弄点自留地，我家有粮食经常给扛点儿去。白薯呀，扛一口袋去，棒子面呀，扛点儿去。哎，我有富余粮票，我师娘跟我一叨叨："这日子不好，你几个兄弟吃不饱，老着急，哭。"我说："不着急，不着急。"就把自己余下的粮票给点儿。在六一、六二年，粮票三块钱一斤，还买不到。那时，我真给他出力，挺孝顺我师父的。我师父也挺喜欢我，我就跟我师父学，这是一个时期。

3. "一进门就买我一辈"——两师父见面

有一次，我去高凤山家，师父叫我吃饭，我顺口就说："我刚在师父家吃过。”高凤山一听就愣了：“你还有师父啦？”我慌忙解释说：“这师父我压根儿就没敢跟你提。”因为要是我跟他一说，要较真儿的话，我与他就成师兄弟了，我压根儿就没跟他提。“我那师父是南城丐李，李德顺。”“啊？”他一听，就惊了，“他还活着的吗？”我说：“活着啦。我刚在他那儿吃完饭，打他那儿来。”“在哪儿住呀？”我说就在你这胡同的头里，东河漕。“你把他给我请来！给我请来！”于是，我就去了。不远呀，连半里地都没有。这丐李不愿意去，好歹我给劝动了，就搀扶着他去了高凤山家。

高凤山一见丐李就很亲热，他按理应该管我师父叫师叔。现在，他有名了，他是团长了，他把丐李叫师哥。“嘿呦，师哥，这些年我没见你，你还在，还挺好啦！你怎么不找我呀？我这儿都挂的有牌呀？”人这都有志气，我是要饭的头儿，过去你也要饭，现在你成名了我找你干吗呀？丐李说：“我不能找你。”高凤山连忙对老伴说：“快，赶紧沏水。”“不，不用沏。我有病，我是肺病。”“不要紧，单给他预备一套茶壶茶碗，还有筷子饭碗。明天后天来，还是用他自己这套。”高凤山还是够意思，就是你有病我也不嫌，没事你就上我这儿来喝茶吃饭，这是高凤山有艺德，够义气。

不多久，我就将丐李送走，一出门，师父就对我说：“我说不来，你偏要叫来。这不，一进门就买我一辈，管我叫师哥。你说我怎么办？”那意思也没埋怨我，就是说，你现在拜他了，你不拜他，他能把我叫师哥吗？丐李跟高凤山比起来呀，没脾气，对我是最好，这些年对我没发过脾气。人家没说明，我师父老实，要是搁在我身上，就不成了，我就敢直说出来。我师父他就没直说。

在穷家门中，我的艺名叫“王凤林”，与王凤山、高凤山的“凤”是一个字，一辈。王凤山是在天津跟马三立说相声的那个，我们都是一个辈分。后来，我为什么拜高凤山？我不是给你说了吗，穷家门一辈子红得了吗？拜高凤山我能“红”一下呀，我是这思想。宁可蹲一辈矮一辈，自己情愿丢一辈。高凤山高家门的徒弟都是“学”字辈，与说相声的“文”字辈，如苏文茂、恩文通、马文光是平辈。我师父也没有给我起这个艺名，他一直管我叫王德智，老是这么叫我。我说：“我这名，师父，明儿我得改。人家都叫‘学’字，我叫王德智？”“嘿，你这怕什么呀？爱叫什么叫什么，你就甭改！”“不成，以后我叫王学智了。”我师父也默许了。为什么呀？他的儿子，我师父的儿子都是“学”字的。他收的徒弟都是“学”字的。毕学祥是我大师兄，那是高凤山的大徒弟。高师父的二一个徒弟是王学义，他是回族，还有个叫石富宽，跟侯耀文一起说相声的那个，还有一个来宝刚，也是回族。另外，还有李世名、梁厚民、张长来等。毕学祥和王学义是解放前收的，其他都是解放后收的。

“文革”时，丏李没事，高凤山就受批斗了。我师父别的事没有，就是脾气不好，在团里爱吹胡子瞪眼骂人，好这个。这样，给他贴的大字报是“土皇上高凤山”，让师父跪在台子上，斗我师父，徒子徒孙都有斗他的。这样的时间不长，一阵儿就过去了。后来，我见我师父，我说：“你别怕，你没事。”我师父有一回都要寻死。把他斗急了，他就回到他老家去了，回三河。那时，他婶子还活着。等他婶子出去了，他就用绳子上吊，他婶子回屋发现，才给劝住，没死了。师父是1920年生人，1993年故去的。他虽然脾气不太好，但他是个好人，人品好，有艺德。

高凤山的老伴，我师母是王家棺材铺的，小名叫五丫头。她家的棺材铺在崇文区花市南羊市口。师母从小跟小子一样，弹球堆彩，即弹玻璃弹子等。轿子都来了，找不着新媳妇呢！说哪儿去了，说堆彩去了。好，弹球去了。师母家也不算很富，还凑合。那时，高凤山也没多大的名，名不大，还在天桥卖艺。

4. “朋友李”——我收徒弟

我收的徒弟头一个叫井泉。我带井泉上我高凤山师父那里去，师父再给他赐了个字，叫“有泉”，于是乎叫了“井有泉”。他说的“有”是“有无”的“有”，这不更好了吗？井里的泉越来越大，水越来越高哇，对不对？后来，我收的徒弟是张先生给起的名。1997年10月份在我家里收的是李友朋，是“朋友”的“友”，不再是“有无”的“有”了，给改了。因为这是个五十多岁的徒弟，朋友，哎，反过来就是“朋友李”。

今年10月14日，我自己花钱在家里收了三个徒弟陈友全、陈友鑫、张友才。摆支，两千多块钱，四桌，雇的厨子，因为这几个徒弟都穷。之后十多天，在东风阁收了毕友德、梁友名、孟友声，那是在饭庄。毕友德就是我师哥的儿子。陈友鑫，就是在东安说单口相声的那个大高个儿。拉洋片时卖票的小矮个儿是张友才。梁友名是元长厚茶庄的伙计，卖茶叶的。孟友声是百货大楼的。

这是我七个徒弟。还有先头的，算学生，没拜我，现在中央电视台工作的李红军，那是我的学生，也没磕头，就是拜我为师。那会儿他跟我学了点快板，这是在七二年、七四年的那阵儿。没磕头的徒弟还有几个，金维林、薛世伟，这不少呢！

收徒的仪式分为三个过程。头一个过程是行礼，先把老师的牌位请出来，用香、花、灯、烛、果五供供上，焚香叩首，由师父先给自己的老师行弟子礼。向老师说知心话。向老师说一说，现在又在收徒，再往下传。随后就是此次拜师的徒弟跪下听宣，恭听家门大义。有十五六句顺口的“赞”要念下来。也就是“香赞”吧，上一炷香要念四句诗。这四句诗主要说的都是家门大义，就是祖师是谁，老师是谁，又传给了多少人。

再往下就是由学生们向老师念拜师的帖子，表决心的意思。帖子是由主持人代念，再由学生们自己念自己的名字和表决心。完了以后，叩

1999 年 10 月 14 日，收徒仪式中的王学智（左一）

头行礼，第一次叩头要念四句香赞，第二次叩头也要念四句香赞，然后三叩首。这样，基本上就告礼成了。

礼成之后，就请三位老师，引师、保师和代师。引师是引见的老师；保师有保人、证明人之意；代师是代理的意思，师父不在的时候，可以跟弟子说一些技艺方面的东西，也可以为弟子代到，帮忙找一些学习演出的地方。引、保、代三位老师都必须跟业师是平辈的、交情至深的。弟子本身的老师，叫业师、奶师，就是从小喂第一口奶的老师。代师和业师之间的关系最深，因为这两人要同时负责学生的学业。

最后，礼成之后，就是照相，一起合影。结果呢？要吃一顿了，喝酒、吃菜，吃点面、饭。

10 月 14 日是我的生日。那天收徒时，桌上摆放着我老师高凤山的相片。供品的摆放也没有什么忌讳，摆的有柿子、苹果、橘子、香蕉这四样，“事事有余”呀？就是不要梨，梨是“离”呀？梨在八月节都不叫梨，叫“团圆果”。过去，八月的时候，卖水果的人都不吆唤梨，而是吆唤“团圆果”。八月团圆节呀，你吆唤梨哪儿成呀？供品摆放无一定的秩序，对女性也没什么忌讳。师徒穿的都是长袍大褂，鞋是便鞋。收第一个徒弟的仪式是张玉林给主持的。那个仪式小，就是大伙儿喝点酒、吃点面，仪式就完了。这次仪式的主持人是子弟票房的“把儿头”，在子弟票房唱单弦、八角鼓的刘耀东，他也是我师叔。拜师时的赞词和家门大义都是由他给徒弟讲。这赞词都是刘耀东和张卫东这“二东”给我编的。他们都知道我不识字，看不见，都给我弄录音，让我听。[18]

这次拜师仪式的引师韩萍是孙宝才的弟子，保师恩文通也是孙宝才的弟子。这些引、保、代师，都是师父派，不是徒弟找，派着谁，谁都还挺高兴，这是给他脸面似的。当然，也有徒弟自己找引师的。要是徒弟自己没找，就由师父给派。孙宝才与高凤山是同门的弟子，亲叔伯师兄弟。这样，韩萍和恩文通与我算是叔伯师兄弟。代师是刘树江，他是罗荣寿的弟子。罗荣寿与高凤山高先生也是亲叔伯师兄弟，罗荣寿与孙宝才是亲师兄弟，也就是他们三人都是一个师爷的。

5. 相声传承的门户

在相声行当中，孙宝才他们是赵家门，赵蔼茹的徒弟，高凤山是高家门，高德亮的徒弟。这些支派完全是江湖中自然形成的。他们之间的恩怨也很多。赵蔼茹还有一徒弟叫王长友，王长友的徒弟是赵振铎，赵振铎的徒弟就是现在红火的李金斗。

祖师爷高德亮他们在天桥也是一派，他父亲叫“老高万”。高德亮行三，他大哥叫高德光。他二哥在日本时代了不起，北京说相声的祖师爷，有名的了不得，叫高德明。高德明在那时比现在的牛群、冯巩都还有名。我们行内的都叫他“高二爷”。为什么叫高二爷呀，因为高德明没有拜师，人家就是跟他爸爸学的。没拜师，别人就不承认，没有人给拧辈。一般的就称呼他“二哥”“高二爷”。[19]高德光也是说相声的，名声没有高德明和高德亮大。高德亮的名声一般。高德亮的师父姓陈，叫陈什么，我就忘了。他父亲就带着他们三兄弟在天桥说相声。当时，在天桥也很有名的还有焦德海和刘德智。过去，走堂会老请他们。

在旧社会，传承的门户是很讲究的，现在已经不算什么了。现在，北京相声界辈分最大的就是杜三宝了。他是郭荣起的徒弟，郭荣起又是马德禄的徒弟，马德禄是马三立的父亲。现在来讲，马三立是京津两地相声界辈分最长的人了，侯宝林要管马三立叫老师。[20]马三立的师父是周德山，侯宝林是朱阔泉的徒弟。

6. 拜师就跟咱过日子一样

拜师的时间，差不多都是老师定，或者老师和徒弟商量着定。这回我选的时间就是我生日那天，连收徒带生日。拜师的地点就不一定了。我这次选地点是因为我自己拿钱。师父拿钱收徒弟的很少，没有，没有老师掏的，一般的拜师都是学生拿钱。我这就例外，收这三个徒弟，是我自己掏钱，在我们家。为什么？就我的生日呀！哎，我生日的那天，吃得好，大伙儿吃。拜师那回事儿，不就是多请点儿人吗？徒弟拜老师，说哪儿地好哇，徒弟跟老师商量。商量好了，就下帖子，大红帖，请谁就给谁张帖子。“今儿个，谁谁谁，王学智翠云楼收徒……”给人家一张帖子，让人家参加这个拜师会，是这么个意思。

以前的仪式跟现在一样，比如说徒弟拿钱，上哪个大饭庄子，跟师父一商量，师父同意就行。那都是徒弟拿钱，上哪儿都得跟师父商量。要是师父不同意，我上那儿吃了不对味儿，就得换地儿。但顶多就是吃碗面，炒几个菜，那就是拜师。那阵儿，人穷呀。艺人呀，徒弟跟师父都没钱。现在不同了，生活好了，有钱。徒弟有钱，师父有钱。这就跟咱们过日子一样。过去，你说我们办喜事，娶媳妇，吃个面，炒六盘菜，这就挺好。现在，那就不行了，一桌子都得摆严了，鸡鸭鱼肉都有，各种的酒席，办一回事儿花两万。这都是跟着社会走，跟着生活提不提高走。拜师就是那么回事。

拜师还得请本门的人。比如说我，我得请我师叔，要是我师父还活着，也得请我师父，得请几代人啦。还请什么我的同辈人，师哥师弟，我的师哥，还有我的大徒弟，别人的徒弟等，到时引荐。拜师的原因是什么呢？就是为这个呀！同行的人请了不少来，哪门儿的都有，让这徒弟好认识呀！这是谁谁谁，那是谁谁谁，他是干什么的。告诉这帮人，这是我徒弟，以后在江湖道上吃饭，挣钱没人限制、没人拦、没人欺负就是。这是王学智的徒弟呀，人家拜师我们都知道哇，人家是正根正派呀！没师父，过去你“画锅”都不成，人家就要轰你走。明白吧？这里头的事多着呢！你没师父不成，现在不讲究这个了。没拜师，人家照样上电视，照样成名。过去，这里头的讲究多。

7. 花子拜杆——穷凑合

丐李收徒弟时都没磕头。穷家门，磕什么头？就是一说。我拜你吧？我喜欢你，这就完了。穷家门也磕头，这是在拜杆的时候，把帮中人都找来，让所有的花子都给磕头，叫“花子拜杆”。解放后，这不是不时兴了吗？我拜丐李的时候，就不磕头了。

解放前，穷家门拜师同样磕头，花子拜杆嘛！徒弟给师父磕头，那时就供着那杆，那是皇上赐的。杆有一穗，有一个龙头，我也没见过这东西，那是木头的，是好木头的，这是杆。最早有这样一个传说，说有一人救过皇上的命，封他什么官都不愿意做，封他武将也不愿意干，说：“得了，你封我一要饭的头儿就完了！”你像《狸猫换太子》中就有这样的人，有官不做，说做官不逍遥，要做逍遥王，就是要做要饭的头儿嘛！朝代中这样的事多着啦！皇帝赐的那杆，打死你白打。只要你是我徒弟，你是穷家帮的人，打死你白打，打死人不偿命。有这么一说。

解放前，穷家帮的收徒弟时，就是把穷家帮的兄弟都找来喝点酒、吃点饭就行，也没有好酒好饭，就是"穷凑合"。喝点酒，吃点面，挺高兴。吃面吃的是喜面嘛！喜面的做法多了，有抻的，有的不会抻的就擀面，切面。穷家帮的事简单，讲究不了。丐李的师父也是丐头儿，究竟是谁就不清楚了，他也没告诉给我，反正是南城丐头儿。

（四）低一等的"穷家门"

1. 要饭的没有祖师爷，穷家门有

穷家门过去拜师学徒没那么复杂，也没什么讲究。穷家门中人与艺人不同，艺人就比穷家门的人高一等了。

穷家门的与要饭的也有不同。[21]要饭的就是拿一饭钵，到了别人家门口，可怜兮兮地"大爷爸爸，你给我一口"。这是那种穷人，他懒，不愿意干活，现在也有要饭的呀！哪怕就是见别人手拿一块饽饽或者馒头，他也会口喊："大爷，奶奶，给我一块吧！"这些人就是要饭的。

穷家门又叫穷人帮，穷人帮的人不要饭。就是拿着竹板，也有拿着骨头的——牛胯骨，在别人买卖店门口，比如说，前门大街有的是买卖，一家挨着一家，一到店铺门口，就"咣当当""哐当当"地打这板子。一般还未等到开口说，店家就拿出单放的一笔钱，早就准备好了的，比如说一毛或两毛，就打发穷家门的人走。这些是店铺早就准备好了单独的一笔钱，或放在小钵里，或放在一个抽屉里，这是专门用来打发要钱的。为什么呢？一般的店铺都担心这些人老是待着不走，生意不好做哇！

穷家门的比要饭的高多了，要饭的没有祖师爷，穷家门有祖师爷，你知道吧？我把这穷家门的祖师爷告诉你。穷家门最早的祖师爷是范聃，范聃老祖。范聃穷呀！你念过书，你应该知道吧？为什么穷家门的到做买卖的那儿要去？我们一打板，你就得给钱。那不是跟你要饭，这是跟你要账。为什么说是要账呢？圣人孔夫子，这你应该知道。孔夫子周游六国混穷了，没钱，跟这范聃老祖借过粮，借过米。圣人的门徒呀，短我们的粮钱，到你门前就是要账，不是跟你要饭。到你门口就得乖乖地拿出钱来，你要替你的祖师爷还账。只要是开店铺的，它都有字号呀。什么瑞蚨祥呀，同仁堂呀，都三个字。只要你开张有字号，我们这快板就有这个词，“穷人我就要得着”。不管你什么买卖，因为“我从小没念过《三字经》，你这买卖我可真不清”，我不知道你是干什么的，只要你开张有字号，我们就要向你要钱。明白吧？它是这样的。

要饭的就是什么都不做，就纯粹要饭。我们穷家帮不要饭，就要钱。说范聃是穷家帮的祖师爷，是要饭的自己给自己刷彩，它不是说范聃就真正是祖师爷，是穷家帮自己给自己往脸上镀金呀！实际是不是，这历史上可没有记载，就是穷家帮这么说的。往近里说，谁是祖师爷？朱洪武，朱元璋是祖师爷。为什么呀？朱元璋不是有俩要饭的救他吗？他困在了小庙里头，也有这么说的。这个年头浅，我们那说法就年头深。要依我，我不会说朱元璋，我就说范家门，范聃老祖。这里头，是范家门，朱家门。

是念书的都得先给圣人，给孔夫子作揖。我小时候念私塾的时候，挂的有圣人的像，先得给他作揖，完了才给老师作揖。在穷家门中，拜师时也得先给范聃老祖作揖，然后拜师父，都是行三磕九拜的大礼。这回拜师，我们就没有给范聃老祖作揖，就是给我师父高凤山相片磕头。过去，则先要给范聃老祖作揖。

2. 画锅

穷家门的人不跟说书的人要，他就只跟做买卖的人要。说书的就算同行了。虽然你是说书的先生，咱们都是艺人呀，是同行。这穷家门叫穷家帮，专门要，后来呢？慢慢说快板中也有有能耐的呀！这要的最低的是上各家买卖要钱去。会段子会得多，各朝各代的东西都可以编成快板，就在天桥卖艺。最底层的卖艺是画一圈，这比要饭要高一点儿，说我们行话叫“画锅”。[22]就是在地上卖艺，画的圈跟锅似的，有锅就有米，有米就有粥，也就是说，有饭吃了。画一圈大白，人就站在圈里唱，你就站在圈外听，听完了你就给钱，往里扔。这叫画锅，最低的艺人。比如说，我走到上海或天津或山东，口袋中一个子儿也没有，我就只带着我的竹板。画一圈，我就敢唱。虽说不挣钱，但只要有三块两块，我就能糊口吃饭。这叫画锅，艺人最低的生涯，最低的要钱的办法。

我就画过锅。在1971年的那会儿，我家庭的情况可穷得要命，一文钱也没有，就在农业社挣几毛钱。有一次，我到崇文门里头，有一花园，在同仁医院的北边一点。我瞅见有一个失明的人，二三十岁，在那儿拉胡琴。有人好唱的就帮着他唱，唱完了，就给大伙儿求钱。当时，我就想这也是一条生路呀。我那时混得太穷了，我也就拿着竹板去试试。当时，在那儿我画一圈之后，就站在圈中说开了。头一段说的是《黑姑娘》，大伙儿给了一块来钱。那会儿的钱比现在值钱。后来，我又唱了一段《诸葛亮押宝》，都是我师父的名段。今天，我都记得那时我挣的钱数字，挣了一块七毛二。我心里挺高兴。我现在想起来，我难过呀！这是我混得最低的时候，我太难过了，挣了一块七毛二！[23]那会儿，煤球一块钱一百斤，挣了不到二百斤煤球的钱。回来的路上，我就给孩子买了点儿吃的。我那会儿混得挺惨。就在那儿画了一回之后，我再去时，就有人告诉我说：“你赶快走吧，这儿有人管！你在这儿要钱不行。”我也想，见好就收吧，这一辈子就画了这么一次锅。那时，我混得太差了。

3. 捡板凳腿儿

再早，在五七年的时候，我们那不叫画锅，叫“捡腿儿”，我在天桥捡过腿儿。这我给你一说，你就明白。比如说，人家在这儿唱大鼓，有一张桌子、十多条板凳。人家听众在那儿坐着，他在那儿唱。当人家唱大鼓收摊了，我们再在那儿去卖艺，就叫“捡板凳腿儿”，这是行话，不用给别人地钱。人家唱大鼓的要给场子钱，所得的收入要与场子主人二八开账，挣了十块，就得给地钱两块。人家收了摊，我们说去呢？不给地钱，挣了钱我们都拿走。

当时，我跟着我师叔，我师叔叫赵德喜，也是穷家门的，穷家帮的。他是盲人，双目失明。他说书，我使竹板帮着开场招人。我先唱一段，然后他就说书。他说书后，我下去“打钱”。在天桥、丰台、护国寺三个地方干了有半个来月。没有人管我们，我师叔有证儿，有演出证儿。一次，我们在丰台正说着呢，人家丰台文化局还是文化科呀，他们就把我们给叫走了，说你拿出演出证儿来。就是文化局批的证儿，上面写的有叫什么叫什么，是演员。证儿给看了之后，人家挺客气，还说：“对不起，对不起，你继续演去吧！”有证儿，没有证儿不让说。

捡腿儿比画锅要稍好一点，好在不画地，白挣钱，谁也不给，不受别人的管教。再好一点儿的就是“撂地”了。就是我在那儿把板凳一摆，开始说。

4. 撂地与“零打钱”

在天桥撂地，虽然与画锅差不多也要在地上画一圈，但这场子是别人的，而且场子的老板还准备的有板凳及桌子。撂地艺人的卖艺所得要与场子主人二八开。

天桥有专门摆地的，就是利用自己门前的空地搭个桌子，摆几条凳子，供人使用。不管你是干吗的，你都得给地钱。你挣五块，给我一块，这叫摆地的。这是我的地，在我们家门口。有一老太太，那叫寡妇茶馆，茶馆外头就是一大块地。冬天，天冷，在茶馆里头说书、唱大鼓。夏天热呢，就在茶棚外头说。这茶馆是我的，你就得给我钱。专门以摆地为业的人很少，但具体情况不清楚。

撂地呀，没有死钱，明白吧？说一段，就拿着小钵“零打钱”，拿着钵沿着场子打钱。打钱时，手心向下，拇指、食指和中指三个手指头拿着钵，拇指在钵壁外，食指和中指在钵内，掌心向下。你给二分也成，你给五分也成。

艺人卖艺再高一些，就是在馆子、茶馆里说。茶馆是屋里啦！屋里是三七开，收入一百块钱，要给茶馆掌柜的三十块钱。捡腿儿的是自己得，不花地钱。只要是在屋里，都是三七开。再好一点，那就是团里了，什么北京曲艺团呀，青年曲艺队呀，这曲艺团，那曲艺团。解放前没有曲艺团，就咱解放后成立的曲艺团。那时的北京曲艺三团就是孙宝才老先生跟我的师父高凤山成立的，他们两人成立的这团。孙宝才艺名“大狗熊”。三团那地方在哪儿呀？在鲜鱼口里头，后来，又发展到前门小剧场、西单，在北京发展了好几个地方。

5. 茶馆里“买盘”

解放前，在茶馆里是唱大鼓的多，说数来宝的不多，几乎没有，全是唱京韵大鼓、梅花大鼓、单弦、河南坠子，说相声的也有一两个人，以大鼓为主。为什么以大鼓为主呢？我给你说艺人这点事情。唱大鼓的都是女同志，二十多岁，长得挺漂亮。哎，上那里去坐着的不是穷人，都至少是个掌柜的，多少有两个钱，不很阔吧，也有两个钱。往那儿一坐呢，这唱的女的呢，就下来到你跟前“戳活”，让你点曲儿，给你献殷勤、献媚。这是茶馆里头。后来，一唱红了，就了不得了。唱红了，就到曲艺团去唱。

在茶馆里说相声的不多，说书的多。茶馆里说书的是三七开。在茶馆里说书，不是“零打钱”。三毛钱票价，你到那儿就得先给三毛钱，这样你可听俩钟头。说我不愿听三毛钱的呢？那你就“买盘”，三分钱一盘，一段为一盘。你想听几段就给几段的钱，不想听了就走人。你要听到底，就三毛钱一位。它是高在这儿。茶馆里说书的不用说书的自己打钱，有伙计给打钱。茶馆里续水的伙计，他下去给打钱。说书的，说一段，一拍醒木，伙计就下去给打钱。茶馆里说书的就比平地说书的高一点了。打完钱再接着说。

这是天桥说书的。天桥甭管它哪行儿，我都能够给你说出点事儿来。我就能给你表达出来。我这一辈子生在那儿呀！就喜欢那儿，这一辈子就喜欢在那儿玩儿，喜欢那地方。

6. 晃到穷家帮，晃到天桥

穷家帮的人多数是自小有事也不好生干，就是瞎晃荡，晃荡晃荡就晃到穷家帮了，就打板要饭了。那种出身旗人或者家境本身很好流落到穷家帮的是很多的。还有的出身书香门第，但吃喝嫖赌，抽大烟，不好好干，被家里给轰出来，这就落入穷家帮了。为什么解放后不许可这个呢？你误人子弟，你不让小孩读书，让人家干这个，所以都给带走改造去！

穷家帮中的老年人也有，八九岁到十四五岁的小孩儿多。这些小孩儿多数都是孤儿，没人管呀，家里穷，爹妈死得早，流落要饭。我师父高凤山就是这种情况。高凤山就没爹没妈。七八岁他就流落街头了，没人管。自小就捡烟头维持生计。捡多了，就卖给人家手工卷烟的，一天能卖一毛两毛地维持生活，要不就要点饭。后来，就流落到天桥。

那时，我师爷“曹麻子”曹德魁在天桥撂地唱快板。我师父就天天在那儿听。有一天，师爷都天黑收摊了，师父还没走。师爷就问他：“你怎么还没走呢？家在哪儿呀？”高凤山说：“我就孤儿，没家。我想拜你为师学这个。”于是，曹德魁就收了高凤山，也没什么拜师。那会儿，要饭的拜什么师呀？就这么一说就是他徒弟了。就是住小店儿，都在小店里住着呢！便宜。

早上，高凤山就早早起来捡煤核去。人家烧过的煤还有点黑的，捡。我师父他跟我说过。找煤核的时候，还得练打板。捡回煤核之后，就给师父焐好小火炉，待师父起来，再一块儿去天桥撂地，帮师父打钱。这样，有那么一二年了，高凤山还没有跟他师父学会一个段子。有一个也是使牛胯骨要饭的会唱《诸葛亮押宝》，高凤山听他唱就听会了。那会儿，高凤山也就十来岁。有一天，他跟他师父说，明儿个我唱一段行吗？“你也能唱？你会唱什么呀？”他师父在店里头问他。说，我唱给你听听。高凤山一唱《诸葛亮押宝》，这师父说，嘿，真好呀！十来岁的小孩，嗓子也脆，口白也利落清楚。在师父那儿泡一二年了，也会打板了。他师父说，嘿，真好。“好，明儿个你就唱吧。”

高凤山头一个节目在天桥撂地，就说的《诸葛亮押宝》，满堂彩，比他师父挣得都还多。但他师父还跟他说：“你瞧着没有，大家伙儿给这些钱，那不是你的能耐！不是你的能耐挣钱，人家是冲师父我的面子。”这是我师父告诉我的。其实，就是我师父的能耐，小孩儿说得好，逗人爱。[24] 要是现在十来岁的小孩儿说得好，咱们不也挺新鲜吗？

说数来宝的都是穷家门出身，都是穷家门。我师父高凤山、师爷曹德魁都是穷家门出身，穷家门它高一等呀！不挨家要去了，就在天桥画锅、画圈、捡腿儿。这画锅打哪儿留下来的？我告诉你，就我知道的呀，最早的我不敢说，就在“穷不怕”朱少文打他那儿留下的。为什么？他是旗人，过去是“在旗”呀！

这在旗的人呢，我没给你说吗？在清朝时，他们生下一小孩，往官府一报，就跟现在报户口似的。说我们这儿生一孩子，行了，一年给孩子多少两银子，每月二斗米，二斗米就三十斤。“年管（guān）钱粮月管（guān）米”，这是清朝的事。清朝在兴旺的时候，没趴下的时候，都有。宣统以后就吹了。清朝破落了，让慈禧把清朝给糟蹋没了，没钱了就不给。在慈禧的时候还给啦，年管钱粮月管米。钱粮就是连钱带粮食，都是国家供，只要你是满人他都给，汉人不给。这样，旗人的生活就不用着急。为什么清朝灭亡呢？旗人练武也不好好练，他有人管饭吃呀，钱有人给。吃饱喝足了就提笼架鸟，四处游荡，好唱的就在家里唱，好唱单弦大鼓呀，唱玩意儿。你会唱的我会弹的，大家凑在一起，消遣着玩。后来，清朝一完了呢，没人给钱了，没人给米了，在家坐着呀？饿着呀？那怎么办呢？就想办法了。“穷不怕”就是一个典范吧，实际很多。没办法，肩不能担担，手也不能提篮。说咱们穷人自小就摔打，他那打小就国家养活着，净玩儿了一辈子。清朝完了，就没人给了，也得糊口吃饭，就到天桥了。

天桥那时叫西沟旁，很荒凉。哎，到这儿就画一圈儿了。“穷不怕”他还有文化，文化最高，到了那儿就画一圈儿，拿白沙子“撚”这字，撚首诗，撚副对联，一边撚，说着，说小笑话，唱太平歌词。什么“一字写出这一架房梁，二字写出上短下长”，什么到了“十”字呀，“一横一竖在中央”，添一笔这就是“千”字了，这都是他研究的。一边写一边唱，唱完这段呢，就围了好些人了。接着再说些小笑话，小笑话就是单口相声呀！单口相声就是在他这儿兴的，慢慢地再转化。当然，前辈还有，那咱就不说。打从他那儿，就是咱们相声界呀第三代，不是第三代就是第二代，就是这朱少文。从他那儿，这天桥慢慢地就越来越热闹。看到他那儿能挣钱，其他卖艺的也都纷纷来了，练趟拳的，要把式的什么都来了，越发地多，天桥是这么起来的，天桥杂吧地就是这样起来的，最兴旺最昌盛。

天桥是杂吧地，说、唱、变、练，生意都有。算卦相面的叫“吃金买卖的”。算卦的就一张桌子一坐，与撂地卖艺的其他场子互不相扰。算卦有明八卦和暗八卦之分，有很多种，有用小耗子的，但不管是使什么的，都是拿他的话套你的话，大部分的都是蒙点儿钱花。

天桥“云里飞”场子中的“小疯子”就是被家里人给轰到天桥的。我十多岁的时候，“云里飞”就不唱了，老了。“云里飞”的大徒弟在那儿“掌穴”，那场子归他管，就是掌穴。这掌穴的是谁呀？现在有一个叫刘红一，说相声的，刘红一的父亲叫刘醒民，他在那儿掌穴。“小疯子”家原先在王府井，因为他游手好闲，又吸毒，家里不要了，就给轰出来，最后就落在天桥“云里飞”的场子那儿了。“小疯子”不掌穴，但比掌穴的权力不小，那场子离了他不成呀！他疯疯癫癫的那劲儿，招人呀！他一闹就会招好些人瞧，他还得多拿钱，比一般的伙计都多。但是，他在解放后给枪毙了，说他与场子中的女艺人关系不清楚，给人家拉皮条，剥削（bāo xiāo）人家。

7. 咱们不都是爬小店的吗？

穷家门中的人都住小店，“爬小店”。小店就在天桥马路东边山涧口铺子市里边。院子里的小房一间一间的都不大，每间都有一破铁桶做的小火炉。如果是两人搭帮住一独间，钱要贵些。睡一大炕，十多个人挤着睡，那就很便宜。明白吧？是这么回事。为什么过去的人身上都是虱子呀？都是穷人，要饭的、做小买卖的在一块儿挤，脏着臭着呢！那味道没法弄。现在的最低生活也比那会儿好。解放后，不少艺人都混出名了，但还常说：“过去咱们不都是爬小店的吗？”他们常说这句话。现在这是艺术家了，这是有名的演员了，这是团长了，坐在一起聊天叙旧，就会说“过去咱们不都是爬小店的吗”。这是句不忘本的话！

穷家门中结婚的人少，不是不愿结婚，你要饭的谁给呀？谁嫁给你呀？与穷家门中的人结婚的都是低等人、穷人，比如说，寡妇，三十岁左右，丧偶，爷们儿死了，还带着俩孩子。再嫁给谁呀？就嫁给了要饭的了，嫁给穷家门的了。穷家门中唱红了的也娶一大姑娘，找一好媳妇，你像我师父高凤山就是娶的王家棺材铺掌柜的闺女。唱红了，也能娶一好媳妇。

（五）我们都是“老合”

1. 义气与盘道

天桥艺人就这么几个等次：画锅、捡腿儿、撂地、茶馆，最后到曲艺团。天桥每种行当中都有这样的差别，都一个样，都一个道理。不同的行业之间没什么差别，都是门儿里的人，说一句术语，“我们是老合”——见面都合。[25]我们艺人呀，所有的人都是老合。见面呀，“啊，你辛苦”“见面道辛苦，必然是江湖”。说辛苦，你别问，他就是老合。干这个的，互相没有歧视，没有。如果我这儿画着锅，你没饭吃，你找我来了：“你得帮我，我还没饭辙呢！”甭着急，咱俩一块儿挣钱吃饭。这是江湖艺人都有义气，“义”字当先，艺人就有义气。如果你真没有，我这儿有，咱们如果够交情，不论是同一行业，还是不同行业的都会请着吃饭。

如果是外地来卖艺的，我要是在这儿说的，我就会问你：“你打哪儿来呀？”哦，我打哪儿来。“你先生是谁呀？”就是问他师父是谁。这就是“盘道”。如果答对了，或者是知道的，大家都认识，都有关系，那就什么都好办。“不要紧，不要紧，你就先在这儿干几天！”如果说，钱不够，也不愿在这儿干，那就给拿个三十、五十的，你做路费吧。一盘道，是本门人，都不错。盘不出道，你什么都不是，人家也不给。一询问，你哪儿都不对，也不知道你师父师祖是谁，就不给。盘道就问师门，一问师门就知道了，不问别的，因为凡是这门儿里头的人都知道呀！外地来的，他师父、师祖都跟我们有连带关系。

2. 说快板的也是穷家门

说快板的在天桥的地位比说相声的低。说相声的能上馆子里说，说快板的则不行。解放后，说快板的才能到馆子里说去。穷家门的哪能登大雅呀？共产党就喜欢穷人，穷家门的地位才提高了，是这么起来的。谁家办堂会，也不会找数来宝的。人家办满月、娶媳妇、办喜事、祝寿的等都不请数来宝的，是请唱大鼓的、唱单弦的、说相声的，绝不找数来宝的。数来宝的地位就是低。解放以后，共产党毛主席一来，一天一天地才把说数来宝的给提起来。

说快板的也有一些忌讳。比如，你学高凤山这派的，不能逮谁学谁，是哪派就学哪派，不能学其他门派的东西，弄杂乎了。要达到一打板子、一张口别人就听出你是高派。另外，还反复强调艺德，一定得往好里走，不坑人害人。

说快板也是穷家门，所以说快板的都拜范聃。其实，平常也不拜，主要是遇到有人盘道时，常常需要说出祖师爷是谁。还有人盘道时，说我们是朱家门的，说朱元璋是祖师爷的。他们一说朱元璋，我们就瘪嘴。你说的不对，我们都说范家门。“哪门？”“范家门，最高的门，范家门。”范聃老祖什么年代？那是列国的事呀！这朱元璋是明朝的事呀！有人问我说快板是哪家门，我就告诉他是范家门，我不说朱家门。

实际上，说快板的有好多门呢。南方说快板的有五大门，叫“桃柳杏花村”，桃家门、柳家门、杏家门、花家门、村家门，一共五大门。

这在竹板上有标志。丐李曾经给我说过这些。北京的快板有四大门，有韩家门、赵家门、范家门、朱家门。范家门最大，人最多。韩可能指的是“杨家将”中的韩昌，赵可能指的是赵匡胤，宋太祖，他也是平凡出身。这师父没有细说，是我自己的分析。

一解放以后，不提要饭的事了，谁提这个呀？解放以前还提。什么东西都昌盛的时候才提呢。哎，你是哪门的呀？我是哪门的呀？现在谁也不提要饭的了，这些都绝了。解放以前的那些穷家门人早就没了。

高凤山是相声快板两下锅，明白吧？又是快板又是相声。高凤山最早是数来宝穷家门的人。可是解放后，在曲艺界里头，有的人暗着歧视穷家门的，明着不敢，因为高凤山红。暗着也还是瞧不起高凤山的意思，你要饭出身。可解放后，共产党拿要饭的当宝贝，要饭的才是无产阶级呢！这么着，高凤山才弄得挺红火。别的门也歧视我们这门，因为我们这出身低呀！穷家门出身呀！哎，我们这门是相声、快板两下锅。别人看不起我们，我们自己还挺狂妄，你就是下不成，我们是两样下锅。我师父是出身低了点，可是人家也拜了相声了，高德亮那是我师爷呀，是不是？

师父没给我讲过他拜高德亮的情况，这事儿，没人说。高凤山拜曹德魁时没有磕头，拜高德亮时，也没磕头。行里有人告诉我，有一次高德亮办事，不知是他母亲死还是老伴死，亲戚朋友徒弟都来。在写录事单子时，高德亮就说：“得了，连凤山也一块儿写上吧！”高凤山跟高德亮是在一院子住。这么着，高凤山就成了高德亮的徒弟。既没磕头，也没有引、保、代三师。现在，他都不这样说。他活着的时候，他给我说时，都不把曹德魁叫师父，而是叫曹先生。叫先生，也就是躲着要饭的，经常就只说自己是说相声的高德亮的徒弟。徒弟跟学生就差一大块了，他也不愿意当要饭的徒弟。不过，实际上他就是曹先生的徒弟。他那意思也是躲着要饭的。

3. 拉洋片：没有声光电的时候，这是好玩意儿

解放前在天桥拉洋片有名的先后有“大金牙”焦金池和他徒弟“小金牙”罗佩琳。[26]焦金池是汉人，祖居河间府小刘家窑，他有两女一子，焦秀兰、焦秀云和焦秀岩。他当时在天桥卖艺就带着俩闺女。俩闺女是唱西河大鼓的，生意挺红火。可是他后来吸上毒了，自己不唱了。

吸毒与抽大烟不同。大烟是阔人抽的，一袋烟最有钱的人就抽一次，比较有钱的抽两次，稍微有钱的抽三次。抽一次、两次对身体并无多大伤害。吸毒就是抽粉，又叫抽白面儿。那东西特别便宜，是日本产的，高丽棒子卖。多数是穷人抽，比如拉洋车的、做小买卖的等。[27]

当时，不少女的，而且是穿戴整齐、戴着戒指耳环的妇女也有进烟馆抽的，当然并不是很有钱。这一吸，上瘾了就了不得。先是用首饰换白面儿，还不过瘾就脱掉衣服换白面儿，以至于只剩下裤衩，最后为了能抽，就卖身于那些同样是穷人的下等男人，以求换一袋白面儿。那真是抽得面黄肌瘦、蓬头垢面、不知羞耻了。这些女的经常走进男厕所，好像什么也看不见，无所谓。有时就死在厕所里，或烟馆里，就被倒煤灰的或者是倒脏土的车给拉走，扔到二道坛门外，让野狗吃。

大金牙吸毒不唱时，他场子中还有一叫“狗食”的瞎子给他唱，也挣不了几个钱。大金牙自己没钱吸毒时，俩闺女唱大鼓挣钱给他抽。后来，他这俩闺女“走大穴”，去外省了。大金牙就死在了陶然亭的臭沟旁边。焦秀岩80年代出来过，那是街头卖艺，实际就是画锅，带着他一个闺女。说是他闺女，还不是他闺女，那是焦秀云的一个养女。就在天桥呀，马路边上呀，踩鸡蛋呀，七窍喷珠呀，等等。后来，这个养女也不知怎么，就疯疯癫癫的了，人家也回自己家去了。打这儿，焦秀岩就败落了。一离开这个姑娘，他就什么也干不了啦，常找艺人东吃一

顿，西吃一顿。我的房子刚盖上，他就死了，那差不多都是五年前的事了。他死得很惨，连衣服都没给穿，就给弄走了。

罗佩琳拜的大金牙。大金牙其他还有没有徒弟不知道。前门大街有个燕儿胡同，燕儿胡同里有个侦缉队，罗佩琳小时候在那里面当小伙计，给侦缉队的人买东道西，那儿管他饭，他干这个。后来，他就拜大金牙为师了，学拉洋片。在四几年的时候，他就唱得挺红火了，因为他嗓音好。大金牙一死，他单挑摊儿了。哎，天桥小金牙也挺有名望的。

1951 年抗美援朝时，他去了朝鲜。他也是很先进的一个人物。解放前，拉洋片都是唱古代的东西，唐宋元明清的段子。解放后，他还编点新词唱，抗美援朝的词呀，解放台湾的词呀等，编点儿这些词唱，脑子很进步。[28] 解放后，在天桥，他算作艺的组长，所有在天桥卖艺的都属他管，是进步人士，对共产党他挺进步。甭论干什么的，说我们那会儿捡板凳腿儿去，都得跟他说："哎，罗先生，我们在哪儿干会儿？"五七年的时候，我们都找他。

打四几年到五八、五九年，他唱得都挺好。一过六〇年，他的儿子罗浩然一"圈"（逮捕）起来，他一着急，就落了个半身不遂了，手就哆嗦了，再唱就没劲儿了。后来，"文化大革命"，六五年取消天桥了，洋片都给他拉走了。他就指这吃碗饭，天桥不让干了，洋片也没了，一着急，脑血栓，在他家门口就傻了，说话都说不了，没多久就死去了。他一辈子也很悲惨，红火几天，也没有挣着大钱，一辈子也就弄了一温饱生活，没达到小康。

罗佩琳是汉人，他的妻子个子不高，挺胖。他的后代不少，有闺女，有儿子，有孙子。罗浩然跟我同岁，也是前不久得脑血栓死的，死在厕所，没起来。从大金牙到小金牙，从大金牙到大金牙的儿子，从小金牙到小金牙的儿子，拉洋片的这几代人都挺惨。

拉洋片的有祖师爷。这除了我知道，谁也不知道。这也有书，人家是从书上翻出来的。我们村的当头有人买了本书，写了大金牙的历史。这是民国的时候，记者访问大金牙，那是日本还没进京的时候的报纸采访大金牙时，大金牙说的。记者问大金牙的祖师爷是谁？到大金牙那儿去，大金牙屋里贴了张条，有一黄帖子写着两个人名，都是唐朝的呀。一个是叫袁天罡，一个叫李淳风。[29]

我现在收徒弟不给他们讲这些东西，而且我收徒不是以拉洋片收徒，我是多才多艺。我师父是相声、快板两下锅，我现在了不得了，相声、快板、双簧、太平歌词、拉洋片我都会。我不以拉洋片收徒，我是以相声、快板收徒弟，因为拉洋片这行低呀！是曲艺界最低的，比刚才我说的那几类要低得多。为什么我现在成不了大名呀？现在人们还有这个意识，还有这个歧视。要不然，春节联欢晚会怎么不找拉洋片的去表演一段呀？拉洋片当年在天桥也是最低的，不登大雅的东西，比穷家门的都还低。

拉洋片的它低在哪儿呀？解放前，大道边、小街沿哪儿都有拉洋片的，先是挑挑子，有一小箱子，俩眼儿，走到哪儿都可以拉，给块窝头吃就给人拉一段。拉洋片就拿我们这些来说，小金牙、大金牙这是拉洋片的祖师爷，最大的门户了。天桥大金牙、小金牙可以说是全国拉洋片的首领。现在，我王学智就可以说全国第一！后来是自行车驮着一小箱子下村去："小孩们，瞧瞧吧，拉洋片的。"拉洋片就小金牙上过电台，我现在上过电视，我比小金牙，我比罗佩琳还高一筹。可是人家罗佩琳那会儿没有电视呀！和我现在没法比。小金牙的徒弟就出了一个王宝祥，已经死了。现在还活着一个叫马得福，他虽活着，但不唱也不演。再就是他儿子罗浩然学过。

我唱洋片的"哑"是追的大金牙的哑，"脆口"又有点小金牙的味道，还有我自己的味道，我是三结合。当年，我听过大金牙的唱，我不敢完全照大金牙的唱法唱，如果这样，我唱一天都受不了。大金牙的嗓子又沙又哑又高。大金牙的调儿不能学。洋片中，《刘伯温造北京城》是这样唱的：

咱们里头在看呀，你听我给你说刘伯温要把咱们北京修哇。只修得是里九外七皇城四。在后门外头修下了钟鼓楼。日暮昆仑钟鼓响了。为万岁封了他，定京后。帝王封过他那定京后，在哈德门里修了一座文具厂，观星台上修上了浑天球呀。在平则门里头，有一座白塔寺，御河桥的桥墩都是白石头修呀。我进了桥洞，南海北海水长流呀。神武门尽把那个煤山的堆呦。五座皇亭呀修在景山山上头啊……[30]

大金牙也好，小金牙也好，在我上头的那些人，人家都按老一套，你爱多少人是多少人。一段最少也得五分钟，为什么呢？人家且拉这片子呢！现在不成了，像他们那样干就没人瞧了。老不拉，就一张画，别人扭头就走。过去，它没有电视，都没有这些好玩意儿呀，是不是？在没有声光电的时候，这是好玩意儿。有了电影、电视，谁瞧它呀？

4. 街南唱戏："起唇把点"

所谓街南和街北的区别是针对唱戏的说的。街南是撂地唱戏的，在小戏馆子唱戏的，街北的就是大馆子。一到街北了，你就算成名了、红了。街南的我小时候不叫戏馆子，叫戏棚子。

解放前，在街北唱戏的是绝对不会上街南的。如果那样，就是"闹槽"了。当然，也有个别的情况例外，那就是人也老了，嗓子也不如以往了，而且又没有其他生路了，才会从街北走到街南。有闹槽的，混得没办法的上街南了。解放后，不少出名的都是从街南起，后来到街北去。喜彩莲在小桃园唱过，新凤霞在万盛轩唱过。后来，这些人慢慢地都上街北去了。唱戏的封箱是在腊月二十三，正月初六开箱，都在精忠庙，街南、街北都如此。

街北和街南唱戏的身份、地位差异都很大。街北唱戏的一般都有专车、卧车，街南的有名的才坐洋车，坐包月车。街南挑班的、压轴戏这些人才坐洋车。西珠市口以北是街北，珠市口往南就是天桥，是街南。你看那个民主戏院，过去叫开明，这是珠市口南边的大戏馆子。珠市口往北的戏院就多了。过去有华北戏院，有华乐戏院，它鲜鱼口往南了，后改名叫大众。三庆戏院在大栅栏里头，广德楼在前门外，现在都还开着呢，现在可能叫广和。那儿有一个粮食店。在我现在待的那儿，东安市场有吉祥戏院。天桥有小吉祥，有万盛轩、小桃园、小小、德盛轩、丹桂等七个小戏馆子。小吉祥是唱京剧的，丹桂是唱河北梆子的。

过去，评剧就叫落子，再早叫“蹦蹦戏”。实际上，我分析认为叫“半班戏”。[31]我爱分析事。你看，京剧讲的是生、旦、净、末、丑。老生、老旦，净角唱花脸的，还有丑。评剧没有这个，评剧就是唱小生的、唱小旦的、唱丑的，老旦、花脸和老生都没有。评剧一出场就是一公子和一小妞搞对象，要不来个丑儿使点儿坏。

蹦蹦戏是30年代的叫法，到了四五十年代就叫落子了，唐山落子、大口落子。老白玉霜、喜彩莲、芙蓉花这些都是那会儿的名人，还有爱莲君。在“日本时代”，评剧最兴旺的时候，最红的是老白玉霜。爱莲君夭亡，唱得很红，二十来岁时死去。刘翠霞三十来岁时死去。喜彩莲活到八十来岁，但不知道她真名叫什么。还有一叫红巧兰的，她有仨徒弟，红笑兰、红凤兰、红小兰都颇有名。老白玉霜的徒弟是小白玉霜，小白玉霜的真名是李再雯。

天桥的茶馆有唱大鼓的俗称也叫落子馆，它就不是评剧的落子馆了。往往是把几个人组织起来，唱京韵大鼓、梅花大鼓、西河大鼓、河南坠子，再加上俩说相声的，有弹弦的，有那么七八个人组织起来，在茶馆里一演，这也叫落子馆。别人进了这落子馆里头，票价不贵，比如说一块钱一壶茶，我一听也能在那儿听半天。可是，纨绔子弟有钱的也不少。那唱大鼓的小妞呢，二十来岁，穿得好，长得好，旗袍一穿。我告诉你，我最了解这个，我给你学学那样。别人他不知道，只能讲点皮毛，我能给你讲透了。

这些唱大鼓的女的，谁有钱，谁没钱，她一瞧就知道，行话叫“起唇把点”，“起唇”是开口说话，“把点”是用眼睛看你这个茶客或听戏的有没有钱。这大姑娘扎着一把大辫子，穿着旗袍、高跟鞋，脸上抹点香粉，特别漂亮。手中拿着扇子，就走过来了，弯下腰，亲亲热热地叫道，“二爷”，嘴上甜甜地叫着，用手臂靠靠你的肩膀，还用腿轻轻地抵抵你的腿：“二爷，你点一个吧！”扇子也就“嚓”地一下打开，上面写着节目。你说大姑娘这样一来，这小伙子之类的能不点吗？说白了，就是她们不得不给喝茶听戏的献媚。有的还接着说：“伺候你一段什么呢？”唱完一段之后，又下去找别人去了。这就是落子馆。

下去点的那主儿呀，实际上都没多大名，不得不献媚。真有名的人，坐包月车来的人，金银首饰戴着，自己是不会下去“戳活”的。有的是看客自己就点，有的是茶馆中的伙计替她戳活。[32]一般自己亲自下去献媚戳活的，是那种刚出道又没名声的姑娘。人家唱红了的下去戳活很掉身价。这当中档次不同。

这种小班的头儿叫“穴头”。有的初入班的会被穴头领着去妓院认妓女作姐姐。为什么要到妓院去认姐姐呢？她白天在落子馆唱，晚上还得拿着弦子去串妓院，“串窑娼”。如果不拜妓女为姐姐，有嫖客时，她可能会不让你唱，这得要妓女怂恿嫖客点呀？这是拜妓女为姐姐的好处，是这个问题。串窑娼的艺人都是没多大名的艺人，没办法。有专门串窑娼的艺人，落子馆都不去。

捧唱大鼓和唱戏的都叫“老斗”。[33]有的确实是喜欢听你唱戏，有的则以听你唱戏为名，说白了，就是想跟你睡觉。他花多少钱都给你花，你没什么就给你买什么。为什么女的老红，男的红的少哇？有钱人不就图这个吗？完了，就“叫条子”，唱完戏跟我走，咱们上大饭庄吃饭，吃完饭陪我打牌。牌打完了，你也就甭走了，再睡觉。男的凭能耐红，女的凭容颜姿色。这我都懂，没办法。女的也不是说打心眼儿里就愿意跟他呀！你不去，就给你砸园子，多少电视剧里不都这样演吗？我不卖身，不卖身就砸你园子，你唱？是这道理不是，她也是被逼无奈。不是女艺人就愿意跟有权有势的人去。

唱戏的艺人如果是没人捧，一辈子都红不了。光唱得好，没用。唱得好，长得好，再有老斗，她就能红起来。要不然，就只有在天桥凑合着唱了。唱大鼓的男艺人，也有被官太太或者姨太太给看上的。在天桥有一个老唱大鼓的，叫关顺贵，“关二爷”。“关三爷”呢，就是竹板书出名，叫关顺鹏。关顺贵有两个徒弟，一个徒弟最得利，一个就差一点。大徒弟叫孙长海，二徒弟叫彭素海。彭素海是陕西那边的人，多少都有点口音。这个孙长海则没什么口音，胖瘦也差不多，长得五官也英俊，眼睛特亮，二十来岁，大白脸蛋就在天桥唱大鼓撂地，唱西河大鼓。他唱什么呀？什么《三下南唐》呀之类的。有一大官的姨太太一看就爱上了，他下地打钱时，这姨太太把金戒指拔下来给放钵里了，拿眼睛看着他，有点调情的意思。究竟后来两人掺和到一块儿了没有，不知道。但那大官知道了，把孙长海给圈起来，差点儿没给毙了。唱大鼓的都有这事，更别说唱戏的了。你看过《秋海棠》吗？不说的也是这回事吗？你别瞧我没文化，我知道的事很多呀！

5. 三十六友十八亭

天桥的艺人之间也拜把兄弟。小金牙跟孙宝才、王长友、罗荣寿等人都是把兄弟。孙宝才叫孙大爷，罗荣寿叫罗二爷，小金牙罗佩琳排行第五。正式拜把兄弟都要烧香，摆香案，香烛纸马都往上摆，老爷马摆上，请客，大伙儿都来祝贺他们拜把兄弟，助兴，拜酒席吃喝。

过去，天桥有三十六友，三门把兄弟联合在一起，是“联盟”把兄弟。他们那一拨是把兄弟，这边一拨也是把兄弟，两拨再联合在一起，就是联盟把兄弟。三十六友是在“日本时代”的事，你要我具体说出都是谁来，我记不起了，但也能说上几个来，只记得有范宝亭、席雁亭、孙宝才、罗佩琳、焦秀岩都在三十六友之内。范宝亭是抖空竹的。[34] 席雁亭是席宝昆，是唱评戏的。“十八亭”就是十八个都带“亭”字的。过去，天桥这种拜把兄弟的情况是比较普遍的。

把兄弟中还有一种“口盟把兄弟”，口盟就是一说，不磕头，没有磕头的那么多。磕头的把兄弟在磕头时有词，“有福同享，有难同当，有饭同吃，有马同骑，有官同做，不愿同日生，但愿同日死”等。我没拜过把兄弟。小时候，也就是十一二岁的时候，拜过口盟把兄弟，就是那么一说。哥儿几个在坝子里，搓土为炉，插草为香，冲着太阳就拜，嘴上也说着上面那些话。我记得有个叫季德利的，还有个叫孙宝亭的。小孩儿都爱听书呀，这就是受说书的影响。《小五义》是哥儿五，《大五义》不也是哥儿五吗？《三侠五义》也是哥儿五。刘（备）、关（羽）、张（飞）都是把兄弟，比亲兄弟都还亲。这种都是江湖义气的事，现在不时兴这个，共产党腻味这个，成帮搭伙的。过去，净讲江湖义气。

6. 艺人的侃儿：“记这有什么用？”

行话就是江湖术语。饿了不叫饿了，叫“嚷了”。“师父，我嚷了！”“嚷了？杵头子下来，咱安根去！”“杵头子下来”就是挣了钱了，“安根”就是吃饭。没挣到钱叫“水了”。“今儿个可水了”就是没挣到钱。“今儿火着啦”，“火”就是挣到钱了。“火了”就是多挣钱了，“水了”就是没挣到钱，这里边事儿多了。行话多了，喝酒不叫喝酒，叫“搬山”。“搬高了”就是喝多了。“你看你搬高了吧？”就是说：“你喝多了吧？”再比如，你问我：“王先生，怎么样？你最近买卖火不火呀？”我说“保得住坑”，就是够吃饭，吃饭没问题。“撒尿”叫“摆柳”。“哎，我摆个柳去呀！”就是我撒尿去。拉屎叫“撇山”。“哎，我撇点去啊！”就是我拉屎去。

房子是“窑”。比如说，我们有段相声，叫“夸住宅”，我们行话叫“撇窑”。“使”就是“说”。“今儿个使一什么段子？”“我使一‘撇窑’吧！”就是：“我说一段撇窑吧！”大褂叫“条”，小褂叫“抉条”。“带着条吗？”“带着啦！”鞋叫“踢土”，袜子叫“熏筒”，袜子不臭吗？臭袜子叫熏筒。裤子叫“蹬空子”。这些都有词。走路不说走了，说“翘了”。比如你上我这儿来了，到走的时候了——“你忙什么呢？”“我翘了，翘了！”“翘了”就是走了。现在一般的小孩呀，没学什么能耐，净学这个。十七八岁的，都会这个。我就不赞成学这个。走的时候，不说走，说“我翘了”。

这些多着啦，记这有什么用？说点就行了。数字啊，我说不好，一是柳着，二是月着，三是汪着，四是斋着，五是中着，六是酉着，七是兴家，八是章家，九是爱，十是居。“牌”是“百”。“柳牌”就是一百，“月牌”就是二百，“汪牌”就是三百。这是我们艺人的侃儿，江湖术语就这么说。

卖估衣我父亲那行儿的术语我说得好。十个数字是“摇柳搜扫歪，料翘笨脚杓”，这十个字我说得好。这些都是谐音。这我说得清楚，因为我从小就是那行儿呀，我“下海”十多年，就听他们那么说，记得不太全面，不是百分之百都会。他们说，我就常琢磨。我也不说这个。现在教徒弟也不教他们这个，教这个干吗使呀？当年，我师父就不让我说这个。丐李就不怎么说，偶尔会说。高凤山忌讳说这个：“说这个干吗呀？”那不就是进步了吗？演员，又是干部！我师父他还是崇文区政协委员，老说：“不要学这‘黑话’，学这干吗？学能耐！学点玩意儿。”

（六）调香走会：我们正经八百的艺人不去

以前每年六月初一，不少的民间艺术都要去朝中顶、朝山走会，一共有十七档子会要去，那叫“调香走会”。我是没去过，但年轻的时候能唱艺人们编的这十七档子会的词。茶会、皮匠老会、四支会、开路叉、中幡、杠箱官、花钹、挎鼓、双石头、石锁、耍坛子、盘杠子，等等。

“茶会”就是摆大茶棚，给烧香上供的人提供茶。谁去了都白喝茶，还唱茶歌。这歌以前我也会唱，现在也记不起了。皮匠老会是在更老远的时候。缝鞋的皮匠都去，要是谁的鞋破了，缝两针，不要钱，就是行善去。另外，民间的花会就很多了。四支会中的人拿着笤帚、铁锹等对不平的路修修补补、打扫，让烧香的人好走，这也算一个会。开路叉也是一个会，有单头叉也有双头叉，都勾着鬼脸，披散着头发，穿着青缎子衣，系着虎皮裙子，穿着虎头鞋子。开路叉完了就是耍中幡，什么二郎担山、肘花、盘肘、霸王举顶、苏秦背剑、牙剑，等等。[35] 两丈多高的大竹竿的幡跟粘在身上一样，幡上还有铃铛，一动就“沙沙”地响。最重的中幡有六十多斤。这也是一个会。

还有一个会，过去叫杠箱。杠箱怎么回事？过去，那叫杠箱官，两人抬着一棍子，棍子上面坐着一官，跟戏台子上的丑儿似的。现场还有人抓哏，有人向这七品芝麻官申冤告状，逗大家一笑。那也算一档子会。还有什么呢？有挎鼓、八面大鼓呀，身上挎着娶媳妇那样大的鼓。还有花钹是一群小孩子手拿钹，清脆地敲，并一边跳。这叫挎鼓花钹，这都是老会。

耍双石头的也是一档子会。双石头又是什么？一个人仰面躺在地上，双脚朝天，各蹬差不多大磨扇那样大的石头，两只手上也各举着中等大的磨扇石头。待会儿呀，脚上再上去俩人，再举小双石头，再上去六个人，拿大顶，翻跟头，那叫“双十六打顶”，了不得。过去，有一个大个儿王四专走这会。

还有什么呀？那叫石锁。清朝时，要石锁就是练这劲儿，很大的一个石锁就用一个手指提着。石锁、耍花坛都是会。耍花坛子的将那坛子高高地踢起来，脑袋接着，跟粘在身上一样。

天桥去的艺人主要是双石头，盘杠子的也去，还有农村中的高跷会、地秧歌、小车会、狮子会等都上那儿去。反正，凑足在一块儿，总共不到二十档子会，就上庙会走会，这些会的词是这样唱的：

子弟排演人人好，在人前讨好，实在是难学。这一响弦就得鼓板齐动，够多么热闹，真的是齐学排演功夫到，才能够越众超群可听可瞧。在外边出票走局，先得把姓名标。在下我姓王名学智，新沛是我的号，家住在北京，在东郊官庄村门牌九号，是因为我好在外边跑，什么样的玩意儿我都好瞧。

单说那，六月初一在那中顶庙，我看那子弟的玩意儿都把香烧。叫我猛一瞧，仿佛像瞎闹。瞧的倒好瞧，学可不好学。头一档子会，那叫四支，我就练不了。有几个人夹着簸箕就在头里跑，后头跟着擦帕扫帚大铁锹。见坑就得填，高的地方刨，净水泼街黄土垫道，为的是瞧热闹之人不把尘土抱。这要叫我练，我可练不了。

我还要中幡，给我多么好。胳膊都得粗，力气真不小，素布的大把就在腰中绕。这架中幡有两丈多高，托搭着云幡得在怀中抱，苏秦背剑得仰面瞧。这几手玩意儿倒是好练，唯独有肘肩上两压可不大好学。等到这说走，鼻子尖上落，劲儿也不能大，劲儿也不能小。劲儿要小了，我就扔不到。咳，劲儿要大了，我的鼻子逮不着。就叫你逮着，往下这么一出溜，那可怎么好？大约我的鼻子就得铲掉，这要叫我练我也练不了。我不能拿五官跟它玩笑。因此以上我才不学。

开路叉，功夫真不小，勾着鬼脸，用油来照，披散着头发，四下里飘。青缎子衣、青缎子套，虎皮的短裙系在那腰。带虎的靴子底子薄。双头叉，尽管跑。单头叉，不太好学。单打一飞，一丈多高，瞅它落下来，使劲往回找。劲儿不能大，劲儿不能小。劲儿要小了，它往地上掉。劲儿要大了，劈头一松，“啪”，抓也抓不着，只吓得墙上的乌鸦捂着脑袋跑。躲闪不及，一命得销。这要叫我练，我可练不了。

五虎棍，出在董家桥，整个要把花园闹。要打头路棍，要打二路棍，要打群棍，枪里夹着刀，插花盖顶防背拦腰。这要叫我练，我也练不了。我近视眼，远了瞧不到，拌着我的脑袋，那可怎么得了？轻则一个窟窿，重则一个包。我怕挨揍我才不学。[36]

这词也是老艺人编的。过去，在朝阳区的小红门有一个子弟的老票友，叫陈月波，我们这公社有一个叫高俊的老票友，还有一个叫张德林的老票友，都唱过。[37]最有名的是陈月波唱这个唱得好。我这词是跟张德林学的，他跟我一个村。这些词一共二十来套，多年不唱，我就记得这么些了，记不了这么全了。走会的他们自己不唱这个，走会的就是大秧歌唱，高跷会、小车会有唱。赶会朝顶就这一天。朝中顶是各档子会去，天桥的说唱艺人不去。

现在，也没有这些会了，人家也不愿意去了，就是妙峰山请人家去，谁愿意去呀？有那个爱好的才去。我们的一个票友，臧鸿先生，你知道吧？“叫卖大王”！就他常常带着人去。他到那儿去吆唤吆唤，吆唤茶歌什么的。这些都是玩儿去，人家拿轿子车接他们，他们还不花车钱，也管他们顿饭，就是不花钱逛去。现在，妙峰山空落落的，也没什么东西，不像过去。怎么办呀？找艺人去，艺人就要钱，少了还不去。我们正经八百的艺人，撂地挣钱的不去。你管我们一顿饭，我们就去？臧鸿他跟我们的性质不一样，人家是玩儿，可是他也挣钱。这六十多年，我没上妙峰山去过，一次也没去过。

（七）卖估衣：半揽子生意

1. 哑巴摊与吆唤摊

我说过，天桥卖估衣的有两种情况。一种是有门脸儿的，屋里全挂着东西，旗袍、皮大衣、皮袄什么都有。门脸儿外边就用木头或竹子撑一大布帐子，门口也挂好些衣服。门口有几条大板凳，伙计就在板凳上坐着。大买卖的有六七个伙计。伙计对来往的行人就张罗："喂，买什么呀？买皮袄吧你？买大衣往里边看看！你里边请，里边请。"把人带到屋里去。那屋里黑着呢，点一小电灯，也不太亮。说不好听的话，能蒙你一下子就蒙一下子。衣服上都明码标价，一般都按衣服的实价翻倍标价，只要你还价还到一半以上都会卖给你。反正，伙计已经赚钱了，也不会急着卖给你，总是要你再添点儿，最后还说："算了算了，就赔着点卖给你吧！"卖急了不成，怕人不要呀！要把顾客给扣住了。这种摊又叫"哑巴摊"，不怎么吆唤。

我父亲当时那摊，是另一种情况。用两条板凳支起木板，把衣服放在板子上。提起一件就吆唤一件。"哎，那个一呵咳买我这个吧！瞧一瞧领儿，你再看看面子吧。这个大家好呢，你就给两块八毛，你就拿了去吧！"然后，拿起另外一件又吆唤开了："喂，这个，你来看一看吧。这是大棉袄，底面崭新，还是新棉花。摸在手里，暖暖乎乎的。穿在身上，暖和着啦。这个，你给两块五毛钱，就拿了去吧。"就这样一件一件地吆唤着卖。这种摊叫"吆唤摊"。我父亲在两种摊都干过。吆唤人们喜欢听，这样就招人。哑巴摊就只是说，不吆唤。

2. 估衣铺的学徒

以前，天桥市场大多都是卖估衣的。有专门的估衣一条街，天桥南市也是。卖估衣一般在上午九十点钟就摆上了。卖估衣的看重有无学徒经历。你从哪儿学徒，吆唤得好，掌柜的就用你。你能说会道，利嘴，掌柜的就用你。这就跟说相声似的。三年零一节的，学满了徒的，嘿，做买卖做得好。谁不希望有一精灵伙计？一天多赚钱啊！一傻子，说买卖话也说不好，谁用？像我父亲这种人，到哪儿都抢着用，到哪儿找事都好找，人有能耐。你说是不是？

同行人，一样的人，不一样的钱。有一句俗语说得好，说“钱压奴婢手，艺压大方人”，就是说，我也是拉洋片的，你也是拉洋片的，你一天连五十块钱也挣不了，我呀，一天能挣三百，为什么？艺术不一样呀！你唱的味道不招人，人家不听。你上去没人听，我一上去就客满，“呼”地一下子人就围上了。这是一个道理。说书的也是呀。人家说书的有能耐，板凳都坐满了，外头还围了好几圈人，风雨不透。你要说的不灵，就五六个人，十来个人。这就没法比。

过去，估衣铺的学徒一般都是人托人介绍的。只要有一介绍人就行了，不需要找什么引、保、代师。卖估衣的学徒拜师时没有什么正式的仪式。学卖估衣的年龄一般是在十三四岁，个儿高就行。学徒在估衣铺给师父什么事都做，扫地、做饭、洗衣、带孩子等，在摊上帮着摆摊、吆唤、收摊等。头一年你干零碎活，第二年就帮着吆唤，真正能自己独立站柜台顶多就只有一年。吆唤得好哇，多赚钱，掌柜的就喜欢你。

估衣铺中的掌柜也打学徒，我瞧见过打。为什么打他呀？因为他偷钱。我们柜上就有那档子事。卖了钱，他蔫不唧儿地装自个儿兜里头了。那时，我爸爸柜上有两个徒弟，一个徒弟叫王贵，那一个叫刘什么我忘了。这王贵是小矮个儿，在东直门那边住，比我岁数大点儿。是他出的主意偷钱，那傻乎乎的大个儿就偷。偷的钱，他们俩分开花。我爸爸打他们的时候，还把我大爷——东家都找来。姓刘的那个呢？他叔父就是东家，然后大家审。

平常没事的时候是不会打学徒的。或者徒弟跟徒弟打架，让掌柜的知道了，也打。最忌讳的就是卖了钱，偷着花。打完开除，不要。估衣铺中的徒弟与掌柜的关系没有艺人师徒之间的感情深，感情好的也有。在估衣铺，学徒不叫师父，是叫掌柜的。普遍讲，没有艺人师徒之间的关系好，艺人师徒之间的关系是父子关系。

卖估衣是半揽子生意，像我们艺人是整个生意人，我们没有本儿，全凭嘴说挣钱，是不是？卖估衣叫半揽子生意就是一半是买卖，一半是生意，多好的衣裳，你不说你就卖不出去。你不会"要生意口"，东西就卖不出去。过去，我们管叫"生意口"，现在叫"生意经"。就伙计在吆唤、报价时的那些数字，都有他们的行话，就说我前面给你说过的"摇柳搜扫歪，料翘笨脚杓"。[38]

估衣铺相互之间的关系都不错，都相互照顾。而且，还有这种情况，比如你上我这儿来就打算买一件什么样的大衣，我这柜上没有。没有怎么办呢？不能说没有，到别的柜上给你摘去。如果摘来的这衣服卖了，别的柜上卖一百元，我这卖了一百五十元，那这多卖出的钱归我，这叫"摘货钱"。

3. 六月二十四这个节

估衣铺的都过六月二十四这个节。这天是老爷的生日，关羽的生日，要大吃大喝，庆祝老爷生日，都信服老爷。为什么信奉关羽关云长呢？这历史记载也没有，老人也没给我说过，我自己想的。有这么一段书，叫什么呀？关羽挂印封金走了，离开曹操走了。曹操追他，送他一件袍，大红袍。这段叫“挑袍”。接过来以后，他不穿，他穿在里面，外边还穿和他哥哥拜把兄弟的绿袍。为什么卖估衣的敬关羽呢？估衣是旧衣服，不是新做的。供关羽就是因为这点儿。我自己脑子里分析，只有这么点事儿。人家曹操给他送的新袍多好呀！他不穿，还是穿旧的。估衣铺的衣服全是旧衣服。是根据这个，在六月二十四，它供关羽。这是我的想法。

估衣铺中拜把兄弟的时间并不固定，选日子就拜，但都要给关羽磕头。设一神坛位，上面摆着“老爷马”，就是关公的画像，有的就是把关爷的名字写在纸上。平常，估衣铺中都有关公的神马，画像多，塑像的少，有木头刻的像，究竟是什么木头，不清楚。估衣铺中，平常不给神马摆供品，都只是逢年过节的时候才摆。春节时，一到腊月二十三就摆上了，这叫上供。撤供的时间不一样，有的是正月十五撤供，也有正月初六就撤供的。烧香敬神的时间一般都是在当天下午收了摊子之后，吃晚饭之前。撤了的供品大家伙儿分着吃。

摆的供品主要是月饼，还有水果，苹果、柿子等，平平安安，事事有余。一般是五碗供，每一碗供都是把月饼一层一层地垒起来，顶端放一桃。中间这一碗的要高，两边就逐渐地低点儿。五碗归一堂，一堂供就是五碗。那时有专门做点心的，可以去预订。“今天你要几堂供呀？”“给我们来两堂！”一般的都是摆一堂供。再有大的，还摆蜜供。蜜供就是先将米炸完之后，再用别的东西一裹，抹得跟塔似的。我见过的蜜供，最大的有二尺八高。给王奶奶的蜜供最小，只有一尺三高。我小时候就吃过蜜供。“吃个供尖吧”就是把蜜供顶端的掰一块吃。但蜜供具体是怎样做的，我不清楚。那时做的蜜供根本就不粘手，不像现在做的粘手。蜜供上落的尘土一吹，这供吃着照样好吃。我小时候出生的那地方就是一庙，上蜜供的人很多。

（八）做小买卖

1. 卖择（zhái）手

卖果子的也都是穷人家的小孩。最初，刚刚做这买卖的时候，就是成天跟卖果子的人泡。人家来了货，帮人卸，帮人挑。一筐果子不全都是好的呀，得把好的给人选出来。你帮人选，别人也不会让你白干。选完之后，就把剩下的烂果子给你。“得了，你拿走吧！”这些小孩就用一笸箩装上这些果子，顶在头上四处叫卖。

这果子市就在东珠市口一进口往北的头一条胡同，那叫果子市，正通前门大街。把这果子顶出来，搁在马路旁边，烂的朝下，码成一堆一堆的，几个一堆，边走边吆唤：“两毛一大堆呀！买苹果呀，两毛一大堆呀！”穷人都买这个，让一家人都吃。知道这有烂的，但烂的一大堆呀！穷人专门买这个，拉洋车的呀，拉排子车的呀，做小买卖的，最底层的人都买。这叫“卖择（zhái）手”。这是卖果子的头一宗，一开始先卖这个。

“挎篮子卖”时，边走边吆唤，卖果子都要吆唤，比如说卖葡萄的就会喊：“甜葡萄诶，郎家园的耶……”挎着篮子卖这是二一步了。到十七八、二十来岁呢，就不卖这个了。弄点本儿了，就用挑子挑着卖。“挑挑子”卖这是第三步了。你像我吧，挑两筐，出来什么就卖什么，一般都会对半儿赚。山里红出来卖山里红，柿子出来卖柿子。卖柿子时，这样喊：“好大个儿呢，不涩呢，涩的管换呢，大柿子！”卖樱桃的会喊：“樱桃诶，赛过李子呢诶，一个码儿大呢，十三陵的呢，大钱樱桃诶。”樱桃赛过李子这是夸张，一个码儿大是说大小一样。樱桃完了，就该卖杏儿了。卖杏是这样吆唤的：“卖杏儿呢，龙泉坞的呢，香白杏儿呢……”卖甜瓜这样喊：“卖好吃的，竹叶青呢，好甜瓜呢，好吃诶。”[39]老人都是这样吆唤的，干什么都有词，我自小听别人吆唤就学会了。吆唤时，每种果子都有自己的调，九腔十八调，东西南北城。我什么果子都卖过，什么赚钱卖什么。

这是第二步、第三步了。再后来，就不挑挑子游街卖了，大栅栏、前门大街，哪儿热闹，我就摆一摊子卖了。支上一铺板，果子码在上面，红的朝上，白的朝下。梨是黄的，苹果是红的，五光十色，全有。胡同里串着卖，就要嗓子好，这样人家才能听得见。果子摊来往都过人呀，街面上，那就不拉那个大腔了。“哎，买果子呢，鲜亮的果子。大个的呢。大个柿子不涩呢！”还有把山里红串成挂，使这线串上。在胳膊上搭着，一大挂一大挂地搭在胳膊上，背上背着，一百多挂，跟念珠似的，脖子上套着卖，老吆唤两挂。手里拿着两挂大的：“呦嘿，还有两挂呢，全是红的呢！”这两挂大的是样子，真正卖的时候就藏起来了，买的人就只有挑其他的了。到过节时，吆唤又不同。[40]卖果子就是这样，是一步一步起来的。这就跟学徒似的，一点一点的。多数过去卖果子的都要经过这个阶段，这是“坐科”。这什么都有坐科的，什么也有半路的，半路出家。

开亚运会时，马路边上不让卖果子。我跟我们小三就在马路边上卖了。[41]刚搁那儿，警察就来了。把我的苹果和小车装上他们的车，让我也上车，还拿脚踢我。踢我，我就走呀！“哎，你别走给你开条！”“你别开条，你在哪儿我都知道！明儿我就找你去。”开条就是要罚我钱。

第二天，我有招儿。我们先生看不见，我说：“走，问他要去。”在哪儿呢？在呼家楼东那税务所。带着她，我就去了。那儿，正一个挨着一个地罚呢：“你二百，你这一百五。”我说：“我这怎么办呀？”一瞧我们家是瞧不见的，就说：“你先等会儿，待会儿吧！”都罚完了，就剩我了。过来了：“你这怎么办呢？多少也得罚点吧？不罚都不成！”“罚点儿？你罚什么呀？你瞧见没有，你要不给车，我就把她搁这儿，管她饭就成。”我在家就给她说，到那儿，你就管他们要水喝，要吃，再尿尿。嘿，乖乖的：“他的车呢？赶紧给推过来！”我说：“我的苹果呢？”苹果都给他们吃了。我到哪儿做买卖干脆就不要我的税，一要，我就掏出我的证，我残疾人，看不见。到哪儿做买卖都不跟我要税，做买卖什么钱都不用交。那次，是赶上那口了，人家不让在那儿卖。

2. 串胡同卖菜

有的人因此有这名了。为什么叫“菜李”呀？他一辈子就卖菜，没干过别的。你卖果子，就叫果子张。我一辈子就做小买卖了。在1945年以后，五五年入社以前，我主要就干这个。我也卖过臭豆腐、酱豆腐，卖报纸、卖冰棍、卖糖球。一斤糖能称九十来块糖球。四毛八一斤的本，能卖九毛多钱，一斤糖能赚四毛钱。就在天桥公共汽车站，人家在那儿等电车呢，过去哪儿有汽车呀？拉洋车的有好些。那时，就不能嫌寒碜了，把这东西都递到别人鼻子尖上去了：“哎，你买块糖吃吧！就一分一块。”什么买卖我都干过。我师父是相声、快板两下锅，我这做买卖也是两下锅，青菜、水果两下锅。青菜赚钱了我就卖青菜，水果赚钱了我就卖水果。

卖菜是拉排子车串胡同卖去，这排子车俩轱辘，一装就是多少种菜。一车菜十好几种，一气儿吆唤出来。现在都上菜市场卖菜去，那会儿都是卖菜的串胡同去卖，熟道儿。我天天就上胡同卖去。进胡同，一吆唤一大串：“香菜，辣青椒哎，嫩青菜那黄瓜韭菜，茴香菜呢，嫩水萝卜呢，蒿子秆呢，嫩芽的香椿呢！”就这一通吆唤，吆唤完了，人家出来买菜了。“卖菜的，给我俩茄子、两根黄瓜，多少钱啦？”“两块钱。”“明儿再给吧？”“行！”天天老串这些胡同卖，都熟了，只有你过来卖时人家才买，别人来卖的都不买。有时，两根葱、两头大蒜都给，不要钱，熟人！都是熟买菜的。卖菜是这么卖！也有挑挑儿的，那是小卖菜的，只有一二种菜。我卖菜跟别人不一样，来得容易，卖得贱，薄利多销，一会儿就卖完了。

3. 送财神爷

过去，穷孩子实在没辙了，大年三十晚上还送“财神爷”呢。一块钱能给你一大卷。到人家门口，就喊：“送财神爷来啰，送财神爷来啰！”老太太出来了。“您接张财神爷吧？”这一张，最少也得给你三毛两毛的。要是老太太说：“我们刚接了！”“那您就再接一张吧！这财神爷您还往外推呢？”这是最没法子的买卖。哎呀，北京那会儿穷呀。老太太卖破烂，老头儿卖豆汁儿。没别的，老的少的全都在那儿吆吆喝喝的。没办法，混饭。这会儿，比过去强万倍。现在要饭的是他懒，不正经干。过去呀，他不要饭，他吃不上饭。有人不知足，我觉得好。

注　释

[1] 王少宏，《广渠门外南官庄王宅白事堂会》，《八角鼓讯》第 39 期（2007.6），页 2。

[2] 张卫东解释说：“大教就是汉族，即汉族人一桌饭席，回民一桌饭席。”

[3] 关于北京的王爷坟和看坟户的情况，可参阅冯其利，《清代王爷坟（上）》，中国人民政治协商会议北京市委员会文史资料研究委员会编《文史资料选编》第 43 辑，北京：北京出版社，1992，页 109—224；《清代王爷坟（下）》，中国人民政治协商会议北京市委员会文史资料研究委员会编《文史资料选编》第 44 辑，北京：北京出版社，1992，页 174—294；《一个特殊的社会阶层——看坟户》，中国人民政治协商会议北京市委员会文史资料委员会编《文史资料选编》第 44 辑，北京：北京出版社，1992，页 294—301。

[4] 张卫东插话道："日本失败后，金钱不值钱，物价都变了。"

[5] 在天桥，以说数来宝撂地卖艺有名的艺人是"曹麻子"曹德魁。关于曹麻子的表演、数来宝和数来宝场子，可分别参阅张次溪，《人民首都的天桥》，北京：修绠堂书店，1951，页 109—110、164、199—200。

[6] 即广播电台。

[7] 《大过会》的详细内容可参阅本节之"调香走会"。

[8] 先生指王学智先生的后妻。

[9] 张卫东插话："现在这地方没了，改饭馆了！"

[10] 兄弟指的就是张卫东。

[11] 张卫东解释道："一般而言，唱法都分两种，营业唱法和艺术唱法。营业唱法快，看热闹，要叫座，艺术的唱法，有艺术的特点，要慢些。"

[12] 关于清末民初北京乞丐的称谓、种类、组织、权威、技能的学习、住地、歌谣的传授、做街、丐厂等，《燕京杂记》《北平的乞丐》《民社北平指南》等书都有详略不同的记述，《北平风俗类征》进行了全面收录。参阅李家瑞编，《北平风俗类征》，上海：上海文艺出版社根据 1937 年商务印书馆版本影印，1985，页 279—280、404—409。另可参阅柳絮，《北平的乞丐生活》，收入陶亢德编《北平一顾》，上海：宇宙风社，1939，页 170—180。

[13] 张卫东插话说："过去这种穷人呀，要饭的人得有个帮派，没有帮派不行。"

[14] 北平市政府编的《旧都文物略》云："手车俗呼'排子车'，不用牲畜，纯以人力推挽，运粮运煤、搬家以及运送一切物品均用之，其价目较敞车为昂，劳动界人（俗呼卖力气人）依此为生，每人每日工价约合一元，因运输较便利，颇为盛行，雇用时到小茶馆询问。"转引自李家瑞编，《北平风俗类征》，上海：上海文艺出版社根据 1937 年商务印书馆版本影印，1985，页 271。

[15] 当时，王文宏女士也在座，她说，丐李收徒的时间是 1973 年。

[16] 关于清代北京"杆儿上的""拜杆儿"，齐如山有着完全不同的记述。他强调清初，"杆儿上的"对北京城社会管理的良性功能，详述了清末"杆儿上的"在北京的变异，并提到东城的"杆儿赵"、西城的"杆儿陈"，还说他本人与"杆儿赵"相识。参阅齐如山，《北平》，台北：正中书局，1957，页 31—34。

[17] "蘸蘸金"也就是"镀镀金"。

[18] 此次收徒的详细过程和所颂赞词，可参阅拙著《空间、自我与社会：天桥街头

艺人的生成与系谱》，北京：中央编译出版社，2007，页 56—59。或者正是因为刘耀东与张卫东帮助的缘故，这次仪式的赞词与单弦、八角鼓学艺拜师时的赞词很相近。在单弦、八角鼓的师承关系上，张卫东是何剑峰的徒弟，何剑峰是常树田的徒弟，常树田的师父是德寿山。就在给我展示当年何剑峰收徒仪式的赞词时，张卫东特别强调这一支系属“街北”，与“街南”的天桥艺人没什么往来。何剑峰收徒时的赞词如下：1. 德与艺：师父传艺兼传德，德艺二字难分割。有德乏艺难糊口，有艺无德人笑责。艺德双兼成杰俊，江湖路上但难得。2. 拜师典仪：今朝大喜，喜溢堂前，前人收徒，徒拜师贤。打鼓宣教设教坛，讲孝谈忠劝世篇。大周庄王尊始祖，代代相传到今天。单弦源自清门艺，求生身置江湖间。水有源流木有本，此道师承近百年。剑峰今举收徒礼，源流师承理当谈。牌曲前身为岔曲，岔曲行自乾隆间。将军阿桂奉圣命，远戍边陲征金川。宝恒小岔创岔曲，得胜返京户户传。乾隆听后称祥瑞，赐名凯歌龙票颁。下旨添置八角鼓，笼万走局始开端。咸同年代随缘乐，始创牌曲称单弦。岔曲首尾做梁柱，各型曲牌嵌其间。四城子弟喜此曲，青出于蓝胜于蓝。随缘诗话与尊处，后者居上德寿山。德祖身此收徒辈，先师常氏讳树田。师承常氏称剑字，再传鸣字接剑班。今日剑峰大喜日，收徒典礼在此间。开始举行拜师礼，拜帖一张献师前。3. 徒弟读帖：大红拜师帖一张，一秉心虔写中央，今朝赐我江湖艺，恩同再造记心房。4. 师接帖：为师接过帖一张，重若千钧非寻常，艺名鸣洁为师赐，闯荡江湖走八方。5. 磕头拜师（每炷香四句）：头炉高香奉庄王，留下轰柳万载长。梅清胡赵四门祖，徒继师艺理应当。清音童子鼓板君，二炉高香朝上焚。鼓板弦歌传徒辈，吃水不忘挖井人。三炉高香朝师尊，德门真嫡传后人。再谢诸师引保代，江湖路上多赐春。

[19] 也有人回忆说，为了正大光明地卖艺，吃相声这碗饭，高德明曾在已故的相声艺人“冯六爷”冯昆志的坟头叩头拜师。参阅中国人民政治协商会议北京市宣武区委员会文史资料委员会编《宣武文史》第二辑，1983，页 49。

[20] 杜三宝已于 2000 年去世，马三立已于 2003 年去世。

[21] 尽管王先生在此做了区分，实际在后边的讲述中，穷家门与要饭的是混用的或者通用的。而此处的要饭的是取其狭义，特指什么都不做，只是伸手要吃的乞丐。

[22] “画锅”也有人写作“划锅”或“化锅”。

[23] 说至此处，老人不断地抹泪水。我心里很内疚，不管怎么样，毕竟是我勾起了老人的伤心往事。

[24] 高凤山晚年自己也曾写有回忆录《艺坛沧桑话今昔》，详细叙说了他自己的身世和早年在天桥学艺的情形。参阅高凤山，《艺坛沧桑话今昔》，收于中国人民政治协商会议北京市委员会文史资料研究委员会编《燕都艺谭》，北京：北京出版社，1985，页378—411。

[25]《北平指南》第十编“附录”页11—17的词条“五老”有载：“老合、老荣、老柴、老月、老架，以上五老皆为伊等素日之称谓，亦称合点、荣点、柴点、月点、架点。述其内容如左。老合即合点，男女坤书，大鼓杂耍等，皆可呼为老合，其未投师者，谓之‘门外人’，凡曾投老合师傅者，能说‘春点’，如呼钱为‘杵头’，父亲为‘戗儿’，扇子为‘叶子’，老太太为‘醮果’，妇女为‘果什’，姑娘为‘铃铛’，洋钱为‘色糖杆’，纸烟为‘色糖草’，手表为‘转枝子’，钱多为‘杵头霍’，钱少为‘杵头念’，吃饭为‘安根’，未吃饭为‘念啃’，眼睛为‘招路儿’，看为‘把合’，袜为‘熏筒’，鞋为‘踢土’，房为‘窑儿’，军人为‘冷点’等，总而言之，无不有黑话也。”“也有所谓‘靠扇儿’老合者即一人或三五人手执弦子、胡琴等物，携带幼女一二名，专往娼寮妓馆，卖曲为生……”“坤书馆之鼓姬，为一般女老合，又名‘唱手’，衣服时髦，举止阔绰，其收入全凭一般捧角家，故进款异常丰富。”“杂技社荟群艺为一台，如单弦、岔曲、书词、戏法、双簧、相声、八角鼓、莲花落、什不闲、抖空竹、耍花坛、练飞叉、盘杠子、拉戏、巧踢翔翎，故有什锦杂耍之名。早年多为子弟师傅遇人邀请演练，向为车笼自备，不特茶水不扰，亦从未有使黑杵之说（黑杵即要钱），近因生活所迫，亦多半流入老合。”老荣又名理码子，为盗匪一流人物；老柴指负责缉捕盗贼之责者，老月又名耍两点者，即搞赌行骗之辈，老架即拐匪之类。参阅北平民社编《北平指南》，北京：中华印字馆，1929。

[26] 拉洋片，还有拉大片、西湖景等称谓，是一种视听效果兼具的民间说唱艺术，解放前城乡广为流行。关于拉洋片的文献记述，可参阅老成，《民间杂戏“大金牙”》，《京报》1929年5月12日第八版；杜宇，《拉大片的“大金牙”访问记》，《世界日报》1933年1月31日—2月5日第八版；克非，《小金牙：原名

罗佩琳天生滑稽面孔，信口开河每含有深刻意义》，《新民报·天桥百写（六）》1939年3月5日第七版；张次溪，《人民首都的天桥》，北京：修绠堂书店，1951，页110—114、147—149、206—207。

[27] 关于天桥白面儿房子的情形，刘景岚、朱国良、金业勤和马贵宝等合作者多有述及。但高丽棒子经营的白面儿房子在北京的增多与日寇对北平的占据也关联紧密，这在王西彦1936年秋天写的《和平的古城》一文中多有述及。参阅王西彦，《王西彦散文选》，南京：江苏人民出版社，1980，页61—66。

[28] 事实上，即兴编词是民间艺人的基本能力，罗佩琳也一直善于此道。解放前，他就能"把现代的时事，信口编成即景即情的词儿，打着锣鼓，不慌不忙地唱下去，唱得有声有色，唱得津津有味。……小金牙永远有新鲜的词儿，永远换新鲜片儿，也永远为一般人所捧场"。张次溪，《人民首都的天桥》，北京：修绠堂书店，1951，页206—207。另可参阅克非，《小金牙：原名罗佩琳天生滑稽面孔，信口开河每含有深刻意义》，《新民报·天桥百写（六）》1939年3月5日第七版。

[29] 在王老先生说出了袁天罡后，我脱口而出，说出了李淳风。他很是惊讶，说："你怎么知道的？"我告诉他，我看过他刚才所说的那本书。于是，老人坦然地说："那我就不再说了，就是那书上的。"相关的内容见柱宇，《拉大片的"大金牙"访问记》"袁天罡、李淳风发明大片？何来西夏供美女事"，《世界日报》1933年2月4日第八版。该文后来收入了《天桥往事录》，黄宗汉主编，北京：北京出版社，1995，页210—217。另外，也可参阅张次溪，《人民首都的天桥》，北京：修绠堂书店，1951，页110—114。

[30] 说至此处，兴起的王学智先生随口唱出了上述句子。

[31] 王学智先生的分析不无道理。连阔如也曾有相似的说法："小小茶园、天桂茶园、小桃园、万盛轩，都是蹦蹦儿棚子，又叫奉天落子，半班戏，所唱玩意儿，生、旦、净、末、丑等等的角色都有。我老云听过些回，他那戏里始终亦没唱出个皇帝、元帅，美其名曰评戏，称之为半班戏倒是名副其实的。"对此，李家瑞则持相反的看法，并从乐器上进行了推测。他说："蹦蹦戏有人称为半班戏，以其戏班中脚色常不足，往往以一人兼作几种脚色，所以只用半班人数。这话不过是因为'蹦蹦'二字音近于'半班'，所以附会出来的，一班半班并没有什么标准，而且蹦蹦戏的班子，也净有组织很完全的，半班戏的名

称，完全不能成立。……我想这蹦蹦戏的名称，必是因为戏中所用的乐器，以梆子为主，而梆子的声音，即‘蹦蹦’然，所以即称蹦蹦戏。……蹦蹦戏俗又称奉天落子，又称奉天评戏。其是否来自奉天，现在已不可考。”张次溪也曾详述天桥的评戏场和蹦蹦戏。分别参阅云游客，《江湖丛谈》第二集，北京：北平时言报社，1936，页47；李家瑞编，《北平俗曲略》，国立中央研究院历史语言研究所，1933，页22；张次溪，《人民首都的天桥》，北京：修绠堂书店，1951，页189—190。

[32] 落子馆中的伙计戳活，张次溪有描述：“场下有持扇人，请顾客点曲，名曰戳活，扇面书各曲目录，顾客每点一曲，持扇人即高呼其题目，令某角唱之。凡戳活之钱，唱手与馆子各半，散场后分取。”张次溪，《人民首都的天桥》，北京：修绠堂书店，1951，页193。

[33]《京都竹枝词》有词云：“茶园楼上最销魂，老斗（小旦呼悦己者，曰老斗）钱名气象浑，但得隔帘微献笑，千金难买下场门。”转引自李家瑞编，《北平风俗类征》，上海：上海文艺出版社根据1937年商务印书馆版本影印，1985，页349。

[34] 抖空竹在今天北京的街头巷尾不时还能看到。根据张次溪的考证，在光绪初年，抖空竹仍仅仅是小孩的玩具，大人偶有为之者，绝无以此谋生者。后来才有落魄之人为之。光绪末年，堂会中的各项玩意儿也将抖空竹列入其中。光绪初年，只有双头空竹，到民国，抖单头空竹的人日渐增多。空竹的制法是：“用小钹两块，周围镶以竹片，中空如鼓，即名曰鼓子。边有细纹，迎风作响，将两鼓安于轴之两端，轴系木质，中细，另用小绳，长约六七尺，两端系于两细竿上，两手各持其一，将绳绕于轴间，用力抖之，即呜呜作响……”参阅张次溪，《人民首都的天桥》，北京：修绠堂书店，1951，页128—129。

[35] 这些都是中幡演练的招式，花样繁多，一共有十多种，而且在移动时不准用手扶持。这些中幡的演练招式在京城仍有传人。现在，每年的妙峰山庙会还有这些表演。中幡来源甚古，根据《邺中记》，最晚在晋代就已经有之，张次溪有详细考证，参阅张次溪，《人民首都的天桥》，北京：修绠堂书店，1951，页133。而后文马贵宝的回忆则又提供了不同的信息。另外，根据笔者2005年元宵节的田野调查，在北京西郊门头沟区的千军台和庄户两村，数百年来，每逢元宵节，两村人都互串过古幡会。两村古幡会的幡的形制与城里的中幡相仿，但由于古幡会的幡上写的都是神名，古幡会主要是对神灵的祭祀。所以，尽管

两村的人们在仪式中也举着中幡前行，但对中幡的演练就少了花样。关于天桥中幡的现状，可参阅杨静，《非物质文化遗产的保护与传承：以北京天桥中幡的保护与传承为例》，北京师范大学硕士学位论文，2007；董梦，《玩意儿、生计、文化遗产：北京中幡的现代传承》，北京师范大学硕士学位论文，2012。

[36] 这些词都是王学智脱口唱出来的，笔者记录恐有漏误。

[37] 在八角鼓岔曲那里，《大过会》的正式称谓是《子弟过会》。陈月波的该首唱词载于《八角鼓讯》第 4 期（1998.9），页 8—11。过去，琴腔中的《大过会》词亦与《子弟过会》大同小异，这在《百本张钞本》中有着收录，可参阅李家瑞，《北平风俗类征》，上海：上海文艺出版社根据 1937 年商务印书馆版本影印，1985，页 455—456；张次溪，《人民首都的天桥》，北京：修绠堂书店，1951，页 72—75。

[38] 京城估衣多有诗词吟唱。蒋士铨的《忠雅堂诗集》（扬州重刻本）有诗云："古庙官街各成市，估客衣裳不在笥，包囊捆载重如山，列帐当衢衣满地。数人高立声嘘呵，唱衣价值如唱歌，相夸奇服极意态，千衣百裳身上过。手足将疲唇舌燥，欲卖还看衣带票，短长宽窄称其身，绨绣文章纵所好。衣新衣旧阅人多，人往人来取衣较，形骸土木原可怜，牛马襟裾或相笑。我闻东南蚕荒丝贵人又饥，机杼倚壁织女啼，眼前道殣尽裸葬，令我对此愁眉低。"另外有无名氏的《望江南词》，云："都门好，店上估衣忙，棚下雪萦银鼠袖，街头风暖紫貂裳，富贵帝王乡。"《同治都门纪略》亦有诗云："裙衫袍褂列成行，布帐高支夏月凉，急事临身多绕路，怕听争问买衣裳。"《燕市积弊》对天桥的估衣铺进行了更详细的描述："估衣铺每天打开包，总得把所有的估衣，吆喝一过儿，听啵，什么'买了吧，瞧瞧吧，买这个五吊八'。赶到未从吆喝价钱的时候，他必得翻过底襟瞧暗码儿，假如上面号着是十吊，还得打过算盘来，才能吆喝得出来，为什么瞧着码儿这样费劲呢？皆因他们都讲对折下几的，现今譬如明明写的是十吊，这家要是对折下五的规矩，那就是四吊五，也有对折往上加的，并且他们本行人暗坎的，都叫作'笔'，什么'老浑笔'咧，'柳字笔'咧，'桃字笔''番字笔'咧，直顶到'杓字笔'算完，就是由一到十的数儿。还是这行生意，天下通行，可是本京人照顾他的很少，净等那四乡八镇老乡亲来了，硬往里拉，别听他说言不二价，满钱包钱，其实净冤乡下脑瓜子。"以上均转引自李家瑞编，《北平风俗类征》，上海：上海文艺出版社根据 1937 年商务印书馆版本影印，1985，页

160—161。民国时期，天桥的估衣铺形式上稍微有些变化，但卖的方式依然如旧，参阅张次溪，《人民首都的天桥》，北京：修绠堂书店，1951，页215—216。

[39] 这些词都是老人吆唤随口唱出来的。

[40] 在半个多世纪前，北京城穿街走巷的小商贩的吆喝与现在主要是作为一种表演的吆喝有着很多的不同。清光绪年间闲园鞠农的《燕市货声》就是专门辑录京城小贩吆喝声的。其实早在明代史玄的《旧京遗事》中就有这样的句子："京城五月，辐辏佳蔬名果，随声唱卖，听唱一声而辨其何物品者、何人担市也。唱卖麸，旧有四句，比叫成诗，巡城者加之以杖。于今唯卖麸者一声，而他物重叠，其词不止一句，盖此以曼声为招，彼以感耳而引。岂市之变端亦随俗为迁徙耶？京城三月时桃花初出，满街唱卖，其声艳羡。数日花谢将阑，则曼声长哀，致情于不堪经久，燕、赵悲歌之习也。"到清末无名氏的《燕京杂记》亦云："京师荷担卖物者，每曼声婉转动人听闻，有发语数十字而不知其卖何物者。呼卖物者，高唱入云，旁观唤买，殊不听闻，唯以掌虚覆其耳无不闻者。"由此，作为北京城固有的生活，也作为古老京城的意象，吆喝声中的"声音北京"一直是20世纪以来文人记述"旧"京的事象之一。分别参阅闲园鞠农，《燕市货声》，台北：新兴书局，1988；［明］史玄，《旧京遗事》，［清］夏仁虎，《旧京琐记》，［清］阙名，《燕京杂记》，北京：北京古籍出版社，1986，页23、120；老舍，《四世同堂》，天津：百花文艺出版社，1979，页536—537；吕方邑，《北平的货声》，收入陶亢德编《北平一顾》，上海：宇宙风社，1939，页103—112；萧乾，《北京城杂忆》，北京：人民日报出版社，1987，页22—27；Hedda Merrison, *A Photographer in Old Peking,* New York: Oxford University Press, 1985, p.8；北岛，《城门开》，北京：生活·读书·新知三联书店，2010，页18—26、43—51。

[41] 小三是王学智的小儿子。

六、天桥这地方，真养穷人

——朱国良访谈录

访谈时间：1999年12月8—10日、14日；

2000年3月10日，10月1日、5日、14日

访谈地点：北京宣武区小腊竹巷

访 谈 者：岳永逸

访谈者记：

朱国良（1912—2006），男，汉族，老天桥艺人“朱氏三雄”之一，是我访谈到的最年长的老天桥艺人。当年，在天桥的撂地场子，他主要练拉硬弓、寸板过钉、气断钢丝等，是天桥有名的把式。朱国良父亲朱寿山曾拜广生镖局镖师“孟傻子”孟继永为师。幼年，朱国良拜张占奎为师学习武术，还曾拜刘景斋为师学习杂技和魔术。因撂地不挣钱，他曾帮人卖过西瓜，亦曾卖估衣。同期，他的二弟朱国全、三弟朱国勋由师爷孟继永带着一直在天桥撂地卖艺。卖估衣亏本后，朱国良又回到自家的撂地场子卖艺。朱国良的妻子宋淑霞是伞技艺人。解放初期，伴随天桥市场的调整，以朱氏三兄弟和于正明杂技队为主体，成立了自负盈亏的民间职业剧团——北京杂技团。晚年，朱国良从杂技团退休后，过着安稳祥和的日子，也是要弘扬天桥民俗文化的基层政府、文化经纪人、新闻

记者和研究者反复寻访的对象。

1999 年 12 月 8、9 日的两次访谈，都是在朱国良先生的儿子朱有成和儿媳王丽云的陪同下进行的。能找到朱国良先生，是由于天桥街道办事处首先将当时在福长街三条居委会工作的王丽云女士推荐给我的缘故。在这两天的访谈中，朱有成夫妇常常帮着老人回忆昔日的点点滴滴。王丽云女士热情爽朗，她对婆家过去的很多事情有着清晰的记忆。在我与老人的交谈中，她还及时地将老人没太听明白的问题，用她们更为熟识的语言重述给老人，也将我没有听明白的老人的话复述给我。有她在，我与老人的访谈顺利、轻松而愉快。而朱有成先生则相对少言，但因为他的在场，老人不时回想起许多可能他自己一人不会想起的话题。

2000 年的数次访谈都是独自前往进行的。已经得到老人认可的我，除了核对一些相关的信息之外，更多的都是与老人随意聊天。从这些随意的聊天之中，我也发现了不少新的线索和信息。2005 年，小腊竹巷已被拆除。是年 8 月 8 日，在王丽云女士及其儿子朱志刚的带领下，当我在赵公桥附近的石榴园老人新住所与老人对坐，并紧握他仍然有力的双手时，我感慨万千。较之五年前，老人的听力和视力都有了不同程度的下降。但出乎意料的是，就在提及天桥撂地卖艺时，如同我第一次与他见面一样，老人再次一气说出了他与儿子朱有成当年撂地圆黏子时的“对白”，并做了拉弓的动作。如今，老人已驾鹤西游，带着他的绝活儿、沧桑和关于天桥的记忆。

（一）从“没饭门”到“文艺工作者”

过去，在天桥说相声也好，耍杂技也好，连这个说书的，说句干吗的话，都是“没饭门”，就是饭没辙呀！拉家带口一家子，指着一个人到天桥，窝窝囊囊地挣几个钱，回家赶紧买面。一家子还等着呢！天桥就是这么个情况。

天桥这个地方的艺人呀，那确实苦。你像侯宝林现在叫大师，在

“云里飞”场子的时候，他敢想吗？这“云里飞”呀，唱完了，要钱，什么河南坠子唱了半天，有时围的人多，有时就没有什么人，拿着小钵儿要钱。艺人方面呀，都是这种情况，什么说书的呀，变戏法的呀，耍杂技的呀，都是。

谁想到，现在，解放以后，把艺人抬得最高了，“文艺工作者”！有时，我自个儿也想，你像我吧，没念过书，大文盲，那没钱念书呀！对不对？没有钱，奔吃都奔不上呢，还念书？就这种情况。一般的艺人都是大文盲，但一下子就成了文艺工作者！那阵儿，逛天桥的主儿都是劳动人民。什么拦街卖菜的，卖东西的，什么挑点劈柴呀，卖什么碗呀，卖什么腊菜呀，都是农民。艺人呢？就是这儿也练，那儿也练，都离得不远。

你要逛天桥呀？你到这儿瞧瞧，哎，练杂技的。不爱瞧杂技的，一扭身就是拉洋片的，什么“大金牙”，他那徒弟“小金牙”罗佩琳。大金牙死得多惨呀！大金牙抽白面儿，死在现在医院的那个地方，那时是城南游艺园，死在那个地方了。艺人中抽白面儿的不多，都拉家带口，连窝头都还弄不上呢！大金牙那时，就是染上白面儿了，结果死了。小金牙给他磕头了。小金牙没有染上，他不抽烟，也不喝酒。艺人方面，在那个阶段，都混过来了。有些方面，我得自个儿克服吧！说天桥艺人，你别听干吗的，艺人方面，没有有钱的，都是穷人，有钱的他不干这个。

在天桥，还有个问题呢，一过珠市口往南，这帮人都是穷人。有钱的到珠市口那儿，它不往南来了，往北了，大栅栏什么的，鲜鱼口什么的，它也没有艺人。天桥就刚才一句话，养穷人。不管怎么着，到这儿来，能挣钱、能吃饭、能养家。在旧社会，就是这种情况。

新社会呢？五〇年解放，那时天桥的艺人谁管呀？最后呢，文化部也没来人，文化局也没来人，那时指谁呢？就是天桥管理处，有一人，有我这么高的个儿，叫张玉奇，派出所的一个叫郭春林，组织了一个“天桥曲艺改进小组”，带着我们。那会儿，外五分局是李艳，女的，带着我们上吉祥演出，挣的钱下来大伙均分，不是说有大小份儿。有能耐没能耐，都均分。一人要挣几毛，五毛也好，三毛也好，都一样。这是刚解放那阵儿。你说，现在，享福尽他们了，受罪净我们了。就我们这岁数，受的苦多了。

最后，就下来任务了，找人，哪儿找去？你想，什么都有，耍、练、变、唱都有。有一班人就抗美援朝了。抗美援朝都是谁呀？小金牙呀，什么朱国勋，就是我那三弟，还有“大狗熊”孙宝才，都记不住了。这班人，都抗美援朝了。我们还剩下的人干吗呀？也不能全去抗美援朝呀？那会儿，还有“老区访问团”。我跟朱国全就参加老区访问团了。

老区访问团上哪儿？我今天还记着啦！到张家口。那会儿讲话的说：“咱们这回访问，是军事行动，犯了错误，就要按军法处理！”你想，谁干过这个呀？就听着吧。接下来，到哪儿呀？到下河园。从下河园就往山里头去了，什么池上、龙门、锁阳关、长安岭这一带。从这一带出去，就是延庆县。吃什么？县里头招待我们吃莜面条，盐水，就这个，就是招待我们。要不，我说嘛，这苦都让我们吃上了。那阵儿，有谁呀？有白云鹏的四弟，就我们这一班人。

后来回来后，不让回家，就在北京饭店后边的一王府开会，文化局那会儿在那儿。开完会，就上唐山，就那么扎下去了。那阵儿，有小金牙了，他们抗美援朝回来了。我就到唐山。到那儿去，招待我们吃什么呀？就是一头死驴。那时候，他们新华杂技团就成立起来了。这就是刚解放以后，我们得的这好处。

外五区分局局长，李艳，带我们上外边演出去，那人真是挺不错的。“哎呀，老朱呀！”最后见着都还这样。李艳，那女的！

（二）我们一家

我父亲叫朱寿山，汉族，活了五十六岁，1936年去世的。他一开始也是学艺的，后来就做小买卖了，反正就是为着这一家子吃饭。我爷爷我没见着。那阵儿，我听我妈说，我爷爷他们哥俩，因为这老太太，俩人抬杠。我那二爷脾气不好，我爷就说："你别管了，我背着妈走！"背着老太太就到北京，到北京，落到哪儿？落在九道湾里头。听我妈说，九道湾路北的庙里头有一个卖麻花、烧饼的摊子，就落在那儿。那阵儿，还没我呢！老家究竟在哪儿记不清了，只知道是在天津，那县里姓朱的多。反正我就听我妈说，说咱们家是怎么回事。

我爸学艺是拜孟继永为师。他与我师父孙占奎，师叔张连书、秦真祥是师兄弟。我父亲卖艺我没赶上看过，我就听我妈说。那阵儿，草市那儿有场子，父亲跟着师父一起卖艺。我听我妈说，他先是跟着我师爷他们撂地卖艺，后来因为那地方闹耗子瘟，撂地场子就迁到了草市。草市那时有三个武术场子：花枪刘、霸州李和孟傻子。孟傻子就是我师爷孟继永。因为撂地卖艺并不能挣够养家的钱，我父亲后来就主要以卖糖葫芦来维持一家人的生活。

孟继永是河北广生镖局的镖师。他们常往天津走镖。小时候，我常与他在一起。就好比现在我们这儿，我们爷儿俩常说话。他曾说："你们这什么胆啊？你瞧我那个时候跟着镖走，也不知走到什么地方，对面不见人，真是黑，没灯。镖车在头里走，我在后头。这镖车已经走过去了，我没吃饭，肚子又饿，找村也没有村。一瞧，老远有灯亮，我以为是村。"他说："我进去，上房，都是土房，人家有那篱笆圈着。这时，镖车已经走下去了。我又要追镖车吧，又想瞧瞧里面有什么吃的没有。于是，我借后房檐一扒就上去了。上去以后，不知那房子是老了怎么着，'扑哧'一下就把我给漏下去了。结果，里头是一死人。这个，有看着的人，也不知他干吗去了，走了，可把门也给扣上了，说不定一会儿就会回来。我就害怕了。这可怎么办呀？我也出不去！”我说：“你怎么想主意的？”他说：“我呀，就一拳头把鼻子打破了，把鼻血抹了一脸。最后，这个人回来了，他一开门，我就撞出去了。”他颠儿了，好家伙。那会儿，他还告诉我“镖不喊沧州”，沧县那地方武术多。[1]

还记得他撂地开场时，常结合手上的动作，扯开嗓子喊镖趟子：“合合……合合……”等人围上了后，师爷就说：“我是镖行的人，在前清时保过镖。如今有了火车、轮船、邮电局，我们镖行的买卖没有了，镖行的人，不是立场子教徒弟，便是给有钱的富户看家护院，我是拉场子卖艺。我拿的这东西叫甩头一子……”

镖局这里头的玩意儿，都是外面交朋友，是以武会友。孟继永他终生未娶，一直长住我家，我管他叫祖师爷。他大约是四五年死的，七十多岁死的。那时候，他还老喊：“百岁呢？”[2]当时，是我妈找他们家一叔儿什么的，把灵柩给拉回他们家里去后，找人埋的。师爷教过我武术。那时，我也不常玩活儿，教我一套单拳，我也全都忘了。

我妈叫高永贞，汉族，她是六五年十月底死的。转过年来，就是“文化大革命”，就差几个月吧，她活了七十七岁。[3]我妈娘家在永定门外，北京郊区的人，具体是哪儿的也记不清了。我妈也是穷苦人出身，她婚前婚后都没练过功夫，就是一个一般的家庭妇女。但我妈她特别能干，父亲去得早，她想方设法，辛辛苦苦地把我们兄弟姊妹拉扯成人。

我们兄弟姊妹共五个。我有一个姐姐，然后是兄弟仨，我、朱国全、朱国勋，最末一个是妹妹朱秀清。我姐姐和妹妹都没练过武，反正这家就靠我们兄弟仨。我们兄弟仨都跟师爷练过，后来，哪个师叔来了，看着了，也会跟我们说说，给你点拨点拨，教你一手。要不三儿怎么武术好呢？他个儿小，又灵气。[4]

妹妹在解放初去了台湾，一去就不知道死活，没有一点音讯，也不敢向人提起。所以，“文革”时，没有因为这个原因挨批斗。姐姐和妹妹都没练过武，现在，我们兄妹就只有我和我妹妹朱秀清在了。[5]

（三）拜师学艺

我 1912 年生，民国元年生人。小时候，右五区里头有一小学，才念了一天书，我就不念了，感觉不好玩儿。我是大文盲，吭哧都吭不上，那时都穷呀！我这儿子，也是因为交不起老师要的五块钱没有读成书。那时的艺人基本上都没念过书。来天桥的也大多是劳动人民。

我拜的师父，有一个叫孙占奎，山东人。拜他的时候，我才八岁多，不到九岁，那是中华民国八九年，反正就这两年。孙占奎不是卖艺的，是北京师范大学的教员，教武术的。日本时代，他就走了，他不教了。那时干吗，他一月挣二百块呢！我们那阵儿拜师，要请些个老艺人在哪儿摆一桌，一吃，“磕头顶大帖”给师父。“磕头顶大帖”也就是一说，也不是头顶大帖，主要是请老艺人，使他们都知道这回事。我那会儿拜师也没有写过帖子，也不给神磕头。你像以前保镖护院，拜师父要拜岳飞呀，关公呀。到我这一代就没有这些了，就只是一说了。给师父磕个头，就完了。与唱戏的不同，我们一般都是家传的多，带艺投师。

拜孙占奎的时候，就是磕头认个老师，在家里头弄点儿吃的就完了。就是我喜欢你，不错，我收你作徒弟。那时，还没上天桥撂地呢！撂地要有点儿技术。给我介绍他的时候，是张连书介绍的。跟他学，就是什么压压腿呀，什么踢踢腿呀，就是活动活动。实际上，师叔他们也会经常指点一二。出师后，过节时，师父生日的时候，也会买点儿东西去瞧瞧师父，送点儿礼。

杂技方面，我找的一个老师是刘景斋。那时，他还在游艺园[6]，游艺园的票是两毛钱一位，他在里头变魔术，他最会练蹬人。后来，他带着一帮人往南去了，没在游艺园了。带着这帮人，连要带练，那会儿，我还小，他们走了。刘景斋的儿子刘艳鸣后来也在北京杂技团。解放后，刘艳鸣他们成立了新华杂技团。拜刘景斋的时候，有白桂林参加了，我们请的人在两义轩吃的饭。具体在哪年就忘了。

我们练功的时候，挨打倒是没挨过，反正是连损带挖苦，不容易。（王丽云女士插话："现在也有打的。"）我那时老觉得我棒呀："你瞧，这有多棒呀！"那阵儿，我们还在何家大院那儿住着。一次，占奎叔来了，说："你过来！我告诉你！你伸手。"这下好，我还没伸手呢，"啪"地一下，嘿，不知怎么一闪，"咣"把我给推到了北门口那儿，大仰脚地躺在那儿。要不我说，这练武的，好家伙。是呀，他快，真快！我爸他疼我们，穷疼！也没少跟我们着急。

我们练功的时候，早上起得早。也没准儿，那阵练功不是有规定，一般的情况，也就是黑咕隆咚的就上育才头儿，那里有一大坑，在大坑里头练功。就是应了那句话了，懂不懂？"师父领进门，修行在个人。"这真应那句话了。那时，在陶然亭那儿，往南，那还有永定门城墙呢，拣那马道儿上去练去。还黑着啦！那阵儿练功，想什么时候自个儿练，就练。练功的时候，时间地点都很隐蔽，不让别人看见，就是保守。师父教的时候，是在家里。外人谁都不许看。你要说练点儿功，不相干的人，人家且不教你呢！早上，到街上有人的时候就不练了。回家后，再在院子里压压腿呀，踢踢腿呀，练练拳呀。那阵儿，院里有空地，不像现在盖的这个，乱七八糟。下午，就上地上练去了，上场子练了，那就是给人家练，让人家瞧了。晚上，有时候也练。是这样的，人家睡觉，或者两点钟起来，活动活动，也许天不亮，活动活动，都是自个儿抓工夫练练。过去，练功夫的人相互之间也不交流，都比较保守。后来，一组织到团里头去了之后，那就教学生了。

卖艺的人学艺是特别辛苦，没有不掉泪的。我那闺女朱丽英小时候一边练着一边掉眼泪。她们练功那些相片，我这儿都有。都是他们小时候练功的时候拍的。朱丽英练功的照片是文化局的人找来拍的，他们卖呀！两毛钱一份儿，也没人给我们钱呀！不像现在，什么都先说钱！那阵儿，也不懂得要钱！你像现在，你干吗？你上我这儿来访问，也得给钱呀！

以前，有的人来访问，把我的书和相片都拿走了，也没还给我。要不我说嘛，不是她（王丽云）带你来，不是儿媳妇带你来，我才不说，我什么也不知道，我什么也不会说！这人呀，你看这些名片，我都留着……

我们三兄弟中，我三弟的武功最好，他个儿小又灵气。在电影《红旗谱》中，三弟扮演了朱老忠。三弟与“侯二爷”侯老二都是武术好。他与我三弟打对子，什么三节棍对枪呀、大刀群枪呀都能对活。所以，那时的“少林会”中老有他们，一有“少林会”就要把他与侯二爷请出来。那时，做鞋就是我们家的[7]给三弟做踩鞋，都是自个儿做。那时，“少林会”就是到城隍庙那儿。一有庙会，都会请他们去。你像他练的单活有单刀、拳、花枪、双钩、宝剑、手叉子，反正是单活儿，三弟都拿得起来。

有一次，他和苏雪林两人在地上练的时候，大刀群枪，他拿着枪，苏雪林拿刀。苏雪林是我师叔呀，他也给老头儿[8]磕头了。他一个撇刀，低头，调过身来，他又一回马刀过来。三弟正抬头，苏雪林的刀正好过来，等于刀就撞在三弟脑袋上了，三弟脑袋上就留了一疤。哎哟，当时吓坏了。这对活，不注意就碰上了，尤其都是真刀真枪。可惜三弟在“文革”时给折腾死了，真可惜他那一身武功。唉，怪可惜的，都拿得起来。他还练小蹦床、椅子顶。他那阵儿在地上练武术。你像我跟国全，我们俩这气功，那时是在上头表演这个。

我没收过徒弟，二弟、三弟也没有。徒弟这不好收。徒弟不会两下子还好，会点儿，就撅尾巴了。有这样一句话："教会了徒弟，饿死了师父。"这一点都不假。他要承认你，这是我师父，还好，还没给你捅娄子。他不承认，你跟着他去呀！"谁是你师父呀？""没告诉你，我爸爸是我师父！"那成吗？他爸爸会说："我他妈哪儿会呀？"要不说，这教徒弟怎么教？教徒弟，没法教，真没法教。你不教他，他出去给你现眼。"你瞧，这是谁谁谁的徒弟！"你教他，得了，他不给你捅娄子还好。就这，不教徒弟省心。可不是说保守，并不是说保守。没受这徒弟的害呀，你也不知道。你像我们哥儿仨，那纯粹没有给师父撒脸。

（四）地上不挣钱，卖估衣去

有一段日子，地上不挣钱，干吗去？就帮人卖西瓜去了，帮着招呼人，挣点儿钱。我那阵儿是家里困难，地上也挣不了多少钱。我那时就是帮着家里，我妈老逼着让我在外边干点别的，不干这个。知道吧？在家里，我是头大的。要不我说我什么都干过，卖估衣我也干过，那已经是结婚之后的事了。

我学卖估衣的师父叫陈玉德，人还不错。他会摔跤，好练。他卖估衣没有门脸儿，就一摊子。我跟他的时候，就是给他看着摊子，他自己到红庙撂跤去。他早上起来，将衣服分好，让我给看着，按他分好的卖。

在旧社会，卖估衣就说一块钱一件吧，那阵儿就一天给我四毛钱，天天去，帮着他卖。后来，让我在那儿吃饭，就不给钱了。最后他瞧我挺能干的，四毛钱给了我几个月，说："你就跟我学得了。"我妈也同意了。学艺也不是非得要三年零一节，我学卖估衣就没说什么拜师、出师的。

那阵儿，我一人卖估衣，二弟、三弟他们两人就在地上了，我师爷带着他俩。最后呢？我自个儿卖估衣倒是能干了，也火了，师父也不教我了，就自个儿摆摊单干，但我又不识字，这钱也全让别人给搂了。没干多少日子，全干赔了。最后，我的师娘，我也没把她叫师娘，就管她叫三婶，三婶对我不是很好。她跟师父一嘀咕，也就不用我了。

本身，学卖估衣就是想赚点儿钱养家，可是不但没赚到钱，反而搞了一个大窟窿。于是，不再摆摊卖估衣，又回到家中的场子撂地，还是上地。这是这么一个阶段，一个小过程。卖估衣没什么行话，艺人这方面有点儿行话。练武术叫什么“挂子”。

（五）抄肥——艺人最团结

一开始，我们哥儿仨一块撂地，大家也在一块儿过。因为我是头大的，挣钱都归我管，也没挣多少钱。哥儿仨中，三儿倒是没说什么，这二弟就不太舒服了。那阵儿，我不娶媳妇了吗？我这苦，是真苦，钱倒是交给我了，可连一个大子儿的白薯我都舍不得买，这都是为了家里头。他还不舒服，只有分，得了。实际上也没分，分什么呀？就是你干你的，我干我的，还在一块儿撂地，挣的钱连我妈平分四股，一人一股。一人一般一天就一块多钱、两块钱，基本够一家人吃。

卖艺时，一般上午 9 点左右就摆上地了，就是把板凳什么的都摆好了。下午一般在四五点或者天黑的时候收。我们的场子还有“抄肥”的，也就是“捡板凳腿儿”的。咱们干完了，就是他们“抄晚的”，让他们没饭辙的用场子撂地，我们挣完钱了，你们就干去吧。关学曾最后也在咱们那地上，也就是“沾光”吧。咱们做完买卖以后，他就“捡板凳腿儿”，那都多少年了。关学曾是一早，“抄早儿”。抄早儿就是咱们这儿还没干，你先干一阵儿。韩傻子、小金牙、李继有是“抄晚儿”。李继有常说《扛小活》《张广泰回家》《顺爷赶驴车》。另外，

“抄肥”的还有说数来宝的“曹麻子”，他是高凤山的师父。高凤山说数来宝是从珠市口往南到天桥，挨着铺脸要钱。凤山也死了。他也生气，常说：“受罪我们他妈都赶上了！”“大兵黄”也在咱们地上抄过肥。

我们那阵儿的情况还要稍微好些。像我们这种有自己地的艺人要比没地、借地的艺人好点。但总的来说，大家的差别都不大，没有谁很富。全家福、飞飞飞、云里飞、“小老黑”金业勤他们的生活要好点，因为他们的场子挣的钱要稍微多些，没有太高的，谁的生活也强不了。打仗的时候，飞机来了，谁都没法演了，全完。要好点就是在茶馆里、园子里，他多少能挣点儿，但也挣不了多少。他们好就好在刮风下雨天也能演，多少有点收入，也能挣钱。那阵儿，只要下三天雨，就都没辙了。有能耐也没辙，没法撂地。天好，挣钱，天不好，没法弄。

不论是谁，谁离开了这地儿就活不了。街北跟街南的弄不到一块儿去，别人不会用你，你能去吗？咱也不去。你像“赶包儿”的，他在天桥赶完了，在北边有活儿，那就能去，长期能去。咱们能去吗？它不叫你去，咱也不去，就在地上干。一天挣的能把明儿个盯住就成。

说相声的、耍杂技的、说书的都是没饭门，是没饭吃的。拉家带口一家子只有一人到天桥挣钱。挣钱之后，赶快回家，一家人还等着呢！天桥的艺人那时确实苦，唱完了就拿着一小钵要钱。

天桥公平市场那块地是陈光远的亲戚的地，在天桥那儿弄一管理处，到时候打钱，天天打钱。一般，一天给交一毛钱。你像交一毛钱吧，咱们得交。天天你在这儿，都得交他一毛钱。像“抄肥”的这个，抄早、抄晚的，要交的钱就我们自己给交了，你也不能让他们交呀！

你像“山东徐”那会儿，不会挣钱，咱们不帮帮他，成吗？挣钱归他。这么说吧，我们干完买卖了，再打一买卖，你那儿干，让你干。干完了，你跟他要了钱了吗？你也没要钱，都给他。要不，我说这人不好，他哪怕是拿五分钱买个烧饼给你（对着朱有成说）呢？都没有。要不怎么说这人心眼儿不好呢！“文化大革命”的时候，他还贴了张大字报，说我们剥削他，还说我们拿他什么东西了。咱们得实事求是，对不对？你在我们这儿挣钱，挣的钱都归你了，剥削你什么了？剥削你摆地了？哦，你摆完地后挣的钱归你，我还剥削你！哪怕你挣十块，给我五毛，我也算剥削你，一毛都不给，你占着我的场子，我每天还要交地钱呢！关学曾还在呢，你问问他，咱们一个都不要，他给我妈钱的时候，我妈说：“嘿，小子，你还没挣多少呢，你拿着走吧！没事儿！”我们都不收他们的。

“山东徐”是徐元伦，他是满先生满宝珍给介绍来的。在北京，那时他没辙，就让他在我们场子撂地。他比赛武术，满宝珍比赛掼跤，摔跤。他们是这样认识的。有时候，我就跟满先生说，这种人，别有坏心眼儿，有坏心眼儿，阎王爷就收你早一点。这有些个事，在天桥的艺人，像我这个，再找还真没了，都死了，有死在外头的，有死在这儿的。宝爷（宝三）那阵儿撂跤的场子，有沈三、宝三，最后，沈三上开封了。不说同行是冤家吗？反正宝爷就是老实，挺善良。我到天桥公平市场最早。可是，现在就留我一个人了。

咱们艺人呀，最团结，最讲义气。为什么说最团结？你好比说，艺人你这儿也做买卖，他那儿也做买卖。你这儿一弄买卖，他那儿弄不上人儿，你这儿就得歇着，让他先挣俩钱，他那儿挣完钱，都叫上座了，你这儿再干。就是变着法子帮一把，帮你挣上钱，你回家也能吃饭，它是这么来着。穷人跟穷人呀，真团结，跟有钱的人联系不上。

反正，艺人呀，没有说念书的。那时，孩子差不多都上不起学。他（朱有成）上学时，老师要一人五块，盖间房子。哪儿拿钱呀？只好不念。没有说天桥艺人有高中、中学的。就没有，反正我们这帮人都没有认字的，都是这种，就大文盲多，那没有办法。逛天桥的也都是没钱的。一打解放，就文艺工作者，我老纳闷：都大文盲，还文艺工作者？就站在这文艺工作者的地位上了，纯粹是为劳动人民服务，有钱也得瞧，没钱也看。说有钱给你扔一子儿两子儿，没钱的就站在那儿，瞧你的玩意儿。这不像非得拿钱干吗！逛天桥没有有钱的，要不我不给你说，艺人要不团结，这儿就拉洋片，那儿就是耍武术，那儿就是变戏法的，都挨着，离得不远。你那儿有人了，我这边就少干会儿了。

那阵儿，天桥有专门"摆地的"。民国十二三年，十六七年，李留英他们就摆地，他摆的地主要在三角市场。他摆那几个场子有谁？"曹麻子"，说数来宝的；二一个就是"二歪子"，唱小评戏的；第三个就是"贺瘸子"；第四个就是沈三的这块场子。那时，马戏一来就搭在北边那儿，就那个楼这边。那阵儿，这几个场子是这一班。那时，咱们的场子还在何家大院口外头。那儿还有马连登、蔡福清、孙来文、田玉福、小彭。小彭老唱《玉宝存粮》《卖油郎独占花魁》。这些都在这边，要不我给你说，天桥这场子——杂吧地。打几岁，到现在，我没动过窝。解放前我就一直在天桥卖艺，没去过其他地方。去外地，都是解放后演出了。这不容易，真不容易。要回忆起来，我活到现在，真不容易，真得阿弥陀佛！

（六）圆黏儿：慢慢逗吧！

在天桥撂地卖艺都要会"圆黏儿"。"圆黏儿"就是撂地开场时会招呼人，反正都是逗大伙儿乐，慢慢地逗吧！人少时或者还没有人时说点笑话，用来招人。（朱有成插话道："有时也练几招，如踢踢腿、弯弯腰之类的，人慢慢地也就多了。"）那阵儿，我们爷儿俩在天桥撂地的时候，那时他才六七岁，"卖口"多是现编的，不太一样，你像：

“来了，伙计！”

“来了。”

“干什么来的？”

“练把式来了。”

“会练吗？”

“会练。”

“会练几套呀？”

“我会练三套。”

“你三套都会什么？头一套会什么？”

“头一套会吃。”

“嘿，他怎么会吃呀？你怎么会吃呀？”

“那当然得吃。不吃饱了，能练吗？”

“对，二一套你会什么？”

“会拉。吃完就拉！”

“三一套会什么？”

“会尿炕！”

这时，我一捶他，他就跑。这样，大伙儿一乐。逗着逗着，人也就渐渐地多了。请人的时候，说这些话的时候，用我们的行话说，也就是“抖包袱”，逗乐儿，要不然，就没有人，也就挣不了钱。钻圈的杨振林刚来天桥卖艺的时候，不会圆黏儿，我就帮他圆黏儿。

再比如说，招呼人时，我们两人一照面的时候，就说：“来啦？”“来了！”“干什么来了？”“练把式来了！”这就开始了。“把式把式，全凭架势，没有架势，称不起把式；把式人前短少，如同拜海栽花。想当年拜过老师，才敢当场玩耍。枪有枪法，棍有棍论。枪扎一点，棍打一片。远了长拳，近了短打。挨膀抵靠，死中求活，打躺下。”

他就搭茬了，“怎么又爬起来了？”“爬起来了是好把式，赖把式就爬不起来了！”这不也是一逗乐儿？

有时，不但要说，还要有动作，练点儿基本功呀！请人当中，要是没有一般的节目，他就待不住。就得使这基本功，踢这儿趟腿，你像迎门腿、顺腿、板凳腿，倒打紫金冠，往后打。有时则是边说边练，如：“练什么呀？”“卸膀。”“怎么卸膀呀？”拿着一钩，迈过腿去，绷过来又拧过来，膀子就卸下来了。他（朱有成）再一“卖相”，他小时候也会卖相，也没人教他，观众看着这孩子可怜，我就说：“有钱你帮个钱场，买个烧饼吃，这孩子饿了！”或者：“有钱你帮个钱场，没钱你帮个人场。”它是这样。

有时候，他跪在那儿。一把刀从腰间穿过去，头上有一口刀顶着这脑门。他一松劲儿，这腰间刀就压上了，脑袋也戳在刀尖上。他跪着这两腿，我还得上去，这脚踩着他那俩地方，一只脚蹬他胸口那儿，杵着两棍。反正，小孩他撑不住呀，这劲儿都在棍上。唉！瞧着他可怜，观众就撂钱。

（七）绝活

我那阵儿主要练拉弓，拉硬弓，跟这个“寸板过钉”。三块板子这么厚，拿手攥着钉子，砸过去，砸过去以后，拿牙把它给提溜出来。从一块到两块，再到三块。还有，我也练“气断钢丝”。三根钢丝绕在身上，缠上。我这一较劲，使肌肉把它给绷断。国全练就是练“胸前挂印”“双风大贯耳”“钉板开石”。这是国全，国勋呢？国勋练的是“钢棍排肋”。钢棍就是使用的火筷子似的，通火的一样，拿这个额头把棍撞弯了，就完了。再一个，他武术好，拳、刀、剑、枪，单刀、双刀、双钩，一般的家伙他都拿得起来。他们俩再打对子，“空手夺刀”

2005年，九十五岁高龄的朱国良老人与当年伴他为生的硬弓

呀，“三节棍群枪”“大刀群枪”“大刀三节棍”等。这样，一个场子下来，也就有十多个节目。卖艺的时候，也是累，但是练上的时候，就把这累给忘了。

解放后，考出国的时候，是在文化部那里演，我练的就是“气断钢丝”和“寸板过钉”，国全练的是“胸前挂印”“双风大贯耳”“钉板开石”。结果我和国全都没考上，朱有成被选中了，成了中华杂技团最小的团员，那年他刚刚十二岁。也就是那一年，有成去了苏联演出。现在他们这一批人，他都这岁数了，已经死了不少了，活着的都是他们这几个小孩。三弟朱国勋后来当上了北京杂技团的团长。[9]

（八）天天来的观众

撂地时，天天演这节目，还天天有人看！今儿瞧了，明儿还来瞧，就这样！后天还来瞧，还瞧不够。要不，他有的人说，逛天桥，我逛了一个礼拜，我没逛全。甭说，一礼拜，你就是逛俩礼拜，你也逛不全。一个场子一待，你让他走他也不走了。他怎么？他就瞧你这两下，就等着你。要不，什么叫“绝活”？反正得要完钱，才得练这两下。就这样，连招人带舞的，一场要两个多钟头。一天也就是演两场。

观众中，有那种场场都来看的老观众、老顾客，但不多，也就四五个、七八个。到时候，老来，就瞧你那两下。每次来，都往那儿一坐，有时候给钱，有时候也不给，有时候一扔就一大把铜子儿。那阵儿，一毛钱换四十六个子儿，一块钱就换四百六十个子儿。抓一把，“哗”！反正，这些人三天两头都会来。也有个别人天天都会在你那儿站会儿，瞧完了就走，挺文明的，他喜欢你这个。

没有什么富的人来，都是一般的，真正坐包月车、穿大衣的观众没有，都上落子馆了，都听大鼓去了。到撂地场子来看的观众，比落子馆的观众贫穷多了。落子馆是唱大鼓的，也有唱河南坠子的，评戏是在戏园子。说评书和说相声的都在什样杂耍里头。馆里的，好家伙，都是坐包月车去。落子馆中也点唱，点一下也不是白点。落子馆中的艺人挣的比我们多些。人家唱完就坐车回家了，我们呢？我们练完了，把摊子一夹，上家了，是两码事。

天桥艺人的绰号都是群众起的。你瞧，这一家子嘿，带着自个儿的闺女、媳妇撂地，“全家福”嘿，就给起上了。对这些绰号，艺人不喜欢也没办法。你就说我吧，别人一瞧，“大麻子”嘿，没有人叫我朱国良的，朱国全叫“二麻子”呗。群众他可不知你叫什么，“大麻子”“二麻子”就这样来了。听见这些绰号，不难受，难受什么？还觉得自己光荣呢！

（九）卖艺受气

在天桥卖艺，艺人不能得罪“四霸天”他们，得罪了他们简直就没法弄。我没拜过“四霸天”。嘿嘿，这个练武的他们也不敢惹。但在天桥这儿，确实艺人受罪。要不，你听侯宝林说，天桥不好待，你惹不起呀！你正要钱啦，或者还没到要钱的时候，他逮着扒手了，你能不让他逮吗？那哪儿是逮扒手呀？他带着扒手走了，人也颠儿了，你就白练了。

那阵儿是日本时候，正干着买卖呢，我跟国全两人，练“胸前挂印”。国全就抱着刀，我拿着三节棍打，就打刀。正打着打着，你猜怎么着？韩国人，是高丽棒子，喝醉了，一帮流氓喝得醉蒙隆咚地就奔这场子里头。他一迈腿，进这场子里头。我这纳闷，怎么回事呀？他说：“你别打，给我，我打！”他那意思就是让我把三节棍给他。我不能给他呀，你知道他往哪儿打？正日本的时候，谁惹得起他们？我就不敢让他打。最后，国全性子就拗，说：“让他打！”这样，我就把三节棍给他了。他拿着三节棍，“夸”一下他就把三节棍打折了。三节棍头里不是有铁环吗？铁环也破了，铁环掉地上了。最后，他瞧也打不动，就一下，棍也折了，他也不说什么，就颠儿了。他颠儿了，我这一场子人没了，全追他去了！那阵儿的天桥艺人，受气！

在那儿摆这个场子，有一阶段，这四外都是伤兵，都在东坛[10]里住，东坛有个医院，净是伤兵。他们也不知有病没病，架着拐，在你的场子周围都围满了，压呀压呀，知道吧？要什么的都有。这一压，一挤，你也干不上买卖了。那一阶段更难受。在天桥这地方，你哪点维持不到，你都没法吃饭，你指着这个，你怎么办？事实上，艺人就比要饭的强点儿。天桥的艺人确实是受罪了。现在，享福多了。你像那一阶段，就是伤兵围着你的场子，你也不敢拦他，他搬一桌子，也不知从哪儿搬来的，他搁那儿，押钱。有时，抢起这钱就跑，一跑，人全颠儿了。

冬天，多冷呀！人家穿着皮衣裳、大棉袄，戴着帽子，我们还得脱光膀子。你不脱光膀子，穿着棉袄能练吗？脱光膀子，冻得身上都起白霜儿。你不练，你吃什么？看的人，他也冻得难受。他爱瞧，他不走！你的那个东西，你得把他给拿住了。你要没这个拿住他的东西，你请他在你这儿站着，他也不站着。你瞧我练的那个样子，自己也就忘了冷了。你要没有这种功夫，你就围不上人，因为他冻呀，他冷呀！天桥的艺人，你听侯宝林说，确实是这样。他在这儿练，家里还有一大堆人等着吃饭呢！他不知道冷呀？他也知道冷！你底下不能穿棉裤吧？穿一单裤，上身是光着的。艺人那时，哪股香你烧不到都不成，也受气。

在天桥，没少受气，就为吃饭。为了吃饭呀，你有点本事，你能够吃饱了？对不住，你就吃不饱！那时候，我们一家子，吃“共和面”，一家子吃一老窝窝，没得吃呀！你买“共和面”你买不着。[11]人家有钱的呢？家里洋面洋米堆着。你怎么办？这个，要不艺人都算上，你别听挺牛气的，哪个艺人都他妈受罪过来的。刚才，我给你说的这个，不信你了解一下，伤兵围着你的场子，没法吃饭，他管你吃饭不吃饭？！人家都过年过节的，你这儿得去赶紧练。什么叫年呀？一冬天，当的也好，借的钱也好，你指着过年正月挣钱，补这窟窿。艺人谁不这样？实际方面，谁都这样！

冬天，你倒想干，没人！人家不在那儿站着，你怎么着？再说，又闹天，下雪，下雨。刚一下雨，就得赶紧垫，找炉灰，上饭馆，找炉灰回来垫，好使得足底下不湿呀！干一买卖后，回家了。不是你一家这样，都这样。没有说哪一家里面存些洋面，存些米。你说这些老艺人，凤山、大狗熊都死了，他们都这样。真的挣钱你不说呀？不论你打多少钱，都得给地钱。那阵儿，没有谁有自个儿的房子，都是赁房住，你还得付房钱吧？你瞧瞧，这阵儿，侯宝林是大师。那阵儿，不也一样，撂地卖艺。没了解这根儿，了解了这根儿，就知道天桥艺人确实是够苦的。

（十）要是跟拉洋车一样，那就更惨了

卖艺最高兴的时候是正月。正月初一、初二、初三、初四都放假，最高兴了，人又多，最能挣钱。最难过的时候是冬仨月。这冬仨月能混过去就不容易。最喜欢的就是挣了钱了，家里有吃有喝，这最喜欢了。

除了练功卖艺，也想不出别的什么来。想别的，比这还苦。这人就是这样，你说是不是？想别的，想什么？就我们这还没辙呢！干吗去？也去拉洋车，把脸蒙上？要把脸蒙上，那是怕寒碜呢！别让人瞧见呀！那时，我还小。也就是说，拉洋车比艺人还苦。你想那阵儿，拉洋车也是受气。卖艺反正比它强点儿，卖艺要是跟拉洋车一样，那就更惨了。卖艺的就冬仨月最难混，等冬仨月过去了，就好日子了，暖和了，就能够挣钱了。

撂地的人，就一句话，都指着这吃饭。这个，稍好点的人，都不撂地。为什么说撂地的下九流呀？见不着高人，就比要饭的强点儿。你看脱光膀子，露脊梁："爷，你给一份，谢谢你！"你说，这不跟要饭的一样吗？你要是瞧过《红旗谱》那个电影，演朱老忠的那是我的三兄弟，练完了："谢谢你，爷，谢谢你！"那就跟天桥一样，天桥就那样。

天桥唱戏的吧，这儿一批，那儿一批，能挣几个钱呀！马连良他那个包银一下来，就不少。撂地下来，你能挣多少？你多不了！顶多，你今儿个下来挣的多点儿，明儿能有半顿，甭着急。艺人方面就这个，跟戏班不一样。要不，我跟你说这个，你要提起这老艺人，反正，酸、辣、苦、甜、咸都尝受过。

为什么说天桥下九流呀？就是一般的高尚人物，不上天桥来。这一过珠市口，这边就了不得了，就穷得不得了啦！这珠市口往北，就都是高尚的。下九流不光荣，那阵儿都说是“臭要饭的”。“一眼瞧高，一眼瞧低。”瞧高呢？是说某某的少爷，瞧低是说臭要饭的。人不往深处想，都为了混饭吃，都为了活着。

（十一）天桥练把式的基本都卖药

一开始那阵儿，我们就是练，练最后，生活方面不够了，就卖药了。卖药是怎么想出来的呢？那阵儿，卖药就是跟药铺当伙计了。买两盒蓝清砂，这两笸箩丸药，一百子儿。回来呢？先是两丸子装一盒，后来改三丸子装一盒。是这么样。那个药就是药铺的药渣子，那种药。反正，吃了就是开胃，能多吃饭。生活不够呀，怎么办？卖的人他棒，吃了身体棒。那阵儿，拿我们说吧，好比一排亲朋，你看这多棒呀？你说有钱的，家里有六个姨奶奶，出门坐汽车，他算造化吗？他不算造化，走路就像半身不遂似的。这样给他比画出来，这大伙儿也是一乐。什么是棒呀？身体就是棒，身体就是劳动人民的本钱。那阵儿的人也希望自己棒。一瞧你挺棒，豁出去了。

最后那阵儿，挣不了多少钱了，就卖药了。你算，我们三人的生活，我们三人都有家呀，加我母亲的生活，那时我父亲没了，还有我们那个大姑奶奶都在一块儿。你看，这一家子多少人呀？这地上说，练完了要钱，那确实是挣不了多少钱。拿那个药就是生活。

天桥练把式的基本都卖药。宝三也卖，张宝忠也卖药，马元凯也卖药。马元凯主要是练软功。那阵儿的药都是这药。马元凯的场子在西边，在先农市场，在友谊医院那儿。那阵儿，在生活方面就是想办法活着。艺人两三人还成，三四人也成，都拉家带口，它就不够了。问题就这个，不够怎么办呢？就得卖药，维持生活。

（十二）结婚，你说怎么结呀

我结婚的那阵儿，我老伴宋淑霞十七，我才二十一，那是 1933 年。她是北京人，是耍杂技，练雨伞的。唉，她也没少受罪。她练的时候，也是不好练。要得说人呀，就得坚强！（对着朱有成说）你看你妈就坚强。那会儿，我给拿着这伞，她夹着伞，下大雪到天坛中，拿着笤帚，把雪扫开了，自个就跑那儿练去了。要不，我给你说，那阵儿是这样在练，多冷得练，多热也得练。她也没有师父，结婚之后就我教她。她们家不干这个。朱丽英最后为什么练蹬伞呢？她妈的这个伞坏了之后，她就拿着这个伞瞎练，最后才给定做伞。

我的岳父在鲜鱼口华乐里头看园子，卖座，就是一个职工。我们结婚是二姑奶奶介绍的。那阵儿，给我介绍他妈的时候，我就不喜欢结婚。我说："别给我介绍那个，我就不结，结婚我就走。"我妈就骂我："你走，你王八蛋别在家了，你小王八蛋滚蛋，走！"最后，是我妈强迫着、压迫着我结婚。唉，旧社会。我们两家都是苦的。你看，她爸卖座，我们家就给他等门，带点什么开花豆呀，带点零吃给他。跟我结婚，他妈也受罪，没享着福，真的！

她练成的时候，就组织起来了。解放后，我跟国全就练气功了，国勋也是武术带气功。1952 年，我自己一家，包括我妻子和儿子、女儿参加了当时的群众杂技团。宋文福也参加了，这个团一共有三十余人。杨振林跟他儿子都跟我在一块儿。杨振林主要是钻圈儿，钻刀圈、火圈，钻席筒。这人也早没了。那阵儿，我们圈着棚，都在一块儿。群众杂技团是新华杂技团分出来的分团，那时，我跟刘宗会当团长呢，也没少受罪，挣不了多少钱。我们先是在保定练，没多少日子，就奔太原了，在榆次、阳泉都待过。在太原那儿，待的时间就长。太原那儿演完了之后，就到太谷，过了一个时期，就往西南了，什么洪洞等，在那儿待了一两个月，就拉到运城去了。在运城的业务还不错。有的演员不想走了，就拉回来了。

二弟朱国全的妻子叫白秋萍，是大夫，她有文化，是回民。他们俩结婚呀，好比没有结过婚，因为我母亲不同意。好比说，人家有钱，咱们家穷，早晚也弄不到一块儿。你们（对着朱有成夫妇说）二婶呢？非爱上他了。那怎么办呀？后来也成了，没举行婚礼。这不是强迫的。他们结婚的时候，还在何家胡同，那早了。

我三弟结婚时，是我三弟妹陈玉英的二姐同意。这个呢？三弟妹的二姐非得让她妹妹跟三儿。三弟妹就是她二姐带着，父母早就去世了，自小就跟着她二姐。她二姐是做买卖的，也比较有钱，跟的好像是一个洋厨子吧，她同意把三弟妹给三儿，但我妈反对。后来，好像也没举行婚礼。二弟妹和三弟妹自己和她们家人都没有练功的经历。那时，结婚你说怎么结呀？没钱就没人跟，都是家庭乐意。

我姐先是跟一普通百姓结婚，第一个丈夫死后，又再嫁了一个做买卖的。妹妹的丈夫是修飞机的。他们都没有练功的经历。

（十三）挣钱就是祖师爷

什么祖师爷呀？挣钱就是祖师爷，不挣钱就没祖师爷了。在日本的时候，什么“共和面”呀，唉，什么样的委屈，我都受过。要不我说，我现在活到这岁数，一回忆真得泪眼婆娑。要不那年，那个清华大学的来，我在那边住呢，[12]一进门的时候，他说：“你怎么住这儿呀？”没告诉你吗？现在，解放了，还这样。不是吗？你说错吧，也不错。团里给你拿钱，到时能吃饭。前年，我们爷儿俩还说，就得念共产党的好处。你说，要没共产党，你还不得饿死。像我这岁数，也干不了，要是在过去，也活不了这么大岁数。是不是？这就确实是这样。我不跟他（指朱有成）说，这到时候，你就能拿钱，你也不用干什么。可是，你像最后，到中国杂技团也没少受罪。（朱有成插话：“这个搞文艺的根本，有口饭吃就满足了，也用不了什么住高楼，楼房的。”）

现在，你说这杂技真怪可惜的。也没人提倡这个，那多大功夫呀！就拿我那孙女说，在广州杂技团那个，你瞧她那小时候，我教她，她受多大的罪。他（朱有成）的妹妹朱丽英，一边练一边掉眼泪，你不掉泪成吗？（王丽云插话：“练功没有不掉泪的！”）就这个，练魔术的，你看她现在。[13]

练武的跟戏班不一样，戏班倒是尊重“大师兄”。练武的要供就是供关老爷，但也不信。家中也没有供自己祖先的牌位。逢年过节，要给老家的亡人烧纸。烧纸时，要把老家亡人的名字写在纸上，搁那儿，供上，说“过年了”。同时，也放鞭炮。

我知道精忠庙。我小时候，就没有人去上香的，我自己一直也没去过。其他有没有人去我不知道。好比那儿有个过街楼，出了那个过街楼就到了东珠市口了，没有什么人上那儿烧香去。那阵儿，倒有人去岳庙烧香的。岳庙在大市那儿。没有撂地的艺人上精忠庙烧香的，我也没有瞧见过。撂地的就是为了挣钱。

（十四）拜把子也就是一说

在那个时代，天桥艺人之间拜把子也有，也不能说干吗，就交朋友一说。它说得来，就一堆。有的拜把子，就一说，是朋友了。别的，其他的事儿没有。我跟“小金牙”很好，没拜过把子。我跟曹鹏飞拜过把子，其他的人都想不起来了。我们家头里有个宋家茶馆。宋家茶馆的宋老四也是练武术的，在马戏里头钻圈，跟刘德林他们都在一块。我圈着棚的时候，也跟我在一堆儿。我跟其他那些艺人的关系都不错。我跟侦缉所的人拜把子也就是一说，没磕过头，也没一起吃饭。像我跟曹鹏飞、跟万盛轩的孟老五拜把子也都是一说，说有他，有他，不是说磕头，跟桃园三结义似的。孟老五也是万盛轩的职工。你跟他们拜把子也好，朋友也好，你沾不了光，顶多到人家那儿，拿人家两块大力丸。你这个有买卖的时候，人家不给你搅了，就这个。

在天桥卖艺，没师父的就是“海青腿儿”。你要撂地，别人就会问：“你们先生是谁呀？”没有先生，如果是家传也行。我二弟三弟也拜师了，都基本是孙占奎给教育出来的。说书的没有师父，就不准他演，要横他的家伙。我们“挂行”不会盘道，互相都知道他那什么，好比互相照顾，天桥的艺人最有团结性。

天桥撂地卖艺的与园子中唱戏的都没有很大的深交。过得着的，就是能说点话，也没有什么大的来往。为什么？戏园子里头的艺人与地上的艺人没有来往的时间。戏园子中的唱完戏就夹起东西回去了，我们练完了就回家吃饭去了。那就没有时间交朋友了。交什么呀？撂地的艺人都是在家吃饭。（朱有成插话：“我小时候挣了钱吧，都是拿点钱在场子边上的小摊吃。场子边上有卖小吃的。一般我们练武的摊边上全都是卖小吃的，什么都有，炸丸子、烙饼什么的，豆汁儿、灌肠等等，也有小饭馆。”）都有家，都不在外吃，都在家吃。好比说有五毛钱，我就不在外吃，拿回家，一家人都可以吃，就是这么一个算计。（王丽云插话：“六三年整个天桥地区的摊才拆掉的。”）除了光棍，没人在外头吃。

（十五）天桥八大怪——你赶上过没有？

专门在天桥要饭的很少看见，挨家挨户要饭的有。我也不知道要饭的有什么头头儿。艺人没有在“家里的”[14]，跟他们没有什么联系，我们哥儿仨一个没有。

我跟你说的都是实际的，我不知道的就不知道。有些个事，不能胡说。要不你说，现在天桥什么“八大怪”都弄得乱七八糟！真正的“天桥八大怪”，你究竟怎么八大怪呀？你赶上过没有？你听说过？听谁说过？这八大怪怪在哪儿？他本来都不知道，那时还没他呢！我说，这“天桥八大怪”有“大金牙”“云里飞”，有那个谁，“大兵黄”“蹭油的”“曹麻子”“花狗熊”，有“管儿张”，还有“赛活驴”。

“赛活驴”的怪就怪在他驮着他的媳妇上桌子上去，再下桌子，他媳妇站在地上，他一溜脸，发一怪相。他驮着他媳妇，也算一怪。

“管儿张”，姓张，他吹管儿。他用一个大黑帐子把四周给围上，用竹子撑起来。吹的时候，他就用帐子蒙上，在里面吹，吹什么小姑子来了，大姑子来，在里面又哭又闹之类的。吹完以后，“啪”地一扭这帘，要钱了。是这么样挣钱，这是“管儿张”。也不知道他名字叫什么，他在天桥撂地，都叫他“管儿张”。

“花狗熊”是两口子一块儿撂地。“花狗熊”的名字我也不知道，他们都没有名字，知道吗？不像我叫朱国良，那阵儿，他们都没名字。就是在天桥撂地，挣钱。“管儿张”“花狗熊”他们在天桥撂地的时候，我也就六七岁，反正我也不大。那阵儿，他们离我们这场子也不远。他离我家场子距离也就十多米。“花狗熊”这个怪法呀，是在撂地时，他的媳妇穿着红鞋，用白带系着，两只大片儿的脚，他的媳妇也是那么一老太婆似的。“花狗熊”则挎一洋铁壶，拿俩小铁锤，“乒乒砰，乒乒砰”地敲着，一边走一边扭，他在头里走，就围着场子转。要钱时，他就不扭了：“大家赏俩钱吧！”说得挺可怜的。他媳妇的怪相就是穿着红鞋，白带系着，一边走一边扭，要钱时，就手拿一小钵儿。唉，什么叫艺术呀？干脆就是比要饭的强点儿，就这个。

“曹麻子”常逗笑，撂地时，说什么“我脚又大，脸又麻，浑身不值二百嘎！谁要奴家做什么”。

为什么说“蹭油的”是一怪呢，他更好玩儿，经常唱“蹭呀蹭呀，蹭油的”。他有时就把一小孩拉过来在小孩头上蹭。要是看见谁身上有油，他就会把别人的衣服逮住，用他的肥皂不停地来回摩擦，还唱“蹭呀蹭呀，蹭油呀”！他的个儿矮，不停地做各种怪相。

“大兵黄”就是骂街，他经常说：“他奶奶的，这怎么搞的，给我们搞得乱七八糟的。”一说就是“他奶奶的”，他卖糖。

“云里飞”的场子在三角市场，侯宝林就曾经跟着他干。知道“云里飞”有个儿子，叫白全福，后来在天津说相声。“云里飞”常说：“哎，买馅饼吗？买馅饼吗？多少钱一斤？俩子儿一斤。吃吧，馅饼，耗子馅的啊！”“云里飞”场子中有一个“小疯子”，那孩子那时也小，不知他在哪儿住，反正常坐电车，常追电车跑。他在“云里飞”的场子里疯疯癫癫的，什么也不干。解放后，我就听说给枪毙了，我就在想，干吗枪毙呀？别的什么，我都不知道了。

“小疯子”在那儿的时候，侯宝林的师父，颜泽甫颜老头、颜老太太还在那儿住。为什么宝林在颜老头上养老院时，还给钱，不给老太太呢？这老太太偏心眼。她不是有一“罗锅儿”[15]儿子吗？她偏疼他的罗锅儿子，对宝林不怎么好。颜老头那时就在我们对过儿住。“小疯子”在“云里飞”场子的时候，我也不过十三四岁，十四五岁。他也不在这边住。解放后，不知怎么着就给政府枪毙了。

“大金牙”的怪呀，好比那《绣花鞋》吧，唱什么：“穿的绣花鞋有点紧，脱下来一看，里头挤着两个小和尚……我叫大金牙，你瞧我这儿有牙。”一说这个，就做怪相。他最拿手的就是一出《绣花鞋》。“大金牙”来天桥时，最早在小医院胡同路北往西的门里头住。“小金牙”为什么给他磕头呢？“小金牙”那阵儿，没辙，在永定门外头住，家里边还有人。最后，他跟他爸爸来到天桥。他爸爸是弹弦子的，串“下处”，天天给“小金牙”留下两三个大子儿。后来，有一个缝鞋的四麻子把“小金牙”介绍给“大金牙”当徒弟。当徒弟这个阶段，“小丑”他妈[16]在粮食店里头拉土车收杂吧（泔水）。有人就给他们俩互相介绍。别人要招养老女婿，于是“小金牙”就过去了。“小金牙”他不姓罗，他的岳父姓罗，他自己好像姓李。

解放前，天桥卖艺的还有程文林。程文林也住在天桥。那阵儿，他大爷有一狗熊，练狗熊摔跤。程文林的老妹妹练耍盘子。程文林练，说我们的行话就是“老弹子”，就是一个木头球，扔起来，扔得高高的，一低头，头上有一个碗，皮碗似的，“噗”，球正砸在碗子上，在碗子里头。还有，耍这大叉。程文林也不在了，他的儿子程少林还在，跟他爸爸练单钩顶、八卦顶。

“架冬瓜”是唱大鼓呀，唱滑稽大鼓。他挺滑稽的，“架冬瓜”是他的外号，真名不知道。你像关顺鹏、关顺贵是唱西河的。孙长海是关顺贵的徒弟。那阵儿，说相声的有高德明、高德亮、高德光和“小矮仔”等。

“胡老道”也是练把式的，他就在宋家茶馆边上的场子练，打什么醉八仙啦。五〇年，他还跟朱有成他们上苏联去。张德全也是练武术，他不常练，没撂过地。他拜的是“大枪侯”。“大枪侯”我没见过，反正听说是有这么个人。

那阵儿，天桥耍魔术的主要有王玉林，他后来落在天津了。“快手卢”没有在天桥撂过地，我跟他儿子“快少卢”关系挺好。那阵儿，“快手卢”就是吃外国人。礼拜六、礼拜天去，用我们行话说就是“闹活儿”，古彩戏法。他早死了。

（十六）天桥那桥

天桥那桥就在珠市口的交通岗那儿，往南往北，我亲眼见过。桥是三孔，就是没水。那桥跟天安门外金水河上的金水桥的形状差不多，也是白石头的。没有那桥的时候，就是在日本的时候，为了开车，把桥给拆了。桥的南边到信托往北一点，桥头就在那儿，北边到往东走不远，有一消防队那儿。我只把桥的地点记得清楚，桥尺寸是多少我不知道。桥孔的高矮也跟金水桥的高度差不多，不怎么高。桥面两侧有石栏杆，桥面是平的，一块石头、一块石头，大方石头铺的，没有台阶。国民党那阵儿招兵的时候，还在桥那儿，拿着小白旗："当兵吧，当兵吧，当兵吃馍呀！"那阵儿，都还有桥。前清时，我没赶上，中华民国的时候，天桥是随便走，没人管。

天桥包括的范围是从桥到南边百货公司马路以西，这一块都是天桥。马路东边不算，珠市口以北都不是。天桥往北就是前门大街，天桥往南就是天桥，[17]到百货公司那儿都属于天桥。天桥这一片，你像那会儿水心亭它也是天桥这地方，到南边跑马场那边了。那阵儿，百货公司，天桥大剧场头里，那是一个跑马场，到天桥商场北马路是一大空场，遛马、骑马。那都是前清的时候了。我那阵儿，还见过啦，跑到那头，再跑回来。我都不知道先农坛是什么时候拆的。我小时候，还是我爸爸带着我上那里头逛彩票去呢！就一进那坛门，就跟天坛的门一样，进门往北，那是一片大苇塘，在那空地方，逛彩票。我就不知道在什么时候给拆了。

那时，有一种小轮车，上有一小蹬儿，竹竿支着，围着布，这人坐在他车里头，一小会儿就坐到永定门，就在天桥那儿上，在天桥桥头那个下坎那儿上。马路东边，天桥桥头东边那块，什么卖中馍的，卖小饺子的，撂跤的，什么卖黄土的都有。卖黄土的是在永定门那儿刮了黄土，在这儿卖，二十个子儿一车。饭馆都要买黄土。

天桥卖艺的当中，那阵儿也谈不上满族什么的，也不知道谁是满族，回民倒是知道。满族汉族谈不上这个，不知道谁是谁。

天桥这个地方，以前，四圣庙、莲花河、花枝胡同、赵锥子胡同中的妓女多，都是“下处”。花枝胡同的妓女全都是四五十岁的。天桥那地方，用现在的话说是卖淫吧，那时候叫“野鸡”“暗门子”。天桥马路东边的野鸡多，往西边也有。这些妓女长得跟猪八戒一样，她哪儿卖去呀，不像现在这个，都漂漂亮亮的。那些人长得猪不吃狗不啃，她怎么卖呀？

在我小时候，我就知道储子营只住了一个厨子，姓张，叫“厨子张”。他儿子还经常跟我们一块儿玩。你问我的这些，我知道就说出道理来，不知道就是不知道。你写进去也麻烦，实事求是！

注 释

[1] 孟继永的情况和他与朱国良家的关系，可参阅克非，《镖局遗风：信都广生局镖旗随风招展，斗大的孟字很有威武气概》，《新民报·天桥百写（七十六）》1939年5月19日第七版；云游客，《江湖丛谈》第二集，北京：北平时言报社，1936，页64—66。关于过去镖趟子的喊法、北京镖局的概况、镖行的行话等，可参阅齐如山，《镖局》，中国人民政治协商会议北京市委员会文史资料研究委员会编《文史资料选编》第34辑，北京：北京出版社，1988，页278—286。

[2] 百岁是朱有成的乳名。

[3] 朱国良母亲的名字是在朱有成和王丽云夫妻两人的帮助下回忆起来的。

[4] 三儿指的是朱国良的三弟朱国勋。

[5] 在我访谈的过程中，朱国良老人这位在台湾的妹妹给他打过两次电话。每次与自己的小妹通电话时，老人都较为激动。

[6] 即当时的城南游艺园。

[7] 朱国良的老伴。

[8] 老头儿即孟继永。

[9] 北京杂技团是在 20 世纪 50 年代中期，伴随天桥市场的调整而成立的，主要由朱氏三兄弟和于正明的杂技队组成，是自负盈亏的民间职业剧团。其主要节目包括：张葵芳的空竹、王少卿的单杠、刘燕民的魔术、洪志臣的戏法、宋淑霞的伞技、朱丽英的软功柔术；于正明及其合作者吕连城、武文达和其子女于赋、于珊、于雯的爬竿，张文治的扛杆，张文治女儿张燕蓉的花盘、空竹，孟广义的飞叉，李少敏的顶碗，李德福的木砖顶，路振林的武术、砌砖，赵志高、赵金栋、赵志远的车技，黄建勋携子女的椅子顶，黄淑英的软功、柔术等。参阅宣武区政协文史资料委员会编《北京天桥大观》(油印本)，1989，页 103。

[10] 东坛即天坛。

[11] 共和面也就是“混合面”。抗战时期，伪当局以充分利用粮食为由，下令全市粮商将囤粮和各种杂粮混合，掺上麸皮、米糠等磨成粮食，即共和面，但依然不容易买到。崔金生在其回忆中也有相近的表述，参阅崔金生《忘不了的“混合面”》，收于中国人民政治协商会议北京市宣武区委员会文史资料委员会编《宣武文史》第四辑，1995，页 52—53。

[12] 指宣武区贾家胡同。

[13] 老人指着王丽云女士。

[14] “家里的”指当时在北京下层阶级中，尤其是江湖艺人中较为盛行的青洪帮。

[15] 驼背。

[16] 小金牙的妻子。

[17] 此处指后来形成的那块杂吧地。

七、其实，学艺也不需要什么文化

——朱有成访谈录

访谈时间：1999 年 12 月 13 日

访谈地点：北京宣武区福长街三条

访 谈 者：岳永逸

访谈者记：

朱有成（1937—2002），男，朱国良之子，当年中华杂技团最小的演员。五六岁时，他就随父亲、叔父在天桥撂地卖艺，人称“小百岁”。

至今都记得，十年前的这天，一早就出门，计划继续拜访朱国良老人。可是，当天雪越下越大。当我在福长街三条居委会见到王丽云女士时，我改变了原定计划，在王女士的带领下径直前往她家，找她的丈夫朱有成谈谈。

虽然他们夫妇住的是楼房，但仅两间，没有公共的取暖设备，得靠烧水做饭的蜂窝煤炉子散发的热气取暖。贴满了塑料画的墙壁还间杂着不小的裂缝，在寒冷的冬日更让人觉得这是快要倒塌的危房。里屋是他们夫妻的卧室，外屋是王女士母亲梁福兰女士的卧室兼这个家庭的会客室。

朱有成先生个子不高，话不多，却有问必答，把他自己知道的、经历过的都讲给我听。更令我激动的是，当我请教他如何才能使朱国良老先生说出所经历的比如拜把子这些事情时，他说："下次问'你爷爷'时，就说你听别人说你与谁谁拜过把子，你看他怎么说，但千万不能说是我告诉你的！"在听到"你爷爷"三个字时，我很激动！

作为艺人世家出身的人，朱有成先生并不张扬自己。幼年除了向父亲、叔父学习武艺，按照当时江湖的规矩，他亦曾正式拜师学艺。刚解放时，他就被选入了中华杂技团，是当时最小的团员。1950年，他随团去苏联演出，1955年又随同周恩来总理去了印度尼西亚演出。在随后的演艺生涯中，他差不多走遍了欧洲，也为杂技团培养了不少新秀。直到退休，他仅仅是个三级演员的头衔，但对此他没有任何怨言。

那天访谈时，梁福兰女士也在座，她们母女俩也共同回答了我的不少问题，尤其是关于王家的人和事基本都是她们母女回忆的。王丽云女士在说话的同时边包包子，午餐就是吃的新出锅的热气腾腾的包子。

2005年8月8日和17日，我就其中的部分内容再次对王丽云女士进行了回访。此时，朱有成先生已经辞世三年，灰暗的福长街三条也没有了踪影。令人欣慰的是，王丽云女士已经回迁到天桥的新居，并四处忙于公益表演，还常常在公园、学校、部队、街区教人抖空竹。她的儿子朱志刚在北京的抖空竹大赛中多次获奖，自己还带起了徒弟。17日，在王丽云女士宽敞明亮的新居中，我抄录了她当年冒着生命危险保存的1950年朱有成前往苏联演出时报纸的报道，原文如下：

中华杂技团的小团员——朱有成

金 波

到苏联去表演的中华杂技团里面，有一个小团员，名叫朱有成，今年才十三岁。

朱有成的年龄虽小，可是练了一身好功夫，能够把刀、剑、拳、腿等各样武器耍得挺棒。过去在天桥国术界中，谁都知道朱有成小朋友能

中華雜技團的小團員
——朱有成
朱有成在莫斯科的攝影

王丽云女士保存的1950年朱有成先生作为中华杂技团最小的演员，前往苏联进行友好演出的图文报道

干，人人喜欢他。

中华杂技团在出国以前，朱有成也报名参加考试。考试时，表现很好。但是，主持人对朱有成有一个顾虑，恐怕他年龄小，赶明儿真的出了国，想家想爹妈，吵着要回来的时候，可怎么办呢？还有一层，朱有成他爹和妈愿意让他们的小儿子，放不放心他去远走外国呢？这两个问题，必须要征求朱有成本人和他的家长同意的，然后才能够做出决定。

在出国前几天，主管部门召集了全体出国团员聚餐，朱有成和他爹这天也去参加。正在吃饭时，有一个主持人先问朱有成："你若是到苏联去，愿意不？"朱有成答："怎么不愿意呢？这是一个好机会啊，不去多可惜！"又问："去了以后，你想不想家？"他立刻回答："不想家。"问："要是在外国想家的话，可一时不能回来的，你再想一想吧。"他又回答："跟老师们一个行动，说不想家就不想嘛。"主持人问完朱有成后，接着又问他的爸爸朱国梁。朱国梁对于他的儿子出国，说是非常赞成。

朱有成本人和他的家长都同意了，主管部门才决定选上朱有成出国。

朱有成在苏联，在东欧各新民主主义国家表演，受到热烈的欢迎。

小朋友们不免要问了："朱有成有些什么功夫呢？"

是的，我应该向小朋友们介绍介绍：

朱有成是国术家朱国梁的儿子；他还有两个亲叔朱国全、朱国训，都是国术家。可以说，朱有成一家子都在练国术。[1]

他在四岁时，他爸爸就教他功夫。起初练腰部和腿部的基本功夫，练了两年。六岁起，练“势架”，又练了两年。这两年“势架”可就把朱有成的根底扎稳了，因为一切大套功夫要得好与不好，全靠“势架”有没有根底。八岁那年，朱有成便在他爹和两位叔叔的教练下，开始练埋伏拳、单拳、四平拳、六合刀、单刀、朝阳刀、手叉、宝剑等，一直不停地练到去年出国。他所练的几种武术中，要算六合拳要得最好。这中间他又拜了名师徐元伦练蹬跟拳。

七岁时，他在“灵佑宫小学”念到三年级。解放后，继续在天桥小学识字班念。解放前，他曾经因为家贫关系，有两年没上起学。所以，他的文化还没有别的十三岁的小朋友的一般程度好。可是信虽写得不好，他却表现着爱家、爱朋友、爱进步的热情。

他爸爸朱国梁说：“赶明儿他回到北京后，让他公开表演给全市小朋友看，好请小朋友们加以指导批评。”小朋友们，你们稍稍耐心等待吧。

（一）我更喜欢练功

我是1937年生人。五六岁时，就开始练功学艺。一是天天看着我爸和二爷、三爷他们练，自己也喜欢；二是家里贫穷，没有太多的钱供我上学。我是七岁左右开始上学的，与上学读书相比，我更喜欢练功。

在灵佑宫学校上学时，街北、街南的孩子都有，同学们对我没有什么歧视，虽然当时学校中练功的孩子比较多，大家对会功夫的孩子仍然感到比较新奇，就跟现在的孩子一样。小朋友们都挺羡慕的。我个头比较小，也没人敢欺负我。有一次，下课后，我一个人在墙边弹球。球

1950 年，在苏联的朱有成

被一个个子较高的同学拿走，我让他给我，他不给，我就把他给打趴下了。我一直都这样，我不会欺侮人，可也不允许别人欺侮我。

那时，学校里的老师都挺厉害的，经常打学生的手板。一篇课文背不下来打三下，数学十二道题做错了打六下。小孩们都怕挨打，要是谁给谁帮了忙，就会把自己的东西给他吃。我记得那时我们的班长挺不错，当我某一个地方背不上来时，他就提示提示，也算过关，这样就可以少挨三下打。我小时候算术不行。就整个成绩来说，甲少，乙、丙多。刚上两年，老太太病了，家中也没钱，所以也就没念书了。

我最初练功学艺是跟着我爸练气功，而“挂子”，也就是把式、武术则是我三爷教的。家传一般都不挨打。当然，我自己也很认真、听话。父亲和三爷都是在家教我，绝不能让别人看见。我是边学边练边卖艺。跟我爸，我学过“气功开石”等。没上学之前，一般早上六七点就起来练，直到中午吃饭，下午就跟着大人撂地。在灵佑宫小学上学时，就上学之前和放学之后练。我记得在 1946 年左右，我们家里也办了一药铺，叫“广生堂”，主要卖治肾亏之类的“滋补大力丸”等药。先是练把式，然后就推销药。与沈三、张宝忠他们一样，买的人倒还真不少。药铺主要是我奶奶看着。药是从同仁堂进来的，好像还加进了糖什么之类的，具体我记不清楚了。

我还先后拜过陈天祥、徐元伦和宋永福为师。拜陈天祥和徐元伦是在解放前，拜宋永福是在解放后，大约是在 1952 年。这些人都是我爸的朋友，宋永福还跟我爸拜过把兄弟。所以，虽然是拜他们为师，但并没有举行过拜师礼，也没磕头。陈天祥是在天桥开酒铺的，好练武，他

20 世纪 50 年代，朱有成在北京东单中国杂技团马戏棚为宋庆龄表演“扛杆”

的师兄弟很多，但他师父是谁我就不知道了。我跟他主要是练长枪和练腕子。跟徐元伦没学到什么，他也没教我什么，就是天天练撞大树，蹲姿势。但是，这样下来，我的臂力倒真是增长了不少。宋永福是开茶馆的，就在我们家隔壁。他们家有兄弟五个，他排行老四。跟他学时，我刚从苏联回来不久，就在宋家茶馆的一个低矮的小屋子中练。当时，一块儿练的还有李凤琴、班秀兰和宋永福的一个侄子。李凤琴主要是练顶碗，班秀兰主要练扔球、扔碗等。跟着宋师父，我主要是练腿、练刀、练剑等。

在杂技团，我的表演项目很多，倒立、爬竿、蹦床、递圈、武术等。蹦床是在苏联时跟苏联人学的。1964 年，我们杂技团去了印度尼西亚演出。我一直在杂技团工作，直到前年退休。

（二）我的家人

我妹妹朱丽英是 1949 年出生的。她主要练软功，从小就练，是我父亲自己教的。她后来进了北京市杂技团。她的丈夫于斌也在北京杂技团，是练爬竿和车技的。于斌的功夫也是祖传，他们一家是从天津过来的。我外甥于波然是练中国戏法的，即穿上大袍变碗、鱼缸之类的。这些是跟他爸学的，已练了有十多年，现在在天桥乐茶园演出。

我妻子王丽云，五十九岁，她在三条居委会上班，以前她也是杂技演员。她们家也是练艺世家。她爷爷王少成是一个老江湖，练杠子的，原本是三河人，最后落脚在了济南。在济南，他是有名的“杠子王”。但后来，他吸毒，也就是因吸毒而死。他老伴李长义就一般的家庭妇女，从来都没有练过功。他们就一个儿子，就是我的岳父王振英。岳父 1922 年生，是练皮条和杠子的，解放后征召到总政歌舞团杂技队，“文革”开始前就被运动给逼死了。岳母梁福兰也是 1922 年生，三河人，她解放后当了工人。她一生都没练过功。岳父和岳母是在他们九岁时，经岳母的姑父介绍定的娃娃亲，十五岁时就在老家三河结了婚。

（王丽云插话："我是在解放后随父母到的北京。十五六岁时，我才随张葵芳练抖空竹、要魔术。张葵芳是我爷爷的义弟王少青的妻子，我管他叫三爷。也算是报恩吧，张葵芳主动教我要魔术。所以，我学艺时也没有举行什么拜师仪式。她的话也不多，来了教完就走。我跟朱有成结婚就是经她介绍，我们俩是 1957 年结婚的。随后，我加入了北京市园林局文工团，去兰州演出过俩月，就回到了北京。那时，在杂技团我也报幕。我弟弟王伯亭也是园林局文工团的杂技演员，与我一同随团去了兰州。一次，在演出群活爬竿时，由于别人的失误，弟弟落地身亡。"）[2]

我有两个女儿、一个儿子。大女儿朱会来，1959 年出生。小时候在她爷爷的督导下也练功，后因腿出了问题，就再也没练过。现在，她在百货公司上班。女婿贾仕田在北京电影制片厂工作，没有练功的经历。外孙正上初中，也不练功。

二女儿朱艳芬，1961 年出生。从小他爷爷就教她练功，我当时工作忙，精力顾不过来。跟我一样，也是在她十二岁时，被招考到了广州军区战士杂技团，去了广州。1984 年，在巴黎国际杂技比赛中，她夺得金杯。女婿高俊生也是广州军区战士杂技团的演员。他们俩都是在同一年中招考到那个团的。外孙女现在在舞蹈学校读书，还算与练功有些关联。儿子朱志刚，1964 年生，好武术，基本功也是他爷爷教的，后来主要是他自己看书自学。以前，他在服装厂上班，现在下岗失业了。在电影《武台山传奇》和《神探宝丐丁》中，他担任过武打角色。

我们三个孩子都只是中学生，一是没钱送他们念，二是他们自己也不怎么喜欢念。当然，我们也没怎么逼他们。总的来说，我们一家人都对文化不怎么重视，有它没它都行，没有它我们一辈子不都活下来了？

20 世纪 70 年代，与妻子王丽云和儿子朱志刚的合影

其实，学艺也不需多少文化，主要是实练，动脑子，“功到自然成”。

我的两个堂弟朱志勇、朱志忠都是三婶陈玉英所生。由于二爷他们没生孩子，就将朱志勇过继给了二爷他们。我们堂兄弟之间的往来比较少。由于他们出生得要晚些，都嫌苦，没一个练过功，也要比我们富裕些。朱志勇在上海一玩具店工作，他妻子在报社上班。朱志忠在一砖瓦厂工作，他的妻子是做买卖的。他们各有一个女儿，朱小燕、朱小丹。小燕在上海一个大学读外语，小丹听说高中毕业就去哪儿打工了。

注　释

[1] 此处的朱国梁、朱国训两个名字属报纸笔误，应为朱国良、朱国勋。

[2] 这是梁福兰女士外出的间歇，王丽云女士悄悄告诉我的。

八、我就觉得天桥有意思

——崔金生访谈录

访谈时间：2000 年 3 月 29 日
访谈地点：北京永定门外宋家庄
访 谈 者：岳永逸

访谈者记：

崔金生 (1937—　)，男，北京人。幼年父亲早逝，他跟着奶奶在天桥生活。他奶奶在天桥东边开有小店。十岁时，他就帮奶奶登记住宿的客人，人称“小先生”。他爱在天桥玩耍，观看各种演出。他特别喜欢听陶湘九的《雍正剑侠图》，并与之结下深厚的情谊，成为忘年交。十三岁时，他到龙须沟沿当学徒，学旋木活。后来，他在北京市机械局工作，并从事业余创作，写过不少反映北京老天桥生活的小说、相声和短文，成为中国作家协会会员。在 20 世纪晚期，因为参加《中国曲艺志·北京卷》的编写工作，他采访了不少老天桥艺人，并有较为翔实的记录。

崔先生是刘铁梁教授的朋友。正是刘铁梁教授的引荐，才有我与崔先生的这次访谈。

（一）祖师爷及其传说

听说书艺人们讲，他们的祖师爷是大周庄王，但他们没读过书不知道大周庄王叫什么。过去，茶馆刚一开张，要请一个艺人说书，叫“开地”，又叫“开荒”。这时，一般都要在桌上摆上大周庄王的牌位。大周庄王的牌位约有一尺五高、四寸宽，还有个托儿，底座。请来“开荒”的艺人一般都是二三流角色。真正的名角，人家是不会来说的，认为这不吉利。说了一天之后，由茶馆掌柜象征性地给上几块钱。另外，那天说书的钱都归艺人。

据说，大周庄王是一个孝子，非常孝顺母亲。《北京市曲艺志》中有几篇我的文章，那些都是我当年对那些艺人采访的东西。曲艺家协会非得让我做这个。[1]这些都是我当年听宋湘臣、孙雅君、刘田利这些艺人说的。说什么呢？说大周庄王是个孝子。后来他母亲有病了，为了减轻老太太的病痛，就给她讲故事。讲着讲着，老太太就开心，就觉得身体渐渐地好了很多。他母亲的病是慢性病，他老讲老讲，这故事都讲完了，但母亲的病仍然没有痊愈。那怎么办呢？大周庄王就选了四个大臣，一个是姓梅的，梅花的梅，一个姓清的，大清朝的清，还有个姓赵的，还有个姓胡的。这四个大臣的任务就是轮流给老太太讲故事，使老太太心情舒畅。

后来，大周庄王姬佗死了，换了个新君。这新君一上台，那些别的大臣就讲，梅、清、胡、赵这四位大臣在朝廷里没什么贡献，没什么功劳，就会说说故事，所以给他们的俸禄应该减去，不给俸禄，还应该轰出朝廷。这四大臣就拿出了圣旨——原来老王的圣旨，说先王命他们到民间说书，开导老百姓。这样，新君没办法，就让他们到民间讲故事，并照样拿俸禄。所以，过去说书的一开始是吃国家俸禄的。这真假没法考证，反正就是在民间讲故事。梅、清、胡、赵这四个大臣就是曲

2005 年，在北京民间文艺家协会举办的端午民俗座谈会上的崔金生先生

艺界的四大祖师爷，总祖师爷就大周庄王。所以，后来的艺人有走胡家的，也有走清家的，也有走赵的，四个门户的都有，四大门派也就这样下来了。

另外，说书人的扇子仿的就是原来的令箭，醒木仿的是官印。他们说，在收徒的时候，都要把这故事给讲出来。为什么呢？那就是说，说书的并不是下九流，是吃国家俸禄的，是大臣一类的人。这样，这故事就一辈一辈地传了下来。

曲艺界过去也祭祖师爷，就是祭大周庄王，在每年的阴历四月十八，因为传说大周庄王生日在四月十八。那天供的也是大周庄王的牌位。这一般都团体敬拜，像北京的都在药王庙，后来还有精忠庙，都在庙里头。也有人供奉柳敬亭的，还有两个都拜的。

柳敬亭是咱们北京通州人，后来到了南方说书，杭州呀，江南各地他都说过。他曾经在军队里头当幕僚，后来也回北京说过。据说，他说书中的每个人物都是如见其人、如闻其声，艺术魅力非常强。所以，刘绍棠写了一小说，叫《柳敬亭说书》。我估计，绍棠他后来写的这本小说也就是受了评书的影响。因为，我与绍棠比较接近，他是我加入中国作协的介绍人。

（二）相不欺相

拜师的时候，一般都是举行个仪式。我采访的西河大鼓艺人刘田利说的就比较典型。他说，他拜师时，只有十二岁，要是现在他还活着，应该有九十多了。他师父叫王庆田。拜师那天，仪式是在王庆田家里举行的。除了师父王庆田、介绍人艺人盛识章之外，还请了两个保证师，一个是西河大鼓演员崔香云，另一个是张起荣。桌上设的是大周庄王的神位。王庆田给刘田利讲了三条：第一条是师父领进门，修行在个人，学好学坏主要是靠你自己；第二条是要守规矩，要尊敬长辈，见了长辈要行大礼，得磕头；第三条是要懂得艺人的忌讳语言，因为当时比较封建迷信，西河大鼓艺人是吃开口饭的。其实，他们老觉得处处不安全，因为他们处处受压迫呀，所以忌讳语言特别多，谁犯忌谁倒霉。他们主要忌讳说什么呢？这些上午都不准说，下午说都没关系，如"龙、虎、梦、脚、牙"这五个字，还有"五大家"，也叫"五大仙"，就是狐狸、黄鼠狼、刺猬、长虫、耗子，被分别称为胡、黄、白、柳、灰五仙。每年，这些艺人都要向这五大仙上供。要是你在上午说了这些忌讳的字，你就得冲着大周庄王的牌位跪下，烧香、磕头、上供。要是还有其他的人听见了，听见的人都不能上场了，你自己就更不用说了。这不能上场的人一天的损失，你就得都给包了。

其实，他们艺人讲的这三条，也是非常忠于行规道德的。在学艺之前，先得学行业的知识道德。他们把同行艺人都称作"相"，"相公"的"相"，就是对同行要讲情谊，要做到"相不欺相"，即你不欺负别人，别人也不欺负你；"相不吃相"；不许"蹬"，就是踩乎人、轻视人；不许"扒"，即不许吹牛皮，说大话，搞两面派；不许"踹"，就是欺人太甚。这些都是行业道德。相不欺相，而且相互之间都是有帮助的。

说到这儿，我就想起了一个人，我认识的艺人陶湘九。他最早是给侯宝林、马三立当“捧哏”的，后来改行说书了。他的书我听了好几年，说的书相当好，就跟现在小说似的，特别严密。我那会儿刚十多岁，在天桥卖烟卷。我就上了四年小学，完了之后，就上不起了。待着也是待着，家里生活也困难，就买几百支烟，我就上他那儿听书卖烟卷去。我将烟卷就搁在他那桌上，他对我特别照顾，我就在他后边坐着听。他还帮着我卖烟，说：“谁要抽烟，这小孩这儿有烟，一分钱两颗。”

他那书说得真好。他的场子在原先的天桥三角市场里头。你不知道，三角市场里头有一个大门，张次溪说两边尽卖坛子肉、米粉肉，这个那个的，再往那边一走，就是靠大门有一个书场，是关顺鹏、关顺贵，再往前一个书场，就是陶湘九。陶湘九那会儿主要说《三侠剑》。后来，解放后不久，他上哪儿去了呢？上人民市场。人民市场就是现在天桥商场的南边，有一片大荒地，当时搭了好些大席棚。有的茶馆搭了席棚，有的是平地园子，围着席棚。

陶湘九的场子也围有席棚，里边有三层板凳。说书好的人就这样，不管是在天桥，还是后来在人民市场，他说书的头一个钟头，老头们就去了，也有年轻的。没茶桌的，就坐板凳，喝水的，抽烟的，聊天的，等他说书时，人就已经坐满了。你想想，那后来说书的，嚷嚷半天都没人听。那就是人们服他说书的艺术魅力，家里有事都不愿走。说到紧张的时候，上厕所的都跑着去，跑着回来，就那么的有魅力。我是非常喜欢听他的书的。我没上过大学，但我的文化素养是在天桥那儿受到了熏陶。

他说的书人物性格的刻画、故事情节，怎么搞悬念都相当好。你听的是立体的、活灵活现的东西。我的烟差不多卖完了，我的书也听了。我在他那儿听了小半年的，没跟我要过一分钱，没抽过我一支烟，他会抽烟的呀！他的习惯我都知道。说完一段书以后，醒木一拍，拿一小笸箩“打钱”。你给一块也谢谢，你给一分也说谢谢，从不说多也不嫌少，也没有骂人、损人。陶湘九从来没有那些个，那是大家风范，就凭说，给多给少没关系。说到艺德，这就提到他的同行了，这是我亲眼见到的。

有一个评书老艺人，家里母亲有病，他身体也不好，上不了场子了，没钱。这个艺人在那会儿，解放初期，他就在他们的同业工会给陶湘九提意见，说他尽说“封、资、修”的书，说什么陶湘九净说什么“胜英、震三山”这套，没有什么意义，不积极。但是，他病了，就找到陶湘九这儿来了。

那天，陶湘九说了三段书。他老自称“小小的”，或者自称“学徒”，说：“我这个打钱从来没说过你多给或少给，今天我破破例，你尽可能地多给点儿。这三场书的钱，我都是给我师叔（还是师哥？我记不清了），我是给他！给他就是帮助他，帮助他解决生活困难，也算做好事吧！大家也算是侠心义胆，不管怎么着，捧捧场！”那天，收的钱相当多，纹丝儿不动，他将钱给了师兄。那老哥激动得又是喊又是念的，泪都差点儿出来了。等老人走了，陶湘九跟我说：“他今天拿的是震三山、胜英的钱！”那意思就是，他当初不是提意见吗？我今天可就是凭“胜英”挣的钱呀！

你看他人多好呀！另外呢，他这段书说完了不是吗？小烟袋这么长，就抽。他抽烟，特香！完了，喝两茶碗水，有时喝一碗，然后嗓子眼儿里有那么一句话：“实在不好！”老说这一句，也不知是累的怎么的，我一直也没弄明白。因为他特小声，别人都听不见，我就在他旁边。但是，只要醒木一拍，精神就来了，书就接着说下去了，每个“扣子”都特别精彩。这是陶湘九，你说他的艺术、人品我是都佩服。他穿着中式服装，一排大纽扣，底下是蓝布袜子，有时穿靸鞋，有时穿圆脸布鞋，有时系着腿带。秋天外边老是蓝的，里边是白的，夏天就是白的单一件了。所以，我跟他特别熟。

后来，解放后，曲艺不是南北互相交流吗？南艺、北艺要交流。陶湘九可以说在北京享受着高等待遇。可是，人家不在乎，领着全家到福建福州去了，在福州做曲艺队的队长。在那儿说书，一直到前年死了。他死的时候，我在《机械报》的一朋友跟我说："陶老去世了。"我当时就写了一千五百字的文章，在《福州晚报》上发的，叫《曲坛少了一颗大星》。你说说，他的艺德多好！想想那个人，怎么那德行呀？

过去，就是贴广告都很注意。你像贴黄色广告，就是治花病的，人家没有在电线杆上贴的，就在茅房里贴，厕所里贴。别的广告随便贴，没有说治花柳病毒的还贴在饭馆附近的。那会儿的人，他有一种道德观念。现在，你看这些哪儿都有，看见都要笑。这也就说他们说书人在一拜师的时候，就说"相不欺相""相不吃相"，而且要互相帮助。咱们现在老说行业道德，但老不见起色。那会儿，是真抓。他就拿它当死规矩。

陶湘九，我听说的艺人中，最深刻的就是他了。当然，说好艺人还有好些呢！我还喜欢连阔如，我是每天都听他说书的。那是解放后，他下放回来以后，晚上就上天桥三角市场的德艺茶社那儿，我天天听他的。还有就是王杰魁，我主要是听他的《小五义》《七侠五义》《包公案》。还有个李存源，说《西汉》的，也说得相当好。多了，我谁都爱听，但是印象深的，就这么些人。连阔如的文学性也相当高，学马叫学得特别像，非常会烘托气氛。我有篇小说《天桥大鼓妞》就深受这些艺人的影响，当然也有我小时候的生活。

（三）艺人的师承谱系

再说艺人的师承。拜师的时候，就教你了，不许蹬、不许扒、不许踹，说得俗，但这是行业道德。另外，还得讲大周庄王和下边的四大家，这是代表曲艺界门户的四大祖师爷。刘田利属于梅家传下来的。每一代都用一个字来代表。梅家我所知道的有这么些辈：朝、达、连、池、风、春、德、庆、田、祥、永、灵、季、星、月。每个字就是一辈。像我采访的刘田利那就是“祥”字辈上边的，他师父叫王庆田，师爷叫毕德红。西河大鼓艺人的辈分都是采用中间这个字。这个字呀，有的是在名字中间，有的则是在名字的最后。你像王鸿兴下边的“三臣五亮”，三个人都带“臣”字，五个人都带“亮”字。刘田利他们这些辈分都是以前排好的，不能随便起。正宗的西河大鼓艺人都是这样排下来的。另外，有了这个字辈也很有用呀，尤其是“盘道”的时候。你上哪儿去说书，同行都会盘道。

关于天桥艺人的这个师承关系，说书艺人中，王鸿兴是最早的。他原来也不是光说评书，是弦子书，是弹着弦唱的。后来，遇到国孝，都改行了。这王鸿兴，因为弦子属于乐器呀，怕大不敬的罪名，他就不用弦子了，说评书。刚才我说的“三臣五亮”中的“三臣”是安良臣、何良臣和邓光臣。这邓光臣是正门，安良臣是左门，何良臣是右门。邓光臣的门徒张沛然，张沛然底下是戴明山，戴明山底下是张君义，张君义底下是海文全、林文盛，还有个双文兴，再底下就是“福”字的，群福庆、陈福生，还有个梁殿元。梁殿元下边的这辈我就赶上了，有刘继荣，是说“精忠”的那个，这我都见过，有李继有，到处“抄场子”[2]的那个，还有刘继业。他们这辈下边的就是段兴云、王兴周。段兴云是说《济公传》的，王兴周好像是说《七国》的。段兴云底下就李鑫荃。李鑫荃的书我听得不少，不错，相当细致。就在我约他采访刚两天，就得了半身不遂，说话都不灵了，没法谈了。他在东四那边住，我都上他们家去过。李鑫荃之后就没有排字辈了。

说相声的最早的是张三禄。张三禄底下是朱少文，朱少文底下一个叫范有缘，一个叫徐有禄。范有缘底下就是郭瑞林，郭瑞林底下就是刚才我所说的陶湘九，还有谭伯儒，谭伯儒后来唱单弦了。徐有禄底下一个是刘德智，一个是焦德海。刘德智底下是郭启儒，郭启儒底下是佟大方、李文华。焦德海底下一个是张寿臣，一个是朱阔泉，一个是汤金澄。汤金澄这个老先生原先跟我住街坊，我跟他认识。“汤瞎子”就是他，他的口技真的棒！学蚊子叫就跟真的一样，他嘴里什么东西都没有，不像现在那些演员嘴里总要含点什么。汤金澄学蚊子叫，学苍蝇叫，学什么像什么。汤金澄底下就是刘宝瑞。朱阔泉底下是侯宝林，侯宝林底下是马季，还有丁广泉、侯耀文等，别的人我就想不起来了。这几个人底下就是现在的姜昆、冯巩。

这些也都是我问的，别的相声艺人也有，但续不上，老忘，断断续续。说的这些我基本上记得还比较清楚，说错了就不合适，没把握的我就不说。我采访的那阵儿，还真问过这些事，要不连这都说不了。这一人肯定说不全，就得大家伙儿凑。

过去，京津两地艺人共同的特点我看就是爱吃，爱吃北京的特产，爱喝北京的豆汁儿，吃爆肚呀、馄饨呀。说评书的、唱单弦的、唱京剧的都爱这个，马连良、梅兰芳都吃过，而且是爱大碗的。其他的就一人一个样了，有爱动物的，有的不学好，往“下处”走的也有，不一样。有的抽大烟，不算多，但有相当一批人。有的艺人就是抽大烟给糟蹋了的。

（四）盘道：“不知从哪儿来了两个姑奶奶。”

同行盘道实际上是看你有没有家门，你是哪一辈的。盘道还有个仪式。盘道的人用左手拿起扇子时，被盘问的人就得说："扇子一把抡枪刺棒，周庄王指点于侠，三臣五亮共一家，万朵桃花一树生下。"说到这儿，盘道的人就将扇子放下，将毛巾拿起来往左边一放。这时，被盘问的人就要说："何必左斜右搭，孔夫子周游列国，子路沿门教化。柳敬亭舌战群贼，苏季说合天下。周姬佗传流后世，古今学演教化。"如果被盘问的人能将这些说出来，就接着说书。或者说书的用毛巾将醒木盖上，把扇子横在毛巾上面，叫盘道的人拿开，也就是说要让盘道的人说一套词。盘道的就得说："一块醒木为业，扇子一把生涯，江河湖海遍为家，万丈波涛不怕，醒木能人制造，未嵌野草闲花，文官武将亦凭它，入在三臣门下。"说完后，盘道的将醒木一拍，还得接着说书的说的内容替说书的说上一段才能走。如果盘道的答不上这套词，按规矩来说，说书人一天的损失，你盘道的就得赔给说书的。

这些都是真事。我采访孙雅君时，她就经历了这样的事情。要是现在她还活着，也该有七十多岁了。她的西河大鼓说得真棒。孙雅君刚在天津说书时，平心茶社的老板李清良想借孙雅君的名气上早场。正当孙雅君演唱走红时，她遇到了来自同行的麻烦。因为当时西河大鼓的演员不少是带"田"字的，如刘田林、张田利等。如果按行里排辈，"庆"字辈比"田"字辈大一辈。孙雅君的艺名带"庆"字。因此，唱西河大鼓的艺人们说："这平心茶社不知从哪儿来了两个姑奶奶。"那天，天津唱西河大鼓的都来了，来了三四十人，一起走进平心茶社，不让她演出。

当时，别的演员都吓跑了，就只剩下她们姐妹俩。大伙就盘她姐妹俩的道。孙雅君是学评戏出身，改唱西河大鼓的，她根本就无从知道这行的事。结果，自然什么都答不上来。艺人们说她俩是"海青腿儿"，即外行，不许她们演出。孙雅君没办法，就只好托人去请老前辈，有个叫田士杰的出面，商定姐妹俩转个门户，从梅家转到了清家的门户，这样就降下一辈，与"田"字辈同辈了。那天，孙雅君姐妹俩共花了三百多块大洋请客，把天津所有唱西河大鼓的艺人一个不落地都请来了。在艺人左天凤家摆桌，当着众人焚香，拜西河大鼓演员朱启云为师。然后，上酒上大菜请大家吃了一顿，这事才算了结。所以，这件事惊动了北京、天津曲艺界，称为"花钱买小辈"。当时，"花钱买小辈"成了一时的佳话。

这是盘道，都是演员亲口对我说的。行话都得弄清楚了。当时，人家都有这个，要是盘道你什么都不知道，得了，你走人吧！不让你说了。

（五）天桥是块杂吧地

据我所知，说书的地盘有的也叫"野地"。在野地，谁都可以去说。要是在正经市场，像平心茶园等，在园子、茶馆里就有了技艺高下的区分。茶馆的掌柜的就得琢磨，谁唱得好，谁能招人，就与演员直接谈，或者托中人说。然后，说好了，或者二八开，或者四六开。反正，在大场子，你说得好了，才会有人请你。一个人有一个人的地儿。你要是说得不怎样，就没人请你。你像李继有他说得就不行，在早上没有其他人说的时候，我就去听他的。他老抽烟，跟我也认识。还有赵文生也是这样，说得不怎样，只好四处流动着说。

说书的、唱大鼓的也叫"撂地"，又叫"画锅"。所谓画锅就是用大白，或者白石灰粉子画一大圆圈。画完之后，还有台词，什么"两肩膀扛一个脑袋"呀，"画地就是一锅粥，这场说完了，你看玩意儿不是假的，力气是真的，你就给我个立地石，不要给我闯个窟窿，走了。那就等于刚熬好了一锅粥，你往里面扔了一把沙子"。

天桥北边和南边有很大的区别。解放前，天桥的艺人根本上不了北边，解放后才行的。要不说侯宝林把相声弄上了大雅之堂，就是相声语言的进化。过去，他们曲艺很难登大雅之堂，像老爷的生日呀，孩子过百日呀，过三天呀，才请他们去说相声。那时，管他们叫“杂要”。唱戏一样，在街南唱戏的都不值钱，叫“天桥撂地”，非得上街北了，像大戏园子，三庆呀，这个广和楼、广德楼呀，大众剧场呀，这些大戏园子，才有身价。

因为这是“杂吧地”，虽然这里那时是公共汽车总站，但内城的人上这里来的很少。怕来了就会学坏，像社会阴暗面似的。你像我就住在天桥附近，我就不觉得这样，我就觉得天桥有意思。那会儿，穷人逛天桥才好呢！你没钱都可以听。

“云里飞”场子是天桥非常热闹的场子。“云里飞”什么都会，一会儿唱娘娘，一会儿唱黑头。唱完了，就向大家伙儿要钱。等大家都扔了钱了，数数，嫌少。他就先朝北边一站，跟你要钱。他把舌头伸出来，不知道他的舌头怎么那样长，他的舌头能舔到他的鼻子尖儿。“哗”，大伙儿一乐，给点钱。“云里飞”的舌头能像蛇吐信一样伸缩自如。向场子东边的观众要钱时，能将舌头伸进左边的鼻孔里，向西边的观众要钱时将舌头伸进右鼻孔里，向南北两边的观众要钱时，分别将左、右耳朵廓塞进耳朵眼里。这些我都看见过。[3] 每个人都有自己要钱的办法。

（六）学徒比当童养媳还难

徒弟跟随师父学艺，出师后并不一样。有的是出师后直接就走了，有的是出师后要帮师父多少年。一般的都要帮师父几年，也叫“谢师”吧！

师徒之间的关系一般都是“师徒如父子”。徒弟有困难师父也会拉一把，但要是徒弟在学艺期间犯了忌讳，一样会受罚。学艺期间，与学唱戏的一样，师父打徒弟也是常事。刘田利就是一个典型，还有侯宝林，等等。刘田利说："十二岁学徒的时候比当童养媳还难，要给师父全家人做饭、看孩子、洗衣裳、买东西、打扫卫生。从早上6点到夜里1点就像上足了弦的小机器人，一刻都不能停的，忙得出不来气儿，困得走路打盹。有时，走着走着就睡着了。有时脑袋撞墙，撞电线杆子。"

我也学过徒，虽然是学的旋木活，可累的程度跟这差不多。有时走路，走着走着就撞着了电线杆子，还稀里糊涂地一个劲儿说"对不起"，以为是撞着人了。所以，我在采访他的时候，非常有同感。

刘田利还说：学徒是师父一家人中地位最低的人，一年到头，除了师父过生日，逢年过节有数的这几天，跟全家吃一样的饭，平时都是两样饭。师父、师娘吃白面、大米，学徒的就吃粗粮。有时候师父吃饺子，就给他几块面皮做汤吃。偶尔吃上一顿好的，"银裹金"——外面是白面皮，里面是棒子面，就算是上等饭了。在学徒生活中，因学艺挨打并不多，主要是为一些家务事挨打。师娘像母老虎，动不动就打人。衣裳洗得不干净，打；叠的被子不整齐，打。打完还不许吃饭。到了夜里头，师娘打麻将，他得在后面捶背、倒茶。有时困了一打盹，回手就是一巴掌，打后还不许哭。每天晚上都要熬到1点多，才说声"滚吧"，这样才能睡觉去。后来，他学会了单弦，到书馆给师父弹弦子。从家走到"三不管"有十多里地远。每天晚上11点才散书，到家已经12点多了。回到家后，先得给师父买夜宵、打洗脚水。待师父睡了后，再给师母搓背、捏腿。常常师父睡醒一觉后，他还在那儿给师母搓背捏腿。这时，师父说上一句"还不让他睡去"，他才能睡。有一次，家中丢了一块手表，师母非得说是他偷的，就狠狠地打他。就连从来不打他的师父也打了。当时，刘田利觉得太委屈了，就想一头扎在水缸里寻死。后来才发现，那表是院里人偷的。

你说，这多委屈呀！他说的都是学徒的具体生活，但他说的都是有代表性的。

（七）艺人是下九流

就说书艺人的婚姻而言，同行结婚的少。结婚的对象，有的是农村的，有的是妓女，情况也都不一样，大部分都是穷人家的女孩子。有的还没准儿是花十多块大洋买来的，有的穷得连媳妇都没有。一般的人家也不愿意将闺女嫁给他们，都瞧不起他们，是“下九流”呀。

你看，孙雅君的父亲是兄弟四人，她父亲最小。就她家最穷，其他三个伯父都有钱。有一年年关，没法过年了。她妈硬着头皮去找她大伯父借钱去。结果，她大伯父冷脸了，说了一些不三不四的话。她母亲说：“得了，就是我儿女男盗女娼，我也不来找你了。”后来，孙雅君有一个大姐夫在戏园子中工作，好像是茶房什么的，觉得孙雅君一看就是一块唱戏的料。但不敢跟他们家里人说，因为他们家里的人原先都是很有钱的，就他们这一房破落了。只好偷偷地请了一个评戏艺人教孙雅君唱评戏，孙雅君就跟家里人撒谎说她上她姨那儿去了。后来，她母亲觉得不对头，逼得没办法，才把真实情况告诉了她母亲，说大姐夫请了个评剧演员教她唱评剧，挑明了。因穷得没办法，母亲也只好让她学唱评戏。

后来，孙雅君唱红了，唱红了也挣不了多少钱。因为她入的这门，得到的是“包银”。每唱六天，只领五天的包银，一天的给园主，然后再分给打鼓的、弹弦的、打水的等，给她自个儿剩的就不多了。她爸爸老嚷嚷：“狼他妈叼了肉，全都喂了狗了。”有一次，她上三义庄她大爷的地盘上唱戏。她这个大爷是个恶霸，也是个日本汉奸。听说孙雅君在那里唱戏，她大爷就急了：“这他妈不是丢我的人、现我的眼吗！出他妈这样一个下九流！”还上她们家骂去了。最后，孙雅君就没敢上那块地上去唱。

天桥的西河大鼓艺人蔡金波是小时候被卖到蔡家做童养媳的。之后，公公才开始教她学艺。我也采访过她，要是她活着，也应该有九十来岁了。我采访他们都是80年代的事儿，现在都2000年了。

说唱艺人很少有祭祖的行为，都穷得要命，还祭什么祖先呀？但可能也有，具体情况不清楚。像蔡金波那样的，自小就被卖出来了，她上哪儿祭祖去呀？ 要祭的话，也是祭姓蔡的他们的祖先。我当时也没问过这些事，因此也就不能瞎说。凡是人家唱戏的，各行都有各行的行规，各不一样。

（八）伙房子

天桥的小店我很熟。我不住小店，是我奶奶开小店。小店那时不称其店，叫“伙房子”。我奶奶开的“伙房子”叫福顺店，现在这地点都还在，就在天桥的东边，那条街都是伙房子。高凤山不但住过小店，还住过“小孩店”。小孩店是专供小孩住的。这小孩店我在《北京晚报》上写过一段，叫《北京的小孩店》。小孩店吧，跟他们要的钱少，但是大家都得捡煤核，冬天好烧呀。另外，打执事什么的，都得让他们去。

我说的小店吧，也住的有穷艺人，大部分都是劳动人民，都是社会最下层的，轿夫——抬轿子的、抬杠子的、拉洋车的、要饭的、卖兜纸的，手纸那时叫兜纸，卖破估衣的。那种小店，就一个大炕。有的一进门两边都是大炕。这炕在砌的时候，一头砌得有一砖那么高，这就是枕头，人就一个挨着一个地睡。另外，大家伙儿摊钱，弄一个大灶。天天早上起来，大家伙儿就抓纸牌一二三四五六七八，谁做早点，就按着牌叫。

他们都吃什么呀？早上大部分都吃杂烩。杂烩就是那大饭庄子、小饭铺剩的那泔水，就是现在拉的那些泔水，里边什么都有，也有肉、鱼，但很少。这些东西拿回来以后，往里切点儿白菜，然后弄熟了吃。吃的就是那个。要饭的要来的窝头可以卖，拿秤约，这白面的多少钱，粗粮的多少钱。窝头就着杂烩吃。那条街叫穿堂院，都是伙房子。

我上小学二年级的时候，我就给我奶奶写店簿。店簿就是登记来客的姓名、年龄、性别、籍贯、身高、胖瘦、职业、穿什么衣裳、打哪儿来、到哪儿去、来此目的、住的时间，等等。奶奶的店里住的有三四十人，天天写，烦着啦！后来，我就改日子，一号改二号，二号改三号，也没什么变的，有什么新人我就给加上得了。登记这么详，主要是怕有“坏人”，“坏人”就主要是指八路军。实际上，就是八路军常常住这些伙房子。店簿写完了，就送巡警阁子审。巡警阁子就是现在的派出所，给它，有专门审的。过去，没有电脑，就这簿子，有什么事就查这簿子，看犯人有什么特征。其实，我估计也起不了多大作用，就是瞎蒙。但是，它的手续要求挺严。今天的这本送去了，把昨天送的那本拿回来，明天又把这本送去，把那本拿回来，两本来回倒。所以，我一号改三号，三号改五号，五号要再改，就不好改了，哈哈！有时，假装写错了，糊一大疙瘩，再改。所以，我当时的外号叫“小先生”，十多岁呀，十岁，二年级，还不到十岁呢！

另外，店里有“水牌”，那上头简单，就是店客的姓名、岁数。你交房钱了，就在名上点一个点儿，点点儿的就是交了的，没点的就还亏着啦。上边点点儿或者画正字，以区分交钱没有或交了多少天。其实，都是熟人，也不那么严，也可以欠的，有钱了再给。

晚上大家伙儿尿尿怎么办呀？这四五十人怎么尿尿呀？院里边有一大桶，木桶。在窗底下掏一窟窿，夯一圆洞。这样，冬天就不用到外边去了。在里边尿尿，“哗”一下就出去了。天天还得倒尿桶，雇一伙计帮忙倒尿桶。

住店的人要是有病了，你像我们家住店的要是有病了，让他死就死了，没办法。有的有病的，拿不起房钱，还没有死就给弄出去了。到冬天，那条街上每天都有五六个“倒卧儿”。我走着走着，碰到他们脑袋，碰着他们脚的，这是经常的。这“倒卧儿”的怎么办呢？专门有收死尸的，也在穿堂院。我写过一篇小说，叫《福顺店旧事》，我给它设计的情节、人物很有意思。

穿堂院有外五区“流民贫民养病所”，这名儿好听，实际上就是收死尸的。养病所进去就有两间大屋子，一间叫重病室，一间叫轻病室。重病室的人就是死人，拉着没死的那些搁那儿。就是要口水喝也没有，它那儿也没人，就等着你死了。死了后，十个十个一排地码，够一车了，冬天就在头天晚上用凉水一浇，冻挺了，好装车。把卖破烂的弄过来装车，换酒喝。赤条条地拉到永定门外头，永定门外头，那儿叫二郎庙，扔在那里。开春了，有的尸体顺着河水冲走了，大部分都让狗给吃了。所以，当时北京那一带有句俗语，“二郎庙的狗，红了眼儿了”，就是吃红眼了。

店客要是有了钱了，就上莲花河四圣庙最次等的妓院，也就是最低等的妓院逛窑子去了。弄不好，就染上了性病，长疥，然后就死了。死了就是我刚才说的那出路，到养病所，养病所就是等死。等死尸积多了，拉走。

伙房子中的游戏也不少。一是“打屁股会”，即大家伙儿围起来，把眼睛给你蒙上，磕你，让你猜谁磕的。你猜对了，他趴那儿去，其他人再磕，猜不对，就照样“啪啪”地打，这叫“打屁股会”，挺逗的。还有“扔杠”，就是画两条白线，有时是拿大石钱，有的时候拿汽油筒子的盖儿，都是圆的，从那头往里边扔。如果大钱或者盖儿正好压在杠上了，就是压在那条线上了，这就算赢了。要是别人挡住了你扔的盖子，你就算白扔，就拿回来，再扔。要是都没有人压在杠上，就看谁扔得离杠近。规矩很多的。除此之外，还有“押宝”，大家几个色子在一块扔。再就是上天桥听相声、听评书。

平常，伙房子里难闻的味能熏人一跟头。冬天，你要是开门进去了，就会听见喊："快把门关上，冻死了，老子冻死了。"他们穿的衣服是什么呀？披的草帘子，弄个席头、麻袋片、戏报纸，叫"腿绑梅兰芳"。梅兰芳是戏报上的，他不老刷戏报嘛，一层一层的，厚了就摘下来，捆在腿上。那时的人真穷！这些人大部分都是农村的。

（九）我学旋木活

我学徒时，学的是旋木活，就是旋床子。那时才十三岁。我今年虚岁六十四。父亲死得早，母亲改嫁了，我是跟我奶奶长大的。要不我学徒那么早呢！北京人很少学徒的，受不了那罪呀！那会儿学份手艺是能够正经吃饭的饭碗。后来，我在北京机械局工作，一直到退休。

那时，我们那个行业活儿多着啦！你像各种道具，纺织的线轴子、线辐子，等等，太多了。我学徒是跟店铺的掌柜学，那个铺子就在龙须沟旁边。拜师很简单，就是给掌柜的磕几个头，磕完了，再给几个师兄磕头。什么也没供。掌柜的在那儿一坐，叫齐了人，一一介绍，分别磕头就完了。我现在有好些师弟。师兄弟不论岁数，是以进柜上、进铺子的时间先后而定。我 3 点来，你 4 点来，你就是师弟，就是看前后点。我底下有七个师弟，我是大师兄呀！

与艺人一样，在柜上学徒都是受累、受气。差别就是，人家干净点儿。你像说书的都比较干净，我们都跟"小鬼儿"似的，穿的都是头边露脸，后边露眼，脏得很。你知道老舍的《龙须沟》吧？我就在龙须沟那儿学徒。《龙须沟》电影里的旋活的那些道具都是我们那儿的。

那时，我给梅兰芳做过东西。光高级茶叶他就给了我二斤，还给了我些钱。后来，我退休以后，还有人请我旋活去，说给我拿两千，我说我累死了！我现在做梦都梦见旋活。在中国作家辞典上，都写着我旋活的历史。我写的小说大部分都是天桥的背景。我写了七个中篇，写了一个长篇《七个光棍汉》，那实际上就是我们七个师兄弟的演义，有真实生活，情节是虚构的，但细节都是真的。我写小说主要是受老舍的影响。我就是看他的小说看多了，我就要写。所以，这次“百年老舍的征文”我得了个二等奖，奖励了一千块钱，中央台、国际台什么都来采访了我，在电视上播了啦！

我那时学旋木活是在暗楼子上做，直不起腰来。稍不注意，就会撞脑袋。我睡觉靠着墙，墙是用牛皮纸糊的，为了省砖，墙到我那儿就只有这么高了，上边都是纸糊的。我那会儿，半个月歇一个“夜作”。什么叫歇夜作？天天晚上干到 10 点、11 点，今天晚上不干了就是歇夜作。初一、十五歇夜作，初二、十六吃犒劳。歇夜作的时候，我就带着师弟们到前门看电梯去了，那是第一次见到电梯。我们先问守电梯的老头这个花不花钱，说不花钱，我们哗啦啦都上去了，上了三楼。我们不约而同地往下跑，跑下来，呼溜溜又上去了。一趟、两趟，到第四趟，那老头急了，把我们给轰出去了。

后来，我也觉得这没意思，就上天桥去租书，买不起呀！掌柜的不是每年都给“节钱”吗？我就用那钱租书。也就花一两毛钱，就可以租一大本。怎么看呢？夜里十一二点能歇息的时候，我隔壁是一饭馆，人家睡觉晚，都要一两点才关灯，我就在纸墙上弄一窟窿，借那光线看书。这就是我的学徒生活，与别人不一样的学徒生活！

注 释

[1] 说到这里，崔先生给我拿出了当年《北京市曲艺志·人物志》的油印本，因为定稿后正式出版的《中国曲艺志·北京卷》并未有人或单位送书给他这位采录者。在去他那里之前，我已经读过这本在 1999 年出版的志书。实际上，定稿

后出版的志书的人物部分变动非常大，少了细节，简化了文字，人物都成了粗线条、单面的人，远没有这个当年油印本的“人物志”资料丰富。

[2] 抄场子即捡板凳腿儿，抄肥。

[3] “云里飞”要钱的这种情形，可参阅白全福,《我家作艺生活忆述》，收于中国人民政治协商会议天津市委员会文史资料研究委员会编《天津文史资料选辑》第43辑，天津：天津人民出版社，1988，页215。

九、我在天桥撂地，受双重压迫

——金业勤访谈录

访谈时间：2000 年 4 月 2 日，

2005 年 8 月 17 日、9 月 8 日

访谈地点：北京东城区南河沿

访 谈 者：岳永逸

访谈者记：

金业勤（1925— ），男，满族，中国杂技团的老演员，也是 1949 年以前天桥著名的车技艺人，人称“小老黑”。

2000 年 3 月，在一次闲聊结束后，朱国良先生把金业勤先生推荐给了我。那时，我很兴奋，因为又有与一个昔日真正在天桥撂地的局内人见面的可能了。当我急切地打电话与金先生联系访谈事宜时，他爽朗地答应了我的请求。2000 年 4 月的访谈，金先生的老伴也在座，并不时插话。

2005 年 8 月，当我再次见到金业勤先生时，虽然他一条腿不慎跌伤，腰部也有些问题，但其精神矍铄，仍不时骑车外出。他很坦然地说：“年纪大了，都八十岁的人了，身体自然就会有些毛病了。”与别的老天桥艺人一样，金先生自己也喜欢写作、收集资料，而且，他还是个摄影爱好者，并在前几年学会了用电脑软件编辑图片。2006 年 12 月，中国民族摄影艺术出版社出版了金业勤先生自己图文并茂的专著《我从老天桥走出来》。

（一）我是努尔哈赤的后代

瞿铄的金业勤先生

我呢，我是努尔哈赤的后代，1925年出生。这是个很好记的年份，因为正好是这一年，孙中山去世。如果从努尔哈赤那里算，我是他的第十三代子孙。这个，清政府一败落之后，满族人也就完了。

我的祖父岭祺是奉国将军，在辽宁做官，在北京有房子。祖母去世得早，继祖母就虐待我的父亲和姑姑。光绪二十六年，姑姑被美国兵轮奸，疯了，大小便失禁，被继祖母虐待而死。我父亲逃出了家门，白天给人遛马，晚上给小贩烧白薯锅为生。后来，在父亲的力争下，才从继祖母那里得到两所小房子。再后来，父亲住在了复兴门，靠修自行车为生。母亲是河北涞水县人。外公是贫农。舅舅被山水冲死后，母亲就被卖到了城里做丫头。后来就嫁给了父亲。父亲比毛主席大八岁，活了七十多岁就去世了，母亲则活了九十多岁。

上小学的时候，家里非常贫穷，读书不易，那是1931年，就是“九一八”事变的那年。为了告诫我，父亲将当票贴在了我书的扉页。打上学，我就喜欢体育，你像滑冰、游泳什么的，我都拿过名次，较好的名次。1936年夏天，在北平第三届游泳比赛会上，那是小孩初级组的比赛，我得了第一。在1937年一二月，在全北平第二届的花样滑冰比赛上，我得了个第三。那时，我也喜欢骑自行车，喜欢在自行车上练一些技巧。

左边的奖牌是在 1937 年岁首，在全北平第二届花样滑冰比赛上获得的奖牌；右边的奖牌是 1936 年夏天在北平第三届游泳比赛会上获得的奖牌

（二）天津拜师卖艺

我现在，就是后来，投师干杂技，以车技为我的主要行当。义和团运动前后，北京就有了玩车的。到了二三十年代，玩车的主要是走会。相传车技这个行当的祖师爷是哪吒，因为他骑风火轮，但神都是人造的。

1937 年，我从国立北平师范大学附属第二小学毕业后，正好是卢沟桥事变，“七七”事变。没法生活，由于我会一点自行车的技巧，我就到天津拜师。那个时候，曲艺它叫“什样杂耍”，有说的、弹的、拉的、唱的，也有耍的、练的。我就拜了一个很有名的艺人叫陈亚南的为师。他是变魔术的，相传变魔术的祖师爷是吕洞宾，为什么拜吕洞宾为祖师爷，我就不清楚了。“文革”时，师父被逼死，死时也就七十岁左右。

拜师是有讲究的。一是要找比较有名的师父。卖艺强调要“规规矩矩卖艺，老老实实做人”。拜师还立了字据两份，字据上说了徒弟和师父的责任与义务。还请的有引师、保师和代师。我只记得当时请的保师是说相声的侯一臣。拜师时，要先给祖师爷的神马磕头，然后再给师父磕头，隆重的还要敲锣打鼓。拜师要请客。我拜师时，请的有变戏法的、耍魔术的等等，共四桌，有四十人，钱都是家里给的。这样，我就落到了杂技这个行当。在天津，干了六年。我在天津跟随陈亚南学艺的时候，师父没有给我起艺名。因为师父他也不用艺名。我在天津用的就是我这个名字。天津观众比较熟悉。

那时，正是敌伪时代，就是日本统治的时候。在我的少年时代，那的确是受了不少侮辱。干杂技，那个时候是在剧场演，像燕乐呀、中华呀、庆云呀，等等，好多剧场。开始的时候，我可以在一个剧场演出，就能够生活，越往后，日子越不好过。最困难的时候，我一天要上五个剧场。五个剧场呀，那就是演十场呀。下午演一场，晚上演一场，我就骑着车，扛着道具维持生活。在那个时候，我的生活相当困难。恐怕你都知道。你像吃“混合面”饼，如果一家能吃上一顿棒子面、窝头，那可就是美餐了。

也亲眼看了不少中国人受帝国主义欺负。你像我早晨去剧场练功，特别是冬天，常常看见马路上有很多“倒卧”。倒卧就是冻死的。所以现在说戒毒，我对戒毒是特别拥护的。那个，日本帝国主义在这儿的时候，开好多白面儿房子，就是专门用白面儿来毒害人，那惨极了。人不行了，就抬出去了，连身上的衣服都给扒光，就是让另外的人给扒了。那个时候，我早晨上剧场练功，看见拉着两个轱辘，胶皮车，我们叫“送人车”，竖着码三个，然后再横着码起来，尸体就这么码一车拉走。那个时候，还小，年轻，中国这个样子，什么时候能不受帝国主义欺负呀？盼望着这个。

（三）天桥卖艺：你不能干了

在天津六年，到了1943年，我就独立了，到天桥卖艺。我带着我两个妹妹，二妹妹金汝勤和三妹妹金淑琴。大妹金志勤一开始也练车技，解放后改学驯狗，她的师父是苏联人，她是新中国的第一代驯狗演员。

现在，我在天桥撂地的这个地方还能找得到，就是天桥那个电车转盘的西边，紧挨着它。有个叫天桥乐剧场的地方，就是我曾经撂地的地方。撂地就是在一块土地上，围一圈板凳，我在里面练，观众在板凳外边站着看。有愿意坐这个板凳的，很窄的板凳。撂地的都是这样，像宝三什么的，他们也都是这样。一直到了1945年，那当然生活很苦了。特别是这个到了1945年，盼着光复了，日本投降了，高兴得不得了。没想到，好日子没有几天，这物价暴涨，民不聊生。

说一个很简单的例子，我天天由家里骑着车去天桥卖艺，提溜着一个口袋，买点棒子面。我有一个熟的粮店，叫“大和亨”，这是一个很有名的粮店，它在现在的开明戏院对面。这个，每天上那儿去，还没上天桥呢，先把口袋放在粮店，把钱交给它，然后，我到晚上演出完了，回去再取。为什么这样？为什么不晚上一块儿买呢？我早晨买好了的，和晚上的价格就差了很大的悬殊，就说这物价暴涨到这个程度。

另外，你像我在天桥撂地，受双重压迫。一个就是国民党的伤兵在天坛住，很厉害，就公开在我场子的外边，在观众站的地方偷钱。如果观众发现了，你与他吵嘴，他们就一群人，拄着拐子打你。一个就是伤兵什么时候看我挣了钱了，就说：“哎，我拿点儿！”不给？惹不起呀！另一个就是恶霸。跟我场子的西边，有一个开茶馆的，孙五，南霸天。有一次，这还是在光复之前，因为观众踩了日本人挖的防空洞，孙

1943年，金业勤兄妹在天桥卖艺的照片。骑车的是金业勤，在肩上站立的是二妹金汝勤，凌空拉着的是三妹金淑琴

五爷就一下子捣我场子：

你不能干了！由今天起，你就不能干了。

这怎么回事？

你把防空洞踩了！

这是观众……

正因为看你的玩意儿，所以才踩的防空洞。你要不在这儿练，他就踩不了！

后来托了好多人，托了一个宝三场子中姓满的，叫满宝珍，人很好，是很有名的摔跤人，他们比我大一点儿，大概大了十几岁，就去给说和，给孙五送了好多礼。这样，才允许我接着撂地。你像那个时候的警察，也经常耍流氓，到场子里来要钱。所以说我最怕两个，一个是恶霸军警宪，一个是伤兵。这个伤兵呀，他不但偷东西，一被人发现，他就打起来了。我这就白练了，场子就搅了。就这么一直维持生活。到最后，我在那儿演出完了，能够维持家庭生活，就算很不错了。

我在天桥那时候很年轻，一晒就特别黑，这样就有了“小老黑”叫法，大伙儿也不叫我的名字，就叫我“小老黑”了。就这么着，在天桥，你一说“小老黑”呀，大家都知道。现在六十五岁以上的北京观众，还知道。

（四）三清不如一浑

在天桥，天桥这个撂地的，你像宝三呀、我们呀、“狗熊程”呀、杠子的“飞飞飞”呀，这些人属于“清买卖”。什么叫“清买卖”呢？就是观众看完了，你看着好就给几个钱，你给完了钱，什么也拿不走。另一种叫“浑买卖”。我不知道你知道不知道。“浑买卖”就是他也练，但是他不要钱，他卖给你药，卖给你膏药呀，给你治病，等等，这就叫浑买卖。有人说，“三清不如一浑”，就是说，你们呀，练三回不如他们卖一回药。确实这样，卖药的能多挣一点儿。我们也有清高的地方。你别看我们这个挣钱不多，可是我这就是凭卖力气，凭自己的技术挣钱，不坑人不害人。

青帮、洪帮，“家里”不“家里”什么的我就不清楚了，“在理会”你就不知道了吧？在理会都是教人学好，严于律己。在理会的人都戒烟酒，不烧香不上供。最奇怪的是，在理会的人都不养猫、狗、鸡，还认为这些动物是不祥的。在理会的人信奉观音，说如果在极端悲伤难过的时候，只要口念三次观音的名字，伤痛就会立即得到缓解。别的我不清楚，反正，他教人不抽烟喝酒是好事。所以，当时很多人都是在理会的。

总的来说，在天桥就是这么个情况。一解放，文化部成立了中华杂技团，那个是经过苏联部长会议决定，给咱们外交部发来的邀请，邀请中国的一个杂技团去苏联庆祝建国三十三周年的庆典。这个，由上海、北京、天津、武汉，这个沈阳，几个大的城市，由各个省的文化厅推荐一些杂技演员来北京考试。临近解放时，国民党政府抓兵。因为我是独生子，为了躲避兵役，我就逃到了天津。所以，在1950年，我是天津文化局把我选送文化部的，自那之后，就一直待在了中国杂技团。

（五）车技兄妹跟党走

这一辈子，回想起来，酸甜苦辣什么都有。1957年，从莫斯科参加第六届“世界青年与学生和平友谊联欢节”得奖回来之后，就挨了整。秋天回来后，“反右”复查，开了三次批斗大会，去掉了演出队长的职务，降两级，当了一般的演员。后来说，这是行政处分。“文革”时，我也经常被批斗。批斗的原因就多种多样了。有时，纯粹是因为自己创作的节目被批斗。1955年，我创作的滑稽节目《抢椅子》被说成是宣扬钩心斗角，与全国人民大团结相违背，因此被批斗。当时，也因另外一个讽刺喝啤酒的节目，差点没被打成“反革命”，因为在节目中，我讽刺嗜酒的人，并把酒说成了“狗尿”。但在那个年代，这些都是没有办法的。

我自己还保留了一张当年批斗我的宣传画。这画是这样的：我穿着西装，骑着独轮车，一手叉腰，一手高举，我骑车的前方有一牌子，上

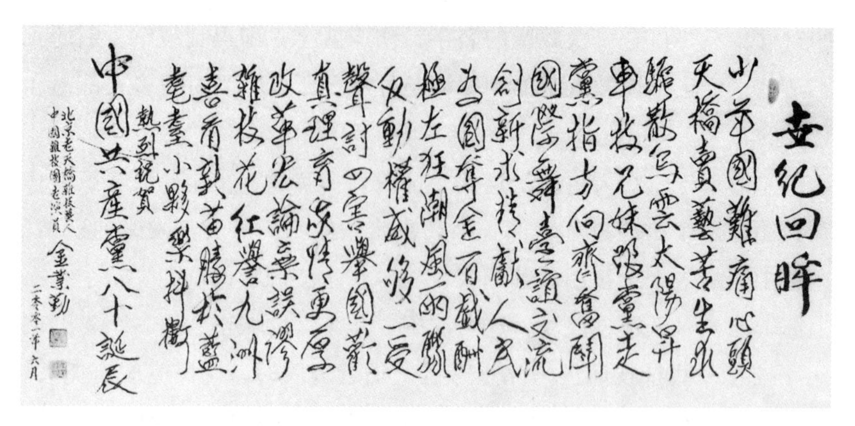

金业勤先生不但是摄影爱好者，他同时还是个书法爱好者。2001 年 6 月，他书写了《世纪回眸》后并拍摄成了照片

写有“资本主义”几个字，那意思是我正奔向资本主义，向往的是资本主义。宣传画的右边，还竖写有一行字：“三反分子反动臭权威金业勤”，“金业勤”三个字上面还画的有红色的叉。那个年代呀，难以想象，什么稀奇古怪的事都有。现在想起来，也就没什么了。

我在杂技界干了五十多年，感触最多的就是中国杂技需要文化。我才是解放前的一个高小生，文化远远不够。于是，我拼命地赶，但不行，底子太差了。我喜欢摄影，也玩电脑，用 photoshop 编辑图片，也会扫描，这样保存资料，但关于电脑别的方面就不够了。

前些年，我也曾写文章表明杂技应该保留“撂地”的形式，这样才能促进与观众面对面的交流，因为在舞台上演，与观众面对面的表演是不一样的。结果，遭到了很多同行的围攻，说杂技好不容易才成了这个样子，还要回到地上去？

2000 年，是中国杂技团五十华诞，我写了四首诗表示自己的庆贺心情（其中一首如下）：

贺中国杂技团五十华诞

一个参加建团演员的经历和心声 金业勤 2000 年

少年饥寒把生谋，天桥卖艺苦吃够。车技艺人得解放，兴高采烈跟党走。
党指方向我奋进，国际舞台艺交流。求精创新为人民，为国夺金争胜优。
反动权威挨批斗，极左思潮够一受。声讨四蟹举国欢，真理育我情依旧。
改革宏论弃误谬，杂技花红开得透。建校愿望得实现，耄耋小伙更抖擞。

我感谢共产党，它提高了我们艺人的身份与地位。因此，2001 年，在中国共产党诞生八十周年之际，我特意写了《世纪回眸》，其内容是这样的：

世纪回眸

少年国难痛心头，天桥卖艺苦生求。驱散乌云太阳升，车技兄妹跟党走。
党指方向齐奋斗，国际舞台谊交流。创新求精献人民，为国夺金百戏酬。
极左狂潮风雨骤，反动权威够一受。声讨四害举国欢，真理育众情更厚。
改革宏论弃误谬，杂技花红誉九洲。喜看新苗胜于蓝，耄耋小伙乐抖擞。

热烈祝贺中国共产党八十诞辰

北京老天桥杂技艺人 中国杂技团老演员 金业勤 二〇〇一年六月

十、拜师拨眼，家传还是要投师

——朱赤访谈录

访谈时间：2000 年 4 月 4 日

访谈地点：北京朝阳区劲松路

访 谈 者：岳永逸

访谈者记：

朱赤（1923—　），男，汉族，祖籍江苏。早年毕业于同济大学文学院，1949 年到北京参加工作，在从事话剧资料研究工作几年后，一直从事杂技资料的收集与研究。他长期供职于中国杂技团，与不少老天桥艺人，如成连宝、朱国良、王雨田父女、“狗熊程”等都有交往，并结下深厚的情谊。在《杂技与魔术》《杂技研究》等刊物上，他发表了不少有关老艺人的逸闻趣事、有关老艺人的人品等方面的文章，并做了大量有关杂技史料与资料的辑录工作。另外，他还撰写了《民国杂技史》，并为多种人物辞典、百科全书及一些志书撰写艺人传记。2008 年，《民国杂技史》作为《中国艺术史》中的“杂技卷”由河北人民出版社出版。

（一）“下海”“拨眼”与“海青腿”

成连宝和朱国良他们都跟我谈过他们拜师，但不是所有的艺人都愿意谈，我曾经与一位艺人联系，就被拒绝了。拒绝的原因可能是哪儿受了刺激。他说：“老朱，任何人来，包括我徒弟来，我都不谈杂技的事情，我伤心透了。”

杂技艺人拜师一般都是比较穷的情况下进行的，具体说有两种：一种是从小就去，师父看他还可以，就把他留下了，这种情况下拜师的仪式就很简单；另一种是带艺投师，这主要是为了找一个靠山，以便在江湖上走得开，这种情况下的拜师仪式就相当隆重了。北京有好几个堂，万佛堂、福顺堂、福寿堂，现在也没有考察出这些堂号是怎样来的。估计过去也有像文化部这样管文艺这方面的一个机构。

清末有旗人“下海”和走会的“下海”。不少人下海后都到天桥了。过去，城南、城北分得很严的。城南的艺人是很难到城北去的，城北的艺人高。天桥真正发展起来，是咸丰的国孝开始的，这是个很关键的因素。由于没饭吃，所以城北的艺人就到天桥撂地去了。还有，城南游艺园、新世界、水心亭这些地方的发展也促进了天桥的发展。

过去，北京有十三档皇会，像中幡、狮子、耍叉、耍坛子、盘杠子，还有杠箱官，这些都说皇宫里看过了，认为可以了，就插一个皇旗，叫皇会。还有的没有被皇上看过的，就低了一等，称老会，如万里云程踏车老会等。北京的特点是庙会比较多，妙峰山呀、南顶呀、中顶呀、东顶，还有东岳庙、双丫山等。双丫山又叫丫髻山。

丫髻山的庙会是最大的庙会，关内关外的艺人都往那儿赶。庙会期间艺人有一个组织，叫“长春会”。长春会就像我们的杂技协会一样的，头儿是卖木梳的。赶一个庙会时，由卖木梳的指定谁在哪儿，由他安排。他要不开场，所有的人，谁都得在那儿等着。

为什么要带艺投师呢？他们讲没有个师父，就是“没有爸爸的孩子”，叫“海青腿”，很受歧视，几乎不能卖艺。一有师父，出去能讲几句师父传的行话，见了面道声辛苦，说是哪个门的，知道是自己人了。有什么困难，如果是买卖不行，大家还可以资助你。他们非常讲义气。他们常说：“人不亲艺亲，艺不亲祖师爷还亲，祖师爷不亲刀把子还亲。”

投师还有一个好处——“拨眼”。艺人都讲什么什么门，你投师或进门，就能把你眼拨开，行话叫“拨眼”。就是说，很多东西不经师父指点就不明白，但只要经师父一指点，你很容易就会了。你像耍盘子、钻圈、硬气功等，其中都有很多关键的地方，不经师父指点，是琢磨不透并容易出丑的。

当时，拜师时还要立拜师合同，那就非常苛刻了。具体比方说，谁谁谁自愿拜某某某为师，学艺几年，到满日子后，报师一年，有的是报师十年。所谓报师就是出师后，徒弟给师父白演，白尽义务，师父就给出了师的徒弟一碗饭吃。有的合同还写有，学艺期间，死走逃亡、投井悬梁与师无关。这是很苛刻的，就是说，他怎么对待你，或者你出了什么意外事故，他不管。

他们讲，拜师是拜香堂。杂技艺人供祖师爷是供吕洞宾，供吕祖。投师时，拜香堂后还要敬三老四少。三老四少究竟是谁？他们也说得不很全。有的说“三老”指师父、师叔、师姑等长一辈的人；“四少”指同门或旁门的师兄、师弟等。拜师时，仪式很隆重，先拜祖师爷，再拜师父、师叔等。拜这些人也不是白拜。拜了之后，师伯、师叔等长一辈的人都得给拜师的徒弟一手活儿。

就师传和家传的关系而言，没有师传，家传不了。就是家传，如果追溯不出师源，别人也看不起你。因此，有的家传了还得拜师。即后来看起来仅仅是家传的一般都在其祖上能追溯出师传渊源。天桥的杂技艺人一般是家传，但家传还是要投师。不投师就站不住脚。这在我知道的天桥有名的杂技艺人几乎都是如此。

（二）万佛堂与“狗熊程”

成月川是满族人，本身在清廷当差，就相当于现在的警察。妻子是一般的家庭妇女。他在行香走会里头，练飞叉练得很有名。他动作规范，手眼、身法、步伐都形成了自己的风格，讲究动作的脆、快、利索、干净。他的飞叉、流星都是这样，更主要的是武术了，在杂技界公认为是独一门的。杂技的风格跟人的性格很相似。但现在没有人继承下来。成月川有一个哥哥，脾气很倔强，先是考清朝当差没考上，后来就跑到保定当兵去了。因为跟上司顶撞，被打死。

成月川的师父是万佛堂堂主姜永奎。成月川的儿子成连宝四岁跟随父亲学艺，六岁时拜刘德顺为师。成连宝 1918 年出生，1995 年去世。刘德顺、于德海和蒋德承都是姜永奎的徒弟。刘德顺主要擅长武术和拿顶。在成连宝拜师时，于德海和蒋德承每人都教了成连宝一手活儿。于德海教了他一手中国戏法，蒋德承教了他耍流星。姜永奎文武戏法都精通。过去的杂技叫“文武戏法”，武戏主要是耍飞叉等。因此，后来成家的人一说到他们的师承，都说是万佛堂的。

成连宝兄妹五人。成连宝是老大，成连生老二，成文群老三，成连玉老四，成连贵是老五。其中，只有成文群是个女儿。除成连宝专门拜师之外，其他几个孩子都是成月川和成连宝自己传授。成连宝会的东西很多：拿顶、武术、狮子、戏法、飞叉、钻圈、耍坛子，等等。成连生的水火流星、成文群的空竹、成连玉的口技、成连贵的耍坛子都各有专长。过去，他们一家人演一场没问题。他们的家庭班子基本不再外找人。成连生的媳妇后来也跟着练走钢丝。这就是家传的特点。家传的凝聚力强，动作比较专，一点一点在琢磨，一点一点在发展。因为，稍一松懈，就吃不上饭。

成连宝的妻子是一个普通的家庭妇女。在与成连宝结婚时，她是再婚，还带着一个孩子。因为那时成家还很穷，找一个人结婚就不错了。总体而言，那时一般人还是不愿意与“要把戏的”结婚，所以艺人多半是在艺人中找，比较抱团，比较讲义气。成连宝又传了他女儿成宝珠、成宝环和儿子成功，现在都没有练了。成宝珠原来在练走钢丝和一字顶，成宝环也在练走钢丝，成功练武术和走钢丝。

天桥“狗熊程”是很有名的了。到程少林已经是第四代了。前三代是程大龙、程荣和、“程半仙”程树和、程文林。程家的祖上是吴桥那儿的。程大龙的舅舅家是天津的张宝青，张宝青会杂技，程大龙大概就是在天津投师的。随后，狗熊程家就是家传了，还有了堂号叫“福顺堂”。据说，程家的熊早先是在关东得到的。到北京之后，他们一家人主要是赶隆福寺、护国寺东、西两庙的庙会，后来还修了自己的房子，主要是走堂会了。

“程半仙”程树和是狗熊程家第二代中一个传奇性的人物。有不少关于他的传说，说他是文武全才，什样杂耍什么都会，像舞流星、耍飞叉、耍飞钵、吞火吐火、吞铁球、吞宝剑等。据说，一次走堂会是在一位王爷家。在程半仙表演“仙人摘豆”时，王爷故意为难他，拉住了他的左手，王子用手捂住了他的嘴，只准他一只手变。结果，他还是给变出来了。接着，王爷要他把院子中的那棵大夹竹桃连盆儿变到殿上来，并派了四名随从看住夹竹桃。结果，程树和先是表演画眉叫、耗子咬架吸引人们的注意，又偷偷脱下一只布鞋向墙角扔去，发出了猫逮耗子的声音，人们的视线都被引向了墙角，四个侍从也不知不觉地向殿上走来。程树和把毯子一抖，趁机把夹竹桃迅速地搬上殿来。王爷因此叹其“真成半仙”了。这样就有了“程半仙”这个外号。程树和曾经收过一个徒弟，叫尹寿林。其他的程家人都没有在外收徒，是家传。

程荣和有两个儿子，一个儿子在中顶庙会时，发烧死亡；另一个儿子程文林继承了家传技艺，最拿手的是脑弹。程文林有三个儿子：程少林、程小林和程幼林。程少林练武术和顶功，程小林练中国戏法，如顶宝塔碗，老三幼林后来也练顶碗和驯熊。幼林的儿子程永祥也驯熊。

天桥艺人互相看不起。老在天桥的艺人看不起新来的并马上又走了的，认为这是因为这些人玩意儿少，所以在天桥站不住脚。外地来的也看不起老在天桥卖艺的，认为他们没胆量，玩意儿少不敢出去闯，没见过世面。程家的人就看不起老在天桥待的人。

天桥的朱家主要是朱国良、朱国全、朱国勋三兄弟。他们的父亲朱寿山拜振兴镖局的孟继永为师，学习武术。后来，这三兄弟在天桥站住脚主要是硬气功。朱国良从他父亲那里学会了不少功夫，但为了生存，后来又拜刘景斋为师。据朱国良说，刘景斋到天桥一看，见这小伙子不错，就说："做我的徒弟吧！"所以，朱国良拜刘景斋为师应该是没有专门举行拜师仪式的，也是带艺投师。刚才说了，那阵儿在北京一个是行香走会，一个是艺人下海。当时，有个双石老会，应该是个民间走会的体育团体，刘景斋就是双石老会的"把儿头"。关玉和、郭荣起等都是刘景斋的徒弟。朱国全和朱国勋都没有单独、专门拜过师。

所以，就是家传了，有些还得拜师。你像演魔术的金震，他跟马永凯演出，拜马永凯为师，后来又拜刘景斋为师，学顶玻璃杯、要喉棍等。拜师就是"拨眼"，不"拨眼"有些东西是不明白的。

（三）刘家门、空竹王与"神弹张"

杂技艺人自己没讲什么门派。当然，有时要魔术的也说"韩门子弟"、韩家派。练车技的就说"刘家门"，因为车技搬上舞台是从刘续章开始的。

刘续章十三岁随父亲逃荒从蓟县到北京。这个人很喜欢车，他是“万里云程踏车老会”的人，玩票赛车。那时，老会骑车没什么花样，就是骑到天津再骑回来，是刘续章创造了很多花样，如“蝎子影”“爬蛤蟆”“站后拐子”等。后来又带着儿子练，把武术中的“站三节”“驮四节”搬上车技。为了练车技，儿子七岁时被摔死。人就是这个爱好，儿子都摔死了，他带女儿接着练。后来，没办法就下海演出。先是到大世界，大世界不给他场子，说你就在外边练吧。见看他表演的人很多，才给了他一块地方。后来，他成立了中国飞车旅行团。抗战爆发时，道具烧毁，不少演员也被烧死。五十多岁的他也就饮恨而死。

刘续章这派的人很多。蔡少武、蔡少文、徐少章、宋少元、刘少安、赵少全、皮德福、赵元增等都是他的徒弟。刘续章死后，妻儿护送他的灵柩回老家。地主逼迫他的女儿与自己成亲。为躲避逼婚，他的女儿与赵元增结婚。解放前后，赵元增夫妇俩成立“飞车走壁团”。20 世纪 60 年代，政府取消了这个车技团。夫妻俩就苦练舞台车技，如“高车踢碗”“高台定车”等。他们的三个孩子赵燕洋、赵燕平和赵燕燕都曾在后来的国际比赛中荣获大奖。

再像王家的空竹，从王雨田开始就抖空竹了。他的四个姑娘王葵英、王桂英、王淑英、王桂琴都会。王家的空竹很细腻。王雨田最早在清廷当差，业余耍飞叉。走会当中，王家的飞叉也很有名。清朝灭亡后，王雨田就下海耍叉，先是在东安市场[1]撂地耍叉。但仅靠耍叉撂地还是单薄了些，就向他一个会抖空竹的姓张的好朋友——张子成——学习抖空竹。后来，就在天桥撂地，抖空竹和耍叉。闺女都跟着上地了。

过去，一般人练空竹都是在沙地上练，而王家的人则是在硬地上练，所以他们王家腿上的功夫特别好，王雨田自己还创造了很多新的动作和技巧。葵英自小耳濡目染也学会了空竹。但王雨田担心姑娘撂地不安全，就让葵英剃光头，装扮成假小子撂地。后来，桂英、淑英都上地了。三姊妹都没有读过书，但她们的弟弟王清源则初中毕业，这在天桥艺人中是很少见的。王葵英的爱人叫马宏亮，也是耍空竹的，还练武术。桂英和淑英都跟艺人结婚，但两人的婚姻生活都不怎么顺利。后来，虽然王家的徒弟很多，王家的后人就只有王葵英的外孙女白梅练空竹了。

天桥张家最早是从张家口过来的。来天桥之前，张家的人是否拜过师就不清楚了。“神弹张”张玉山有两个儿子，张宝忠和张宝臣。张宝臣后来又回到张家口去了。张玉山是打弹弓的，很不错，什么“檐前滴水”“天鹅下蛋”等，非常准，所以天桥有句歇后语：“张玉山的弹弓——天天准。”张玉山后来在天桥卖艺。有人说，张家开了保健堂，卖大力丸，不是纯卖艺的，是“浑买卖”，不是“清买卖”。张宝忠的弓、刀很有名，也打弹弓。张家是家传，没听说过他们收过徒弟。张宝忠的儿子张英杰、张英武、张英侠都继承了父业，身兼几种绝技，只有这样才吸引观众。张英杰把弓和刀连了起来。张英杰的儿子叫张少杰，也在杂技团工作，学会了“举刀拉弓”。

还有像杠子、皮条什么的，天津的就多了，什么“杠子王”“皮条王”，等等。他们都是以师父来命名的，后人这样叫的，以前并没有这样的称呼。你像天津有穆家门，陈亚南就是穆家门的。天桥有名的“飞飞飞”曹鹏飞的盘杠子就是从天津带到了北京。他原先在天津的杠子房，其技艺是从杠子房练出来的。

天桥变戏法的“金麻子”金万顺、金万昌哥儿两个。后来，收有徒弟叫郭进财。郭进财解放前还在天桥撂地。解放后，去了山西。

在天桥的艺人几乎都有绰号。有的是因自己的技艺而得来的，如刘续章被称为“大扫帚”，成月川被称为“转式成子”；有的是因为技压群雄，风格独特，为人所称赞，如曹鹏飞被叫作“飞飞飞”，程树和被叫作“程半仙”；有的则是借别人的名望，如被称作“东方卓别林”的赵凤歧；有的则是丑角扮相，以丑化自己的形象招揽观众得名，如“丑孙子”“鼻嗡子”“盆秃子”；有的则是生理有缺陷而得名，如“大麻子”“田瘸子”，等等。

（四）养女：特殊的一家

金震可能也是家传，他原先在马永凯魔术团演出，后来，又拜刘景斋为师学顶玻璃杯，学了点魔术。解放后，金震也到了中国杂技团。金震的夫人王莲华有三姊妹，她们家是北京艺人中比较特殊的一家。特殊在什么地方呢？

一般的艺人要么是拜师，要么是家传，她呢？是养女，是杂技艺人王老头从小买来的养女，买来之后，就教她学杂技，她连自己姓什么都不知道，也不知道自己的父母是谁，是买来的，还是送来的，都不清楚。解放前，艺人中买养女、童养媳很普遍，但在北京找来找去，就发现这么一家。

王老头还有两个女儿，王莲萍、王莲芝。王莲芝可能是王老头亲戚的女儿，但都是买来的。她们三姐妹外出演出时，王老头就跟着，演完了马上回家，就怕跟人跑了似的，看得非常严。王莲华最拿手的是转刀等，她的技艺都是王老头当初教的。

（五）杂技艺人的“说口”

一般艺人是不愿提及以前的伤心事的。不像成连宝，他什么事都与我谈，包括他结婚的事。他们家是满族，规矩很严。像媳妇到婆婆面前请安，要婆婆发话后，才能走的。婆婆不发话是不能走的。另外，他们过年，也要祭祖。与一般人没有多大区别。但是，杂技艺人家中都供有吕祖，一般在四月十八供吕祖。同时，他们还有很多忌讳，如“八忌”，忌说梦、桥、虎、蛇、龙、兔、塔、牙八种词句。

艺人讲究的是“未学艺，先学礼”，学行话。因为艺人进了行门，不懂礼不行。行话是为了出去流动时，能与同行交流。很多行话都是伴随撂地而生的。你像找地，有“正地”“流水地”“死角地”等。“流水地”是说观众从这儿一走就走过去了。还有“死角地”，指观众走到这里，没什么东西看了，人就走了。“正地”就是能留住人的地。

撂地有很多规矩。你比方说打场子的时候，除了敲锣打鼓之外，艺人还有很多“说口”。所以，现在的杂技把“说”去了，有很多遗憾。有很多说口介绍节目、招揽观众，要钱怎么要，都有它的规矩。孩子闹场，行话叫“踢铃铛”。你不能赶呀，得给他们说：“我们为了挣钱吃饭，请大家帮帮忙！我先给你们演个小节目，演完之后，大家都坐下来。我们靠这个吃饭。”撂地的规矩、找地、招待观众、打杵等都有说口。这口呢？有“哀怜口”，就是“求求你们，在家靠父母，出门靠朋友”之类的。也就有不少艺人主要靠说口招呼观众，所以就有“天桥的把式，光说不练”的说法。但是，也有不少观众就喜欢杂技艺人的说口。你像成连宝就给我谈了很多。他的“口”就有很多窍门，他会说相声，也会说评书，很多观众都想来听他的说口。

解放前，天桥就有个踢毽子和耍飞叉的谭俊川。他 1876 年出生，哪年去世就不知道了。这个人也曾经在宫内当差，专管宫内各处挂帘子，但他酷爱踢毽子和耍飞叉，也参加走会。由于他不善于巴结奉承，一直未能受到提升，精神上就受了些刺激，说话颠三倒四的，人们就称他“谭疯子”。在民国比赛时，好像还得过耍叉第一。后来，他同样被迫下海卖艺。北京的熟人多，拉不下脸，就去天津。后来才回到北平，在天桥卖艺。但由于他不善说口，不会“圆黏子”招呼人，不会开杵门子，打钱，所以一天也就进不了几个钱。

（六）走堂会：门房、厨子与老妈子

他们有几种演出的形式，撂地、走堂会和组织混合班。走堂会没有堂号，你走堂会就不行了。还有就是年前年后加演，组织混合班，演文明戏。艺人撂地是相当苦的。“刮风一半，下雨全无。看天吃饭，就地抠饼。”朱国良有次跟我谈，有时还在睡觉，听见外面在刮风，就要推开窗户看看外边行不行，能不能撂地。心有余悸呀，还在想呢，因为家无余粮。干一天的买卖才有一天的收入。

过去，艺人走堂会，要与门房、厨子和老妈子搞好关系。不与门房搞好关系，进出都不方便。成连宝说，杂技艺人演完堂会时，与厨子关系搞好了，可以带出好吃的，跟门房关系好了，才能顺利出去，而老妈子则可以怂恿姨太太们多给赏钱，让姨太太们互相攀比。同时，变戏法的如果“挂彩”了，关系好的老妈子也会打马虎眼。如果关系不好了，经常会给艺人带来很多麻烦。这都是为了糊口。

注 释

[1] 1902 年前后，在扩建东华门大街时，就将这里的摊商迁移到王府井原神机营操场营业，因这里距离东安门大街较近，所以叫“东安市场”。1905 年，工巡总局正式创办“东安市场”。但就在 1906 年年初，内城巡警总厅就以市场内玩意儿“纷集不雅”为由，将杂耍、玩意儿、演唱曲艺、相摊驱逐。尽管旋即又允许杂耍玩意儿设摊，但有关“风化”的女乐、淫词小曲等仍不准入内。所以，天桥的街头艺人时常也就在天桥、东安市场以及什刹海荷花市场等地流动

撂地卖艺。关于清末兴办东安市场和杂耍艺人在这里卖艺的情形，可参阅朱淑媛，《清末兴办东安市场始末》，《北京档案史料》，1998 年第 4 期，页 74—76；Lynn, Jermyn Chi-Hung, *Social Life of the Chinese in Peking,* Peking-Tientsin: China Booksellers Limited, 1928, pp.83-88。

十一、除了艺术之外，我什么都不爱动脑子

——李嘉康访谈录

访谈时间：2000 年 10 月 6 日

访谈地点：北京宣武区菜市口烂漫胡同

访 谈 者：岳永逸

访谈者记：

李嘉康（1931—　），男，北京人，汉族，弦师。改革开放后，李嘉康先生是北京琉璃厂京味茶馆、新街口集贤承韵等八角鼓票房的“坐弦”。

1999 年冬天，我在新街口苇坑胡同钱亚东先生家的集贤承韵票房认识了李先生。也就是在这些票房过排时，我发现了李先生的重要性，他几乎能给所有人、所有曲种伴奏，并及时提醒忘词的演唱者。于是，在认识他一年之后，有了与他面对面的交谈。这其中，张卫东先生给予了特别的帮助。

2005 年，北京市西城区成立了曲艺家协会，并于每周四下午在西城区文化馆进行活动。从一开始，协会就特聘家住宣武区的李嘉康先生在周四协会的活动中担任“坐弦”。2005 年 8 月 17 日炎热的正午，我到已经被拆迁了一半，只剩半截的烂漫胡同时，李先生正在他家里指点一位造访的票友练岔曲——“遛活儿”。这位对我并不太熟悉的票友说：“李先生特别好，谁来

了都给说，他就是以曲会友，没有架子，也不计较师徒名分。”确实，就在这位票友走后不久，又来了一位李先生以前在盲人工厂时的女同事请李先生指点。在我告别之时，已经是暮色黄昏，李先生还在给人遛活儿。在铺洒的夕阳中，被拆了一半的烂漫胡同传出了老人清澈而优雅的弦声。

（一）学艺就是为了吃饭

天桥我倒是去过，但那都是在解放以后了。解放以前，我还在家里呢，在家里学艺，还没出去，再加上我也不爱打听，也不爱问什么，又看不见，所以，解放前天桥这块儿我就不知道什么了。看不见对于了解事物就失去一大方面。你要是能看得见，你就能多联系人，交际也广。到了那儿，你也就能四处看看，哪儿是哪儿，什么都能看。

我出生在 1931 年，汉族，就是北京本地人。我父亲是工人，原来在五四一厂，印人民币的厂工作。我们家在北京已经有三四辈人了，但具体是怎么一回事并不清楚，未听长辈谈起过。我们家原先住的地方现在

无数个早晚，李嘉康都这样演练

已经改叫南大街了，那胡同都没了，搬到这儿来已经有三十年了。母亲是一般家庭妇女，没上过班。父母都在1970年去世。父亲那辈儿兄弟挺多，有四个。我这辈没有兄弟姐妹，就只有一个叔伯妹妹，曾经还有个叔伯哥哥，十多岁就没了。现在，我们家我这一辈已经没什么人了。

我的眼睛是出生以后，得病、发烧，才瞎的，那还是不到一周岁的时候。我是虚岁十一岁，也就是十岁开始学艺，一直学到解放后工作。先是拜了一位盲人师父敬书员师父，学了不几年，他就去世了。后来，又拜了一位看得见的师父学艺，这师父姓王，叫王玉增，现在他也不在了。

解放前，我们家没有祭祖，是否有祖宗牌位也不清楚，天天就是忙着找饭吃，学艺就是为了吃饭，没有别的什么信念。解放后，更没有这些了。因为就只有我一个孩子，所以我才有机会学艺，要是孩子多了，可能也就顾不了我。家里几个人照顾我一个，所以还可以。

我是1960年结婚的，老伴也是盲人。老伴家祖籍山东，她父亲在北京当大夫，行医。老伴后来也进工厂了，她九四年就没了。盲人在天桥混的也不多。1966年，我进了盲人工厂，做药盒，像牛黄解毒丸之类的药盒。后来，发展做螺钉、螺母之类的。不过，国家给盲人找点活儿也不容易，他看不见，活动范围小，还得找正常人辅助。像我们干机械活，还得找正常人给修机器。所以现在，国家有政策，由工厂按照它的经济效益，按照一定的比例招收残疾人，不专门成立盲人工厂了。也就我们这一代，盲人工厂也消失了。我在盲人工厂干了二十六年。这之前，我都在文艺界。1960年以前，我都在市里头，在宣武区曲艺团待过。六〇年，整团下放到东北。我就辞了，因为太远，长期在那儿，户口还得走。后来，就是干临时的，或者是近处找点儿工作。

我有两个闺女，大闺女脑子有些问题。二闺女成家了，我外孙已经上初一了。她们都与我生活在一起。

因为我看不见，父母都指望我靠学艺为生，千方百计给我找师父，非常愿意让我学。不学，你一辈子吃什么呀？他们也不能跟你一辈子。学艺就为这个着想。同样，因为自己看不见，亲戚都支持我学艺。都希望我能学点，好靠这个谋生。这一辈子，也没有感觉到街坊邻里的歧视。都那么一说，我就没这感觉。

（二）两次拜师

1941 年，经人介绍，我拜盲人师父敬书员为师学艺。敬师父弹弦、算命什么都会，下街游走卖艺为生，以算命为主。那时，盲艺人多数都这样，只有精华的人才能上电台，才能上园子，演堂会。一般的盲艺人弹唱、算命都会，但大多都以算命为主。我要是跟敬师父学满的话，也会什么都学。我跟他学时他已经六十多岁了，只跟他学了两三年他就去世了。

拜他为师时，通过人介绍，还请了客。旧社会拜师都是请客，现在也有点这意识，请几桌客。请客的意义就是让同行都知道谁谁谁拜谁为师，以后好有个照应。借这场合，师叔、师大爷都给引荐引荐。我拜敬师父时只请了两三桌客。因为拜的是盲人师父，所以前来参加的也都是盲人。由于我是小孩，也没人给我说这些人的名字，只说这是师哥，那是师叔，等等。不会给小孩提这些师叔、师大爷的名字，但是现在这些老先生们都不在了。具体的仪式程序我就回忆不起来了。但烧香、磕头总是有的，还得行个拜师礼吧？介绍人、保师、引师等都要讲讲话。那会儿，自个儿是小孩，什么事都有自己父母跟着，不用自己操心。

跟敬师父学时，是在他家里，父亲每天上午领着我去。上午从 9 点开始，11 点就结束，每天两个小时。由于我是小孩，师父没有教我什么行规。学艺的时候，先是学唱词，该学什么就学什么。他教一句我就念一句，每次我能接受多少就教我多少。我跟他学的主要是乐亭大鼓、铁板大鼓。我看不见，人又小，也就没帮师父做家务活，要是能看得见，那就自然应该帮着做了。

敬师父是哪里人，我也不太清楚。他那时住在校场五条。要是敬师父不过早去世，我还会跟他学许多东西，但肯定出师后的去路不同。这与一开始学艺时什么都不懂有关，只想先找个盲人学吧！后来拜了王师父倒还好了。

拜王师父与拜敬师父差不多，拜师仪式没有多大差别，还比较简单，因为他与我们家的关系不错，介绍人跟我们的关系也不错，都是朋友。跟王师父主要是学京韵大鼓、梅花大鼓、弹弦，这些基本上都是跟着王师父学出来的。王师父是到我家教我的。至于我会的其他曲种，都是后来边干边学的，你没听说“师父领进门，修行靠各人”嘛！就是说，师父给你领进了这门里边了，自个儿充实自个儿的意思，一边干一边学。

与敬师母一样，王师母也是家庭妇女。我没有见过王师母，她早就没了。我拜王先生时，他四十多岁，后来他一直没有再婚。王先生有两个儿子。王师父就是北京人，他那时住在虎坊桥附近，也是汉族。

在敬师父名下，我们这一辈都是“秀”字，师父给我起的名字叫“秀民”。王师父就没给我起过艺名，但我知道我是“寿”字辈。王师父这一支系，有“元恒利贞，福寿康宁”等字辈。现在，“贞”字这辈已经没人了，连我师父都没了。

我没有听过俩师父讲他们为什么学艺。那时候，我这两个师父什么也不聊，跟学校老师似的，学艺就是学艺，给学什么就学什么。在王师父那儿出师时也比较简单，没什么仪式。一方面，王师父人特别好，善良，也不要那些仪式；再一说，也是老朋友了，什么都没有。在王师父那儿正式出师在五〇年，这是根据拜师时写的字据规定的年限。口头上一句话说我出师了，就算出师了。其实也不用说，完全就是根据“写字”上面说学几年，比如说学五年或者六年，到年头儿就不学了。

跟敬师父学的时候，也“写字”。“写字”很简单，就是写清楚学徒几年，出师后再效多少力。“效力”就是出师后挣的钱给师父些。写字的具体内容不知道了。我是小孩，学东西就学东西去了，这些事都是我父母办理。

敬师父一死，我就没有与他家再联系过，也就断了联系，也没孝敬过他。对王师父，说是效力，但人家不是都要了。挣点钱，那会儿都是每天出去挣钱，其中一半的钱给了师父，过了两年，也就不给了。但从学艺开始，在三节两寿的时候，都要给师父单独送钱或礼，吃吃饭。

（三）学艺全靠脑子记

学艺时，是否拜祖师爷我不清楚。可能就是烧炷香，磕个头，就代表了，就得了。是否供什么，咱就不知道了。这一方面是我小，另一方面还是我看不见。要是看得见，知道的就多了，就能回忆起来当时是什么情景。所以，眼睛有很大的阻力。全凭记忆，我又不好用脑子记别的事。

两个师父都还收的有其他徒弟，特别是盲人师父，徒弟很多。我是盲人师父的最末一个徒弟。师兄们的情况我不清楚，小孩不会管那么多事。我学的时候，师兄和师姐他们都出师了。在敬师父忙的时候，就让师哥教我。师哥教与师父教没有什么不同，都差不多。教我的师兄就一个人，那是师父实在没工夫的情况下，一般都还是师父教。

学艺的方式主要是口传心授，靠脑子记，那会儿又没有盲校，也不识字，更没有录音。一般是先学单段，每次教六七句，就凭脑子记。短的段子，十天、二十天也就记住了，长的就要一个月甚至更多时间。我没有学过说书，我学的都是单段。过去，老盲艺人会说大书的人多。像我后来投的看得见的师父，都是以单段为主，没有人说书的。敬师父会不会长段就不清楚了，他教我的也都是短段子。

跟敬师父主要是学乐亭大鼓、铁板大鼓。跟王师父学的就多了，京韵、梅花，唱、弹都学。要是敬师父中途不去世的话，也能学不少东西。当然，要那样的话，结果也就不一样了，服务对象、出去等情况都不一样了。后来，因为跟着王师父学，一切反而都比较正规了，反倒好了。因为那会儿不懂学什么门好，有人介绍就先学吧，因此就找了个盲人师父，结果后来拜了个正常人的师父，就对了。

别人说“学艺就是打艺”，我还真没有受过这种待遇，有可能是遇见的这些师父都还不错，没受过什么气。我也不招什么，再说咱学得也不慢。那非得是淘气或者笨，也不是个个都那么虐待，那么打。要是真淘气了，真招师父生气了，老学不会，是会有这种情况。而且，也不是说个个师父都那么狠。我从来没招师父生气，一教什么我就会，因为我脑子什么也不想，就一门心思学艺，其他东西也进不了我脑子。一直到现在，我也是重视艺术这方面。我又看不见了，别的操什么心呀？操心也没用。脑子就完全集中在这东西上，学的时候就好好学，出去伴奏的时候用心，想办法让别人满意。到现在我都这样。

所以，学艺我也并不觉得是件很苦的事情。因为去敬师父家的时候，有父亲带着领着，王师父则是来我们家教我，路上不会受什么苦。到冬天了，在室内，又没有在室外，都挺暖和的。每次学，就两个来小时的事，况且离家也不远。眼睛看不见，也就少了许多麻烦，自己不淘气，也不会惹人讨厌。

（四）亮尖与雁尖

我跟敬师父学了三年，他就去了，所以也没机会跟他出去卖艺。跟王师父学艺，是出师之后才出去卖艺的，都是王师父打好了招呼，到时就我自己去，而且还有父亲跟着我。去伴奏的地方也主要是跟我同龄，岁数差不多的唱主（演员）。从那时开始，我出去接触的都是正常人，没有盲人了。因为我投的路子，说行话就有"亮尖"，有"雁尖"。我投的就是看得见的这门，所以出去的工作对象都是看得见的，盲人就很少很少。"亮尖"就是看得见的这门，盲人好像就是"雁尖"。这是行话，反正他们都这么说，老艺人都知道这个。盲人学艺也就分这两门，而我这两门也都全拜了。现在只要老艺人在，都认识我。这两门之间没有什么冲突，但服务对象有些不一样。

盲人过去学的档次高的，你像过去的老艺人还有伺候王府的呢！到王府里说书去。过去，还有档次比较高的盲艺人上电台，盲艺人就不能上舞台上去演出，看不见，他怎么表演呀？有的老盲艺人的艺术高超，都上电台，像王秀卿、翟少平等。这也分档次高低。再一个，服务对象跟看得见的不一样。你像看得见的这个门里头不容易吸收盲人。盲艺人真得艺术高，但也只能给别人伴奏，还不能到舞台上去唱。盲人这门里头，不是上大园子唱去，他是逛街唱去，或者上电台唱去，因为这牵扯到表演的问题。

敬师父的卖艺就主要是走街串巷，他没有上过电台，主要靠算命为生。盲人多以算命为生。一般跟盲人学艺，先学弹唱，到后来才能学算命。多数盲人卖艺都主要是走街串巷，也有走堂会的。旧社会多数盲艺人都还是以算命为生。跟敬师父学，还在学弹唱，没到学算命的时候，敬师父就去世了。电台、园子还是正常人的艺人多。在盲艺人中，最有名的要算天津的卢成科，他艺术算是达到高潮了。他自个儿能独立演一场节目，叫“巧变丝弦”，他能弹戏，也能教徒，教会徒弟，就给徒弟弹去。他教梅花大鼓。他也上园子，所以说，这也没有什么绝对的行规，你艺术到了那个份儿上，园子也是需要你的。

我在宣武曲艺团时，团中的老艺人就是花莲宝、马中翠。马中翠是唱河南坠子的，可能不在了。花莲宝还在，与我同年，我们还经常接触，他主要唱梅花大鼓。花莲宝就是跟卢成科学的，卢成科的徒弟都是“宝”字，什么花莲宝、花小宝、花四宝、花银宝等，都是看得见的。卢成科挺了不起的，他给名家王佩臣弹，也给徒弟弹，经常来往天津、北京。那时，盲艺人不太多，我就发现卢成科比较高超。

（五）坐弦与傍角儿

我出师后就主要是上园子给别人伴奏。五几年的时候还没组织，我哪儿都去。哪儿挣钱上哪儿去。后来，规划了，就上组织了。每天的收入，并不固定，或几块或几毛。那时一开始收入跟演员、伴奏没关系，多数是按人头儿分，没有谁多谁少。后来正规点儿了，就是根据艺术的好坏打分。

弦师只给某一个人伴奏，叫“傍角儿”。傍角儿的钱是与唱的人分成，听说是三七开，与集体没有关系了。我没干过傍角儿，我是“公众弦”，又叫“坐弦”，谁唱就给谁弹。坐弦比傍角儿不好做，什么都得会，接触的人也多。傍角儿好傍，我傍上你了，我就整天研究你一个人的艺术。以前，小园子也没有什么名角，就一般的，弦师也都是坐弦。

一般的出师后，往往要先给人白干一些日子，因为你不一定能给别人盯得上，别人要看你技艺行不行。你要是能盯得上，别人才会考虑用你，然后给你开份儿。你要盯不上，人家就不愿意使你。我还不错，没

在西城区文化馆的票房活动中，李嘉康给表演者伴奏

有经过这个试用期，第一天就挣到钱了，这是因为我学的时间本身就比较长了，跟学得扎实有关系。

虽然我是盲人，但我没有感觉到什么歧视。这也因为我父亲一开始就老跟着我，他也替我维持人际关系；再一个我的艺术也不断地成长。那会儿，我的脑子就是钻研艺术这一门，怎么给别人弹上。所以，艺术就得边干边学，因为一个人一个样，一个曲一个样。搞这个伴奏相当难，挺不好办的。有时，也得“访友”，因为老师他也并不总是那样全面。单弦这方面我就是跟着名票学会的。你像西河（大鼓）呀、京东呀，那时电台也放，也有录音，那时年轻，脑子也灵，听几遍我就敢弹了。原来，我干专业的时候，京东大鼓我都不会，是在退休后，跟他们一起玩儿我才知道有这个京东。到现在，要是有技术比我高超的，我还是学。总得不断地学，才能够不断地武装自己的头脑，这样才能符合不同演唱者的需要。我父亲差不多跟了我十年左右，从1950年到1960年。后来，到外地给人伴奏，我就不让父亲跟着我了，自己也得闯练闯练。

（六）这些事我都不爱动脑子

过去，确实是有很多盲艺人。我听传说，盲艺人好像有一种什么会，但我没赶上过。我学艺的那会儿，好像就没有了，也没有听见什么。据说有会的那时，要是一个盲人受气，盲人们全都来了，把整条街道都给围上了。我的两个师父都不怎么给我讲这些事，什么也不讲。师父就是教我学弹，学唱。

我弹了这么多年，可以这么说，一般的都还是能给它伴奏得上。这也分什么角色。艺术再好，也得两人切磋。两人遇上了，能切磋，才能一块演。但是，一般的场合，我还是能应付，能凑合。一般来说，单弦还是比较扎实点，京韵这个东西的难度大。反正我主要是单弦、京韵和梅花这三种比较牢靠，这些都算是坐科学出来的吧！其他的京东呀、西河呀，都是自学的，听会的，也不是专长。对我来说，这两样，你要是没人伴奏，我也能抵得上人弹。

我会的词都是以前的老段子，新的少，你像《西游记》《三国》《红楼》《聊斋》等。单弦有《西游记》中的“高老庄”“孙悟空”，有《聊斋》中的“胭脂”呀、“画皮”呀等。单弦的题材广泛，多。我喜欢岔曲，不太喜欢单弦的词。其实，早也学过。牌子掌握了，词我也就不重视了。为什么呀？太麻烦了。这京韵、梅花不敢离了词，没了词就弹不了。所以说，京韵、梅花要是不会唱就一点也弹不了。单弦要是不会唱，还能凑合、敷衍下来。这也说明，京韵、梅花的难度特大。

至于这些曲种怎么来的，我不好记这个，所以就不清楚。我刚才说了，除了艺术之外，我什么都不爱动脑子，再说，我也说不具体。说单弦是发源于宝小岔。这些事我都不爱动脑子，也说不好。有些岁数比我小的，比我知道的还多，别人好记这个。除了爱好艺术这个外，我什么也不爱好。我听得也少，别人给我讲得也少，就不知道什么了。为什么小说我都不爱听呢？这儿听，那儿就忘了，就是弹唱这些个东西忘不了。记些事是不好记的。

反正，京韵我就听说是，前辈宋五亮什么的，后来是什么张小轩的。其实，也经常讲，但我说不系统，只是有这么个概念。好像京韵以前是怯大鼓，后来叫京音大鼓，再后来又叫京韵大鼓了。梅花大鼓的前身好像是北板。单弦就听说一开始岔曲是根儿，后来由民间小调收集的各种牌子归纳一牌子曲，但它的根儿还是岔曲。岔曲就包括风花雪月、才子佳人、春夏秋冬这些题材。岔曲没什么故事性，多数是“赞风”“赞雪”“赞月”等。

（七）你教谁呀？

过去，在团里，按师生的关系有过，但没有正式收过徒弟，也没有人想正式拜我学。为什么？一方面是五几年到六几年干专业的时候，比较忙，再一个就是你教谁呀？你教看得见的？人家看得见的不跟盲人学。你教盲人，你往哪儿带？所以说，没正式收过徒弟，也没有说非要来找我拜师的。现在，情况更不一样，有谁会主动学这个呀？哪儿有呀？也没有人张罗这事。就是正常人跟正常人学的，都很少。

另一方面，或者这话也不对，上级他不支持。你像天津，还有个曲艺学校，北京哪儿有这学习单位呀？京剧还有，曲艺就没有。你说，要自己去找人学，那就更没可能了。观众？观众没什么人认你这个，年轻人也不懂这个！如果发现几个年轻人对这个有认识，已经是挺欣喜的了。这样的人，现在不会超过十个，数都数得过来。唐柯呀，徐亮呀[1]，大学生就这么两个，还有律宁，卫东[2]他已经算中年了。票房还是中年人、老年人多。跟我学的也多是票友，我这个人也不保守，算是以文会友，谁要说说，就算是一起玩儿吧！但那不是正规地学。现在的年轻人想的是跳舞、唱歌，他们根本就不懂这东西。

注 释

[1] 即当下已经脱离郭德纲领衔的“德云社”的徐德亮，徐德亮是他在相声界的艺名。徐亮于北京大学中文系毕业，喜好岔曲、相声等传统曲艺，并在时下以说“文”相声著称。

[2] 卫东即张卫东。

十二、同盟、联盟与口盟

——杜三宝访谈录

访谈时间：2000 年 10 月 4 日、11 日

访谈地点：北京市宣武区先农坛街

访 谈 者：岳永逸

访谈者记：

杜三宝（1928—2000），男，相声演员。他出身艺人世家，父亲是弦师，母亲筱月楼唱京韵大鼓，受家庭熏陶，杜三宝自小学艺。解放后，他一直在铁路文工团工作。退休后，他常参与八角鼓票房活动，并在天桥乐茶园表演双簧、相声等。

这是一份没有最终完成的访谈录，并且永远无法完成了！与终生从事的曲艺相去甚远，杜先生业余时间喜欢无线电修理。在先农坛他那低矮而窄小的两间平房的家中，外屋堆满了各种电器。2000 年 10 月 11 日下午，当我第一次迈进他的房门时，各式电器跃入了我的眼帘，杜先生正坐在那里，拿着螺丝刀给一台老式的收音机上螺母。

我是在琉璃厂京味茶馆票房、大栅栏宏运饭庄票房与老先生有过数次接触后，经张卫东的引荐，才与他进行访谈的。难能可贵的是，杜先生保留了很多与他自己及家人从艺生活相关的照片，这包括：他母亲

民国二十七年在哈尔飞戏院演出时的节目单，他自己在民国三十六年二月二日拜把兄弟时的同盟把兄弟的合影，他同门师兄弟的合影，等等。那天，杜先生与我的交谈也主要是围绕这些照片进行的。他的记忆力好，思维清晰，而且很健谈。也就是在这次访谈结束时，我与杜先生预约好，随后的每周三下午我们将长期交流。

但是，就在2000年10月18日，当我从关学曾先生家里出来，在下午2点再次敲杜三宝先生那低矮的房门时，一直都没有回音。从隔壁窗户探出头的老大娘告诉我，老人因煤气中毒，已经住院了。我当即赶到友谊医院。他躺在病床上，一位正跟随他学习双簧的女徒弟在护理他。老人一见我，还朝我微笑示意。在我临走时，他握着我的手，有些艰难地说："等我过几天回家了，我们再慢慢地聊，上次要给你那些照片，你没带走。其实，我自己留着也没用，下次来的时候，我给你。"

2000年11月21日深夜，张卫东在电话里告诉我，"杜先生11月10日去了，14号火化的！"就这样，老人走了！谨以这份应该是在他生前最后的一份口述材料，来表达对老人深切的哀悼与怀念！

（一）我的家人

我出生在1928年。我的祖父，也就是我的爷爷杜玉清，原籍山西洪洞。他幼时被宫里招选为"公公"，就是"老公"[1]吧，选中。在来京的路上，借到厕所大便的机会，跑了。跑了以后，一个人呀，无亲也无故的，流浪到北京。在北京近郊，碰到一个绣花的老先生，他就跟老先生学绣花，过去那叫绣花作坊。这样，才有了我们这些后代。爷爷要是到宫里去，就没有我们了。我没有见过爷爷，只见过他的相片。祖母的情况就不清楚了。

我知道我祖父家教也很严，我大爷眼睛有点毛病，他就是给我爷爷打跑的，跑到天津去了。我大爷是弹弦的，也会说相声。在他能挣钱时，挣的钱都交家里，交了钱了就给窝头吃，没挣到钱就不准吃饭。这样，大爷就给打跑了，跑到天津去了。我父亲和我叔叔还在北京。

我父亲杜茂田，他是属蛇的。他们这辈有兄弟三个，姐妹三个。父亲弹三弦，搞伴奏，十九岁时与我母亲筱月楼结婚。我姥姥是家庭妇女，姥爷好像是卖针线的。舅舅就是现在的装卸工，在铁路上装车卸车。

父亲主要是给我妈妈弹弦，叫“傍角儿”的，就是专门给一个人弹。妈妈演出不多时，就给大伙儿弹，给弹的也都是头一流的演员。小时候父亲把我管得很严。玩也好，上学也好，回来就会问：“今儿怎样？捅娄子了没有？跟人打架没有？说实话！”说瞎话可不行，就是不能说瞎话。淘气的事一定别过三，否则一定挨打。有一次淘气爬树，腿擦伤了，回家后，父亲发现了，没打，只说“事不过三”。第二回我打了一个小孩儿一巴掌，父亲还是没打我。第三次出事时，父亲也不问了，先让我把掸子给他拿过去，把门插上，再让我趴下，把裤子脱下来，打！打的时候，不准捂屁股。这有道理，免得把手打坏了啦！还不准叫，不准哭，管得严。父亲是在解放前去世的，可能是在抗战胜利前后。他去世之前，我已经出师能独立演出了，记得我给了他五毛钱，是中华联合银行的纸币，就和现在的票子差不多，他当时就哭了。

母亲唱京韵大鼓，是专业的，是投的师父。她师父是谁我就不知道了。母亲娘家在白云观西侧的小马厂。筱月楼是她的艺名，本名就不知道了。母亲她们家也是汉族。母亲当年主要在哈尔飞唱，就是现在的西单剧场那个位置。[2]她在北京的各个剧场都唱，天桥也唱过，但时间很短。在演出低潮的时候，剧场里也没的唱，堂会也不多，才来天桥卖艺。我开始是跟我母亲学。那会儿，我还小，才十来岁。

平常，到我们家串门的人也不少，但多数都是来求教的徒弟，要不就是同行同业的艺人。我爸、妈都收徒弟。这些徒弟是慢慢地从天桥往“上”走。母亲收的基本都是女徒弟。徒弟都是先背词，那时也有手抄本，就跟现在的账本似的。他们一句一句教。今天来了，要先把昨天教的一句一句地背下来，然后再继续教，整个一段怎么也得要一个礼拜，一周才能背一小节。把词背下来之后，再练鼓和板，这两个不好学着呢！我自己学也是一样。我父亲收的男徒弟就多了。这些徒弟后来到哪儿的都有，自由职业者嘛，哪儿需要就上哪儿去。

大姑姑杜丽顺是搞咱们曲艺的，科班出身，唱莲花落的，那是北京的头一代名演员。“丽”是字辈，她们的字辈是“元、恒、丽、贞”，就好像是富连成和中华戏校的字辈一样。富连成是个人办的，中华戏校也是个人办的，那就比较晚一些了。高玉倩你知道吧？就是中华戏校毕业的老旦。

我哥哥也是中华戏校的，“玉”字辈的，艺名叫杜玉春。高玉倩她实际上不叫高玉倩，而是叫高永倩。她是中华戏校最后一科的，也就最后一班的，实际是中华戏校“永”字辈的。可是，这个班的时间不长，就休业了。她的“永”字也不好念，字音拗口，不顺，就把她的名字改了一个字。这样，字辈看起来也就提升了一辈。《红灯记》中，她演的是老旦。

我们这（曲艺）里头也是一样的，也分“字”，就是字比较广一点。比如说，我姓杜，我是“喜”字科的，我就单起一字，叫喜什么喜什么的，“德”字呢，就叫德什么德什么。最早呢？是梅、清、胡、赵，就是梅家门的，清家门的，胡家门的，赵家门的，这算是头一科的，头一辈的了。

我姑姑是“丽”字辈的。过去，不是都得进宫去给慈禧她们唱吗？那时，城门关得早。我们家有一个灯笼。灯笼是铁丝编的，内侧糊的有纸，里面再放上蜡烛。打上灯笼，从前门出城时，守城的一看见这种灯笼就把城门开了，挑着“笼子”，就可以出来了。那阵儿，要进宫当差。

（二）莲花落与相声

现在，莲花落这个剧种就算没有了。莲花落与数来宝的不同是，莲花落唱的都是比较吉祥一些的，像什么《二十四孝》《丁香割肉》，还有《鹬蚌相争》等。《鹬蚌相争》是这样唱的：

> 昨日里阴天渭水寒，出了水的蛤蚌就晒在了那个沙滩。有鱼鹰将那个蛤蚌当作了一块肉呀，它抿翅收翎就往下潜，鹰钳蚌肉它疼痛难忍，那蚌夹鹰头儿是两翅扇。打哪儿来了一个打渔的汉呀，连鱼鹰带这蛤蚌就捡在了鱼篮。他高嚷，快乐就真能快乐呀。蛤蚌儿就酒鱼换钱。那鱼鹰掉下了伤心的泪呀，叫了一声蛤蚌儿大哥，我这得叫你听见。早知道你我落在了渔人的手，倒不如你奔湖海，我奔高山。你奔湖海就得志潜水，我奔高山就落安然。这就是呀，张口不知合口的易呀，那出头容易是退头难。[3]

太平歌词又属于相声范畴。相声里边是“说、学、逗、唱”，这就有点像学校里的数理化，是基本功。“说”是完全用说，用语言把大家逗笑。逗笑不是像现在这样，出怪相，要来个什么怪话，那完全不是。你像刘宝瑞，那完全就是用语言说得大家捧腹大笑。另外，还得有回应，这是说功。

“学”呢，是模仿。模仿什么呢？模仿大姑娘、老太太的动作，学山东、山西、河南、河北的话，上海话，外国话等。它是模仿，学什么要像什么，至少要大体上像。京戏也是学，也是模仿。我要学一段《霸王别姬》什么的，学谁唱呀？学梅兰芳。学梅兰芳，你得像梅兰芳，都像不可能，起码你得有几个地方像。一听，哦，这就是梅兰芳。真像，这是功夫。学四路的话语呢？学山东话就得像山东话，那才行。学山西话就要像山西话。当然，完全整个都像不可能，就是突出的地方要像。这是学，学这个学那个的，模仿。

“逗”呢？是两匹马啃痒痒，一嘴对一嘴的，你有来言，我有去语。你比如说像“五行诗”，就是以“金、木、水、火、土”这五个字为头。比如说拿“金”逗哏，一个甲，一个乙。我说：“金锤一对上下翻，两军阵前抖威严。谁人不知岳云勇，力大无穷拔泰山。”这个捧哏的也得从“金”字说起，找一位古人，捧哏的古人跟逗哏的古人两人换口说话。这是一朝一代。他说完了“金”了，我也说：“金枪一杆抖威风，杀退兀术百万兵。假降金牌十二道，岳飞死在风波亭。”还有四个小字，“父子好汉”，这样的“包袱”，包袱即效果。“儿呀，随父尽忠。”逗哏的就是找便宜，就是找人一便宜，他是岳云，他是岳飞：“儿呀，随父尽忠？”“我不去。”反正，乙是老吃亏的。这是一个“金”。

“木”是“木栏杆外美英雄，散步来到凤仪亭，抬头看见绝色女，吕布画戟刺奸佞”。这是吕布，完了。“木如青丝女婵娟，花园白夜恨苍天。王郎巧设连环计，离间父子美貂蝉。”这是王郎（允）。这是“木”，木栏杆外。

到“水”这就顶真续麻了，字头咬字尾。“水漫蓝桥蓝瑞莲，莲花池旁魏魁元。辕门就逢穆桂英，英勇宗宝到帐前。”最后呢？最后两句是“男子没有梨花勇，勇冠三军薛丁山”。这甲呢，老去找便宜。就俩嘛，你一句我一句。

“唱”呢？也是属于模仿。这是说相声的四门功夫，说、学、逗、唱。这是侯宝林概括的，其实，除了这四项基本功，我认为还应该加一个“做”字。因为在说的过程中，是有很多动作的，怎么样做好，不仅仅是“学”就能会的，还必须自己琢磨，这样可能才会把握做的分寸。

（三）撂地与戳活

唱京戏的一般是看不起天桥的，但解放后的角儿多数是从天桥起来的，你像梁益鸣、新凤霞等。解放前的京剧名角儿是绝对不会到天桥来的，差别非常大。京剧开始在天桥也有，从天桥起来的也比较多。梨园界的子弟，那就是档次比较高一点。一般的都还是从天桥起来的。你像新凤霞刚来北京的时候，没名儿，谁也不认识，大园子也不接她，就先在天桥。天桥有大街南、大街北，从珠市口分。大街北是华北戏院，就是现在的丰泽园，还有第一舞台，那些都是京剧名角儿的地方，梅先生就在那儿。艺人从大街南慢慢地向街北运动，够得上了，才上大街北。

天桥有三个戏园子，有个吉祥，有个小小，有个天乐。德盛那儿是评戏。现在的人民银行那儿，那会儿是小桃园，也是唱评戏的。京戏没有在茶馆里唱的，起码都上小园子。曲艺呢，就在万盛轩、二友轩、永顺轩。我是在永顺轩。永顺轩在哪儿呢？在万盛轩的北边，就是现在万盛剧场的休息室那儿。河北梆子是在丹桂，是在小小戏院的南门。

一般的什么“云里飞”呀、“八大怪”呀都是撂地的，还有胡老道、王桂英、王雨田都是在天桥撂地。撂地的跟园子有区别。区别是什么呢？撂地它就是在平地。平地有三圈板凳，有的有四圈板凳，内圈有个桌子，叫“场面桌”，艺人就在那儿演，其他三面都有观众，艺人背后也有观众，一般人都上前边看。四面板凳呀，就搭一个布棚，遮遮太阳，遮遮小雨。一下大雨就不行了。演完一段，就要零钱，这观众都知道。到天桥来的没有带钱多的，都是最底层的穷人，拉洋车的、倒土的、卖豆汁的，都是这些人多。反正呢，你带着钱，就扔上个一大枚、两大枚铜子。

现在撂地，起码也得扔一块钱，也有十块八块、五十块的。现在，潘家园里面不是有个跤场吗？用布帐围着的那个地方，原来卖票五块，现在就是要零钱了，有多少给多少。有给五十、一百的，三五毛的都少。区别就在于卖票不卖票。

园子里不卖票，是收茶钱。你进去喝水，水钱是水钱，茶叶是茶叶。你要沏好茶叶，再单要。你坐那儿，花生、瓜子、核桃什么之类的都可以上里边卖，你得单花钱买。你说“一般地听”，就是听“小女辈”唱，即刚学的小演员接着唱。有人说“戳活”，这就得单花钱，现在这叫点唱。戳活也是随便给，有人真给得多！有“捧角儿”的，看上这人儿，每回去就点这一人的。那会儿，还有请女演员吃饭，那叫“饭局”。到哪个饭庄子吃饭，或者到哪个饭庄子打牌去，或者是到家里。这捧角儿请自己的朋友陪着打牌，家里伺候着。打牌的钱，不管你输和赢，都搁那儿，没有拿走的，这属于“耗财买脸”，最后全归艺人所有。有时，这些钱比我们的劳务费还多。

我们演堂会，有“单钓”，现在叫小费。单钓就是单给你的，起码是一袋面。那会儿，一袋洋面就了不得啦！你一天才能挣多少呀？三五斤棒子面钱。有一次，我的主顾是门头沟的财主，一个开煤窑的，我们管他叫“窑头”。他办事，什么老太太生日、小孩满月等都会请堂会。演员也渐渐地跟他熟了。他常让艺人“押宝”。那一次，我跟“三蘑菇”常宝霆都赢了，桌子上所有的钱都让我们拿走了。他耗财买脸，不像拉洋车的、倒土的，你一问他要钱，扭头就走了。实际上，以前的艺人都是流动卖艺，哪儿都去。

落子馆跟杂耍园子不一样。落子馆就是天桥的，你像二友轩、永顺轩、春华园就比较高档一点了，撂地就比较低档一点了。低档，但是真不少挣。这高等有时还真没人，你也没办法，没人点你的，没人戳活儿，就不一样了。茶馆、落子馆里下雨淋不着，太阳晒不着，有座位，就跟现在的唱歌摆台一样。艺人都在台上，只是台子比较小。落子馆里面的艺人都是女的，都唱曲艺，什么京东之类的。落子馆也是个剧场似的，只是体积小。

有杂耍的场子就要大点了，最小也得是广德楼、广和楼、华北戏院、开明戏院。这属于什样杂耍了，就是耍、变、练、吹、打、拉、弹、唱，什么都有。这些地方就有些名演员了，好些都是从天桥一步一步慢慢走上去的。天桥出了好几个，像金箔银、梁益鸣等。梁益鸣是学马派的，学得很像。这剧场大街南、大街北的都完了，就进长安大戏院了。南城大戏园子多些，内城就少。

（四）拜师："三稳"与字据

拜师要请一些师叔、师大爷，师兄、师弟，这些人平常都认得，但没有那么近。请本行业的人，还有其他行当的人，比如说耍杂技的、变戏法的以及不太有名的唱京剧的，但具体都是谁，我记不清了。

我开始拜的是曲艺老师，是王文瑞王先生，他好像是三河人。那大约是在我十二三岁的时候，反正是在日本时候。拜师时，要有引、保、代三位师父。引师是引进师，就是介绍人，引进门。保师是保证人，要保证这孩子没有什么坏习气、坏毛病，首先保证绝不是偷东西的，人品怎么样、家里怎么样等。代师是把徒弟往出带的，也可以说是带路的，因为你不一定能老跟着师父走，师父也不能一直跟着徒弟走，就凭代师到外边给介绍，遇到同行同业的了，就给你介绍推荐，叮嘱别人想着点，照顾照顾，这样就多一条道。

我拜师的引、保、代三师都是我父亲找的，他对这些人都很熟悉，都是同行同业。我拜师的引师姓吴，叫吴成林，是位班主，他自己有道具、笼子和堂号，就跟团长差不多。保师好像是胡祥林，他也搞伴奏，是位弦师。代师好像是胡宝君，也是伴奏。那会儿，我已经会唱了，我是十周岁就在外面演出了，拜王文瑞为师实际上是带艺投师。我主要跟他学京韵、梅花。王师父会写作，能自己写段子，过去金万昌唱的段子都是他给写的。

当时，大约是秋季，拜师仪式是在同和轩饭庄办的。同和轩饭庄在李铁拐斜街路南，李铁拐斜街路北是两义轩。请了四五桌客。究竟花了多少钱，我就不知道了，都是我父亲付的。拜师时，主持人是引师吴成林，我又叫他吴大爷。与拜把兄弟一样，先拜祖师爷周庄王，给他磕三个头。然后给每个师父磕头，只磕一次，共三个头，这叫“人三”，给人磕头，不管磕什么头，都得磕三个，跪在地上，头不用撞地，但给鬼磕头一般要磕四个，“人三鬼四”嘛！再后就是给长辈磕头，整个人就像一个磕头虫似的，给舅舅、舅妈等等都得磕头。给师兄也要鞠躬请安。杂技界的也请的有人，请的谁我就记不清了。还有变戏法的，京剧界的也得请几个，那会儿，都不是太有名的。

拜师那天，因为师母病了，所以没来。我母亲有演出，也没能来。拜师时，父亲去了，但不用给他磕头。时间也是从上午八九点开始，12点左右结束。

拜师时，师父要发话讲一讲注意事项，也就是一些行规。首先是“三稳”，就是手、眼、嘴三稳。因为咱们经常演出的场所都是在大宅门、达官府第，人家的东西很多，什么宝贝都能遇上，手不准摸，这包括拿，换句话就是不准偷。眼睛不准胡看，要看也是正言厉色，斜眼看、偷看都不行。宅门里头的小姐、姨太太都漂亮着呢！对不对？不像现在是往肉里头看！哎，这是不准的。嘴，不准乱说，人家宅门里头有忌的字什么的。另外，行里头忌讳的字也不能说。比如早上起来，你不能说“我做了个梦”，不行，梦是虚的。还有不准接下语，师父、师叔在那儿说话，你一定不能顺口接过来，“什么这些都不对，不是这么回事，是那么回事”，这些都不行。那样，你要是说了，马上一个嘴巴就过来了，“啪、啪、啪”，左右开弓。

还有就是忌贼，忌偷东西，绝不要。说句糙话，你是“王八”，你是“兔子”都可以要。“王八”知道吧？就是自己的老婆跟人家好了，你当王八了。哎，这个管不着，因为那是你自己的事，跟咱们班社里头没有关系。“兔子”现在新名词叫“鸭子”，意思是什么？本来他是男的，但比女的还女的。这也不要紧，因为它不影响大家，那是你一个人的事。你要是拿了东西，人都还在这儿呢，大伙儿都会受牵连，这不要，绝不要，有就开除。

讲究很多，你在台上、台下见了师叔、师兄该叫什么就叫什么。“嘿呀”“老儿”什么的都不行，“老张”“老李”的都不行。没介绍过的，那是另外一回事。磕头的时候，这些人都不在，那没关系，但是也得尊敬人家，不能藐视人家。

行当怎么来的这些在拜师仪式上就不怎么讲了，是自己慢慢去悟，主要是讲忌讳的。行规要讲。你比如说，上台得冲祖师爷作个揖，也就是示意一下，让祖师爷保佑着点，我到台上别忘词。一般的术语，就是技术名词也得学。比如说，你在台上忘词了，你怎么办？你不能当着观众的面说：“我忘词了。”这时就要说术语了，说白了就是“行话”，解放后反对这个。行话在拜师仪式上也教不了太多，只能拈主要的，其他的都是慢慢地学。

拜师时，这些东西师父也说不了太长的时间。引师、保师和代师他们都不讲，他们主要是看以后的实践了。实践当中，他们会说：你刚才的那话不对，词也不行呀，应该怎么怎么说。

拜师时，没有给师父红包，包括在后来拜郭荣起郭老师的时候，那天还是他的生日，我一分钱都没拿。我跟王师父学艺并没有规定每天什么时间，有事就去，有工夫就上他家去。我有什么不明白的地方就随时上他家请教。“有个段子不明白，您给我说说”，或者“这个段子我会，您给我听听，看哪儿不对”，并不是师父来我家。

当时，与王先生也立有“字据”，但也不像我哥哥戏校他们写的文书那样严。他们的文书上要写“在校期间，死走逃亡、投河觅井，与校方无关”。咱们这个就是什么呀？在学艺当中，师徒之间，各自凭心。如果你挣钱了，你就给师父买点好吃的，或者给点钱，因为他也不指望你徒弟这些。

我的字据现在找不着了。我师哥就因为字据把师父给得罪了。我这个师哥叫屈长庆。我叫杜长林，在曲艺里头我的艺名是杜长林。师兄的本名叫屈福恩，他后来在煤矿文工团。他是因为入党，就跟我师父王文瑞要字据去了。师父当时就生气了，不高兴了。其实，他不了解这个事，你入党的时候得有证明呀！师父不懂这个。要来没要来、给没给他，我就不知道了，这也是我听说的。可能师哥当时也没说清楚，是要入党什么的。师父不给我们说这些事，他正言厉色。师父很忌讳徒弟把立的字据要回去，那就等于说我把你开除了，你辞退我了，不认我这个师父了。

字据是师父、徒弟都各有一份。我自己的那份不归我拿着，归我父亲拿着，也没看过，也不认得，当时我才一年级，小学一年级。二年级我都没上。一般字据上面写的都是谁拜谁为师呀，学艺多少年呀，艺名，孝敬多少年呀。因为相互都了解，就是“各自凭心”。师父他也喜欢我，他不喜欢你，根本就不会承认。

我孝敬过王师父，逢年过节，“三节两寿”都会去。名义上都是在学徒期间。不是干这个的也是三节两寿孝敬师父。三节是大年初一、五月端午、八月节。八月节就是中秋。两寿就是师父的生日、师娘的生日。这些都得到，你有钱就给点儿钱，没钱，人也得到。

王师父是“文”字，跟王文川他们都是一辈的。我的师兄主要有大师兄杜长海，二师兄是广国全的儿子广长湖，他哥哥是广少茹。三师兄马长青。果万林的儿子果长宝行四，屈长庆是老五，最末一个就是我，杜长林。这些艺名在拜师时都写在文书上的，专门有司仪写。现在，跟我在一块演的是郑福顺，他跟尹福来是师兄弟，是“福”字辈的。[4]

曹宝禄基本上也是跟我师父学，但他有师父，他学会了又另外拜的师父。还有金小山，他是曹宝禄的徒弟。金小山会唱莲花落，也会拆唱八角鼓。现在我演的双簧也属于拆唱八角鼓，它是带音乐的。“大狗熊”孙宝才的双簧是属于相声的，完全是说的。《北京音乐集成》里有我的双簧，也有我的八角鼓，没有孙宝才的双簧，有我跟曹宝禄、尹福来三人的。我这是没有文字的，他们是根据录音整理的，但出书的时候也没人通知我一声，也没有人给我这些书。

王师父的女徒弟有两个，孙书筠和林红玉。女徒弟都没给字儿。孙书筠比我大三岁左右。女徒弟都要交学费。只要出艺以后，她们就能挣钱了，但先要家里出点学费学。男徒弟一般都要写文书、字据，女徒弟基本上没有。拜师之后，男徒弟是上师父家学，女徒弟则是师父去徒弟家里教。女徒弟的家境有的要稍好些，经常会招待招待师父。

“要得会，先跟师父睡”，这是开玩笑，净逗，应该是“要得会，先跟师父学”。反正这一行里也不排除这些情况，有，不是没有，是个别现象，你像……

（五）份钱与口盟

拜郭荣起时，什么仪式也没有，就是磕头就完了，地点是在西单的老启明茶社，时间大约是 1947 年。对现在说相声的，郭师父应该是祖祖辈的，有人管他叫祖宗。李金斗管我叫“爷”“师爷”，他管我师父叫“老祖”。相声行中，常宝堃、常宝华他们一家是“宝”字辈的，我也是“宝”字的，但我跟他们是叔伯师兄弟，凡是这一辈都是“宝”字的。那天，正好是师父的生日。我是跟“三蘑菇”常宝霆一块儿拜的师。常宝堃是“小蘑菇”。他们的父亲常连安是“老蘑菇”。常连安有两个太太。两人一块儿拜嘛，省钱也省事，磕个头就完了。“三蘑菇”跟师父他们也是亲戚，我师娘是“三蘑菇”“小蘑菇”的姑姑，是常连安的老妹妹，他们都管我师娘叫老姑。要不，“三蘑菇”又管郭师父叫老姑父？这样，一块儿花不花钱就无所谓了。

我们家与郭师父没什么亲戚关系，但师父与我父亲他们的关系都好，都是同行同业嘛！曲艺这行它都讲义气。比如说，你从外地来了，只要是干这一行的，说相声的，你到北京来困住了，你要是从这儿路过，走不了路了，好，今天在这“小园子”、茶馆挣的钱都归你，你全拿走，当车钱。你说你在这儿，好，那就给你最高的劳务费，也根据你的条件。比如说，“整份”是一块钱，就给你一块钱。整份这会儿级别是死的，级别是死的，但具体的钱数是活的，因为收入不一样。你像收入两千和两万就不一样，那样，多的话，你分的份儿就增了。全看大家一天演出所得的多少，来分份子。

那会儿，我算是在启明茶社学徒的，就挣得不多，根本不挣钱。你学徒，没有钱。当然，我也没交学费。后来，能上台了，能说一段了，就给你“零钱”。比如十个人十个整份，就收入一块钱，一人一毛，正好，没有零头，也就没有你的了。有零头，几毛几分就归你学徒了。再比如说那天共挣了一块一，该拿整份的十人将一块钱平均分完后，剩下的那一毛钱的零头就是你的了。

当时，我去启明茶社的时候连车都不坐，那时我在“新世界”南侧的大森里住。每天从大森里走到西单游艺社。每天起来，就拿两个窝头，用蒸东西的布一包，带上就走，就管一天。晚上得十一二点才能回来，散场以后走回来。那时，有叮当车，有轨。走西单那儿是1路有轨电车，在商场那儿下。1路是从西直门到天桥。那车都不坐，没钱呀！

我拜王文瑞为师，主要就是拜个师父，没有举行出师仪式，就是拜个师。我跟郭师父主要是学说相声，没有立字据，什么都没有。我师父都说："你像三宝这儿，我什么也没教给你。"拜郭师父为师就是个"口盟"，口头协议，他就承认了。你就是不举行仪式，他喜欢你，"得了，你算我徒弟"。这就行了，鞠个躬、磕个头就行了。

我跟他学就是他在北京的时候，也没有具体的年限。师父曾经在宣武门路东天主教堂后身的胡同住，在第二医院的北边一点，后来搬到了复兴门大街小庵堂那儿住，在水产大楼东北角一点儿。我经常吃郭师父的，师父他也不在乎。过去，人们老说师父拿徒弟怎样怎样，其实不都是那样。我在师父家里什么都给干，看孩子，扫地，就像在自己家一样。跟郭师父学并没有感觉累，师父对我挺好。师父老板着脸，没笑过，但是我很尊敬他。他从来没打过我。王先生也没打过我。不对就是说，话反正是有点儿刺激，那会儿，小，也不太懂。郭先生也是这样。学艺我并不觉得苦。

（六）同盟与联盟：拜把兄弟

民国三十六年二月二日上午，在老东安市场的润明楼，我与其他六人结拜把兄弟。拜把兄弟又叫"同盟"。有杨文元、苗德清、徐华泊、宋大红的侄子、连世昌、郭济平和我。

大哥杨文元是搞杂技的，主要是顶技，顶着桌子，桌子上摆很多东西。苗德清是三爷，他也是中国杂技团的，他演什么我就记不清了，拜了把兄弟后就没怎么见着，只知道"文化大革命"时让他看野兽。徐华泊是弹三弦的，也唱莲花落，是北京曲艺团的。现在，宏运饭馆的经理是他的闺女，这饭馆算是他外孙开的。[5]我嫂子（徐华泊的妻子）也唱莲花落。宋大红的侄子叫什么我就记不清了，他是唱梅花大鼓的。连世昌是连幼茹的侄子，是唱京韵的，也拉四胡。我当时排行老五。我们七人当中，只有郭济平没有学艺，他后来去了北京市第二医院，他是郭启儒的少爷。郭启儒就是给侯宝林捧哏的那个。[6]

“同盟”就是这么个称呼，就是“一盟”。有时还有“联盟”。比如说，你跟我拜了把兄弟，这是一盟，五个、六个、七个、十个也不要紧，另外呢，别人有一盟把兄弟，跟咱们连在一块了，这就是联盟。也就是说，两盟之间再有人互相结拜，这两盟就成了联盟了。

拜把兄弟的仪式就是磕头，就跟拜师差不多。具体做法是，结拜时，桌上要摆上香蜡纸马，大爷、二爷、三爷等把兄弟一起给祖师爷磕头。祖师爷是周庄王。我们当时拜的是周庄王的牌位。牌位是用比较硬的、结实一点的木头做的，大约有两尺半高，有十五公分宽，上面写的有“周庄王之神位”。也有的用周庄王的塑像。周庄王大概就是周朝的吧？他也是打鼓说书劝人。周庄王塑像左边是清音童子的塑像，右边是鼓板郎君塑像。清音童子是唱的，在左边；鼓板郎君是打鼓的、打板的，在右边。

拜把兄弟的地点一般都在饭庄，比较大的饭馆。仪式完了之后，大家就摆几桌一起吃饭。拜把兄弟专门有主持仪式的人，是咱们请的。神案、供品是请的人摆放。中间是周庄王牌位，两边是清音童子和鼓板郎君的牌位。供品一般都是水果，过去都是点心匣子，有什么大八件、小八件。这些供品的名字都是旗人的名称，“萨其马”呀等等。点心匣子以前是草编的，后来就是盒了。香炉中的香，不像现在是一支一支的，那时是一股高香。上香的是长辈。由主持人插上一股高香。

主持人都是同行，而且是长辈。我们给祖师爷磕头是磕一次，一次包括“三个头”。每磕一个头，主持人都有颂词，具体当时说什么，我就记不清了。我们当时的主持人叫崇子厚，他当时大约四十岁，是检场的，就是现在的服务员。他家里的情况怎样，我不清楚。当时，一般的“班”里都有“笼过挑”。“笼”就是笼子，是专门装道具的，什么鼓板呀、服装呀等，是一个容器，圆形的，很高，与弦子的高度差不多。专门为演出时摆放收拾道具的，就叫“检场的”。“过”就是掌班的，是班主。“挑”就是挑笼子的工具。

拜把兄弟的时间是大家自己商量定，没太大的讲究。跟喜事一样，要挑好日子，什么单日子、双日子。通常，节呀、年呀的日子都比较好。有的还要找算命先生看看，多数都不算，因为互相处的时间长了，知道怎么回事。仪式举行的时间是在上午，8点多钟就去，吃完午饭就结束。吃的东西没什么讲究，一般都是在饭庄包桌。仪式除了把兄弟之外，一般不请其他人，父母亲愿来的就来。这与拜师不同，拜师要请很多的人。

拜把兄弟所用的经费由把兄弟分摊，因为那会儿大家钱都不多，都比较清贫些。这也是不请太多人的原因之一。当时，究竟花了多少钱，我不太清楚，钱都是我父亲付的。拜把兄弟时，我出师了，我是带艺投师，但我挣的钱都交给了我父亲，要花、要用时再问他要。

关公不是我们这个行当的，所以我们结拜时，不拜他。唱京戏的就拜关公。那时，我们几个在同一剧场，又同台演出，一块儿很说得来，所以就拜把兄弟。在解放前，拜把兄弟很多很多，很普遍。过去不是有行会吗？连江洋大盗都拜！我自己就只拜过这一次。要是一盟后来还有人往里续，就还得举行仪式。我们这一盟没有再联盟。

我们把兄弟好到什么程度呢？“穿房过屋，妻子不避”，就跟一家子亲兄弟一样，“不能同生死也要同患难”，就是“义气”。把兄弟好像比亲兄弟还要亲一些。自己的亲兄弟不一定在一块儿待一辈子，可把兄弟同行同业，就很有可能在一块儿待一辈子。如果一个地方约我们中的某一个演出，要是他不空，我们可以推荐。这时，一定就会推荐把兄弟，而不会推荐其他人。

我们大哥就跟家中的长子一样，不管是吃、穿、住、行，甚至演出挣钱去，他都非常关心。到大哥家里，随随便便，就跟自己家里一样。嫂子也疼兄弟。感觉上比自己家人还好，因为它毕竟不是天天在一起。把兄弟要外出时，虽然不一定都去，但一般都会去大哥那儿说一声：我要走了，你是否要捎带什么东西？回来之后，同样如此，会向大哥问好，这叫“话到礼全”。

我看见过我父亲跟人拜把兄弟时候的文书。大爷谁，二爷谁，我父亲的名字，上面都有，但具体的就记不清了。

注 释

[1] 太监。

[2] 当时，杜先生给我拿出了他所保存的他母亲在哈尔飞演出的节目单。

[3] 这是杜先生随口唱出来的，我不会记谱，就只能将词记下来了。唱的时候，“蛤”的读音是 gé。

[4] 说至此处，杜先生给我拿出了当年他们这几位师兄弟的照片，一一解说。

[5] 就在我访谈杜三宝老人的前后，宏运饭馆有八角鼓票房的过排活动。

[6] 杜先生是指着当年他们拜把兄弟时照的照片给我一一介绍他们把兄弟的，照片上方有“中华民国三十六年二月二日同盟”一行字。

十三、现在说这些有用吗？

——关学曾访谈录

访谈时间：2000 年 10 月 18 日

访谈地点：北京南三环洋桥南海户

访 谈 者：岳永逸

访谈者记：

关学曾（1922—2006），男，满族，著名的北京琴书艺人，有“琴书泰斗”之称，代表作有《杨八姐游春》《长寿村》《鞭打芦花》等。

儿时，与当时大多数旗人一样，关学曾家庭生活贫困，父亲靠打小鼓（收破烂）等为生，母亲则一度在街头“缝穷”。十四岁时，为增补家用，也为了日后的生活，经邻里介绍和家人同意，关学曾开始拜师学艺，先是拜常德山为师习唱单琴大鼓，后再拜石金荣为师。出师后，关学曾长期在北京天桥、鼓楼等地撂地卖艺。解放前数年，他也曾在电台演唱，为商家做广告。

新中国成立后，与侯宝林、高凤山等一样，关学曾也是较早进中南海为新中国领导人进行专场演出的老天桥艺人之一。20 世纪 50 年代，他参与组建了北京曲艺团、北京曲剧团。紧跟党的文艺政策，他积极学新唱新，编演新曲目。抗美援朝期间，他曾两次赴朝慰问演出。在与琴师吴长宝合作期间，他成功改良了单

2000 年 10 月 18 日，访谈完后，在自己寓所的关学曾先生

琴大鼓，并更名为“北京琴书”。关学曾创作作品百余段，演唱过上千个段子，演出近两万场。

1996 年，关学曾参与发起曲艺进校园活动，并参加了数十场演出。1999 年，中国文联出版公司出版了由关学曾口述、郑忠立整理的《路——琴书泰斗关学曾先生的演艺生涯》。2005 年，中国唱片深圳公司出版了《关学曾北京琴书经典唱段专辑》CD，收录了其十五个经典作品。

关学曾生前曾担任中国曲艺家协会理事、北京曲艺家协会主席、北京市人大代表、北京曲艺家协会名誉主席等多项社会职务，并享受政府特殊津贴。2000 年，中国曲艺家协会授予他“新中国曲艺五十年特别贡献曲艺家”称号。2003 年，他荣获第四届中国金唱片奖。2006 年 9 月，他荣获中国曲艺终身成就奖。与早年出身天桥的侯宝林、新凤霞等艺人一样，关学曾的经历、成就与荣誉成为新中国发展前行的见证。

1999 年 12 月、2000 年 3 月和 10 月，在虎坊桥小腊竹巷朱国良老人的简陋居室，在我多次与朱国良老人的访谈中，老人经常提到解放前曾经在他家场子“抄肥”的关学曾，并建议我也找他聊聊。老人还说：“关学曾现在名气大了，跟我们不一样了。但他人好，前几年还经常来看我。只要有人要了解天桥，找到他了，他都会带着那些人来找我。现在，他年纪也不小了，行动也该不怎么方便了。”

当年，也正是朱国良老人给了我关学曾先生的电话号码之后，我才联系上了关先生。那时，关先生身体健康，精神矍铄，但也同样繁忙，社会活动很多。在电话中，知道我要了解天桥旧事，尤其是在我提及是朱国良老人介绍我与他联系时，关先生立即答应了我的请求。当年百忙之中的关先生在他的寓所接待了我，并专门腾出半天的时间同我“闲聊”。

在我这些年访谈的老天桥艺人中，关先生是唯一一位第一次见面就较快进入正式访谈的合作者。他表述清晰，逻辑性强。正如在这份访谈录中呈现的那样，由于解放后关先生的身份、地位以及世界观的转变，关于当年天桥艺人的很多生活知识，老人进行了有意忘却。但是，作为曾常年在天桥跌爬滚打的老艺人，关先生的回忆仍然在一定意义和层面上反映了不仅仅是老天桥艺人而且是那个时代生活的一个面相。

（一）旗人的事儿特多

我们家是旗人，从小我就没见过祖父和祖母。只听说我祖父是一个宫中卫士。那时，旗人是由国家养起来的，每月都有钱粮，生活富裕。到民国时，就什么也没有了。我父亲什么也不会，就只有卖着吃、当着吃，到生我时，已经搬到了崇文区的贫民窟。为了能做小买卖，就只好躲开旗人住的地方，怕丢人！

我父亲是三十六岁时才有的我，那是1922年，家里很贫苦。在有了我之后，抓劳工时，我父亲给抓到东北去，后来不知道怎么又跑回来了。他走的时候，我不知道，回来的时候，我就知道了。当时，他穿着一破棉袄就回来了。我父亲从东北回来以后就做小买卖，卖菜。他什么都做，什么挣钱就干什么：卖菜、拉洋车、打小鼓等。打小鼓就是先买破烂，然后再到小市上去卖。我母亲就在崇文门大街便道那儿，弄点针线、布头给别人补补袜子、衣服，就是“缝穷”。[1] 我常跟着去，在那儿玩。

母亲也是满族。过去那会儿，在旗的就跟在旗的结婚。那时，满、蒙、汉八旗与一般老百姓不一样。要是在街上出了事到厅里打官司，厅就跟现在的派出所一样，一进那厅，在旗的和一般老百姓的待遇就有区别。那一般老百姓一进去就得磕头，在旗的，满族人就不磕头，只是往那儿一站，是两种待遇，不一样。所以说，一般旗人家有女儿、姑娘什么的，也不会往汉民家里头嫁，一般都是嫁旗人。母亲家当时也没人了，也是这种情况，与我父亲家的情况差不多。

旗人亲戚之间虽然破败了，同样经常来往。我父亲有弟弟，有哥哥，是哥儿四个，父亲行二。有一大爷，有一三叔。我管三叔叫三爹。还有个四爹，四叔，我管他叫“老爹”，但是这个老爹我从未见过。据我父亲说，年轻时候他就走了，不知上哪儿去了，活不见人，死不见尸，到现在我也没见过。那哥儿仨我倒是常见。我大爷就在我家东边住，后来他们一家子就都搬到天津去了，因为这儿混不好。在天津混得还行，挺不错的，就不回来了。我三爹就在北京，有的时候就和我们住一块。你比如说，在东大地的时候，他就与我们住一块，住一个院。到沙土山就搬开了，离得也不远。我们在沙土山，他们在南岗子住。我三爹他们家，独生子，只有一个孩子，他比我大，是哥哥。我们家也就我一个独生子。另外，我还有一个姐姐。

过去，旗人的事儿特多。你像我哥哥比我大两岁，只要说是三天没见，再见着时，老远就得给他请安。请安完了，再叫哥哥，叫名字不行，就得叫哥哥。这是规矩。我那姐姐，要是有两天没见，也得请安，叫姐姐，他们说什么都得听。现在我们家我这辈的人就只剩我和我嫂子了。天津的俩叔伯兄弟都全没了。

我母亲娘家原来也不错。我母亲是姐儿仨。后来，我们在沙土山的时候，我二姨，就是我母亲的二姐与我们住同一个院。大姨不知道住哪儿了。过去的亲戚都走得比较近，不像现在似的。你像我那姥姥的妹妹，也就是我母亲娘家的妈的妹妹，我管她叫四姨姥姥。在我十多岁的时候，母亲时常领着我去那儿串门。亲戚离得很远，但走得挺勤。四姨姥姥的儿子还常上我们这儿来，我管他叫舅舅，走得熟着呢！那会儿，亲戚都走得挺勤。

我的叔伯、姨他们结婚的对象都是旗人。在我的记忆中，家里没见着祖先的牌位。究竟有没有，我也不知道。我父亲那会儿，还比较迷信。年年领着我和我母亲一块儿，去坟地烧纸。我们家的坟地还是很不错，在西直门外头。其他的都卖了，坟地没卖。从老祖、爷爷，往下来的坟地都在那儿。可能是日本的时候，修北京把这块地方占了，把坟地给我们挪到百万庄去了。迁坟的时候，不知道的就不要了，知道的就给迁过来了，那是我父亲迁的。百万庄就在阜成门外。后来，百万庄又要盖楼，又把坟地迁到了广安门外头，叫莲花河什么的。又给我们一块地，又迁。迁到那儿，大概一年多就解放了。解放后，那地方又要盖楼。于是，就将坟迁入公墓去了。我们在公墓买了一大长条，十几个坟穴。这公墓在西北旺，那是回民公墓。“文化大革命”时，把那块地方全给平了，坟都平了，连骨灰都没有了，全完了。直到现在，我们家每一个墓穴的单子我都还留着。

（二）小子不吃十年闲饭

小时候，吃不上饭是常事。我们院里街坊处得都挺好，有时候别人还接济我们，给点儿吃的。北屋是一个打铁的，姓赵，他们家的日子还比较富裕，常照顾我们。那时，在东大地住。后来，我们家先是从东大地搬到唐洗泊街，从唐洗泊街又搬到沙土山，然后我就上学了。父亲本想让我多学点文化，将来好学点儿本领吃饭。可是，上学上的是私学，就是一般的那种老学究开的学馆，招学生来，每月交学费。我父亲打小鼓出去，赚了钱了，就让我去上学，没有钱了，交不起学费了，就先不去了，就在家里念在学校学的。这样，上俩月歇仨月，读读停停上了有二年多。后来，再也没上过学。

“小子不吃十年闲饭。”到了十岁，我就开始帮着家里做小买卖了。我什么都卖过。先是卖什么山里红呀，串成串儿，还卖过西瓜，卖过择手果子，卖过臭豆腐、酱豆腐，等等。后来经人介绍，我上宝成堂学做拉锁、拉链去。那东西练练就会，一学就会，就是得给它干活，我干了一年。每一个月工厂就给一块钱，还管饭。第一个月给我一块钱，我父亲就领着我去花市买了一双新鞋。这是我从出生到那时，十一二岁了，第一次穿新鞋，以前没穿过新鞋。我小时穿的东西都是我父亲打小鼓儿买来的旧衣服，那些衣服买回来洗一洗就穿上了，鞋也是这样。那会儿，打鼓儿的什么都卖呀！我穿的都是旧的，这是第一次穿新的。

我做拉锁做了一年。因为在那里干的时间特长，并且不许打盹。晚上要到 11 点多，谁打盹就挨打，有四五个人巡逻。后来，到年夜时，放两天或三天假。回去后，我就给家里说我不去了，因为那里老打人，还不让睡觉。家里说，不去就不去吧。于是，把东西拿了回来。回家后，就接着做小买卖。这是我在学艺之前的一段。

（三）一般旗人都会唱两口儿

在我学艺之前，我们家及众多的亲戚中专门学艺的没有。但像我母亲，在家里做姑娘的时候，她就会唱着玩儿。你像现在那单弦，当时就是八旗子弟书。为什么打的那叫八角鼓呀？那都是八旗的玩意儿。一般旗人都会唱两口儿。曾与我们住一个院的，我那姨就能弹弦子，我母亲能唱唱。她们是玩儿，没拿这个挣过钱，就在家里唱着玩儿。

我们住的那个大杂院，十间房子一个院，住了十户。一户一间房。有的时候，攒两个钱，门口过来一个瞎子，弹着弦子，算命呀，唱曲呀。把他请进来，大伙儿给俩钱，听他唱唱。有时候，我姨就拿过弦子弹弹，我母亲也唱两句。院子里的人都挺高兴的。而且那时，院子里头，十户起码得有几户喜欢文艺，喜欢曲艺，有喜欢评书的，有的还喜欢自己说书。到夏天没事，把院子里的人凑一块儿，说书。所以，我很受这个影响。

我也喜欢听这些。从有了“无线电”——广播之后，我就经常听。但家里头还没有无线电，我就还得上外头听去，上人家那个铺户，站在门口听。铺户门口为了招人，都有“话匣子”，所以老听。过去，那会儿有单琴大鼓，我尤其喜欢听翟青山唱的单琴大鼓。我们在唐洗泊街住的那会儿，我们那儿有几个茶馆，也老有说书的。我没事就到茶馆去。小孩，茶馆也是熟人，人家也不问我要钱，我就在茶馆里听说书。

后来，在沙土山，我们住的那房子是福源堂李家的房子。我们住的这十户人家，一天一户三大枚的房钱。房东李老太太天天拿一口袋上这儿打钱，收房钱。这老太太挺胖的，我管他叫李大妈。那天，坐在院子里说闲话时，就提起了翟青山。因为他们有个亲戚叫吴长宝，年龄也跟我相仿，说吴长宝已经跟翟青山学去了。我一听，很高兴，就说：“我能不能学去？”李大妈说：“那行啊，等他来吧，等他来了我跟他说吧。”母亲当时也同意。就这样，我在家等着。结果，翟青山没有来，来了一个常德山。老太太把我介绍给常德山，我就跟常德山先生学了。

我学艺的时候，反对的人没有，但闲话有。我们住的那地方为什么没人反对？因为都是“穷鬼”，都是穷人，只要你能学本事挣到钱，你就是好样儿的。反对的都是那些有钱的，顾脸面的人不干这个，这等于就是“要饭的”，因为你唱完一段就得挨着个儿要钱去。

（四）“写字”拜师

我拜师的时候，没大请客。过去的那个时候，不是说所有的拜师都得请客，有时，师父承认你就行了。到时候，给你介绍介绍师叔、师大爷的，就行了。不像现在，拜师非得到饭庄请客。过去那会儿，连饭都吃不上，谁有钱请那客？是干这行的去拜师父，师父说，“不错，这徒弟收了”，就行了。可是一样，那会儿拜师父得“写字”，你得跟着师父走，跟师父一块儿待三年。这三年师父打、骂都行，也挣不着钱，反正吃、喝师父都管。挣好的，吃好的，挣次的，吃次的。三年之内，师父把你打死了就打死了，说这个人跑了，跑了就跑了，这师父一概不负责。这得跟师父待三年。“写字”还得画押，还要写明引进师、保师。写字的内容就是这几层。我拜师时的引进师是魏德祥，保师是孙呈海。引进师都是师父找的，自己没地方去找，他们也喜欢，一块儿聊聊。

拜师的时候不要什么仪式，就是磕头。给师父磕三个头，站起来以后就是徒弟了。拜师前“写字”的时候，把引进师和保师都请来，给保师和引进师都磕一回头。我拜师磕头的那天还正是我的生日，给我父母磕头，给我师父磕头，给引进师磕头，给保师磕头，全都得磕，我就像一个磕头虫似的。

拜师的时候，师父大致说了这几层意思：喜欢我，好好学。而且，跟我们家说，这孩子不错，挺好，不像“野孩子”[2]。我一定要把他教好，我可以向你下保证，这孩子出了师以后，保证每一天能给你拿回一块钱来。一块钱！一天都要拿回一块钱来，那可不得了！我拜师的时候，屋子里没有祖师爷的牌位。至于祖师爷是谁，这行当怎么来的，都是师父以后慢慢讲的。祖师爷是周庄王。过去，徒弟拜师以后，自个儿家里也有一个祖师爷的牌位供着，要给这个牌位烧香磕头。

其实，祖师爷的牌位就是一张红纸，在正中写上“周庄王之神位”。

两边有两句话，左边写的是“清音童子”，右边写的是“鼓板郎君”，下边还有梅、清、胡、赵“四大门”。然后，将纸马贴在一块板上，再将木板钉在墙上，下面还要放一个香炉，或者碗也行。完了烧香，那时烧香都是一股一股的，而且烧的时候，着火。现在，烧香全是三根的，那不对。过去，庙里烧香都是整股整股的，没有一根三根的。自己家里烧香时，烧的要少些，而且也只是在祖师爷的忌日时烧。但是，现在说这些有用吗？[3]

四大门的梅是梅子青，清是清云风，胡是胡鹏飞，赵是赵亨利。传说周庄王是孝子，他喜欢给太后说书，而且他也把国家治理得很好，太深的我也不知道。过去，梅、清、胡、赵究竟怎么解释，我也解释不好，但据说是周朝的大臣，他们是根据皇上的意思给老百姓讲这个讲那个。这是这么传下来的，所以立他们四个门户。

我属于梅家门。梅家门的年头特多，辈分也太多了。而且，梅家又分多少股，有的单立股，我们又属梅家二股。原来常德山先生究竟是梅家几股的，我不知道。我第二个师父石金荣先生是梅家二股的。

（五）常先生“倒卧”了？

我的师父跟我的辈分都有些差别。常德山，他属于“德”字，是田玉福的徒弟，但石金荣的师爷是“德”字的。这两个“德”字不一样，一个在尾，一个在中间。你要按说，我跟常德山先生学，我就跟石金荣先生的师父是同辈的。常先生教不了我了，让我去跟石先生学长书。石先生长书说得好，就是奔这艺术去的，一下儿我就矬下两辈儿了。所以说，这辈分也没法说。

常先生在北京是一个人单过，在农村好像还有人。这个事我已经不知是真是假。他晚年“抽的”[4]已经不管事了，天天得扎，把身子扎得乱七八糟的，就把我交给了石先生，让我跟石先生学去。但常先生还上电台，我还上电台给他打琴去。后来，电台不用他了，我也就不去电台给他打琴了。自此之后，也见不着他。没过多少日子，听说他在天坛坛墙“倒卧”了。常先生倒卧了，哎哟，我这心头特别难受。

到了解放后，常先生他们农村来了个人，自称叫高玉祥的找我来了。他说：我是常先生的徒弟，我也知道你在电台老提常先生，也是常先生的徒弟，我来认师哥来了。我当时听了很奇怪。我说，当时常先生就折了。[5]他说，常先生当时没死，他回家强行把烟给戒了，在家里头，是五几年才死的，死了之后，我们帮着给埋了。

你说这是真的还是假的？我也不知道。我也没能去常先生的老家看看。常先生有一个闺女，说在城里头，我也不知道在哪里。常先生没有收其他徒弟，他就只有我一个徒弟。我跟他学的时候，我们师徒关系相当不错。他很喜欢我。因为当时我长得不像“野孩子”，个儿也高，嗓子也好。

常先生当时是在京南学五音大鼓的，本身是业余的，也不挣钱，就玩儿。在闹灾荒的时候，就上城里挣钱来了，没有师父，人家不让他唱。人家瞅着他眼生，就问他，一问没有师父，他就亮相了，别的艺人也就不准他卖艺了。于是，他就想办法拜师。田玉福老先生谁都知道，拜这么个名师。一提谁都知道，就可以吃开了。托关系，想办法，常德山拜了田玉福为师。

（六）田玉福说的很紧人

田玉福老先生是很有能耐的，他一般唱的是木板，有时候也用铁板。他说的书太惊人了。他说什么呀？他说《列国》。过去那时候，凡是学《列国》的，什么《战国春秋》《走马春秋》《封建春秋》等六部春秋的人都得跟田玉福学，别人不会。这几部春秋是田玉福琢磨出来的。那时，虽然卖的有书，但书上跟他说的不一样，这就是所谓“江湖道儿”。他说的很“紧”人，[6]谁都喜欢听，爱听。

你像一个书馆开张，往往要请田玉福，知道田玉福能说，说得好。要请他来，是挺难的。一旦说好了，他就会来的：“行，那我去吧！”掌柜的一般都会让他多说些日子。这时，田玉福就会说：“行，那你就说多长吧？”那会儿，说书的讲究的是两月一转。掌柜的说：“那你就说半年吧！”一说就是半年！“那我给你盯一年吧！”然后，再定下几部书，就一部书《春秋》，每天说，晚上仨钟头，老连着说，接着说，连说带唱。一年都完不了，还得往下续。他就能跟你黏上。所以说，这人很有能耐。

天桥的关顺鹏、关顺贵就是说《封建春秋》呀、《战国春秋》呀这些的。他们同样是跟田玉福学的。学的时候，是这样的：先说好了，到田先生说书时就去听，该给水钱给水钱，该给书钱给书钱。花钱听，然后每月给田玉福老先生买一袋面，每月送一袋，就学这个。听完了，就回去把当天说的全记上。听完了《春秋》以后，他俩也就算会了，就这么学。我见过田先生，但没说过话。可能是在我开始唱的时候，他就没了。

（七）学艺：自己挤自己

石金荣是我的第二个师父。拜石先生的时候，也没请客，就是石先生代替常先生教我。原先写的字儿（拜师帖）究竟常先生交没交给石先生我也不清楚，字儿也不在我手里。石先生结婚了，是一家子人。他家在农村，京东马各庄。我跟石先生一块儿学的时候，有时是在家里，有时是在摞地的时候。

跟石先生的一天，我是这样过的：早上黑天，跟我母亲一块儿起来。

我母亲早晨起来在门口摆小摊，卖我父亲昨天收的破烂。我们家门口是一个小市，小市又叫“鬼市”，因为天不亮的时候就摆上了。有的人想提前抓点好货的，天不亮提着马灯就来了。帮着我母亲摆好摊后，我就去天坛坛根儿喊嗓子。那地方还是常先生带我去的，去了一次以后，就是我自己去了。跟着石先生学，我还是天天去喊。连喊带唱完了以后，顺那儿就走，走到朝阳门小牌坊胡同。我师父家在小牌坊胡同。到了那儿，师父还没起来，我就开始扫院子，跟师妹一块儿搭水，把屋子归置归置。等师父起来了，如果没什么事，我就上里头屋，西屋练弦子。跟常先生开始学的时候，我是练琴。他唱的时候，我给他打琴，跟石先生学的时候，石先生用的弦子，我又得弹弦子。

练一阵子后，有时间，我唱一段，师父给我说说，或者我唱一段，他弹弦子。完了后，就跟着师父上电台了，还是步行，一步一步地走着去，走到台基厂增茂广播电台。师父在那儿唱，我给弹弦。有的时候，石先生也绝着呢。你要在平地上给弹得不对，他拿着鼓鞭子“乓”地就是一下。在电台的时候，他不能拿鼓鞭子“乓”我呀，有时候不对了，错了，他有一招，一回头，那嘴上的唾沫呀，一滋，能滋老远。如果是站在那儿，他一滋，能滋一丈来远，那劲头儿还大着。他滋我，我也不能言语。等下了台，就又跟着他遛着回家。

道儿上，石先生并不闲着，老说我。一个劲儿说这儿不好，那儿不好。我要是不吱声，他也不高兴，会说：“你就是个石头桩子，只是多了一个鼻子！”就这样，一路走回家。吃了午饭之后，又跟着他走着去隆福寺明地上唱去。在明地那儿一唱，我还得给他弹。有的时候，头里我还唱一段，他给我弹。唱完了，他说书，我再给他弹。就这样一下午，把钱也挣下来了，跟人家算完账，给我三大枚，三个大铜子儿，让我坐车回家。

晚饭我是在家里吃。拿着三大枚，我就走了。其实，我也不坐车，就走着回去。到家，把这三大枚就交给家里头买菜。吃完饭，我就把小炕桌搬到门口去了，搭在门口，把我的小扬琴拿出来，打我的琴。一边打琴一边唱，把常先生教我的来它一遍。今天唱唱这个，明天唱唱那个，天天唱。因为单琴大鼓我最喜欢，我就老天天练，老天天练，不能把它丢了。有时候，也唱唱乐亭大鼓。晚上，家里经常催我睡觉，说明天你还得早起呢！回到屋子里，就睡了。有时候，回到屋里，还要练练弦子。在弦子上垫一铜子儿，怕吵着人，这样在屋里就可以弹了，声音小多了，手指头也练了。

一直我都这样坚持，这不是说谁挤的。师父也没说你得下什么功夫，你得怎么练，你得什么时候睡觉，就是自己挤自己，得自己下功夫。所以，过去有句话："师父领进门，学艺在个人。"就得自己下功夫，自己用心。你自己不用心，怎么也不成，自己用心了什么都好办了。自己用心就为了将来家里头好有饭吃。

（八）长寿膏——大烟

过去那会儿，不光是曲艺这行，京剧艺人哪个不抽呀？不过，过去那会儿，几乎是把大烟当一种长寿膏，因为抽了以后特别精神。可是，日本时候，在日本侵略中国的时候，大烟馆就跟现在的饭馆似的，遍地都是，走哪儿，哪儿都有，随便。艺人往往到一个有钱的宅门里演出，那一演就得演到后半夜，没事就得坐在那儿耗着。在有的宅门，人熟了，主人就会说："喂，来一口！提提精神。"就这样，来一口，可真精神了。那时，大烟膏特别便宜，我也抽过几年。一个烟泡两毛钱，我一天四毛钱抽俩。一定不能让它长，任何情况下我也不多抽，多了不行。我抽是上烟馆抽。还好，我没得病，自己得限制自己。有钱时多抽，没钱时少抽，那可不行，没钱的时候一定受不了。

后来，日本一投降，国民党一来把烟馆全给封了。没了烟馆，说抽这犯法，我想这可不成，犯法我可不干。我就不干犯法的事，硬不抽了，就坚持了三天，三天挺着，没想到也挺过来了。那三天可真难受，就一直挺着。

艺人赌博的现象不严重，但玩儿的人不少。赌博单是一种行当，我们这行当里头赌博的人不多，但抽大烟的人是不少。

（九）刮风减半，下雨全无

我们艺人卖艺的地点有明地、茶馆和游艺园的不同。茶馆跟说书分账的一般都是三七开，你像特别好的演员，三七开他不干，要二八开才成，但二八开的太少了，一般的都是三七开。

明地的话，这块地是人家的地，一般也是三七开。明地的场子中间有一个棚子，头里有用两根杆子，中间有两根杆子支起来，上搭棚布，棚布都是补丁重补丁的，大的布棚子。场子里头有一个场面桌，场面桌后头有板凳，场面桌两面是一溜板凳、两溜板凳、三溜板凳，前面有两溜板凳。场面桌上搁着小鼓架，鼓架子是小的，鼓架的那边放着扬琴，旁边还可以坐一个拉胡琴的，鼓架这边是钱钵，有好几个。说一段或唱一段之后，卖艺的几个人就一人拿一个钱钵打钱去。把钱打完了，回来再接着说。

茶馆里也一样，有一个小台子，台上有场面桌，只不过喝茶的有桌子、板凳的。茶馆不过是在屋里头，明地不过是在棚里头。但是跟游艺社不一样，与游艺社就有差别了。游艺社的演员与茶馆的演员也不是说有什么高低的区别，就是那地方不一样。游艺社的演员唱单段，一段一段的，几个人凑一块唱，有说相声的，有唱的，有变的，有练的。茶馆或明地呢，就一个人说。要论收入的话，茶馆这儿是一个人说仨钟头，游艺社是十个人唱仨钟头，那就不如茶馆里挣的多了。但游艺社的人家挣“包银”，每个月拿多少就多少，不着急。这边呢？有人的时候就挣得多，没人的时候就着点儿急，拿不着包银，挣不着就没有。过去，天桥有这么一句话：“刮风减半，下雨全无。”一下雨你就全完了，没人了，你给谁唱呀？向谁要钱去呀？

（十）沾光

以前，艺人拜把兄弟是很多的，我也结拜过。不过，现在说这没用！[7] 现在这些没了，那些人也全没了。

拜把兄弟不一定是同行，什么人都有，不错的就行。那会儿就是：“呵，咱哥们儿不错，得了，以后咱们互相照顾，咱们就是亲哥儿俩啦，咱们拜把兄弟！”你这个不错的，我这个不错的，择个日子，一块儿烧股香，再照个相，就是把兄弟了。

艺人“讲义气”就是互相关照。当年，在天桥时，我就曾在朱家的场子抄肥，他们也不要我的地钱。天桥艺人大多都是熟人。你是这行的，我是这行的，比如你是弹弦的，你的角儿病了，你没事干了，歇了。我上这儿来了，我帮你打打钱，摆摆板凳，招呼人，让让座什么的，这你就得让人家在你那儿干，这叫“沾光”。到分钱的时候，你就得分人家一份，这叫“义气”。如果有艺人从外地来的，找人没找着，正好碰见你了，身上没得花的了，你就得想办法给凑够钱了，让别人回家。

解放前，有鼓曲长春职业公会。这个公会的主席是曹宝禄。公会的成立同样也要政府批准。[8] 如果自己成立的，谁想欺负你就可以欺负你。过去不是这行人，他不让你干，艺人入了这个公会，就有了保障了，我是会员，谁想欺负你就不行了。公会有时也组织活动，搞个演出呀，特别是每年会把全体会员集中一次。这是在祖师爷的生日，四月十八，在崇文区药王庙那儿有祖师爷的殿堂，到那儿为祖师爷烧香磕头。完了以后，大伙儿坐一块儿聊聊，吃顿饭。可是，每个会员都得出点儿钱，那就是自个儿吃自个儿了。

注 释

[1] 缝穷就是贫穷的妇女靠给人在街头缝补衣服维持生计，其服务对象也多为穷人。清人蒋士铨曾经对缝穷妇有过咏叹，云："独客衣单襟露肘，雪中冻裂缝裳手。檐风吹面身坐地，儿女争开啼笑口。夫难养妇力自任，生涯是指凭一针。狂且或动桑濮想，荡子戏掷秋胡金。君不见，红粉云环住深院，双手不亲针与钱。笑他女儿性癖习女红，穷人命薄当缝穷。"根据当年记者的调查，民国时期，天桥的缝穷妇多是山东人和本地贫寒人家的妇女。她们席地而坐，一个挨着一个，形成挺长的人阵，每人的腿上堆着很多破烂的铺陈，所缝物品以袜底儿为最多。分别参阅蒋士铨，《京师乐府词·缝穷妇》，转引自雷梦水辑《北京风俗杂咏续编》，北京：北京古籍出版社，1987，页 10；克非，《缝穷妇：是女职中的最低级，压线埋针难谋一饱》，《新民报·天桥百写（廿三）》1939 年 3 月 22 日第七版。

[2] 在 20 世纪相当长的时间，甚至直到今天，在四合院等高门大院出生成长的孩子都习惯性地称他们可能只有一墙之隔的大杂院玩伴为"野孩子"。在老北京人的口语中，"野孩子"的"野"既与野蛮、粗俗、贫穷、脏、邪、贱相关，也与生命力旺盛、好养等意念相连的，是部分北京人以区分他人为基础的自我认同的一个量标。

[3] 这是在谈及信仰时，关先生所困惑的，也认为这是我，一个现今高校的"大学生"，不应该感兴趣和关心的事情。所以，在给他解释了我的目的是想了解那个时期艺人的生活，并说出了"周庄王"等相关的点滴引发了关先生的兴趣之后，关先生才不自觉地兴致勃勃地给我讲述了这些内容。

[4] 即抽鸦片吸毒，扎吗啡。

[5] 折了即去世了。

[6] 紧人即吸引人。

[7] 拜把兄弟也是关先生所不愿触及的话题，认为这是“陋习”。也是在我反复诱导，并说朱国良曾经和谁谁谁拜把子之后，关先生才勉强地说了个大概。

[8] 关于行业公会，成立的实际情形可能与关先生的记忆有些出入。例如，根据张文升对20世纪三四十年代棚行业的调查，在民国三十二年，当时的社会局曾经强令各个行业成立公会。正是在此种情形下，原本比较松散的棚行业才与彩行联合成立了棚彩业公会，并制定了一系列的章程。参阅张文升，《北平棚行业调查》，北平：燕京大学法学院经济学系学士毕业论文，1947，页38—46。

十四、摔跤，一举一动都是文化

——马贵宝访谈录

访谈时间：2005 年 8 月 15、16、17 日

访谈地点：北京西城区西四西安大院

访 谈 者：岳永逸

访谈者记：

马贵宝（1931—2018），男，当年天桥有名的掼跤家宝三的徒弟，也是目前健在的不多的老天桥艺人之一。改革开放后，他为推广掼跤这种“传统文化”进行了诸多努力。在他的倡导与参与下，还成立了北京掼跤研究会。

2005 年，在刘铁梁教授的指导下，我担负了《中国民俗文化志·北京·宣武区卷》调查与编写的部分组织工作，指导课题组成员进行宣武区民俗的调查和民俗文化志的写作。这样，也就有了机会与课题组成员一道再次深入北京的街头巷尾调查。能找到马贵宝先生并与之进行访谈，首先要感谢当时在读的学妹詹环蓉。在某种意义上，是我逼迫她写“宣武区卷”中“天桥”一章的，所以她就只好在酷暑中拼命找老天桥艺人，马贵宝先生就是她付出诸多辛勤努力后找到的。在 8 月 15、16 日两天，她还与我一道对马贵宝先生进行了访谈。访谈中，马贵宝不但毫无保留地回答了我们的提问，还无私地将他存留的许多珍贵照片展示给我。

2005 年 8 月 15 日，访谈过程中，马贵宝即兴表演摜交的基本动作——抱瓶

（一）中幡是礼部大执事

我们家是我父亲那一辈人逃难到北京来的。我们老家是河北沧县交河的，那儿尽是铸铁的。过去，全国各地铸铁的、铸剑的都是我们那个地方的。它那儿有一种什么特殊呀？小炉能做大件，他会接铁。过去，你像那站着的佛爷，老高，旧社会哪儿有那么高的炉啊，它是接的。贾庆林就是我们老乡，就是我们村的！交河西大马庄全都是回民，我是东大马庄的。在北京，卖锅的都是我们老乡。德胜门一溜这两边都是锅场，做锅的都是我们老乡。有人过来开厂子，回乡之后，将小孩子都带过来学徒来了。后来，大炼钢铁。这废品公司弄一钢厂，铸锅的都搬走给组织起来了，结果也没炼成钢。

我父亲逃难到了西苑。西苑有一王家豆腐房，给人挑水。那时，还没有自来水，也没压水机，就在井窝子[1]给人挑水、送水，还不错。掌柜的说，哎，别走了，给说一媳妇。我母亲她是圆明园的。我姥爷啊，叫大个李，正红旗，是看圆明园那门的。那门叫“佛爷门”啊！西太后来走这门，回去也走这门，别的人不让走。那时候，村里才三家人。另外，还有四家是干吗的啊？是从温南那边逃难来的，编席篓的。现在的人可多了，有好几百人。我二哥还在那里住。圆明园不是要修吗？现在，他搬到尚村去了。

我以前在白塔寺后面住，在京报印刷馆那里。我们那房子在口外头葡萄园，不远，二百多米。我们兄弟三个，我行三。大哥爱弄花会，出不来了。西城区文化馆花会协会，我是副会长。我会中幡嘛！隋少甫是会长，他是练自行车的。提到这，那事就多了，他没有会档子。花会头档是中幡，中幡代表庙头的旗杆子，然后是狮子会，代表庙头的俩狮子。三一档是杠子、石锁，代表门闩。四一档是高跷，大殿头的栅栏。那规矩就大了。万里云程踏车老会没有这档子，不是老会。老会有什么

宝三耍中幡

掸尘、献花、献盐、缝绽，多着呢！到妙峰山的香道分南道、北道。南道是天津来的会，舍馒头都是天津的。天津那里的人好练，与北京的会不一样。

中幡，是礼部大执事。你知道怎么是礼部大执事？大执事是中幡，小执事是坛子。外国人要给中国皇帝送礼，见不着皇上，就交到礼部，礼部再送到皇上那儿去。礼部大执事接这个礼去呢，就是幡了，两杆龙、两杆凤、两杆虎、两杆豹，当中就是练坛子、顶坛子的。这叫礼部大执事。这皇上没了，也就吹了，就到街上卖艺了。中幡就是礼部的仪仗队。门头沟古幡会的幡不一样，是样幡，只能抱着走，它主要是乐器。师父宝三年年去妙峰山朝顶。那是老辈人的规矩，要去就得年年都去。我师父年年都去。宝三的幡谁也学不了，他人带着幡，幡带着人，臂花、旋子，谁也学不了。别听现在那些人说，这好多名字都还是我告诉他们的。

（二）自个儿挣饭吃

我两三岁的时候，家里生活挺好的，后来就不成了。豆腐房都要养猪。我二叔到猪市买了五十头猪，都大个儿，过阵儿就能卖了。买回来，我父亲挺高兴的。第二天一瞅全趴下了，病猪，跟打了吗啡似的。我父亲着急，那个时候得了食道癌。那时候不买水吗？我们家自己开有一井窝子，这时候，井也干了。井也干了，猪也死了。我父亲着急，病了，后来就没了。家里也就困难了！

后来，也就七八岁的时候，我就帮人做豆腐。晚上出去凉快去，头一个碰见了“铁三”。北京摔跤有仨三儿。西安市场有跤场，铁三在这儿摔。陈德禄、熊德山他爸爸熊安泰，都在这儿。熊德山的弟弟熊德林也摔跤。这儿也有三个戏园子，有一溜书馆，外头有变戏法的、摔跤的、租书的，这市场丰富着呢！头里的大街还有卖菜的、卖鱼的、卖鸡鸭、卖肉的。我摔跤是从小十一二岁自己瞎练。摔跤，他不忘家里干活啊，不耽误干活呀！

国民党抓兵的时候，家里就不管了，自个儿想办法去，自个儿挣饭吃。九岁，我就知道挣钱。你知道我怎么挣钱？我们家门口两个井窝子，刚下完雨，都快成泥塘了，送水的装完一车水后，推也推不动。我头里拴根绳给他拉着，拉一次给两个窝头吃，用现在的话说，就是给一块钱。挣扎着活到现在，不容易！所以，我不容易生气。你说你比我好，对，你比我好，他也就没法跟你抬杠了。

在西安市场，铁三瞅着我喜欢，就告诉我了十三档霸王砖儿！我八岁的时候，日本人来，十六岁的时候，日本人投降。这八年，我给日本人当劳工就当三回。日本快完的时候，甭管什么买卖，油店、粮店都有商会。商会要出一人给日本人当劳工去。油粮店没有，怎么办？就花钱雇一个吧，我就去了。去南沿吉兴庄抄洋灰，挑水。那儿完了，又上丰台。那俩月，我白去了。为什么呢？按现在说，俩月给二百块钱吧。到那儿后，小孩好奇啊，吉兴庄地里有日本飞机，我上去看看。刚上去，日本兵来了，"哗"，我手上的八十块钱给日本鬼子拿去了。你不给他，人就会被带走。那段时间就白干了。在丰台，在日本的部队，卸火车，卸皮鞋，给他码垛，那时十五岁了。从那儿回来，又上红山口象鼻子沟给日本人开山洞。那时候，感觉还挺好玩的，大炮，装一个雷管。每天都炸死人。管我们的叫"大贵"，劳工的头儿，是韩国人。中国人就一警察，是大队长。

咱当劳工就好练。日本人走了，十六岁的时候，我就上鼓楼在熊德山的跤场帮忙。从那儿回来后，熊德山的徒弟曾奎明和我，我们俩在白塔寺、隆福寺摔。曾奎明他家种菜园子。后来又有侯保生、侯长瑞等一起摔。再后来，就上天桥了。我师父宝三一瞅我："瞧！腰是腰，腿是腿的。跟我好好练中幡吧！”说两回，最后，我给他磕头了。现在，这也说跟宝三学，那也说跟宝三学，谁也没有跟宝三学，都瞎说呢！这个历史啊！后来，郭沫若看摔跤来了，还说郭沫若给文化局写信了，说摔跤必须得保留，这咱就不知道了。那时，在劳动人民文化宫后院，二、四、六，一个礼拜练三次，练完就把中幡搁那儿。那时候，文化宫跟我们关系搞得特好。可在那个时候，我师父就半身不遂了。他们都说跟宝三练的，跟宝三在哪里练的啊？这叫篡改历史，这不算盗版吗？

（三）善扑营 · 神力王 · “髭毛锦子”

摔跤呀，它是见皇上的。中国的体育过去发展最早。为什么呢？摔跤叫善扑营，北京城东西两翼，善扑两营。西营就在西安市场后边；东营呢，在隆福寺刀剪铺那儿。皇上看跤哪一天呢？腊月二十三，小金殿比武，在美术馆后头看跤。挂着帘子。皇上能往外看，你往里看不见。它为什么呢？皇上那阵儿跟一般老百姓不能接触啊！那时，善扑营的人分三等啊。这东西，汉民、回民入不了营，都是人家八旗子弟。你要得一三等，挣钱多少？三十六两银子。你单一兵呀，三两五。你二等，三十八两。头等，四十二两。腊月二十三小金殿比武，外国人来看的时候，都在外边跪着。当时的那毯子厚着呢，不是现在的纤维毯子。“你挨毯子上摔过跤吗？”那说的就是你入过营没入过营。

西城王府最多，摄政王府、老王爷府等多在西城。西城有一茶馆叫宝福轩。我小时候上这茶馆玩儿去。老王爷没了，小王爷就常去。“神力王”是管摔跤的。练杠子、练飞叉这叫黑虎营。

怎么出一神力王呢？这神力王怎么来的？那阵儿，和平门外有象房，养象的地儿。早年，那象是当差的，在故宫外面，把着故宫。故宫门外，站着俩象。你要是身上带着凶器、铁器，俩鼻子一钩，你就过不

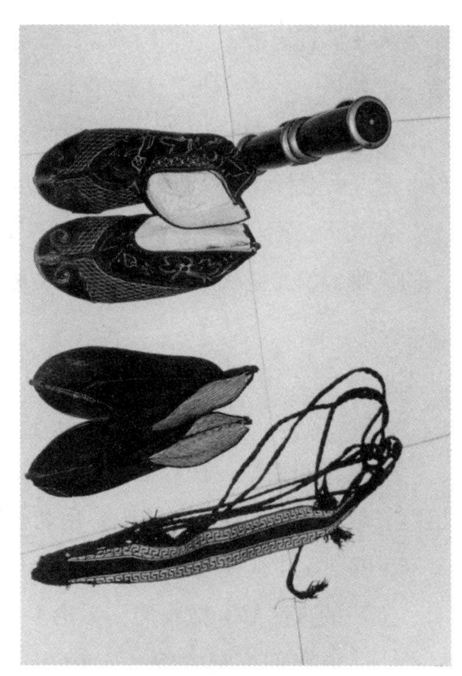

过去，一个掼交艺人有的几样道具：靴子、中心带和小棒子。除此之外，还有褡裢、大棒子、皮条和锁链

去了。神力王进宫的时候，走在这里，俩象鼻子就钩上了。神力王说："嘿，俩畜牲还跟我较劲呢！我又没带什么呀？"这神力王一揪俩鼻子，"喀"，给掰开了！可掰开了呢？这神力王一使劲，这靴底掉了！那靴里头呀，绱鞋的时候，折了半拉钉子！知道吧？这象的嗅觉就那样的好！这是故事啊，我没赶上。这神力王是跟努尔哈赤来的。后来，还有神力王摔死大蒙牛、踢死二蒙牛的事儿。

摔跤的要穿靴子、褡裢，还得系中心带，这又叫"德合带"。过去，给皇上摔跤啊，褡裢还要穿水裙、套活，套活就是踢球的护腿，比靴子高一些。穿水裙干吗呢？这摔跤呀，裤子裂了，或者开了，就是欺君，穿水裙是为了避免欺君。

西单出了个大祥子，叫"髭毛锦子"。"髭毛锦子"一摔跤，"啪"地一下头发都直起来了。摔不倒你不算完。所以都叫他“髭毛锦子”。西太后一瞧就乐了，大个儿，大脚丫子，当皇差吧！西太后要听戏了，都要叫上“髭毛锦子”。西太后爱听“抓髻赵”的莲花落，“抓髻赵”的嗓子好。西太后老打“抓髻赵”的嘴巴，所以“抓髻赵”又叫“嘴巴玉子”。

清朝灭亡后，善扑营就没有俸禄了。在旗的恨这段祺瑞，“断”旗人的饷嘛！说光绪死的时候，一条火龙奔西南了。

（四）宝三·祖师爷·迷信

摔跤又叫掼跤，往身上贯力量。在京郊以外叫“摔脯子”。摔跤的祖师爷是岳飞。为什么拜他呢？岳老爷牛头山观战啊，二次练兵，见牛皋笨，就教了牛皋摔跤技术。这师父也讲过。

宝三的人品好。像我们，无论多年轻，宝三见了就会说：“来了！兄弟？”像我们一起吃饭，他就说：“谁也不许给钱啊！谁给钱，我就……”人家特好。徐六爷很喜欢宝三。在护国寺，徐六爷给宝三买了一处房，无功不受禄，宝三不要。宝三骑着一辆破自行车，徐六爷特意在前门大街给他买了亮人的新车，他也没要。最后让宝三给徐六爷磕头认干爹，在两义轩将饭桌都摆上了，结果宝三也没有磕。徐六爷是徐金龙的老祖儿。徐六爷那阵儿在东单开拍卖行，家有钱，他没练。徐六爷看见宝三说话干净利落，就喜欢宝三。

宝三场子的张狗子是我师大爷，叫张文山。张狗子年轻的时候，在前门西站当搬运工，扛棉花包。棉花包大啊，四块钱一包，他自己扛着上梯子，这手还托着，力气大，他往那里一坐就跟一座山似的。

我师父登过一回报，叫“力大过人品行端正”。我师哥就拿着这个报拜的宝三。那时候拜师叫“请会”，一百多人吃饭。我是宝三瞅着我利落。我拜师的时候有仪式。在护国寺头里一饭馆叫永春居。拜师仪式就是摆几桌。我的引见人、引见师是张英杰，介绍人、保举师是朱国全，代师是孙殿起，“小碑儿头”。我那时红毡子跪地，头顶大帖：“我愿拜宝三为师。”宝三回我的是：“我愿收马贵宝为徒。”师徒互相换帖。这已经是在抗美援朝回来了。一解放，宝三是政协委员、国家级裁判、京津曲艺联合会常委，抗美援朝他是队长，举重、标枪、铁饼几项的主席。“文化大革命”还摔呢，跟二十九中红卫兵练，跟三十中红卫兵练。后来，他们跟我们谈判：你们没有地主，没有资本家，这么大运动，你们再摔，不合适。

我拜师的时候没供岳飞。为什么供岳飞呀？他武德好，忠臣，宁死了都不反。那多少人劝他反呀？二一个他孝母，岳母刺字，这人忠臣啊，他武德又好。跤场里也没供岳飞。自己家里有供的。神马就是天津杨柳青印的那画，有个佛爷龛。老爷是请的，请回来的，不能说买。现在说的开光，全都是蒙人，蒙钱。我往家里请岳飞是在最挣钱的时候，也就是发展体育的时候，1958年。那阵儿，摔跤的一月挣六七百。请回家后，何时烧香就在于自己的信仰了。初一、十五也成，每天烧三炷香也成，在于你的心意诚。我就初一、十五烧，那时候，我的房也小，在白塔寺中廊下三十七号住。

初一，去红庙，摔跤的都拜那里供的武圣人。卖艺的、妓女、唱大鼓的、唱戏的都上广外的五显财神庙烧香，都想上那儿去烧头炷香。其实，头炷香都让庙里老和尚给烧了。

小的时候跟铁三练，没有举行仪式。铁三和宝三是至交。铁三他哥哥叫铁山，外号叫“铁佛爷”，他不怕摔，给宝三当伙计。摔跤的拜师帖子都很简单，过去的帖子是红纸。今年的一个徒弟给我写的帖子是白纸，瞎写了半天。我拜师的帖子没有了，多少年了？“文化大革命”，连我的奖状、所有的东西，都让家里的人给烧了。

摔跤的其实都是文盲，都没念过书。我小时候念过，念的是私塾，念“人之初，性本善”。家里送去了，念了几个月，家里没钱了，不念了。过阵儿，有钱了，又送过去。老师还说：“这孩子挺机灵的。”我念过一回了啦！还是念“人之初，性本善”。解放之后，上了阵夜校，能看报纸，写，写不了。

解放后，我们归张英杰那团了。后来，他去长春了，我们没去。我们六七个人，比北京杂技团挣钱都多。他们反对我们。他们那儿最多的挣八十，我们这儿一分就六七百。我是解放后结婚的。老伴儿家重男轻女，是开填鸭店的，有钱，不给，不同意把她给我，但她乐意。结婚时，她自己来的，他们家连一双筷子都没有给她，嫌我穷，没有正当的营生。我是在发展体育后，才挣钱的。

“人穷当街卖艺，虎瘦拦路伤人。”旧社会那阵儿，没有歌星、舞星，没有这个家那个家。侯宝林在天桥要饭，高凤山，还有我，我们仨人都要过饭。侯宝林让颜老头领到“云里飞”那里唱滑稽二黄。高凤山拿着快板在前门大街要饭：“发财了！掌柜的！”一两个大子儿，够吃饭得了。后来，凤山就上天桥跟曹麻子学数来宝去了。

宛八老爷是我师父的师父，就是我师爷了，他是善扑营的头等扑户，他哥哥是永定门守备。早先天桥的撂跤是在姓杨的练把式场中，都请不上人。那时候，北京没有这么多人。半天才过一个人，请不上人。后来，沈三在那儿卖牛肉，就到姓杨的把式场中撂跤帮忙。那时候，没有看见过外头摔跤的。摔跤的要选静地。好多人都不让看，妇女不让看，打旱伞、戴墨镜的不让看，穿孝衣的不让看，怀孕的不让看。这是见皇上的东西呀！就这样封建。打旱伞就是瞧阴阳的，瞧人什么时候咽气。这些人是跟死人打交道，那哪儿成呀！所以，摔跤的这儿，来俩阴阳算怎么回事呀？摔跤的都不让他们瞧。

天桥以前说相声的不准女的去听，“撒春”“嘴里跑火车”。侯宝林的相声就让去听呀，为什么呢？他没有骂大街的呀！孙宝才的就不让大姑娘去看，那时候，到天桥的人少，一般人也不上那儿去看。二则也怕这女的看了过后，回去给家里说，家里有势力怎么办?

我在天桥的时候，我师父不让我们上大鼓园子看去，管得紧。那时候，我告诉你，我师父在护国寺住。我、陈锦泉、侯长瑞、陈德禄都在红河口住，我们撂地时，一块儿上场一块儿走，一块儿回来。那时候，迷信，他就不让上大鼓园子看去。高文俊那会儿说，你上这儿来待一会儿，没事，男的跟女的瞧一场电影，上公园都没事。我师父不成，怕学坏了。天桥那会儿，明娼暗娼都赶上了。我那阵儿是五好治安积极分子。我还逮过一个带枪的。解放后，你就得倾向政府啊，你不倾向政府，你就待不住。大鼓园子那些人，唱戏的我们都认识，上厕所都上天乐。天乐戏园子也不让瞅后台。

（五）天桥 · 车子 · 场子

为什么天桥这桥叫天桥呢? 天桥桥最高啊！冬至交接，皇上从皇宫出来，娘娘坐龙车凤辇。他在宫里头用黄表纸写了一年的工作，哪儿灾了，哪儿收了，哪儿旱了，抓了多少坏人，他一年的工作，他得写。在皇宫里，烧完香，就带着娘娘出正阳门奔珠市口，奔天桥，从天桥过去，到南边下去，到天坛，祭天啊。那桥最高啊，所以叫天桥。

后来，兴电车了，把天桥拆了，拆平了，还有一故事，叫“人力车砸电车”。为什么呢? 你电车到那儿才一毛，这拉洋车的到那儿最少得一块。人力车把电车给砸了。那是清末民初的事，徐正清那会儿还没有卖艺，是地摊公司的理事，带着地摊公会的人支援人力车。后来，就谈判了。电车公司拿出一部分钱来，开一个平民工厂。后来，这钱让那商会会长给贪污了。旧社会，清末民初的时候，可不是现在。后来，就把这件事压下去了。国民党逮徐正清，说他是共产党，徐正清在北京待不了了。就那会儿，徐正清找我师父去了，说："我得走。"我师父有一身褡裢给他了。他到了沈阳。沈阳跤场头里有一个孟家茶馆。正赶上北京有一个摔跤的，叫杨四，输给一东北的了，一回头看，看见他来了，说："来来来，老弟！"他就这么上的沈阳。

天桥这地方是"无风三尺土，下雨一街泥"，无风就三尺土。我以前常拿出一毛钱上了电车，到了天桥那里，"咣咣咣"刮起大风来，人全没了，连一毛钱车钱都没了，就自己从天桥走回来。那阵儿，卖艺的都挣不了钱。"平地抠饼"是怎么回事？就是搁上几条板凳，搭上棚，什么没有啊！在地上，你得挣出饭来，这叫"平地抠饼"。没有烙饼，就一圈，六条板凳，一边三条，后边一个桌子，八条板凳，一边一个，哪有饼啊？什么都没有，你得挣钱啊！这不说，天桥出艺人啊！卖艺的"打不跑骂不跑，三天不挣钱，自个儿就跑了"！所以，挤着你让自己出能耐。你说成连宝，中国杂技团的团长，就是天桥的，一建团他就是团长。"狗熊程"的儿子、"小老黑"等，这些中国杂技团的人以前都是天桥的。所以，你艺术不超群，你挣不了钱。

天桥有好几个市场，东市场、西市场、三角市场、公平市场、先农市场，好几个市场组合到一块儿就是天桥。新世界是船形，四面钟是航标，船走的标志，这都没人知道。现在新修的那四面钟不对，不是那么回事。

我们撂跤的那块地是孙鸿亮[2]的岳父张九如的。刘玉林、胡老道、"飞飞飞"的场子都是他们的地。天桥自己有地的艺人很少。"坐子"是有铺子的，有门脸儿的，能盖房的。那不是地。"全家福"没有地，走寺过会。他们去白塔寺、护国寺，一家子唱，小孩子搁在笸箩里面睡觉。"狗熊程"家也没有地。张宝忠是后来有的地。

过去，下"当当车"后，天桥有五个路口。头一个路口是小小、小桃园，现在那里是芭蕾舞剧场。再往这边来是中华电影院，往北边中兴馆，饭馆后边存一大车，天桥对过儿一个菜市，卖完都上那里吃饭。再北边是估衣趟子，一溜儿都是。再往北边是西沟旁卖布头儿的，路南边是竿挑儿、卖破鞋的，修修再卖给穷人，还有鸟市。卖吃的哪趟子都有。中华电影院一进去，口子有个天桥电影院。天桥电影院两趟子都是卖吃的的，卖灌肠的，卖肉饼的，卖烧饼、酸梅汤，等等。以前，中华电影院不叫中华电影院，是德盛轩戏园子。“小小”是京剧园子，梁益鸣在那里唱。丹桂是唱河北梆子，那儿有好几个名演员。“小桃园”是唱评戏的。解放前，新凤霞就在万盛轩唱“倒二”，唱不了大轴……

（六）三僧 · 一道 · “八大怪”

天桥有三个和尚一个老道。头一个和尚是马元凯，掘钉子、卖大力丸。马元凯挺有势力，他和外五区的区长是把兄弟。你知道这是怎么拜的把兄弟呀？这区长的小孩抽风，把马元凯给请去了，结果就给治好了。他怎么治的呢？这也是偏方。药铺里买一个大蛤蟆，横着剪两半，“啪”一下给贴心口上了。过两天，蛤蟆就干了，再换另一半，结果就给治好了。这是偏方，蛤蟆不是大凉吗？二一个和尚是志真和尚，也卖大力丸。三一个和尚是卢真，他在破瓶子破罐子里面搁药，腿上长个疮，他能拿嘴给你嘬出来。你说吧，医书上还真有这个办法。

老道就是胡老道，艺名叫胡一腿，他能把腿搁在脖子上。胡老道有两个姑娘，都跟他在天桥卖艺。他大姑娘死的时候，没钱埋，就在天桥“化棺吊”。朋友这个给五毛，那个给一块的，凑钱买个火匣子，埋掉，这叫化棺吊。化棺吊时，胡老道的二闺女穿着孝袍子，我们跤场的“小碑儿头”孙殿起他给领着，到西边有个药铺，说：“你去吧，完了，上我这儿来，差多少钱我包圆儿了。”天桥艺人讲义气。那会儿，有个董永信，他老吃亏。有个小特务老欺侮他们。后来，他跟我师父拜把兄弟了。男的拜把子，女艺人也有拜姐妹的。

“八大怪”不是有绝技的。有绝技的，他就不是“八大怪”！有绝技的他就不用发怪相。你像“穷不怕”他都不是八大怪，“赛活驴”不是，“大狗熊”也不是。“赛活驴”的名儿是广德楼唱“八仙得道”来的，请他的驴形，它属于莲花落。上板凳，过桥，这么着的。“赛活驴”这名不是在天桥得的。一般唱戏的扮不了这个驴。“万人迷”都是给小王爷说去，他怎么就成八大怪了？

在我那代，八大怪就是“蹭油的”“管儿张”“吹高粱地”什么，那全都是“粉”[3]的。“花狗熊”他一人打堂鼓、镲钵，全他一人，等他要弄完了，出去要钱，人家都走了。四一个是“大金牙”，五一个是“大兵黄”。大兵黄呢，他不骂当时的官，都是骂以前的。大伙儿一围上来，他就拿出药糖往你嘴里塞，“凉不凉？”“凉！”“两毛一包。”六一个是“云里飞”，七一个是志真和尚，志真和尚怪就怪在他的车上，他也卖大力丸。八一个是谁？孟建丽的秧歌，是他妈给打锣，又叫“妈打锣”。

“云里飞”是科班的，小时候练跟头把腿摔了。他开始不唱戏。他得名是打鱼皮鼓说西游，老学孙猴子，是“猴儿安”的徒弟。后来，“云里飞”场子是刘醒民掌穴，他爱人是唱黑头的。五八年会演时，不够档次，就全都给解散了。“云里飞”场子中的“小疯子”都说在解放后给枪毙了。具体怎么着，我不清楚。

（七）抽白面儿·家里的·拜把子

抽白面儿是好多艺人的嗜好。铁三，后来就吸毒了。韩国人卖白面儿，高丽棒子卖白面儿，他们没有抽的。傻子没有抽白面儿的，都是精兵强将，精明人、能干的人才抽。那阵儿，挣钱也挣不了多少钱，“家里”也控制着呢！知道“家里”吧？青红帮。

天桥是一个鱼龙混杂的地方，要在此谋生的艺人还必须是“家里”的，都得加入青帮，拜个师父，烧个香堂。如果不加入青帮，肯定就会有人来搅你的场子，踢你的场子。你必须有靠山，得到有势力的人的保护。加入青帮也不是一定要做什么，就是给居高位的帮中人“上供”，在这些人家里有寿辰、满月等的时候，你得给上礼，给你分配了多少钱你就得交多少钱，否则你就只有走。青红帮在天桥的字辈是“大、通、悟、学、万、象、更、新”，我就是“学”字辈的。

“明儿个，给张师父办生日呀，你得准备一百块钱！”还没上这一百呢，“后天你师爷生日啊”，老有事。你不随还不成，惹不起。什么官方的侦缉队都在“家里”。天桥那儿卖艺的百分之百的全是。我是“学”字辈的，我师父是“悟”字辈的。蒋介石也是啊，是“大”字辈的。

过去的艺人，男的女的你都得先拜香堂，不然你插不进去。你先得认门、盘道、烧高香。这是从船上兴过来的。你像我有师父，我先不用，你摆个摊的就要先入“家里”。为什么？你一入“家里”，大家伙儿还真的穷帮穷。

拜把兄弟在北京人都很普及。谁岁数大是大哥，小的就是兄弟。结拜时，大伙儿凑份子，给大哥买双鞋，让他踩着，给最小的买顶帽子，让他顶着。我在天桥撂地的时候，就跟张八的儿子磕头了。那是刚解放的时候。不然你在天桥待不住。那时，菜市的、牛街的、果子市的、粮库的来了不少人：“嘿，宝爷，说你这儿来了一小徒弟呢，跟我们来一下！”宝三当时在天桥很有威望，但是他的威望不能护徒啊！找你摔，你就得跟他们摔去，你还得是那么回事。他们一来就是三十多个，有十多个摔的，摔服了，摔成朋友，拜把子。除张八的儿子，还有徐茂、陈金泉、付顺禄、侯长瑞，另外还有个雷永三，是在天桥开棚铺的，六个人一块儿磕头拜。拜把子的时候，也是到饭馆吃饭，吃饭的钱是大家凑份子，给刘关张磕头。这师父不管。拜的时候，要请一个举香的老头儿，主持仪式。举香的老头儿是行里有点儿名气的。

那阵儿，在天桥那儿挣钱不容易。来的人把枪搁那儿了："我来摔一下！"你说你怎么摔呀？你摔了他，他打你，你摔输了，就没人看你了。这火候不好把握，净受气。

解放后，镇压的"四霸天"都是"家里"的，种菜的林文华，林家五虎，张德泉"张八"。不有句话吗？"天桥两头洼，不怕阎王怕张八"，这话是镇压后才出来的，张八是练大枪的，武术特好，他是会友镖局"大枪侯"的徒弟。卖药的孙鸿亮后来也给毙了，他是军统特务，是组长，他把他的徒弟、伙计、亲戚都发展成了军统特务。

（八）圆黏子 · 武相声 · 装输

撂地摔跤没有什么规矩。比如说，我搁一个跤场，你老来，你的买卖关张了。明儿个就给那人说："嘿，你上这儿帮忙来啊！"明着帮场，暗地拿钱，都是这么来的！

圆黏子的事就多了，一人一事。你会圆的，你往那儿一站，人就满，不会圆的人，就不成。你要看看场子的变化情况。人一多，拿起褡裢："天也不早，人也不少了，紧打锣鼓当点唱，涮涮锅搭不了炕！"赶紧开练。要是人少了，就不成，拿起褡裢，说："画山难画山高，画树难画树梢，二八的佳人难画像，庙里的小鬼难画好。"你得有的说。你不会说，就场子中的其他人说，由会说的人说，总有人会说。

跤场有掌穴的和伙计。跤场中有天天来帮忙的，有串场的，压根儿不来，瞅两下来了，这叫串场的。跤场还有踢场的，给大伙儿都摔了，

当年，张狗子与孙傻子摔跤旧照

这叫踢场的。摔跤的不下去要。摔跤的脊梁对脊梁，摔完后，一边俩：“瞧完我们的该瞧您们的了！”那时，观众是往地下扔钱。后来，圈上了，才用小笸箩了。

武相声是我兴的。我把说相声都糅到摔跤里面去了，它有笑料。我摔跤时，人不走。一般说相声的说不过我。傻把式啊，不会挣钱！“山东徐”的把式真不错，但不会说，就是不挣钱。贯口是一句挨一句的，如“练完练拔了，给习习武的，好习练得”。慢慢说不是贯口。摔跤是武买卖，得有气魄，非得有气魄。不然，你拉云手人家以为你捡烟头呢！

在天桥卖艺，你动作、说话得合乎观众心理，有人看才行。张文山个儿大，“小碑儿头”摔他，小个儿摔大个儿，这样看了有戏啊。你个儿大，我个儿小，你老摔我，谁爱看啊？个儿大让个儿小摔。

这摔跤啊，一举一动都是文化。在场上，拿起褡裢，要话到礼到：“老窝啊，让过老前辈！往这一站一立的，好习武的，爱习练的，在家打过拳，踢过腿，举过墩子，摔过跤，都是子弟老师啊，我可练不好，有个腰到腿不到的，脚到手不到的，请大家多原谅！”这样说，别人就没有挑眼的，礼到啊！话到礼到。子弟老师就是不要钱，帮忙，帮着摔。

过去，规矩挺大的。你要是搁一跤场，说来一人，当天摔不成，得登记，三天之后再来摔。摔的时候，还得客气点儿，“您给我找一软的”，找一不成的，这才让他摔呢。这规矩大了。过去，我师父年轻的时候，不穿大褂、不系驳领不让你进。这一人一包，都自己的靴子、自己的褡裢。练武术讲腰腿，摔跤讲究腰、裆、腿。脚尖老冲外，你这裆没裆，非得冲外。脚尖冲里，还有裆呢？但现在的人都领会不了，你说也不成。你现给他改呀，比刚练还费事。

在跤场，圆黏子帮忙的有一套。俩伙计摔又有一套。帮忙的常这样说：“撒手！先交代交代！肉别埋在饭里吃，便缸里拉不出白布来！交代明白了，人是子弟帮忙，分文不取，毫厘不要。花一块钱捧两面，捧他的脸面，我们大伙儿吃饭。练完练罢了给众位求钱。说求钱，为什么不说要，一不该，二不欠，求钱了还得说明了的。腰带钱是您的，扔在场子是我们的……”往场子一站，你还得有气魄。要是两个伙计则说：“撒手，咱交代交代。摔三下！为什么说三下，三下分胜败，赌输赢。练完练罢了，给一站一立的，好习武的，爱习练的，给众位求个钱。”

师父也是这样。一人一个说法。熊德山一徒弟，赵振铎他爸爸，叫赵文禄，他说的是：“练完了，给您要钱。早不走晚不走，就怕这样，哥儿俩三下跤练完了……没带钱站着，练完了您走了，对不起哥儿俩这场力气。”摔跤骂街的很少，没有。张狗子，他小名儿叫狗子，狗不好养活嘛！张狗子求钱则说的是：“练完练罢了，给众位求财。当差的老，您月月高升，做买卖的，票房您能开俩，要钱的您给我钱起

马贵宝（后右）、朱国全（前排左一）等人在 20 世纪 90 年代的合影

九点，天杠、地杠，您不给钱老起十（老输钱）！”在跤场，我撂两场，我该下了，就得装输下去。这假的比真的都还难摔。

解放前的摔跤场子，别处都有大小份儿，我师父的场子没有大小份儿，全是人头份儿。师父就在当中卖大力丸，卖大力丸的钱归他。撂地立秋以后人多些，冬天人少。冬天，黄土都冻上了，几个人刨，搁一边晒着，让人砸，砸碎了，铺上，这才摔。过年的时候，能多挣点儿，他人多啊。

（九）在台上说话，也就是我

我现在练的基本功，不是跟一个人学的，我都给它编排了。很多人都教过我一些。改革开放后，哪儿都找我呀！陈毅的儿子，还有三十多个国家的大使、夫人，都让我去给做表演。潘家园的那个跤场的中幡是我给的。地坛庙会是我成立的，还有朱国全、朱国良、文化局的局长冯大龙、东城区委书记等，我们这些人组织的庙会。这冯大龙做了一件好事，地坛庙会就是从他这儿兴的。一开始，东城区文化馆和地坛合作。后来，地坛一瞅赚钱，就不与文化馆合作了，自个儿做了。可那节目呢？你得上地坛审去，那要求是挺严的。“文化大革命”以后，到哪儿我都没黑过。解放前，沈阳那边请我，天桥不让去啊！那边说来俩人，换马贵宝一人，也不成！

宝三没得罪过人呢！宝三往那儿一坐，好，京城三头六臂，一坐，别人都得看他一眼。我师父一摔跤，一拿褡裢，茶馆中的人一下子就围上来了。一开始，我就老纳闷、生气，为什么我摔的时候就不是这样？后来，我追上他了，抖一嗓子，“欸”一下，人都围过来了！我跟师父学的时候，宝三已经五十来岁，他摔真挣钱。你摔一场挣五块，他摔一场挣六七十块，他摔完了别人接不了。“师父，您别摔了！您摔了别人接不来！”都是我接啊。我师父一摔：“我不脱褡裢，输了我上去。”这叫拴马桩，宝三还摔呢！我最后超过他了。我摔跤，把芭蕾舞这些都搁进去了，腰腿又快，别人能不看吗？

刚一解放，文化局组织的讲习班，在华北戏院，政治学习。讲习班嘛，每天早上都得上课去，不去不行，8点开始。学完后，一人发一演出证。演出证刚拿到手，就反胡风。参加过讲习班的那些卖艺的，现在都没有了。文化局的领导关世杰，我们上哪里演出都是他带队。上十三陵水库演出，也是他带队，全国人民解放军慰问团也是他带队。

那阵儿摔跤的没有大学生，都是拉车的、扛粮食的、赶大车的，都是这些人摔。其实，这运动特好，就像你看书似的，也跟你追求共产党一样，都得领会好。现在，搁大学生发展摔跤，还费事，得普及，多了就出好的了。

解放后，中山公园演出的时候，我头一天接侯宝林，第二天接中国杂技团的神鞭。这摔跤台上说话是我兴的。那时候，还不说话。在文化宫劳动剧场演出时，主任姓田，说："马贵宝还在折腾呢！"我台上一说话，就下不来了。陈德禄、杨宝和陈勤元这仨大个儿全归我了。台上说话省事了。在中山音乐堂，上场八个一鞠躬，下来六个，然后两个两个地接着摔。摔跤的组织节目，也是我。我师父在首都试验杂技团摔的时候挣七分，要魔术的挣九分。但卖力气、搬东西的都还找摔跤的。"找摔跤的去吧！摔跤的有劲！"摔跤的组织节目，就我。在台上说话，也就是我。在首都试验杂技团，摔跤的拿的份儿钱还少。为什么呢？人家练魔术的才两个人呀，你摔跤的就八个人。人多，拿七分就算多了。

"快跤满"是个好人，是我师叔。后来，他年纪大了，我就捧着他摔，东单、西单都摔。我的徒弟很多。"文化大革命"还没过，我把跤场搁在天安门那儿去了。谁敢上那儿去哇？我有徒弟在天安门分局做处长，小名儿叫老虎。后来，我又将场子移到五棵松了。现在，我的徒弟都是双庙游艺社的，铁路上的也有几个。现在的人，都只知道练力气，不知道练技巧。现在，摔跤完了，各方面也都完了，京剧、炒菜等等，东来顺的菜都没了！现在，北京队摔跤都派不出人了。

我上天津去摔跤的时候，管理处的干部给写的一报子招来麻烦了，"北京掼跤家由京至此"。好家伙，人家天津人不摔。就我跟陈勤元，我们俩人摔，摔了一个多礼拜。后来，出来一个老前辈，张连山，他说："你们俩干吗来了？到天津为是露脸来了，还是挣钱来啦？到我们天津，你挣钱再露脸，你走不了，你听我的吧！"这才和了。四大张呀，张连山、张红玉、张豪年、张奎元呀！张连山有好多徒弟，他一和了，其他人都好办了，他给我们解围了。天津人还有这个好，一到四十，人家都不跟你摔了，他特别尊敬老人。

（十）避讳话 · 相声 · 太平歌词

解放后，黑话不叫黑话，叫“避讳话”。行话太多了。算卦的就有多种。黄鸟算卦叫“嘴子金”，总的叫“金点”。还有“花搭子金”。点瘩痣的叫“搓黑的”。掼交是皇上看的东西，它不是江湖行当，不是卖艺的。后来，管摔跤叫“彪子”，我的师哥就老骂，小偷叫“彪子”，摔跤的怎么叫“彪子”？

那些卖艺的早上起来忌讳说些东西，你像做梦呀这些都不能说。摔跤的没有这些，摔跤的他根本就不是卖艺的。皇帝那儿没有了，也没有钱粮了，挤着他卖艺。说相声叫“春口”，变戏法叫“立子”，吞宝剑叫“抿青子”，火叫“欢欢”，变外国戏法叫“洋立子”。这些都有名，摔跤的哪儿有名呀？唱的叫“柳”，“挂子”是把式。把式包括单刀、花枪，不包括摔跤。“好把式会摔跤，好跤手会过招。”变戏法的，有能耐的拿一个小包，不用拿那么多道具，“橡子一包，空子一挑”。

相声的有“字”儿，掼跤的没“字”儿，很多人都是本名，不像说相声的。有个天津的王凤山，先头是赶庙的，他爱人是马秀峰，个儿不高，赶庙，唱太平歌词。太平歌词一般说相声的都会。你像：

这一字儿，写出来，一架房梁。
二字儿，要写出来，上短那个下长。
三字儿，写出来，横着川字的模样。
四字儿，写出来，四角四方。
五字儿，写出来，半边翘。
六字儿，写出来，一点两点三点一横长。
七字儿，写出来，凤凰单展翅。
八字儿，写出来，撇捺分个阴阳。

九字儿，写出来，金钩独钓。

十字儿，写出来，一横一竖在中央。

然后，再倒回来唱：

十字儿，添一撇念个千，千里迢迢送京娘。

九字儿，添一点念个丸，丸散膏药王先尝。

八字儿，添笔念公字，姜太公钓鱼保文王。

七字儿，添白念个皂，田三嫂分家打过灶王。

六字儿，添笔念个大，大刀关胜美名扬。

五字儿，添笔还念伍，伍子胥打马过长江。

四字儿，添笔还念泗，泗州城的济小堂。

三字儿，添笔念个王，王祥卧鱼孝顺他的娘。

二字儿，添笔念个土，土木之工属丁郎。

一字儿，添笔念个丁，丁郎寻父美名扬。

有一唱大鼓的女的，有人老追她，这女的就是不理他。后来，这人生气。王凤山还不知道这回事，进去过后，跟这女艺人有说有笑。等王凤山一上台，这爷们儿上来就打。王凤山还在嘀咕，这怎么回事呀？就上地去，到天桥明地去了。撂地一唱，也来打你。后来，打得没辙了，就走了，上山东济南了。

太平歌词一般说相声的都会，最早是“穷不怕”。现在相声都是瞎唱。“大狗熊”前身就是唱太平歌词，孙长海是他徒弟。撂地时，孙长海假装唱，唱一会儿，假装忘了，师父就打徒弟。老太太一瞅可怜：“我给钱，别打他了！”孙长海后来落在东北了。

（十一）庙头·洋片·“赛金牙”

这洋片，是卖艺的，都得尊重它。它是庙头。为什么呢？你比如这儿这有一个庙。城南有一城隍庙，虎坊桥南头，那庙过去最火了。马戏棚什么戏棚都没有。拉洋片的去了，这叫开地的，以洋片为先，这么尊重它！多么大的庙会，甭管你马戏棚，甭管你大戏棚，甭管你唱京剧、唱评戏的，变戏法的、摔跤的，它这儿不开张，谁也不敢开。它那儿一开张，别人才敢做买卖。它是庙头啊，你得听它的！

在天桥，“大金牙”“小金牙”这么好吧，他不敢到外头去赶庙会。他要是去了，人家外头十几个拉洋片的都在一块儿，人家就把你家伙给砸了。可外头的呢？他进不了天桥！为什么呢？不如他呀！艺术上，各方面，都不如他，进天桥也卖不了钱，所以“同行是冤家”就在这儿。“大金牙”，一到晚上 5 点来钟，快没人了，他就不拉洋片了。洋片有八大段，说术语叫“八大棍”，什么《康小班出世》《张广代回家》等，就说这些个，八段！这些“大金牙”“小金牙”都会，后来的人就不会了。所以，洋片呢，“大金牙”“小金牙”都不去外地，去了也摆不了。为什么呢？人家外地的到你天桥来，我们吃不开，你也就别上我们那儿去。同行是冤家嘛！它是庙头。什么庙会都是洋片的庙头儿。

前几年，王学智在东四牌楼隆福寺楼顶上的茶馆上打出了“赛金牙”的广告。为此，我给他提过意见。我说你写的广告不合适，“赛金牙”不合适。这东西是“大金牙”“小金牙”兴的，你写“赛金牙”就不对！人家给你留个饭碗，你还赛过人家？

注 释

[1] 井窝子在京城有着悠久的历史，而担水夫随着时代的不同也发生着演变。水井前，多用方砖筑成二三尺高的小庙一座，庙门置香炉蜡具，中祀龙王木主，朝夕焚香。水车有水窝自出者，有担水夫自行营业者。担水夫之水道，皆为自有权，旁人不能相犯。或本人回籍，或改他业，持此水道，得售与其他之担水夫，或订长短租约，盖视为终身之不动产矣。担水夫每当旧历正月初二日晨，即往各户送水。各住户必须于其将水泄出后，掷铜钱于其桶中。钱之多寡无一定，然不可缺，取吉利也。在明代，担水夫多是山西人。李自成入京，兵卒多好女色，令担水夫代为寻觅，其势大。清兵入关，随营火夫皆山东流民，担水夫以各旗火夫任之。“业此者，在官署递呈，自称某街某巷水夫某，持此为凭据，即以此为业，甲租乙售，以相报官。谓之水窝子，所居为水屋子。故老云，担水夫当年肩挑水，口唱入关之得胜歌。凡大街小巷皆官井也。水井向归提督管辖。水夫无禁人汲水之权。当水夫汲水之际，贫人不能使其水具。”住院内之井，菜园及庙宇之井皆私井。至光绪二十四年，自来水兴，稍夺其利。至清末，洋井兴，水井势力益衰。至民国，改变方针，报官纳税凿井，水夫旧道已失。参阅张江裁，《燕京访古录》，北京：中华印书局，1934，页 31—34。

[2] 孙鸿亮生前在天桥很有市场，传闻过去谁到天桥做买卖都得拜拜他。解放后，人民政府将其正法。参阅《人民日报》1951 年 3 月 23 日。

[3] 即有色情内容的黄段子。

下编

杂吧地：学术写作中的天桥

一、牵着鼻子走：无定法的田野

——天桥田野调查的回顾

在从事天桥调查之前，我正对民间信仰方面的问题感兴趣。那时，我在读硕士二年级。我对形形色色的神灵在现代乡村社会普通百姓的日常生活中所扮演的角色，和神与人二者之间的关系有着浓厚的兴趣。我试图以此为出发点，来理解我记忆中的和当下生活在同一片蓝天下的民众的世界观。同时，我雄心勃勃地给自己拟订了一个需要系统阅读的国内外学者有关民间信仰调查、研究的书目。也正是通过这些书的阅读，我知道了李亦园和乔健二位教授，并为他们的研究风格和表述方式所吸引。因此，当我的导师刘铁梁教授在 1999 年 9 月告诉我乔健先生希望找一个人在北京天桥调查，作为其“传统底边社会研究”的一个子课题时，我毫不犹豫地应承了下来，并希望从这次合作中，尽可能地学习以乔健教授为代表的海外华人学者那种精细、严谨的调查方法和浅白、晓畅的叙述风格。

随后，当我知晓在天桥的调查基本上是由我一人独自完成时，懵懂之中的我并未真切感受到其中的难度。一方面是由于接受一个新任务的挑战性和将要了解一个新世界的新奇；另一方面则是因为我毫不怀疑自己二十多年农村生活所练就的能风里来雨里去的吃苦的资本，而且，我坚信中国人“勤能补拙”这句老话。

我是“外省人”，常年生活在西南边陲偏远闭塞的农村，因为上研究生才有机会来到北京。尽管曾经在繁华、悠闲的成都生活了两三年，但由于种种原因同样远离都市生活，没有任何与都市子民相处、相交的经历，颇有种“心远地自偏”“而无车马喧”的感觉。因此，当真正考虑要如何调查天桥时，我才发觉自己束手无策、不知所措。更有些好笑的是，虽然在此之前，刘铁梁教授多次提及天桥，但是我充耳不闻，从未在意过。直至1999年10月下旬，当乔健教授和山西大学的行龙教授来北京师范大学中国民间文化研究所开碰头会时，我仍然以为天桥就是现在遍布北京街道上的“过街天桥”。在碰头会上，当聆听几位老师的谈话时，我才隐隐约约地感觉到，天桥不是我想象中的大街上悬空的人行通道，而是北京城的一个地方，是个地名。就在那一瞬间，我才暗自脸红。虽如此，年少气盛的我仍抱着“兵来将挡，水来土掩”的侥幸心理，自己给自己打气：“千万别露怯，接触接触不就知道了？”

（一）调查前知识的准备：为了忘记的读

按照在课堂上所接受的学科训练，在对某个事象或区域进行调查之前，应该对相关的文献——正史、档案、方志、碑刻、铭文、调查研究文献以及所记录的口述材料——有着比较全面的了解，然后逐步明确自己的问题意识或将要研究的方向，再制订一个详细可行的调查提纲，甚或更为具体的调查问卷。[1]或者是出于乡下人惯有的固执与牛脾气，刚刚进入民俗学学习的我老觉得这中间有些问题，当然我也就没有自觉地全按此去做。

其实，作为田野调查研究的理论参考书，这些已有的归纳总结并不存在什么问题，但正因为它写在了书上，在一个有着敬惜字纸传统的国家，教授者和学习者往往会不自觉地将其奉为教条，甚至顶礼膜拜。显然，一个简单的事实是：在未调查之前，就全面认真地阅读相关的文献，虽然能发现问题，进行学院式的学理思考与爬梳，提出“学者式”的问题，也可以提高调查的效度；另一方面它也将调查者的思维或有意或无意地限定在了由以往的书写者、记录者、研究者所“编造”“炮制”的一个既定的，或者合理或者不合理的框子之中，这样就会相当影响即将前往进行调查研究的人在现场的新奇感，和对复杂生活世界中众多问题的发现，并且可能导致后来的研究者陷入仅仅在田野现场寻找前人研究之结论的正、反例证的误区，陷入打着“田野”的旗号而实质上不过是在给文献加注的悖谬。换言之，在生活现场，产生新问题的“文化震惊”（culture shock）很有可能会因为对已有材料与研究的熟悉——一种先入为主的文化偏见——而不以为然、见惯不惊，从而少了田野研究一贯强调的尤为重要的“陌生感”“距离感”，与因之产生的学界强调的学术敏感。而学理上所讲的文化震惊的产生，更多的都是由于调查者对不同意义上的“他文化”（other culture）如同一张白纸一样一无所知，和在他文化中行走时处处碰壁的那种复杂的感觉。这种陌生感、碰壁之感对于主要在本土从事民俗文化调查研究的田野工作者尤为重要。

尽管由于所受教育的不同，身份、地位等的差异，田野研究者当下看问题的视角与反思的态度等使得不同研究者面对同一事象会有截然不同的感觉与认知，但熟视无睹、习以为常、见惯不惊仍然是本土学者在调查研究自己既熟悉又陌生的本土文化时的常态。同时，受了现代高等教育并有着城里人身份的部分研究者甚或还可能产生“怎么还这样”的感叹，产生“文明人”研究“野蛮人”，“城里人”研究“乡下人”等“优越”感与抵触、贬斥心理。另外，出于记录者、研究者不同的认知与目的，针对同一对象的已有的、行之成文的“书写”材料的信度同样值得思考，这不仅仅是相对意义上的严谨与否、科学与否的问题。在文献大国的中国，阅读断章取义的抄袭之文与今天在各种利益的驱遣下注重时效的草率之作，其结果是除浪费时间外，可能更多引发的是认知上的混乱。所以，对于调查前全面细致文献阅读的准备与要求，我总是不自觉地存在一种抵触心理。

当然，就当时对老天桥艺人的调查而言，还有可以让我偷懒的是，乔健教授已经在他对山西乐户研究的基础之上，列出了一个对特殊文化群体调查的事项目录。这包括：1．与特定底边阶级有关之行业群的名称及其职业特色；2．此特定行业群兴起的年代及地缘关系；3．社会地位与特殊的社会歧视；4．社会功能与生计方式；5．行业组织与地盘；6．婚姻范围； 7．宗族观念与祖先崇拜；8．师徒关系；9．结拜兄弟或者收养义子情况；10．行业神及宗教信仰；11．行话；12．特殊的行为规范；13．特殊的生活习惯。[2]

从攻读博士学位开始，乔健教授就长期从事特定文化群体中传承人及族群文化传承的研究，如对美洲拿瓦侯人祭仪吟诵者的研究和对中国山西乐户的研究等。[3]不言而喻，这个看似粗疏的提纲，实际上承载着乔健教授多年来对文化传承人研究的理性思考，和他尝试建构“底边阶级与边缘社会”理论，进而认知中国社会结构与文化的努力。[4]有了这样立意高远的理论诉求的引领，也就在相当意义上使我的调查更接近于拉德克里夫·布朗所定义的“社会学调查”，而非他不太赞成的“社会调查”。[5]同时，也避免了费孝通曾总结过的，在没有理论引导时，实地调查所得到的材料是“零星的，没有意义的”的危险和埋没“很多颇有意义的发现”的可能。[6]

因为主要是针对在传统社会生存却被精英贬斥，文献中也少有记述的处于社会边缘的群体，该项研究首先要做的是口述追忆材料的搜集、整理。这样也就局部免去了通过已有的文献阅读来确定调查问题的过程，而主要是找与天桥相关的老艺人、老街坊进行深度访谈。虽然对文献有种倔强式的拒斥，但我仍花费了近半个月的时间翻阅了曾经对天桥有一定调查和了解的刘铁梁教授提供给我的书和油印本材料。这包括张次溪的《人民首都的天桥》、成善卿的《天桥史话》、宣武区政协1990年前后组织访谈老天桥艺人整理的十八份油印材料，和刘铁梁教授1998年为宣武区政府撰写的意在发展天桥文化产业的调查报告。不同的是，在看的同时，我不是记忆，而是有意识地淡化甚至忘却，我更未一头扎在图书馆中查找其他书目。对天桥没有实感的我，更迫切的愿望是深入天桥现场进行实地踏察。

不言而喻，以1949年为分界线，天桥已经变得面目全非，但我仍然试图从现有的面貌与状况中得到一定的，哪怕是十分稀少的地理空间和人文空间的实感。由于平时学校有课，利用周末，我从靠近北三环的铁狮子坟骑自行车前往前门外、永定门内的天桥。到了宣武区天桥街道办事处的辖区，按照王立行所编的《北京老天桥》画册所标示的“老天桥”，我一个胡同一个胡同地徐行、查找。[7]令我意外也不无惊喜的是，虽然昔日天桥喧哗的撂地场子和旧货市场已经荡然无存，但这里的胡同却基本上都沿用了以前的称谓。在1.95平方公里的范围内，密布的胡同中住了近两万人，不少人家都是三代甚或四代同屋而居。虽然间或也有高楼掺杂其间，但拥挤、残破仍是那时天桥的主色，四处洋溢的仍然是解放前天桥就有的那种“贫民窟”气息。

虽然有些劳累，面对拥挤狭小、不规整的胡同，我有着收获颇多的感觉。有了一点实地感受，我就开始构想我的调查对象和调查进入的方式。或者对一个初步学习，且兴趣偏重于实地研究的初学者而言，对调查对象的初步了解，文献阅读和实地感受两者是同等重要的。在相当意义上，较之于文献阅读，实地感受更有助于问题的产生和形成，或者文献阅读更应该是在有了基本的实地认知之后。这样，两者才会相得益彰，形成互补之势。

（二）调查的进入方式：碰

同样，对于随后究竟怎样寻找合作者进行访谈，进入正式的田野调查，我仍然一厢情愿地想得非常简单，因为海内外学者对于这些早有总结。在中国大陆进行田野调查，进入的常见方式有两种：一是官方渠道，即通过层层政府及相关的主管部门进入；二是通过调查者自己的个人关系进入，即通过调查者的亲戚朋友或亲戚朋友的亲戚朋友。[8] 虽然通过官派能有效地与地方政府部门接触，使调查工作“便利”并部分地解决宿食等具体而实际的问题，[9] 但调查者很容易被地方老百姓怀疑为政府的代表，或者怀疑是要侵占他们的生存空间与资源，进而较长时期甚或一直采取回避、不合作的态度。通过个人关系进行田野调查是比较自然的途径，但最终接触到的调查地的“亲戚朋友”在当地的身份、地位、声望等同样可能对调查带来不利影响，并还可能受到政府的怀疑与阻止。尽管如此，如同韩国学者金光亿一样，一般的海外学者更欣赏、赞同后一种方式，认为总体而言，以此种方式进行调查所获得的调查材料的信度要比前一种高些。

显然，尽管在特定时期，上述总结作为个人经验有着一定的真实性、可信性，但却有着预设的并被夸大和强化的假设，即：在中国，官方与民间关系在本质上是对立的，官方对民间的管制和民众对官方的不信任以及反抗。事实上，这是相当一部分在中国从事调查研究的海外学者至今都持有的偏见，并影响到国外学界对海外学者在中国从事经验研究可信度的评价。不论在何时，在意识形态和实践操作层面，对立仅仅是“治人者”的官方与“治于人者”的民间二者之间关系的一种，官方与民间的关系还有着互补、相互依赖和互相利用。[10]应该说，这存在于任何时期和任何地方的官民之间，而不仅仅是传统中国和现代中国。在现代中国，“文化搭台，经济唱戏”，近些年来国家、社会对民族民间文化的正视促进了官民之间的交流、对话与理解。这最终使得在一些地方和个别人身上显露出了部分意义上的费孝通所倡导的“文化自觉”意识。[11]

虽然现在明白，通过官方渠道进入和通过个人关系进入两种方式并用应该是最为可取的，但在当时，受名家的影响，我也想通过私人关系来进行自己的调查。那时，我四处托人介绍天桥的老艺人。但是，除了老师和同学，我在北京基本不认识其他人，而老师、同学的交往范围本身就有限，同时北京之大，要寻访的又是名不见经传的老人，所以满怀希望的托付通常也就只能是希望。

正因为日渐明白了这一点，我并未等待，而是采取了与威廉·富特·怀特在调查他的“街角社会”时一开始所采取的漫无目的的“游荡”。[12]利用周末等闲暇时间，我常常独自一人在天桥的胡同转悠。我相信在他们的生活空间，一定能“碰”上我要找的老者。当然，这一想法和行动本身与我确定的调查对象有关：调查的是往事，是过去的一群人的生活、文化，所以合作者首先应该是目睹过昔日天桥而且头脑基本清晰的长者，而且是越老越好。暗地里，我又将这类人分为两类，一是老天桥艺人，二是长期在天桥生活的老街坊。后来，随着访谈的深入，我也将曾经对老天桥艺人感兴趣的北京本地民俗文化的爱好者列入自己的寻找范围，这除了研究上的交流外，更主要的是认为作为北京人的他们也许能够为我提供些老艺人的线索。同时，由于这些人多为中青年人，也能通过他们对上辈人的文化认知和反省来透视老天桥艺人这个群体。这样，从艺人自己怎么说、观众怎么说、后辈怎么说，三者相互印证、补充，再辅之以文献材料，就可以大致确认不同的人叙说的信度——真实性与可信性。显然，除非长期坚持，并有大量的时间和精力投入，短期内要完成这样的调查研究十分困难。

当然，不仅仅是目前看来，在任何人任何时候看来，“碰”都是很不可取的一种田野调查的进入方式。因为这无异于大海捞针，即使捞到一根针也很可能是“锈迹斑斑”，并非自己期望的那样精美。对国内如今亦常常从事田野调查的历史学家，已经有人不无善意地总结出其调查的方式与流程：“进村找庙，进庙找碑！”与历史学家的方式稍异，因为民俗学家要调查研究的是在生活世界中数代传承的生活事象，长者，尤其是鹤发童颜的长者自然就是民俗学家们最乐于发现和见到的人。由此，茶余饭后，民俗学的田野调查也就在相邻学科那里形成这样的笑谈：“民俗学的调查很简单，就是找老人聊聊天，侃侃山，抽袋烟。”虽然这个笑谈不无揶揄、警醒，但确实也道出了民俗学田野调查的关键所在。这种学科传统同样使得民俗研究的新手通常在田野现场高高兴兴地陷入窘境，一厢情愿地相信只要在调查地找到老人就万事大吉。但是，有两个不可争议的事实：首先，健在的身体硬朗、头脑清晰的长者早年的生活经历可能与研究者感兴趣的话题没有关联；其次，即使这些能说也愿意合作的长者早年有着相关的经历和兴趣，但由于当年的年少位卑，他们完全可能仅仅只有粗浅、朦胧的印象，很少有深入的、具体的群体内部的知识，更何况随着年龄的增长，生活环境、条件的变化以及顺势引发的世界观的变化，还存在着“知道变为不知道”的现象。

如今都强调田野调查，有着自己学科历史并出现一定融合的社会学、人类学与民俗学的田野调查虽然大致都有一个离“我”远去的过程、体验，有着主位视角与客位视角、历时与共时、田野与文献相结合的趋向。但是，作为一种方法论，不同学科的田野调查仍然有着细微的差别。如前文已经提及的那样，社会学、人类学的田野调查都有着假定或者说预设的理论诉求。社会学更偏重于调查问卷的发放、统计数据的获得与分析，尝试对普遍的、宏大的、焦点的社会问题进行理论建构与提升，希求获得对重大社会现实问题的解决之道。在一定意义上，或者是因为有着更多的对于国计民生的现实关怀，中国社会学是理性的，但更是应用性的，少了些许这门源自欧洲的科学求实证的思辨传统。与社会学稍异，不论是偏重于社区 - 村落、族群、文化，还是偏重于跟踪或回访的人类学田野调查，其背后都有着要对人类学已有的某一理论、学说进行对话的宏愿，或批判或修正或提出新说。[13] 换言之，尽管在田野现场也发现知识，感受生活，但社会学与人类学的田野调查是为其理论建设服务的，田野本身并不是根本目的，它最终都要回归到研究者感兴趣的理论那里去。与之迥异，有着浪漫主义和民族主义之根的民俗学的田野调查，是以在民众日常生活之流中感受生活，发现知识并尝试理解为旨归的，但它又绝不只是拉德克利夫—布朗所说的“是某一人群社会生活的闻见的搜集”的社会调查，而是要发现民众之美、民族之美和民众对于民族之美为终极目标的。于是，以此为起点的民俗学田野调查也就更加关注民众的日常生活与情感，关注民众、民众的知识和民众对他们自己知识的感受、认知与传承。但是，也正由于民俗学的目的美好而缥缈，其落到实处的调查与研究也就常常为社会学、人类学等兄弟学科所诟病，长期以来在中国学界落得个资料学的“小弟弟”形象。当然，也唯其如此，民俗学这门源自西方的现代科学不但在中华民族存亡的关键时刻滥觞，时隔百年之后的不少中国民俗学者也成为当下“非物质文化遗产运动”的积极响应者甚至中坚。

一开始，我对老天桥的寻访和调查就经常高高兴兴地陷入这种学科认知和实践操作的双重窘境。当我试图在天坛公园遛弯儿的人群中寻觅访谈对象时，常常是同这些闲散、同样有着沧桑感的老者聊了半天，才发现他们中多数人的兴趣、经历与昔日的天桥及艺人并无关系，或者仅仅是道听途说、语焉不详。这与北京人口流动、更替过快有着必然联系。但是，我并未因这些挫折而停止自己的尝试。当初的我也有那股傻劲，并相信自己的朴实、坦诚和与生活在底层的老人亲近的能力。确实，凭借这股傻劲，我碰到了第一位合作者——李长荣老人。

（三）京城人的爽朗与谨慎：你是干吗的？

李长荣老人是我在熟悉天桥一带的地理环境和胡同的过程中无意碰到的。当时，我在珠市口以南、永安路以北那一片刚刚走完鹞儿胡同、厨子营胡同、何家胡同、赵锥子胡同。从赵锥子胡同出来，在赵锥子胡同南端和永安路的交会处，遇到了一位老人。他手里拿着一袋醋，脑袋剃得光光的，额头上的皱纹表明他不小的年纪。根据已有的体验，我当时并未想向这位老人了解什么，只是想问问他天桥街道办事处和天桥派出所的位置。因为这两处早晚都是我作为一个调查者要去的地方。老人热情地告诉我该怎么走怎么走，并让我与他先同行一段。就这样，我们交谈了起来。在他问我到办事处去做什么时，我简单地告诉了他我的身份和要了解老天桥和老天桥艺人的目的，并随意问了一句："你知道这些吗？"令我意外的是，老人特别兴奋，说："这你算是遇对人了，我在这儿生活六十多年了，没有什么不知道的！"接着，他就滔滔不绝地说起了解放前的天桥有什么有什么。走到他家门口时，我改变了继续去串胡同，找办事处、派出所的念头和原定路线。问老人是否有空，想与他多聊会儿。老人爽快地同意了，让我在胡同口等着，他把东西拿回家再出来。

永安路是一条东西向的繁华街道，过往车辆很多，虽然与老先生交谈不存在任何问题，但要录音就不可能了。在老人出来时，我就向老人提出，能否到一个僻静的地方，我想把访谈的内容录下来，以便将来整理，供研究用。同时，我把自己的证件给了他。他看了看证件，尽管稍显迟疑，但立马就说："行，那就到我家吧！"老人所在的小院住了三户人家。到老人家的院门口时，一位大娘满脸迟疑地看着我："你是干吗的？你找谁？"幸好老人就在我身后，我才顺利地进入院内。进老人屋里之后，与老人聊了不到五分钟，老人的老伴回来了。出于礼貌和尊敬，我赶紧拿出了自己的证件和介绍信，并自我介绍。老人也向自己的老伴说明我的情况：在哪儿遇见了我，我要做什么，等等。同时，他也告诉我，自己的老伴就是居委会的。在我同李长荣先生谈了两个多小时，准备告辞时，他的老伴留下了我的学校地址和电话号码，同时也语重心长地说："现在的骗子多，人杂，不是我怀疑你，但我们会经常联系的！"尽管李先生的老伴强调并不怀疑我，但从她说话的语气，你能分明感受到那潜存的话外之音。李先生老伴这种不信任的心理几乎一直持续到我第三次到她家。直到现在，想起第一次大娘的眼神和说话的语调，我仍然有些浑身不自在。

但是，老北京人，尤其是常年在胡同中生活的老街坊是率真与热情的。2005 年 8 月 7 日我回访李长荣老人时，他已经从居委会退休的老伴不但一眼就认出了我，而且还在次日打电话给我，非常热切地关心我的婚姻大事，要给我介绍对象。2009 年 4 月 10 日，当我因本书"访谈录"部分的授权事宜，再次踏进老人位于永安路尚未拆迁的家门时，李长荣老人刚刚故去不久。面对熟悉的我，大娘像遇见了亲人，不停地抹眼泪，伤痛之余仍然热心地对我说：

> 要是你年前来，他都还能给你说。没想到，他这么快就走了。他在这里住了七十多年，没有谁比他更熟悉天桥的了。他不在了，你今后要问什么，就来家里，就来找我。我要是不知道的，我就帮你联系人。我们都是一家人了！记着啊，常来走走！

现在看来，能在第一次见面不到一刻钟就被李长荣老人让进家门，已经是非常幸运的事情。对陌生人的猜忌、不信任是人之常情。在很长的历史时期，相对于终日与土地为伍的乡下人，城里人一直有着优越感。改革开放后，人口流动的加剧，更增添了城里普通人的不安全感。尤其是在北京，或者是与皇城一道经见了太多，如今的北京人对陌生人在热情的同时也多了几分警觉。这一点，在随后调查的日子，我体会得更深。

实际上，就进入方式而言，在北京城区，像我这样只要通过口音就能被辨识出的陌生人、外地人与乡下人，在无法通过私人关系找到更好的合作者的情况下，通过基层政府，即街道办事处或居委会进入或许是一种更为妥帖的方式。由于北京普通居民对陌生人的拒斥，也由于居民对政府的信任，或者说不得已的依赖，如果通过街道办事处或居委会深入到人家中去，一般而言，当事人已经在一半的程度上认同了你，至少是对你合法、正当的调查者身份的认同，排除了小偷、骗子等多种不法身份的可能。这是在中国城市，尤其是北京这样的大城市从事田野调查研究但又无过硬的私人关系的无名小辈的研究者更应该注意的。在我后来的合作者中，有数位都是通过街道办事处、居委会以及北京市文学艺术界联合会这样的单位、组织找到的。有办事处和居委会的向导领路，自然也就免去了合作者查看自己手续和反复盘问身份、目的的相互了解与熟悉的过程。因此，针对不同的地方、不同的调查对象，每一次田野调查都有自己独特的进入方式与途径，这些方式只有亲历的调查者自己及时发现与调整，是一个即兴的经验习得的过程，并没有千篇一律的规律。

（四）“现挂”式的访谈与理性的调查提纲

田野调查的具体方法通常又分为参与观察和访谈两大类。访谈又

2005年8月7日，我们访谈完后，李长荣夫妇在自家小院的留影

有自由联想、深度访谈、半结构访谈、结构访谈，有结构访谈和正式测验等诸多不同，且各自的效度和信度高低不等。[14]但是，在田野现场，面对千变万化的合作者以及不同的访谈内容，这些理性的对访谈的区分几乎没有什么意义。在相当复杂的情况下，访谈只能是随机应变的一种说话、交流的艺术，很有点类似于老天桥艺人撂地卖艺时招呼人的“圆黏子”，尤其与相声艺人表演现场的“现挂”相仿。作为早年撂地艺人灵感和才艺高下的标志，也是表演时最吸引观众的地方，“现挂”是撂地的艺人“在用以抓哏找包袱或突遇不测时化解风险的即兴台词或临场发挥”。[15]被民俗学、人类学、社会学等不同学科所强调的“科学”田野调查中的访谈，同样是一个访谈者和受访者双方之间人为的建构过程，也是访谈者相关知识储备、心理素质、个人魅力、说话艺术、理性分析、学术敏感的综合体现，是调查者和合作者之间有了一定认同之后的“共谋”，是真实的，也有着浓郁的理查德·鲍曼所强调的“表演”（performance）色彩，[16]有着“前台”与“后场”，即台前幕后心照不宣、不露痕迹的转换和交易。[17]

由于调查内容是半个多世纪前在天桥谋生的艺人这个特殊群体的

生活，我的调查也就只能用访谈这种方式。虽然从交谈时的声调、语速、表情以及整体氛围等可以感受、体味到这些长者生命的脉动与酸甜苦辣，但显然我的研究无从使用所谓事件的参与、生活的参与和生命的参与等参与观察的方法。[18] 尽管如此，在访谈中，同样存在生命的参与，那就是对合作者的尊重，对交谈话题的尊重，对访谈的老天桥艺人这个群体的尊重。访谈应该在平等、自然、友好的氛围中进行，而绝非居高临下、趾高气扬和有问必答的“审问”和同样让人不快的“盘问”。

也就是在与李长荣老人第一次访谈时，面对侃侃而谈，也愿意与人交流的他，我分明感觉到自己发问的杂乱。没有清晰的脉络，主旨的缺乏都严重影响了与一个健谈的合作者访谈时的效度。当时，我感受到了制订一个尽可能具体、详尽的调查提纲的必要性。在这次访谈完后，根据乔健教授设定的纲目，并参考 1935 年李景汉所制订的天桥调查大纲[19] 和任骋设定的对民间艺人的调查提纲，[20] 我拟订了自己的调查提纲。该提纲包括两个部分：一是合作者本人的情况，二是合作者所熟悉的老天桥艺人某个行当的情况，具体内容如下：

1. 合作者个人情况。

1）姓名、艺名，性别，出生年，学历，职业。

2）祖居地、出生地分别在哪里？什么时候来京？为什么？在北京的居住地发生过变化吗？为什么搬迁？

3）个人一生主要有哪些经历？主要爱好是什么？为什么？

4）是否亲自在天桥卖艺或者观看表演？你所熟悉的天桥是怎样的情况？天桥的名字是怎样来的？有什么传说故事或者其他的说法吗？这里曾经有过桥吗？形状怎样？天桥的范围有多大？在你的一生中，天桥经历了哪些明显的变化？你最喜欢、最熟悉的天桥老艺人的表演是什么？为什么？

2. 天桥特定行当的知识。

1）行当兴起、组成与特色。

该行当起源于何时、何地？经历过哪些变化？有哪些名称？有什么说法（故事）吗？从业人员主要来源于哪里？出身怎样？主要是以某一个地方的人为主吗？他们的技艺是祖传的，还是拜师学的？最明显的职业特色是什么？行当内有无高低贵贱之分？分辨的标准是什么？原因何在？有哪些代表人物及表演？

2）社会地位与生计。

该行当艺人社会地位怎样？从业前后人们对其看法发生了哪些变化？对他们有什么特别的歧视或限制？街北和街南有什么差异？为什么会这样？演出或工作时，观众或服务对象对他们是崇拜羡慕还是嗤之以鼻？主要是靠卖艺为生，还是有别的办法？与官、匪之间有什么关联？每日表演的大致收入及其花销怎样？

3）行当组织与地盘。

该行当有无严格的组织？怎样组织的？经常举办哪些活动？官方有人参与吗？是否制定有行规？内容怎样？是否存在同一行当内的艺人打骂的现象？有哪些？发生此类问题是行当内部解决，还是经他人、官方调解？祖师爷、长辈艺人在纠纷的解决中扮演了怎样的角色？对外来同行当的人，要经过怎样的程序才能在天桥卖艺？是否有不同行当之间的流动？怎样流动的？你听说过盘道吗？盘道的具体过程怎样？

4）婚姻。

该行当艺人结婚的状况怎样？是否只是行当内婚？一般人是否愿意与其婚配？婚后对个人及其所从事的行当有什么样的影响？子女受教育的情况怎样？

5）信仰。

该行当艺人及其家人是否受宗族、邻里、亲戚的排斥？艺人家中有祖先的牌位吗？春节、清明等节日祭祖吗？该行当的祖师爷是谁？为什么？祭拜祖师爷的时间、地点及仪式怎样？除祭拜祖师爷之外，还有什么信仰和禁忌？

6）师徒关系。

该行当师徒间有无亲戚关系？最初的师徒关系如何建立？举行拜师仪式吗？怎样举行？有无拜师帖？内容怎样？师徒之间的权利与义务如何？徒弟艺名如何确定？有字辈吗？为什么？徒弟多数来自哪里？家境怎样？徒弟学艺时每天时间安排怎样？怎样学艺？如何才算出师？要举行什么仪式吗？具体形式怎样？

7）拜把子（拜把兄弟）。

该行当艺人拜把子普遍吗？收养义子呢？都与哪些人结拜？怎么结拜？收养什么样的人？有无行当上的限制？拜把子后，对艺人生活和卖艺有怎样的影响？把兄弟之间的关系怎样？与亲兄弟关系相比，谁更重要？行当内的人、行当外的人对拜把子有着怎样的看法？

8）暗语与行话。

该行当有什么暗语？与其他行当沟通又有什么暗语？行话是否涉及衣食住行等日常生活？关于数字、地点、时间、工具、称谓等的行话分别有哪些？社会上对该行当有什么特别称谓、俚语、典故或传说？

9）表演与绰号。

该行当新老艺人的表演场地、时间有哪些分别？外来艺人与本地艺人的表演场地有哪些不同？该行当是否与宫廷、达官贵人等有着联系？演堂会时面临哪些风险？有着怎样的回报和禁忌？

该行当艺人有什么样的道具？道具的制作、形状怎样？艺人怎样获得这些道具？艺人表演的过程怎样？表演前是否敬拜祖师爷？具体情形怎样？开场、收场大致在什么时间？怎样“圆黏儿”和“打钱”？表演受哪些外在因素的影响？表演时对妇女或小孩等有什么忌讳吗？你知道“天桥八大怪”吗？是谁？怪在哪里？在落子馆中卖艺的女艺人怎样“戳活”？观众主要来自什么样的阶层？他们在观看这些表演时心情怎样？除在天桥，该行当艺人还在京城内以及京城外哪些地方卖艺？去庙会卖艺吗？主要是去哪些庙会？是自己去，还是庙会邀请或有人组织？艺人表演与妙峰山、丫髻山等庙会的武会有什么关系吗？男女艺人在天桥卖艺存在什么不同吗？室内、室外卖艺的差别是什么？女艺人与妓女之间有什么不同？女艺人与捧角儿之间的关系怎样？该行当艺人会“串街”吗？艺人搭班卖艺时，不同行当艺人之间有哪些限制和规矩？怎么分配节目顺序和所得钱物？该行当艺人有绰号吗？怎么来的？艺人自己对这些绰号感觉怎样？绰号对艺人卖艺会产生什么影响？男女艺人的绰号有什么分别吗？

10）生活习惯与价值观念。

该行当艺人一天的时间安排怎样？艺人是否有嗜酒、赌博、吸鸦片等嗜好？对此，他们自己如何评价？为什么？他们尝试改变自己以及后代的职业与生活处境吗？是怎样做的？

11）解放后的艺人表演及生活。

1949年以后，艺人的生活发生了怎样的变化？生活的变化对他们表演的内容和形式产生了怎样的影响？怎样看待自己的过去和现在？在“文革”等政治运动中，你所知道的艺人又经历了怎样的命运？现今在宣武区有哪些具有昔日风味的表演场所，情形如何？有哪些艺人在这些场所表演？主要表演什么？这些艺人的师承怎样？社会地位如何？这些艺人是否也举行拜师、出师等仪式？是怎样举行的？你对上述情形有怎样的看法和评价？

可是，在后来的访谈中，我却基本没有用到这个条分缕析的调查纲目。当然，这更主要的原因是为了不破坏在访谈现场，那种因为长者记忆流动性、模糊性所造成的谈话的随意性、即兴性，同时也因为每次访谈时间的有限、老者的身体状况、记忆的清晰程度、当时老者谈话的兴致、不同人迥异的谈话风格，以及因一个话题可能激发的我访谈之始完全没有想到的问题等多种原因。要想获取更多和更为可信的信息，同时又绝对尊重受访的合作者，在访谈现场就基本不可能根据预先设置好的问题，机械、呆板地逐一问下去。因操作者个体的诉求及实践的趋同，当下的媒体田野与学术田野之间虽然已经出现了一些混融，但意在谨严、理性、求真的学术田野与直奔主题、求快的媒体田野之间还是存在长时段的，与合作者之间发自内心的"两情相悦"的差别。[21] 在具体访谈时，调查者只能大致将谈话的主题限定在一个框架内，进行宏观的引导。但纵然仅仅是有限度的引导，也会使在合作者记忆中存在的一些与自己调查问题关联紧密的有价值的东西失之交臂。所以，在访谈现场，经常是合作者在引导我、规束我、激发我，而不是我随心所欲地主导他们。显然，这种犹如艺人撂地卖艺时"现挂"的随机应变、灵活机动的做法不失为一种更可取的访谈办法。

但是，这并不是说拟订明晰的调查提纲毫无用处。明晰调查提纲制定的益处不在于访谈现场的机械使用，而在于使调查者明确自己调查研究的主要问题所在，知晓面对不同的谈话情景中不同的合作者，大致可能会问到哪些问题，并随机将这些问题用合作者能够理解、接受的方式、言语和语气较为恰当地表达出来。在谈话的现场，需要这些问题"蹦"出来的时候，问题就会"蹦"出来。

（五）“傻”的收获

与李长荣老人的数次交流，使我顺理成章地找到了我的第二位合作者。因为正是李长荣老人告诉我，像他这样对老天桥熟悉并记忆犹新的老人有不少都习惯性地在天坛公园遛弯儿。他自己就在天坛公园认识一位不知名姓的、小时候曾经在“喜连成”科班学戏后来给打跑了的老人。虽然喜连成科班主要是培养京剧演员，与天桥的艺人有着诸多差异，但二者之间还是有着剪不断的联系。因此，抱着试一试的心理，我经常前往天坛公园。尽管一直都没能遇见那位曾经在喜连成学过京戏的老者，但却在那里遇见了我的第二位合作者刘景岚。

在 1999 年初冬一个周日的上午，我去了天坛公园。天坛公园北门围墙边聚满了三三两两的自娱自唱的老人。同其中几位老人聊聊天并无太多的收获后，我就往南走向了长廊。在长廊，自娱自乐的组合要比围墙根儿的少些，但其水准显然也要高些，来这里游玩的外国人纷纷给这些闲暇自娱的长者拍照、摄像。显然，在外国游客的眼中，这些长者的娱乐部分地代表了中国的文化：古老祭坛的苍松翠柏边，字正腔圆的演唱，行云流水般的伴奏，周围观众乃至游客不时的“叫好”声，等等。

就在这些长者休息的间歇，作为一个长时间在那里忠实站立的观众，我同他们搭上了话。由于我意在确定谁将成为我的主要合作者，所以我的问题多数都比较模糊。这样，就引发了一位弦师对我什么都不懂的批评。这位原本是飞机设计师的弦师严肃地教育我应该如何访谈，该怎样提问，问什么，并毫不客气地责问我数来宝与莲花落、京东大鼓和梅花大鼓的区别。我一个劲儿地点头，坦承其言之有理和自己的无知。或者是我的谦逊，抑或是我的窘境引发了在一旁站立的刘景岚老人的好感。在随后的时间，他与我主动交谈了起来。最后，我发现这同样是一个对天桥知道得很多的老人，于是我与他约好了下次见面的时间和地点。

与李长荣老人一样，刘景岚老人也是作为一名老天桥的观众接受访谈的。他七岁左右就在天桥一带做小买卖，熟悉 20 世纪 30 年代天桥的种种情形。但就在与这两位老人的访谈中，我深切地感受到，作为当年的见证人和观众，他们确实熟悉天桥各个摊点、茶馆、撂地场子的布局，也熟悉众多艺人精彩的表演，但对于我要探究的艺人的出身、婚姻、家庭、信仰、组织、伦理道德、技艺传承、行规行话等内部知识，他们就语焉不详了。作为观众的老街坊，这些老者只能说出他们小时候曾经看见的一种直观的表象，是外部知识，乃一个群体对另一个群体的印象、想象与认知。[22] 但是，我调查的时间已经过去了一个多月，我不得不尽快寻访当年真正在天桥撂地卖艺的老艺人，也就是寻访局内人。

（六）走近老艺人：官方的帮助

也就是直到此时，我怀着一线希望托付联系老艺人的师友均没有回音，有的确实是没有这方面的交往，有的则是出于别的原因，婉言拒绝了。当然，我也曾托付过与我已经非常熟悉的李长荣和刘景岚两位老人帮我介绍老天桥艺人或者熟悉老天桥艺人的老街坊，但他们都先是面有难色，后来就回拒了，让我直接去找天桥街道办事处或者每条胡同的居委会。事实上，如果我再不求助于基层政府，我的调查就会陷入穷途，我只能改弦易辙。

如前文所述，尽管后来通过政府进行调查给我带来了诸多便利，但一开始却刚好相反。我拿着介绍信和种种证件找到了天桥街道办事处相关部门的人时，他们直接拒绝了我的请求，并解释说：“现在年底了，挪不出人手来给你安排，况且来我们这里调查的外国人很多，你是中国人，可以稍微靠后一点！”这些确实是当时的实情，也是我贸然前去寻求帮助时所未曾想到的。

田野工作者往往会强调不要在合作者生活、工作繁忙时固执地进行调查、采访。显然，不同职业、不同地方的合作者的繁忙时间和表现是不一样的。在城市机关，在我们主观地认为这些公务员—工作人员就是“为他人服务”“为人民服务”时，其实他们还有相当多的属于上传下达的例行的事务性工作要做，尤其是在年底的时候。同时，也与他处不一样，改革开放后，作为首善之区的北京，其各个方面、角落的变化都吸引了外国人的关注。在诸多的中国学者还在迫于完成单位硬性、量化的一些不具有太多实际意义和价值的工作任务与指标时，外国学者已经带着他们较为充足的钞票和未曾中断的学术传统开始了实实在在的调查研究。虽然也有诸多不便甚至局限，但在同一研究领域，外国学者常扬长避短、捷足先登。这无疑对本土学者是一种挑战，同时也给靠后才进入又难于申请经费的本土学者带来了不利的影响。在我们这个一直都讲究面子、关系、人情与礼尚往来的社会，对于像我这样，几乎没有任何社会资源的调查研究者，在北京城区的调查研究就更加困难。可是，在中国，大多数真正深入到田野，也不得不在田野进行研究的人往往又没有太多的社会资源。

在我再三的请求下，办公室的工作人员善意地让我去找苗主任。同样，身份的验证是复杂的，但友好的苗主任并未将我拒之于千里之外，同意给我做相应的安排，并给了我她办公室的电话号码，让我随后与她联系。当时，我非常感激，如获至宝，满怀希望地回到学校。也许是在考验我的耐心与虔诚，在随后的半个月，我常常在上班的不同时段给苗主任打电话，都从未找着苗主任。中途我亲自前往苗主任办公室两次，也未能遇见她。直到第三次，我才见到了繁忙的苗主任。在表示因工作的繁忙而暂时搁置了我的事情之后，干练的苗主任立即给我做了安排，当即让她的一个下属带我前往福长街三条居委会找在那里上班的王丽云女士。直到今天，我都非常感谢苗主任，正是因为她的安排，我才顺势寻访到了当时健在的天桥老艺人中年龄最长的朱国良先生。

在等待苗主任的安排过程中，我自己也在不停地多方联系，并幸运地找到了玉庆文、冯建华、王学智三位先生。

玉庆文先生当时是改革开放后很有影响的天桥乐茶园的副总经理，遇到他也有些意外。当时，我去天桥乐茶园是寻访在北京文化界享有盛名的黄宗汉先生。在不少人眼中，天桥乐茶园是中国传统文化或者说文化精神与改革开放之成果的一个象征。之所以能在国外享有盛誉，天桥乐茶园最大的特色就在于它发扬传统民俗文化的经营理念。20 世纪 80 年代，茶园重建之初就尽自己所能网罗了不少健在的老天桥艺人及其传人进行表演。这不但给老艺人提供了一个活动场所，丰富了社区文化，这些老艺人地道的表演也使得茶园很快就成为外国游人向往之地，也使茶园的经营者顺利吸引外资入股。

当时，正在值班的玉庆文明白了我的来意之后，就同我聊了起来。出身艺人家庭的玉庆文文化水准很高，也是相当精明能干的人。离开时，他慷慨地赠送我一本黄宗汉主编的《天桥往事录》。难能可贵的是，该书较为充分地辑录了民国时期报刊中有关天桥与天桥艺人的文字。但或者是出于编者主观良好的意愿，该书对其所收录的原始材料并非“实录”，除有遗漏之外，部分地方还进行了“善意”的改动、调整，这反而使得它少了研究者直接参考与引用的价值。尽管如此，该书的收录仍为我后来的研究提供了不少文献资料的线索。

年轻的冯建华先生当年是琉璃厂京味茶馆的掌柜。此后数年，他依然活跃在诸如 2004 年北京大兴区旧宫镇“群英同乐小车圣会”的贺会仪式等多种北京民俗“表演”现场。与天桥乐茶园一样，在 2001 年歇业之前，位居琉璃厂西街的这个古色古香、中国文化表征丰厚的京味茶馆也是外国游人和寻找逝去北京的寻访者的一个去处。在每周二下午，作为茶馆掌柜的冯建华将京味茶馆提供给说唱八角鼓的票友们进行过排活动。正是从他本人和他开办的茶馆这里，我较多地知悉了有关北京茶馆口头传承的知识。

如前文所述，集拉洋片、相声、快板诸种技艺于一身的王学智先生是北京“鬃人白”白占全先生介绍给我的。当时，王学智先生正带着自己的徒弟，在王府井新东安市场“老北京一条街”拉洋片。但正式把王学智先生确定为我的主要合作者则是我在王府井新东安市场与他的三位徒弟交谈之后。当时，王先生并未在场。王先生的二徒弟给我详细描述了他们几位师兄弟在不久前举行的拜师仪式，并强调该仪式完全是按照老规矩举行的。在王先生到来之后一个多小时的表演中，他的表演韵味十足。这些都坚定了我对王先生访谈的信心。毕竟，这是我见到的第一位直接以“天桥绝活”来命名自己的表演，且表演十分地道的老人。

（七）多疑的调查者：调查中的自正与酱肉

按照约定的时间，1999 年 11 月 22 日，当我第一次去东四环外朝阳区南官庄王学智先生的家时，看着地图上距离北三环边的铁狮子坟并不遥远的距离，我就骑自行车前往，结果骑了三个多小时。当我约莫在 10 点半走进王先生宽大的客厅时，王先生先指着一位三十多岁的青年人给我介绍说，这是他的忘年交——张卫东，一位熟知老北京旧事的年轻人。由于担心自己说得不对，所以就把他叫来听听。其实，刚一进屋，我就看见了这个年轻人，并以为是王先生的儿子。但在听了老先生这样的解释之后，我的心蓦地一沉：是否北京的老艺人，稍微有可利用价值的都被一群聪明的文化经营者给包围着？正是这些文化经营者使你无法接近老艺人本人。没有他们的允许，你甚至无法从老人本人那里询问出什么东西，或者说费了九牛二虎之力，只能了解到一点点经过这些中间人或者说经纪人思维过滤的东西。虽然后来真诚坦率的交往说明张卫东绝对不是这类人，但是当时产生这种想法是非常自然的事情。因为在我已经有的部分经历之中，我分明地感受到一些健在的老艺人已经被人包裹起来。与今天的潮流相符，不少文化经营者欲借这些老艺人进行文化和经济的双重再生产，并事实上成为这些还有再生能力的长者的经纪人。像我这样纯粹进行研究，不能给当事人带来回报的学生，自然也就无法通过这些"经纪人"联系上那些老艺人。同时，个别身份地位已经比较高的老艺人也有意地把某位年轻且又消息灵通在社会上吃得开的人作为自己的"经纪人"。在一个时时处处都追求经济效益、只向钱看的社会，这原本不是个人的过错，也无可厚非。正因为这样，由于格外担心从我好不容易才见到的一位老艺人身上将可能一无所获，在明白张卫东在场原因的那一瞬间，我非常悲凉、惶惑。

与我最初见面的惶惑正好相反，在当天随后的交谈中，我很快就十分感谢张卫东的在场。王先生是那种历尽苦难，却社会地位低微、身怀佳技的长者。艰难的身世和已有的人生阅历，使他豁达的同时，也小心谨慎。而张卫东，虽然年轻，却是那种默默收集民俗知识、有着惊人的记忆力，并真正关爱这些"位不高"的文化长者、以文化传承为己任的实在人。在我与王先生的交谈中，张卫东以其博闻强记适时地给我解释王先生叙述的内容。闲聊时，张卫东还提醒、告诫我要注意那些文化经营者，提醒我要善于辨别那些旨在牟利者叙说的真假。他说："这些人在外行人面前是'民俗学家'，在内行人面前是'学者'，这些人永远都没有不懂、不通的时候，也就是说永远都没有错误的时候。"对于民俗文化相同的认知和对现代社会浮躁风气的不满，很快将我们三人联结在了一起。自此，我们仨也成了相互尊重的知己。

这天的午餐同样令人难忘。因为我与张卫东的造访，王先生的家人特意买回了北京人待客惯有的酱猪头肉。刚来北京生活时间不长，吃惯了味重的四川卤肉的我对北京人感觉美味的酱肉还有着本能的拒斥。由于天气较凉，一开始我总是吃些热菜。好客的王先生虽然弱视，却仍然发现我没有吃特意买回来招待客人的酱肉，于是就好几次将切得较厚的酱猪头肉一片一片地夹进我的碗里。面对和善好客的老人，我除了一个劲儿地说“谢谢”之外，就是努力地将这些凉酱肉吞咽到肚子里，根本不好意思说出的“抱歉，我吃不惯”之类的话也变成了“好吃好吃”这样善意的客套话。尽管胃很难受，阵阵恶心感不时袭来，眼眶甚至还逼出了泪水，但王先生及其家人看见我吃得多，脸上都露出了满意的笑容。这些笑容也使我之后的访谈以及电话聊天有了可能并成为事实。

也就是当天的访谈，我知晓了王先生的身世，他与天桥拉洋片的“小金牙”罗佩琳、20世纪40年代天桥一带的丐头“丐李”、解放前在天桥撂地卖艺但解放后很有名的快板艺人高凤山都有着师承关系。由于王先生基本不识字，眼睛弱视，其知识几乎都来自于他耳听心记和他亲身的经历。显然，健谈的他是较为理想的合作者。于是，随后的两个周一我都兴致勃勃地骑车数小时前往南官庄对他进行了长时间的访谈。

虽然王先生对天桥知道很多很多，但在解放前，他毕竟没有真正在天桥撂地卖艺。在对他的访谈快接近尾声的时候，我也开始了对民国元年出生的老艺人朱国良先生的访谈。

（八）牵着鼻子走：牵别人与被人牵

其实，在我之前，有不少不同身份、不同国别的人都调查、采访过这位身体硬朗的老人。但其中不少人给老人留下了非常坏的印象。一见面，知晓我的来意之后，老人就开门见山地说：“要不是我儿媳妇带你来，我什么也不会说！”接着他就说谁把他的相册拿走了，谁把他的书拿走了，谁许诺要给他送录像带送照片送书至今都杳无音信，等等。显然，老人并不是要这些索取者兑现他们的承诺，老人要的是人与人之间的一种尊重与平等，老人抱怨的不是这些未兑现的诺言，老人诅咒的是这些研究者低下却自以为是的人品。他的抱怨，有力地说明了从事实证研究的研究者与研究对象之间的互为主体性，或者说主体间性这种关系。

这使得我在惊讶的同时也非常尴尬，为我的同类，也为我自己，并引起我的反思。因为朱先生提到的个别人还是方家。或者是由于自己名不见经传的缘故，后来在华北乡村进行乡土宗教和乡村庙会的调查时，我的不少合作者也经常有着朱国良老人式的愤怒与抱怨。作为一个研究者，我们究竟应该具有怎样的伦理道德，或者说学术道德？我们是否为了追求所谓的科学、客观就仅仅将合作者作为我们研究、解剖的对象，甚至是低于我们自己的低等对象？如果不能真正尊重、平视合作者及其文化，没有一种“美人之美”的胸襟，再貌似精美、严谨的研究成果也可能仅仅是一堆夜郎自大的诳语和病态的自恋，甚至不仅仅是一厢情愿的“想象”和对他者的不敬与亵渎！但悲哀的是，正如朱国良老人所气愤的那样，在田野现场，不少田野工作者忽视了自己研究的是与自己一样有着相同的价值判断的“人”这个基本事实，在把享有不同文化的他者低看、非人化的同时，也同时把自己非人化。正因为这样，才有了自觉或不自觉地出于一己之私的卑邪和不守承诺的行为，并抱持着仅仅将合作者视为一次性使用的工具与消费对象的心态。由此，早在 1980 年，国外就有著作专门探讨田野工作中人的因素——这一决定田野工作及研究成功与否的关键因素。[23]

尽管与老人第一次交谈的收获不多，但见到老人本身的兴奋使我将调查坚持了下去。也正是在随后与朱国良老人的交流中，我再次感受到了“无定法”的访谈：在取得了信任感之后，与一个经历了近

1999年的冬天，就是在虎坊桥小腊竹巷的这间陋室中，朱国良先生对“研究者们”进行了谴责

九十年风雨历程的老者的对话，聆听而非频频发话才是获取内部知识更可取的方式；老先生侃侃而谈时，提适时适当问题的重要性；对于老人本人和其知识尊重的重要性。调查者如果真正将合作者视为一个平等的与自己一样的人，真正平等地看待他们的文化，那么对于因语境、生活、经历所造就的，也被他们自己内化认同为“不足为外人道”的小事、“迷信”、“陋习”等这些体现一个群体文化特色的内部知识，我们也将能够部分地从这些亲身经历和体验的老者的记忆与唠叨中获得。

这样，在田野中，不总是牵着别人的鼻子走，而是顺其自然地、低姿态地、心甘情愿与明智地被人“牵着鼻子走”，这既是无定法的田野本身，也是无定法的田野中常用的、有效的和必需的方法与心态。

正是这些前期寻访和访谈的经验使我后来将调查继续了下去，有了与崔金生、金业勤、朱赤、李嘉康、杜三宝、关学曾、马贵宝等老人的访谈。也正是这些老人本身及其知识的魅力，这些老人对我田野调查尤其是访谈技巧的培育，才有了今天这本以他们为主人公的书。所以，这本书是献给这些曾经创造、传承、享有这些民俗知识的人们。愿生者健康长寿，愿亡者安息！

注　释

[1] 其实，调查前的准备是多方面的，不仅仅是相关的地方性知识，还包括技术的、体质的、心理的以及食物的、医药的等多方面的准备。这些在经典的田野研究著作中都有着详细的论述，如 Bruce Jackson, *Fieldwork*, University of Illinois Press, 1987。

[2] 乔健，《底边阶级与底边社会：一些概念、方法与理论的说明》，见《石璋如院士百岁祝寿论文集——考古·历史·文化》，台北：南天书局，2002，页 429—439。

[3] Chien Chiao, *Continuation of Tradition in Navajo Society*, Taipei: Institute of Ethnology, Academia Sinica, Monograph Series B（3），1971；乔健、刘贯文、李天生，《乐户：田野调查与历史追踪》，台北：唐山出版社，2001。

[4] 乔健编著，《底边阶级与边缘社会：传统与现代》，台北：立绪文化事业有限公司，2007。

[5] 布朗的定义是："社会调查只是某一人群社会生活的闻见的搜集；而社会学调查或研究乃是依据某一部分事实的考察，来证验一套社会学理论或'试用的假设'的。"参阅拉德克里夫·布朗《对于中国乡村生活社会学调查的建议》，吴文藻编译，《社会学界》第九卷（1937），页 79。费孝通曾经更为鲜明地指出："社会学田野工作始于假设也止于假设。"参阅 Hsiao-Tung Fei and Chih-I Chang, *Earthbound China: A Study of Rural Economy in Yunnan*, Routledge and

Kegan Paul Ltd, 1948, p.297。

[6] 费孝通、张之毅，《云南三村》，北京：社会科学文献出版社，2006，页 11，更进一步的表述亦可参阅 Hsiao-Tung Fei, “Introduction”, in Hsiao-Tung Fei and Chih-I Chang, *Earthbound China: A Study of Rural Economy in Yunnan*, Routledge and Kegan Paul Ltd, 1948, pp.13-18。

[7] 王立行编，《北京老天桥》，北京：文津出版社，1993。

[8] 金光亿，《人类学研究方法》，收于周星、王铭铭主编《社会文化人类学讲演集》，天津：天津人民出版社，1996，页 212—241。

[9] 费孝通、张之毅，《云南三村》，北京：社会科学文献出版社，2006，页 215。

[10] 这种关系在信仰及其实践上体现得更为明显，可参阅 Valerie Hansen, *Changing Gods in Medieval China, 1127-1276*，Princeton University Press, 1990。

[11] 参阅岳永逸，《灵验·磕头·传说：民众信仰中的阴面与阳面》，北京：生活·读书·新知三联书店，2010，页 50—168。

[12] 当然，这是无功的。怀特随后还采取了别的方式，想利用单身男女易于亲近这一点性别优势，他到酒吧、舞厅找单身女郎，但这使得他几乎被人从室内扔到室外。最后，他通过俱乐部才找到他合适的合作者——多克。参阅威廉·富特·怀特（William Foote Whyte），《街角社会》(*Street Corner Society*)，黄育馥译，北京：商务印书馆，2005，页 374—397。

[13] 这种愿望在中国新近的人类学田野调查和写作中表现得日渐强烈。如在对满铁曾经调查过的山东恩县后夏寨村的再研究中，兰林友就反复表达了要用自己的田野资料和民族志写作与杜赞奇、黄宗智、施坚雅等人的研究对话和修正这些研究不足的旨趣。参阅兰林友，《庙无寻处：华北满铁调查村落的人类学再研究》，哈尔滨：黑龙江人民出版社，2007。

[14] 李亦园，《田野图像——我的人类学生涯》，济南：山东画报出版社，1999，页 107—113。

[15] 张立林，《相声名家张寿臣传》，北京：文化艺术出版社，2005 年，页 102—110。

[16] Richard Bauman, *Verbal Art as Performance*, Waveland Press, Inc, 1977，pp.1-58.

[17] ［加］欧文·戈夫曼（Erving Goffman），《日常生活中的自我呈现》(*The Presentation of Self in Everyday Life*)，黄爱华、冯钢译，杭州：浙江人民出版社，1989。

[18] 余光弘，《参与观察与参加观察：以兰屿经验为例略论参与观察的阶段深度》，

《台湾大学考古人类学学刊》第 51 期（1996），页 59—72。

[19] 李景汉，《天桥调查大纲》，收入张次溪《人民首都的天桥》，北京：修绠堂书店，1951，页 284—292。

[20] 任骋，《艺风遗俗》，郑州：黄河出版社，1987，页 244—255。

[21] 岳永逸，《都市中国的乡土音声：民俗、曲艺与心性》，北京：中国人民大学出版社，2015，页 187—192。

[22] 对于一个群体民俗知识的内部与外部之分以及相互之间的关系，参阅 Wm. Hugh Jansen, "The Esoteric-Exoteric in Folklore", in Alan Dundes ed., *The Study of Folklore*, Englewood Cliffs., 1965, pp.41-51。

[23] Robert A. Georges & Michael O. Jones, *People Studying People: The Human Element in Fieldwork,* University of California Press, 1980. 另外，在对人类学民族志学术史反思的基础上，兰林友也对他自己在后夏寨的田野调查进行有意思也不乏坦率的回审，并有"我看人看我与人看我看人"这样的小节，参阅兰林友《庙无寻处：华北满铁调查村落的人类学再研究》，哈尔滨：黑龙江人民出版社，2007，页 284—313。

二、城市生理学与杂吧地的『下体』特征

——以近代北京天桥为例

（一）城市生理学和上、下半身的隐喻

1. 近代都市研究的简单回顾

在讲究风水并求天人合一的文化土壤中，[1]对于县、州、府衙门等所在的地方——城，包括像北京这样元、明、清数代的国都，在中国城乡一体化（urban-rural continuum）基本观念的支配下，[2]施坚雅不无创意地从宏观的角度将之视为中国不同层级社会空间的大小中心。他所划分的数个巨区就围绕这些城市形成，庞大中华帝国的社会结构网络也就被他粗线条地勾画出来。[3]这些包括大大小小六边形的网也就成为不少学者研究中国的工具与坐标。如同“× 地经度 × 度，纬度 × 度”一样，“该地属于施坚雅所划分的 ×× 巨区”已经成为不少学术著作的一种套语。但是，在相当意义上，施坚雅的建构依然仅仅是从外部的角度，对城市的一种不乏学者自身想象的客位功能认知，见林不见木。在强势的西方话语支配下，急于在中国城市、社会寻找“公共领域”“市民空间”以及资本主义萌芽的不同

学科的众多学者往往又局限于对这些西方概念的解析与例证，不可避免地多少都有些一厢情愿地建构着学者自己的“市民社会”，见木不见林。注重形体、视觉效果的多数建筑学研究则常流于琐碎的几何结构与意在求真的年代考证，仍瞩目于要见证城市历史的悠久、缥缈的美感以及自美的智慧。[4]

当然，部分研究也注意到在城市中不同群体斗争—妥协的，或信仰或政治的生态学。艾莉森认为清末“新政”前的北京是一个通过会馆、贸易行会、水会以及家庭等来支配个人，崇尚社会自我控制的城市。[5]与此不同，从京城中流布的传说故事，寺庙的分布和围绕其左右的信仰群体的组织、活动，我们可以知道明清时期北京都市空间的有机建构，和不同于西方，并与精英文化互动、互相利用的民间社会。[6]

当把视角转移到热闹的近代都市街头巷尾发生的大小政治事件和与多数人日常生活紧密相关的行为、言语时，近代社会的都市似乎就天然地展示出了中国社会必然要“近代化”的辉煌画卷。由于“试图揭示民众与公共空间、街头生活与公共生活的关系”，运用多种材料，致力于研究近代都市街头镜像的学者更偏向于对街头发生的所有现象进行政治学解读，把在街头展演的一切或者说街头文化泛政治化，将有着不同身份、地位、角色和文化归属的异质性都市人群笼统地熔为一炉，似乎每个群体，甚至人体，都是深知斗争策略、艺术和玄机的政治家、阴谋家。[7]

也有人关注在近代化的进程中，属于个体的身体如何被国家化、法权化、时间化和空间化，从而使个体成为现代民族国家意义上的“公民”，即“近代中国身体的形成”。[8]虽然此研究主要以近代中国都市的街头巷尾作为考察的场景，但在一定意义上，这仍然可以视为思想史与制度史的研究。因为虽然包括城市在内的这些空间被视为了一种权力化的空间，对人有着宰制和规训的力量，但是城市空间本身并没有被视为主体。对研究者而言，像北京这样的近代都市只是当时那些似乎是外来的并且对都市没有情感的人们革新、游行、宣讲与书写的地方，是被他们利用和加以改造的对象。所以，由于在段祺瑞政府门前的大街上游行了，原先神圣的空间就成为世俗的空间了，由于在静寂闲适的胡同里弄讲演了，这里也就由生活空间成为政治斗争的场域。

客观而言，上述这些研究都具有启发意义，有助于对有着悠久历史的中国城市的认知。但是，如果我们既能远观也能近观一座城市，注重在城市中生活的不同群体、个体的自我感知——地方感觉结构，注重游动的身体和空间之间互相建构的关系，我们就会发现一座历史悠久的城市就如同人体一样，不仅仅是一个客体，她同时也是一个主体，有着她自己的生理学特征，即有着她自己的肌理、脉搏、呼吸与生命。

2. 地方感觉结构

地方感觉结构（feeling structure of place）是现下学界常使用的地方感或地点感（sense of place）与感觉结构（feeling structure）的合体。地方感觉结构强调的不仅仅是一个人对一个地方的空间感受、人所感觉到的缥缈的社会结构，它更强调在对一个空间感受的基础之上，或朦胧或清晰地存在的，对包含权力分配、渗透的历时性空间和生活在该空间内外的不同人群的分类与认同。换言之，通过在一个地方呈现出的景观，人们感受到的是一种包括其自身在内的明确的社会结构与生态，对于该空间感觉的表述蕴含了其世界观和自我认知，并表达着其存在价值、意义以及与之相关的强烈愿望。

关于地点感和感觉结构，艾伦·普瑞德曾有长文进行详细的梳理与论证，但最终他还是将二者统合到了地点感之下，并精辟地指出：地点感是个人持续不断发展意识和意识形态当中的一部分，存在于个体参与地区性和更高层次社会结构再生产和修正的结果，是一个人所拥有的社会化、再生产和社会结构的转型，是个体自己在连续性的结构历程的时空流之中的外在—内在（external-internal）和生活途径—日常途径（life path-daily path）间的辩证。[9]

显然，艾伦·普瑞德更多强调的是地点感形成的历程、内涵和人社会化之互动关系。地方感觉结构既囊括了艾伦·普瑞德之地点感的能指与所指，也包含了人们对一个地方感觉结构言说与叙述的方式及其背后的意义，即地方感觉结构是空间的也是人体的，是个人的也是群体的、社会的，是历时性的也是共时性的，是个体感觉之本体也是对感觉之本体的表达，是朦胧的也是真切的，是感性的也是理性的。地方感觉结构在个体之间或群体之间的互动中、有形无形的交流中形成，因此，它是绝对的也是相对的，是主观的也是客观的，是任性而随意的也是知性而必然的。

至今，仍然在人们口头交流中使用的“杂吧地”就典型地表达了中国近代以来在都市中生活的人（甚至包括远近郊区乡民）的地方感觉结构。

关于近代北京地方感觉结构的形成及变迁，杨念群曾分别从生死控制方式的转换和现代国家监控下城市空间观念的形成，从城区与郊区“四大门”信仰不同的分布状态和由“巫”到“医”的变化等角度进行了解读。[10] 通过对改革开放后在朝阳区并存的花会和秧歌会的比较，格雷泽分析出不同群体对同一公共空间的感觉，和根据这种感觉对公共空间不同方式的占有和运用。[11] 同样，位于北京城前门外的天桥这个地方在不同的人群中也有不同的感觉结构。[12] 但是，已有的这些关于城市空间地方感觉结构的探讨都并未注意到如同人体的城市的生理学特征，从而使得关于地方感觉结构的探讨仍流于肤浅，甚或限于就事论事，空间悠久的历史和个体源自于其生长群体的长时段的经验、感觉累积被短时化、平面化。

3. 无脐失缺：哪吒城大都的躯体比附

一座城市不仅仅存在今天吵吵嚷嚷要环保、要安居、要和谐的生态学，长期有着权力参与的空间制度建构的城市还有着深深熔铸于个体地方感觉结构之中的生理学。这种城市的生理学既是外显的，也是内隐的。作为历史累积的结果，作为表征着“主体位置”并打上了“人类普遍追求的自我持续欲望”烙印的“经验”，城市生理学可以被外来者观察、感受，也被有着分化的在城里生活的人自己言说、强化，且转化为体现了权力关系并塑造主体的“话语”。[13]这样，由于城市的格局、外观、特定社区的形态、功能和生活群体已经在近百年来发生巨变，虽然我们很难直接感受、观察到数十年以前城市的生理学，但是却可以从散乱地隐藏在官方档案、回忆报告、自传、观察笔记以及报纸、小说、神话传说和影像等不同方式的言说与记述之中，从存在于今天不同都市人的观念、思维和日常交谈的语气、语调中，描绘出城市生理学的筋络。

如今，当涉及到北京城的布局时，不少学者常常都是从《周礼·考工记》等典籍和“明堂”等概念来分析这座帝都，尤其是内城的布局规划。[14]与此不同，在谈到京城的空间分布时，我的合作者冯建华、王学智不时提及的是将北京城—大都比附为哪吒身体的“八臂哪吒城”传说和刘伯温造北京城的传说，以及可供聆听、观赏的对该传说的拉洋片、相声等表演。[15]精英阶层所熟悉的“考工记”“明堂”等几乎在民众生活之外。其实，这些传说早在元末明初的个别著述中就初见端倪。张昱的《辇下曲》中有首诗直言大都是哪吒城，云：“大都周遭十一门，草苫土筑哪吒城。谶言若以砖石裹，长似天王衣甲兵。”[16]长谷真逸的《农田余话》卷上则言大都的十一门是哪吒的三头六臂两足：“燕城，系刘太保定制，凡十一门，作哪吒神三头六臂两足。世祖庚申即位，至国亡于戊申已酉之间，经一百一十年也。”[17]

这些文字中所言的大都城主要指的是明清以来的北京城的内城。将苦海幽州等传说、哪吒信仰的流变、刘伯温的神化以及涉及蒙汉、满汉之间的权力更替联系起来，历史学家陈学霖指出，这些野说既“透露民间膜拜英雄意识，虔诚供奉神祇冀求解难禳灾的心态”和“汉人对蒙元统治的反抗”，也强调着“蒙古对明朝的贡献”，还是反清复明秘密会社的精神所系和共和革命先驱的大众基础。[18] 但是，这仅仅是后人对传说立足于史的一种读法。野说之所以成为野说，有着野趣，还在于它满足了包括官民双方在内的社会各阶层的基本认知、文化观念和情趣。或者这些野说确实有着冲突与妥协等群际交往的心性，但它首先传达出的是在中国文化中有着深远影响的风水观念，以及受这种观念影响而生发的一般民众对大都这座城池结构奇妙的赞美和朴素认知：大都城不仅仅是一座城池，它还是一个活生生的躯体；而且，这个被比附于神仙的身体与我们每个渺小个体的身体有着亲切、熟悉的相似性。

在 20 世纪 30 年代，西人阿灵顿和刘易森收集到的传说，将北京内城的各个部分比附为哪吒身体的三十三个部分以及所用的器械和装饰：（1）前门是头；（2）前门的两旁门是耳朵；（3）棋盘街是鼻子；（4）中华门是嘴巴；（5）棋盘街南边的两眼井是眼睛；（6）哈德门（崇文门）是右肩；（7）顺治门（宣武门）是左肩；（8）朝阳门乃右手，挨着朝阳门的东岳庙是乾坤钻镯；（9）平则门（阜成门）是左手，临近耸立的白塔即宝枪；（10）东华门、西华门是双臂；（11）东直门、西直门是膝盖骨；（12）安定门、德胜门是双足，临近的黄寺、黑寺是风火轮；（13）紫禁城的红墙是哪吒肚腹上的曾用之来捆缚龙王三太子的红绫；（14）从中华门往北的御道是气管；（15）这条御道两边的前庑是肩胛骨；（16）东安门、西安门是双乳；（17）天安门前的广场是肺脏；（18）天安门和端门是心囊；（19）午门是心脏；（20）太和门是腹膜；（21）太和殿是联结心和肝的管道；（22）中和殿是肝脏；（23）保和殿是胆囊；（24）三海（北海、中海、南海）是胃脏；（25）社稷坛是脾脏；（26）已填的西城明沟是大肠；（27）已填的东城明沟是小肠；（28）乾清门是能致命的双肾间的解剖穴；（29）乾清宫和养心殿是双肾；（30）紫禁城西边的一眼井是肚脐；（31）什刹海是膀胱；（32）后门（地安门）的桥是阴茎；（33）后门是脊骨尾端。[19]

稍晚些金受申收集、整理的“八臂哪吒城”的传说则简明许多。[20]在这一版本中，正阳门是脑袋，瓮城东西两门是耳朵，正阳门里的两眼井是双眼，崇文门、东便门、朝阳门、东直门是身子一边的四臂，与之对应的西边的宣武门、西便门、阜成门、西直门是哪吒身子另一边的四臂，安定门、德胜门是双足，皇城是五脏，天安门是五脏口，天安门到正阳门的平道是食道，皇城两边的南北大道是大肋骨，南北大道东西向的小胡同是小肋骨。因为简练易记，这一版本反而传播甚广。[21]

不管是三头六臂两足还是八臂，这不仅仅是比附，人们实际是认为北京城这个躯体是有感知的，牵一发而动全身：

> 出神武门西行，护城河北岸有井当路，上有石盖。据传此井如开，主太监有权。清初有人主张将井淹塞。风鉴家云：此井毁不得。北京名为三头六臂哪吒城，此哪吒之肚脐也。人如无脐，生理失缺。因用大石封之。[22]

基本是遵循了顾颉刚研究孟姜女的理路，当然也多了民族斗争等权力话语分析的视角，陈学霖对北京哪吒城传说的考证，是要指明该传说在20世纪以来盛行的文化、政治、社会诸多方面的原因，并“合理”“科学性”地解释八臂哪吒城传说“真实”与“虚妄”之两面。[23]显然，意在求真伪的史学考证却忽略了“人如无脐，生理失缺”这种数百年来不同人通过传说故事赋予北京内城的生理特征，和已经融入于居者生命之流中的对北京城的地方感觉结构。传说故事确实可能与理性有关，但它主要则是因为情感而存在和传承的。这些经常被学界反复考证的传说故事才是市井百姓心目中北京“流动的魂”和意义所在，是北京城“结构的纬线”（the weft of the fabric）：

> 所有的传说都有着它们自己的特征。它们似乎不够典雅，但却更加鲜活。传说的叙述是有力的，场景总是特别的和非常具体的。……确切地讲，神话和传说与更加冷静的史学描述一样有价值，因为它们给予我们了一种难得的视角，这种视角有助于我们理解普通民众是如何经验北京的，北京城的纪念碑、庙宇、城墙和塔又是如何在人们日常生活中变得重要的。[24]

由此，这道纬线为北京这“整个织物增加了内容、色彩和个性”，使北京这个地方存活在人们复杂的精神世界中，北京是鲜活的，也是神圣的，还是独一无二和不可替代的。[25] 这些传说故事也使得遵循“明堂”等观念规划修建的作为宇宙象征符号的威严而抽象的北京，作为全世界中央和皇帝作为天子统治臣民的北京，在市井百姓那里成为另一个北京——他们自己的北京。这个“我的北京”有血有肉，有着喜怒哀乐和烟火气息，可以触摸、感知和感念，意味无穷。

于是，因为怕坏了“龙脉”，震怒皇天后土，历朝历代，修建甚至拆毁任何一座大的建筑都要择期、祭土、剪彩，这是精英阶层的故弄玄虚，但也是民意所向。清末，迫于西方列强的压力，北京城开始了近代化的步伐。京汉铁路要穿越城墙延伸至城内，这就遭到了京城不少人的抵制。一时间，声浪四起。人们认为，这显然会伤了“龙脉”。当城墙最终撕开口子时，人们纷纷传言北京城这条“龙”已经受伤，作为京城财富的“龙血”将会流尽。[26] 在另一个类似的故事中，人们同样是在城市地形学和社会形态学的意义上将有皇帝居住的北京城比作龙，而这条融北京城、皇帝、灵物于一体的“龙”的生死则取决于前门五牌楼南侧大清两百多年来形成的鱼棚是否能够保留。

光绪末年，因为前门五牌楼南边的二百多年来卖鱼虾的鱼棚有碍交通和观瞻，当政者强行将这些鱼棚迁移到了天桥西河沿。这样原本正常的城市治理，也在老百姓那里衍生出了关于“龙”的故事：前门外所有的鱼虾，都是给龙——皇帝吃的，所以所有的鱼虾都在这里，如今鱼棚一移，龙非饿死不可，龙饿死就是皇帝完了，皇帝完蛋了，清朝也就完了。更为好玩儿的是，就在当时，还有御史因此上奏、劝谏。[27]

如果说据此上奏的御史愚忠也好笑，但他显然是真诚和真心的。同样，半个多世纪后，不时被悲情化而赋予抗争意识的建筑学家梁思成的哭泣也是真诚的。当新中国政府基本遵循了苏联专家的城市规划方案，而抛却他的方案并开始全面拆除城墙、城门与牌楼时，梁思成掩面与古老的京城同声而泣。作为建筑学家的他，深知古老帝都的命脉所在。一直到20世纪后半叶，同样是因为市政建设的需要，当政府要拆除北新桥附近传说中的精忠庙，并要填平庙内锁有孽龙的“海眼”——那口井时，内外城的老头老太太们纷纷前往探视，惶恐于随之可能有的灾难。

将元明清三代皇帝存身的内城比附为哪吒这个呈娃娃相的神仙的躯体，而没有将之比附为要吃喝拉撒睡的凡夫俗子的身体，显然有着民众的智慧、考量以及狡黠，即自己所在的京城这个地方是神圣的。这点也恰好与当权者为维护自己的统治而强调的顺天意的神圣性不谋而合，“历史性的真实和象征性的事实”得以交融。[28]当把伴随北京内城发展的外城，尤其是杂吧地天桥也纳入考察的视野时，我们就会发现近代北京城作为凡夫俗子要吃喝拉撒的身体的世俗生理特征。

4. 下体与上体：涵盖内城的外城

就城市的轮廓而言，从明清以来，甚至直到改革开放前，北京城像穿了摆裙的人，也像练习箭法、枪法的人形靶子，更像大写的“凸”字。上小下大、上窄下宽的内城与外城（亦称南城）分别就像这些被艺术化、符号化表达的人体的上半身—上体与下半身—下体。由于北京内城主要是蒙元时期建成，大清长期满汉分城而居的政策使得满、汉、蒙之间存在着差异的族群认同，内城还有“鞑靼城”（the Tartar City）以及“满城”的别名。与之相对，直到20世纪30年代，外城也还有“汉城”（the Chinese City）的惯称。[29]

不仅仅是外在形式上，北京内城—鞑靼城与外城—南城—汉城之间具有这种人体表征，就生理机能而言，二者的关系也非常类似于巴赫金在解读广场狂欢、庆典仪式与筵席时所指称的“怪诞人体形象”。[30]

长久以来，尤其是在清代，内城是皇宫、王府、粮仓、衙门等的所在地，是有着特权、悠闲和脸面的旗人生活，并展演其各自有的大、小不同权力的场所，井然有序，泾渭分明。内城生活的人不但有着特权、尊贵、面子，在日常生活中也道貌岸然、一本正经，连子弟喜好、宫廷也认同的八角鼓这些玩意儿都绝对高雅，“车马自备、茶饭不扰”。[31]有紫禁城、皇城所在的内城象征的是权力、秩序、威严和脸面。总是以衣冠楚楚的上半身形象在殿堂庙宇中出现的人在此争权夺利、相互厮杀，最终的胜者都一定有其自我标榜从而以必然面貌出现的合法性、正统性与正义性。简言之，内城是以大脑为代表的上半身愉悦的地方，彰显的是与大脑、心脏相联系的理智、理性和心计，与人体的生理本能、自然需要相距甚远。

外城是匮乏的、饥渴的。根据方颐积的报告，20世纪20年代晚期，北京内外城的水井共有四百八十五眼，内右四区和内左二区分别有八十一眼、六十三眼，而外右二区仅有五眼，占总数的百分之一。[32]因为地质构造等天然的原因，京城北部与南部的水质差异很大。北部的水甘甜清冽，南部的水则苦涩。苦海幽州、高粱赶水、北新桥、蜈蚣井、满井和蜜井等这些至今都还在老北京人讲述的传说故事中以浪漫抒情的口吻解释着北京城甜水与苦水之分的缘由。[33]在街头巷尾的口耳相传中，自然的分野转化为了文化的对峙以及优劣之别。北京外城的水井少，甜水井更少。在整个京城五口可供较甜井水的天然井中，仅有一口位于外城。[34]但皇室等特权阶层一直都食用的是专人每天从玉泉山用车拉来的泉水，也即从一开始，北京的水消费模式就带有“等级性”。这一状况并没有因为洋井水的出现和1908年京师自来水公司的成立运行得到根本改变。同样，作为现代科技和都市现代化象征一部分的电力扩散模式也是如此：内城富人和权贵人家集中居住的某些地区首先安装了电灯，越靠近城市中心，电灯照明的程度也就越高。[35]如同杜三宝、关学曾等合作者口述的没钱坐车那样，[36]不仅仅是衣食无着的穷人，多数外城人长时间仍然饮用苦水，也生活在摸黑走路的世界中，公园、叮当车等现代城市的标志也都离他们的生活很远，可望而不可即。同时，地处京城南部的外城一直都有“下风下水”的说法，这种观念仍然影响着今天京城的房价。长期以来，南城的房价也普遍要低于内城的房价。

但是，匮乏、饥渴的外城则服务于内城，依附也支撑着内城，它必然也是丰盈与充沛的。人之肉体本能所需，能给肉体以欢愉、快感，能使人忘情放纵的几乎都在外城。这从外城曾经长期使用的胡同名就可知一二。如在位于南城的宣武区界内就有这样的一些胡同名：茶食、西猪营、三府菜园、柴儿、火扇、炭、笤帚、羊肉、铺陈市、穷汉市、厨子营、照阴阳、米市口、醋张、瘦肉、烂面、轿子、簪儿、绳匠、麻刀店、干面、熟肉、香饵、糖坊、司家坑浮摊、柿子店、染房，等等。外城确实也有豪华的会馆、彰显神性的祭坛，但这里更多的是斜街、棚屋，是散布在这些斜街与棚屋之间的菜市、小市、黑市、穷汉市、刑场、屠宰场、粪厂、戏园、下处、烟馆、厨子营，还有给皇子、公主们喂奶，被宫廷征集起来的姿色、年龄、奶汁以及级别都不同的奶妈们群居的奶子胡同[37]，等等，一派杂乱无章与喧嚣。

外城与内城之间的关系，不仅仅是人体上、下半身的关系。在一定意义上，道貌岸然的内城类似于主外、治外的男性，属于阳，坚挺、光明而伟岸，而杂乱喧嚣的外城则类似于丰产、主内、治内的女性，属于阴，阴柔、猥亵与不洁。

清代以来，满足人们审美、闲暇或者说潜在欲望的戏园子被驱逐到外城，主要云集在前门外大栅栏一带。装饰人外观、满足人物欲的马聚源、内联升、瑞蚨祥、六必居等商家也挤在大栅栏。晚清以来，妓女云集的八大胡同也聚首大栅栏左近。直至进入民国，以女性吸引顾客仍然是解放前“匮乏”“贫瘠”的外城首先会选择的策略。

20世纪30年代初，部分意义上作为妇女解放运动产物的女招待这种职业刚刚在北平兴起。但是，女招待在北平的兴起并非是像商家标榜的那样“提倡女子职业”“振兴市面”，而多是“利用人们好奇的心理与性的诱惑”。不少雇用女招待的商家，尤其是饭馆常常在铺面门口做大幅鲜艳醒目的广告，告知顾客这里有女招待。在当时的北平社会，女招待一职是“很卑贱的”。作为当时北平繁华地之一的前门外大街以西一带的大栅栏、八大胡同等地的商家雇用女招待者尤其多。[38]在整个北平城，天桥的人和饭馆就是较早雇用女招待的三家店铺之一。1930年7月18日的《世界日报》专门报道了天桥人和饭馆因雇用女招待而“生意兴隆”的事实。

同样，作为京城众多服务行业之一的棚铺，内城鼓楼的棚铺就要比南城的棚铺高级、正宗、正统。张文升曾有记载，云：“鼓楼一带，棚铺最多，围绕鼓楼四周，尽为棚铺。……其次则为南城一带，但此地之棚铺，多为外派，而非正宗。如丧棚上用栏杆，栏杆、挂檐等为玻璃制，而非木制，凡此种种，皆非正统。”[39]可是，棚行业整体是贫穷的，对南城天桥有着不得已的局部认同。不论是哪个街口的棚行业，在每年秋初搭完凉棚后，如果要办会奉神演行戏时，因“经费甚少”，就请“天桥席棚内之小戏”。[40]此时，棚行业内部区分的正统与否就处于次要位置了，表现出的是对天桥“小”戏的认同。

就北京的茶馆而言，在清兵入主中原之后，内、外城茶馆的大小之别也被制度化。明代北京内城的“茶轩”（亦名茶坊）皆为太监的产业，门外都立有牌坊，坊上常悬金字大匾。清初则被八旗没收，并改名“茶馆”，成为满洲官兵消遣余暇而作清雅聚会、品茗娱乐之公共俱乐部。再加之，它们都使用八旗军用的大铜壶煮沸水，这些内城的茶馆就被称为“大茶馆”。而地处外城，与八旗军产无关的茶馆，不论其规模大小，也不论其专售清茶还是兼售酒饭，均曰“小茶馆”或“茶铺”。[41]

如果说内、外城之间的大小茶馆区分直接与政治特权相关，那么外城密布的鸡毛小店直接相连的是穷困、绝望、苟活与倒卧——死亡，是穷途末路者窘迫的日常生活。对鸡毛小店，清人蒋士铨曾经有诗云：

> 冰天雪地风如虎，裸而泣者无栖所。黄昏万语祈三钱，鸡毛房中买一眠。牛宫豕栅略相似，禾秆黍秸谁与致。鸡毛作茵厚铺地，还用鸡毛织成被。纵横枕藉鼾齁满，秽气熏蒸人气暖。安神同梦比闺房。挟纩帷毡过燠馆。腹背生羽不可翱，向风脱落肌粟高。天明出街寒虫号，自恨不如鸡有毛。吁嗟夫！今夜三钱乞不得。明日官来布恩德，柳木棺中长寝息。[42]

该诗中所描述的情景在20世纪初期并未发生太多的变化。我的合作者，自小在天桥长大的崔金生老人对小店十分熟悉，他曾说：

> 天桥的小店我很熟。我不住小店，是我奶奶开小店。小店那

时不称其店，叫“伙房子”。我奶奶开的“伙房子”叫福顺店，现在这地点都还在，就在天桥的东边，那条街都是伙房子。……我说的小店吧，也住的有穷艺人，大部分都是劳动人民，都是社会最下层的，轿夫——抬轿子的，抬杠子的，拉洋车的，要饭的，卖兜纸的，手纸那时叫兜纸，卖破估衣的。那种小店，就一个大炕。有的一进门两边都是大炕。这炕在砌的时候，一头砌得有一砖那么高，这就是枕头，人就一个挨着一个地睡……

住店的人要是有病了，你像我们家住店的要是有病了，让他死就死了，没办法。有的有病的，拿不起房钱，还没有死就给弄出去了。到冬天，那条街上每天都有五六个“倒卧儿”。我走着走着，碰到他们脑袋，碰着他们脚的，这是经常的……平常，伙房子里难闻的味能熏人一跟头。冬天，你要是开门进去了，就会听见喊：“快把门关上，冻死了，老子冻死了。”他们穿的衣服是什么呀？披的草帘子，弄个席头、麻袋片、戏报纸，叫“腿绑梅兰芳”。梅兰芳是戏报上的，他不老刷戏报吗，一层一层的，厚了就摘下来，捆在腿上。那时的人真穷！[43]

同样是关于“龙脉”好风水的阐述，在外城的则是可以“破”与“防”的。民初，紧挨着前门外大栅栏有条观音寺胡同，胡同西端有观音寺。这个寺庙是当时华北众多的在理会（在理教）会众信仰圣地。因为避讳，在理会会众俗称该胡同为“大胡同”。当年，就有着该胡同是“龙”和新的真龙天子可能在此出世的传说。人们说观音寺是龙头，寺门是龙嘴，寺前耸立的两旗杆是龙角，寺外的两眼井是龙眼，长排的房子是龙身，再往西的立有一个旗杆的小寺庙是龙尾。于是，为了阻止新天子的出世，新开了两条非常短的小巷从北到南穿过观音寺。这样，在民初仍存、形如钢叉的这两条小巷破坏了龙脉，杀死了“真龙”，防患于未然。[44]

有时，人们甚至将外城污名化与妖魔化。鲜鱼口在正阳门外，与正阳门近在咫尺，但在清朝晚期，鲜鱼口就以臭、脏在京城闻名。晚清无名氏的《燕京杂记》有载：“京城二月淘沟，道路不通车马，臭气四达，人多佩大黄、苍术以避之。正阳门鲜鱼口，其臭尤不可向尔，触之至有病亡者。此处为屠宰市，经年积秽，郁深沟中，一朝泄发，故不可当也。”[45]显然，当年要干净些的内城是离不开鲜鱼口这个屠宰场的，即内城的“干净”“体面”是以外城的“肮脏”“不洁”为代价的。

关于同仁堂好风水的传说则从反面说明了南城的肮脏与不洁。清人夏仁虎《旧京琐记》卷八“城厢”有载：“大栅栏之同仁堂生意最盛，然其门前为街人聚而便溺之所，主人并不为忤，但清晨命人泛扫而已。”[46]作者并未想到当时内、外城在人为建构下而有的洁与不洁的差异，而是推断到“盖惑于堪舆家言，谓其地为百鸟朝凤，最发旺云”。直到1936年，同仁堂左近的门庭若市的戏园子广和楼还是这样一番景象：

> 广和楼坐落在前门肉市，破旧的大门，狭窄的甬道，最旧式的建筑，糟朽不堪；到了这里不由便想到古罗马的颓垣败壁的风度。戏园外面的小院子里列满了卖零食的小贩，馄饨，烧饼，羊爆肚，豆腐脑，牛奶酪……最妙的是紧挨着这些卖吃的旁边就是一个长可丈余，广可三尺的尿池，臭气蒸腾，尿者不断，使得这些食物益发有不可言传之味。[47]

生意兴旺的同仁堂和广和楼门前尚且如此，杂乱南城的其他地方也就可想而知了。

现存的档案材料和已有的诸多研究都从不同角度表明：清末民初，

现代国家制度和卫生、法制等观念在北京城的各个角落都有着体现。可是，这些与现代国家相伴的观念的强化和明晰程度在内、外城却有着鲜明的差别。同样有着警察局、社会局和民政局等政府部门管理、监控的外城似乎是固执、愚昧、落后、邪恶甚至非法的。

在相同时期，外城也是一个比内城更“迷信”的地方。在20世纪早期，随着警察、医疗制度的逐步建立，与控制仍然相对松动的郊区不同，顶香治病的“巫”医逐渐在北京城区没有了立足之地。从现存的档案材料可知，就在这一演化过程之中，在西医与巫医、科学与迷信的较量中，外城顶香治病的案例同样要远多于内城。[48] 事实上，在已经进入网络时代且科技昌明的今天，“四大门”信仰[49] 仍然并行不悖地存在于首善之区的外城。2005年盛夏，当我在天桥尚未拆迁的胡同中回访时，老人们还在给我讲述新近发生在胡同中的黄大仙（黄鼠狼）上身的事。

在这样内外相对相依的空间格局下，在外城生活的各色人等，无论是居高位的汉官、可能会金榜题名的举子、腰缠万贯的商人，还是被宫廷赏玩的伶人，衣衫褴褛的贫民，卖身的妓女，乞食街头的艺人、乞丐，在内城人面前，这些人都不同程度地有着英雄气短式的无奈与落魄。[50] 窘迫、尴尬的社会处境和被自己局部认同的身份反而也使得外城人从不同角度多了些人之本真，而越低等越没有脸面的人也就有更多的真性情。最终，与肉身下体紧密相连的拉、撒、色、性等这些主要由下半身完成的人之本欲也就在外城得以更多的彰显和挥洒，唾沫、鼻涕、粪便、精液等人体的排泄物也就斑斑点点地点染着外城，强化着外城的下体特征。

由此，匮乏、干枯、臭、脏、乱、苦、不洁、危险、邪恶、绝望、死亡以至迷信等外在的、可视的物质表象，作用于人的视觉、味觉、听觉、触觉，和由此催生的心理意象以及二者的叠合成为北京外城之魂，也铸就了人们对外城的感觉结构。简言之，北京内、外城之间的二元结构关系可以如下表所示：

> 内城：外城/鞑靼城：汉城/上半身：下半身/男：女/阳：阴/治：乱/正：邪/洁：不洁/神圣：世俗/生：死/大：小/开明：愚昧/丰盈：匮乏

联系到汉语中“内子”“外子”夫妻雅称所表达的女男、阴阳的二元关系，在皇城、紫禁城生活的皇室、妃嫔、宦官等种种呈异象、迥异于常人的生活样态，北京内、外城也就分别对应着女、男和阴、阳。同时，基于阴阳五行学说的基本认知，上风上水的北指向冷，属阴，而下风下水的南则属阳，指向暖。虽然元清两代分别是蒙族和满族当政，属于位高权重的优势群体，并在不同程度、意义和方式行动上歧视汉人，但就传衍数千年的汉文化基本观念而言，传衍至民国时期，汉人对位居其四方的蛮、夷、戎、狄、貊以及“生番”“熟番”“边民”等带有歧视性的命名与称谓，仍然强调的是汉人的自我中心意识和汉文化的优越感。而且长期以来，因为北京城的“凸”字形状，外城在人们的口语中又被习惯称为“帽子城”。

于是，当我们撕破内城的虚假和伪善时，从人的本能，从人们的生活层面、文化生成与社会持续运转的角度而言，或者说我们以外城的居者为本位思考时，即我们不以内城而是以外城为认知的主体、出发点时，在北京内、外城之间，与上表所示的相反的关系与结构也是成立的，即：

> 外城：内城/汉城：鞑靼城/上半身：下半身/男：女/阳：阴/治：乱/正：邪/洁：不洁/神圣：世俗/生：死/大：小/开明：愚昧/丰盈：匮乏

显然，不同主体的文化取向和认同使上述的内、外城二元结构关系出现混融的特征。

考虑到北京城外形上的表征，北京内城与外城之间这种复杂的、并有着多种文化象征意义的、“你中有我，我中有你”的互为主体性，本文将以上、下半身即上、下体的关系统领之。换言之，在京城内、外城诸多的对立统一关系中，上、下体的对立统一关系是本研究的切入点和立足点。对我而言，上、下体的对立统一关系涵盖了上述所有内、外城之间其他所有的对立统一关系。

5. 紫禁城与天桥之间的张力

有些宿命的是，近代北京内、外城之间的这种上、下半身的关系更为典型、集中地体现在同处于京城南北中轴线上，且距离并不遥远的紫禁城和天桥之间。紫禁城是帝国的心脏，是政治权力角逐与张扬的中心，金碧辉煌却充溢着血腥味与伪善；天桥是有些腐烂气息的下体，是三教九流汇集、各显身手力求活命的杂吧地，杂乱无章却洋溢着人之本性与本真。

地处内城的紫禁城是一个绝对神圣、威严的地方，而地处外城的天桥则是一个可以放纵、寻欢作乐、为所欲为的地方，是一个有着臭水沟、妓女、艺人、烟馆、倒卧、缝穷等显露人生众相的肮脏、邪恶、下贱的地方，也是任何处于非主流的个人或者群体都可以染指的“非法”地方。在 20 世纪 30 年代初期，仍然处于弱势的中国共产党就曾经计划在天桥召集群众大会。晚些时候，在京西涞水县成立的中国三教道德圣会也曾以天桥为据点，在北京进行宣教活动。这些都被当时居于统治地位的国民党政府和日伪政府千方百计地防止、规训，希望能纳入他们认为的正常轨道，在自己的掌控之中。[51]

但是，正如人体的上半身要靠人的下半身支撑，并靠下半身来实践、满足自己的欲望一样，不但内城少不了外城，连邪恶的天桥也都是在内城人的权力染指后，内城自己孕育出来的。戒备森严、高高在上的紫禁城同样也离不开天桥。如老天桥艺人不时回忆所强调的那样：清末，慈禧老佛爷要召见、赏玩他们的玩意儿，民国时占山为王的军阀们同样需要他们解闷逗乐，新中国的领袖们在百忙之中仍然经常观看他们的表演，并指示他们为党和人民服务，成为人民的文艺工作者。

简言之，外城、天桥是下体，但又不仅仅是下体，它既是与内城、紫禁城这个上体相对的下体，也是涵盖、承载和孕育上体的下体，是低俗而又神圣和伟大的下体。由于本文彰显的是杂吧地天桥的认知意义、工具理性与价值理性，所以也就主要强调的是下述“矛盾涵盖关系”（the encompassing of the contrary）：

〔天桥 / 下体：紫禁城 / 上体＝天桥 / 下体〕：〔外城 / 下体：内城 / 上体＝外城 / 下体〕＝天桥 / 下体

其中，冒号表示对立关系，等号表示涵盖关系。[52]

要进一步指明的是，北京内、外城之间的这种上半身与下半身的关系和天桥街头艺人与“良民”之间的下半身与上半身关系是一种共生和互促、互显的关系，只不过前者更多指向的是城市内部的社会空间之间的相互关系，而后者更多指向的是由个体人有机组成的社会之深层结构。事实上，下半身与上半身这个隐喻既指特定的社会空间之间的互构关系，也指在特定空间中生活的人群之间的互构关系。这里主要侧重于前者，将以近代北京的天桥为例，描述其空间属性的生成，说明在相关行为表演的基础上、在言语叙述等规范的张力下，人们对于天桥地方感觉结构的形成过程，从而进一步明晰城市生理学之所指。

（二）本土语汇“杂吧地”

“杂吧地”是中国近代大小城市格局中一种特殊的空间，是都市繁荣、喧闹、特色的所在，也是近代以来生活在城市以及城镇中的人在口头交流中经常使用的语汇。它既是人们对自己所置身的社会空间的一种感觉、认知，也是人们对自己身份地位的强调，和在与他人的分类过程中进行自我定位与认同的一种表达方式、策略。

具体而言，杂吧地指在都市或城镇中，五方杂处、三教九流汇集，有着多种行事规则与逻辑，非常复杂也非常边缘，尤其是落魄或游动之人赖以谋生之地，也是自认为有地位、有身份的人不愿意染指与涉足的地方。在某种意义上，杂吧地是对占据主流、处于强势的社会制度、秩序、伦理道德和价值观念发起强有力的挑战与冲击的地方，是雷德菲尔德所指称的大传统（great tradition）和小传统（little tradition）[53]互相试探，且相互成犬牙差互状的地方，是更能展现人之本性、本真的地方，杂而乱、脏而邪，不讲理但又仗义是杂吧地常有的表征。

但是，对于在这样一个长期存在于城镇并具有特殊认知意义的空间形态基础上形成的杂吧地，至今仍然存活于人们口头叙事中的词汇杂吧地，《辞海》《现代汉语词典》等工具书均未收录和进行解释。而且，在中国都市研究的学术话语中，具有多重认知意义的杂吧地也片面地被“社区”（community）、“街区”（block）或者“××村”代替。东方的事实简单地湮没在西方人基于西方的事实所建构的话语体系中，也迎合着西方人的话语体系和对东方的想象与期盼，既满足着西方人的“东方主义”[54]，也满足着东方人的“西方主义”[55]，和东方人自我“殖民”的东方主义最终成为创建和玩弄这些话语的写作者的一种“谋生之道”。

《辞海》中关于近代北京天桥的解释，或者有助于帮助我们理解今天老北京人仍在说的这块颇具有代表性的杂吧地的特征：

> 地名。在北京市永定门内，清末逐渐形成民间艺人集中演出的地区，经常有各种戏曲、曲艺、杂技、木偶戏、巫术等，以摆地摊方式在简陋的戏棚中演出。许多著名的民间艺人，如清代相声艺人穷不怕、民初滑稽京剧演员云里飞等，都出于此。建国前受流氓恶霸把持，也是藏垢纳污之所。建国后经过改造，建立了剧场、商场。[56]

从这条简单并明显带有政治烙印的解释，我们可以略知诸如近代北京天桥这样都市杂吧地的气息：各色人等汇集，多元的权威，污浊邪恶，不洁，有主流社会不容或不得不宽容的现象存在，是“黑”“白”两道明显并存之地。换言之，天桥有着较为明晰的“下体”特征——支撑着上体，又部分地为“上体”所不齿和不容。在今天北京老街坊的口头叙事中，杂吧地成为天桥的代名词，天桥也成为杂吧地的代称，两种叙述之间互相诠释着对方并成为“互文”。[57]

（三）下体—天桥

1. 天桥之地

作为一个地域概念，天桥有广义和狭义之分。广义的天桥以天桥南大街为轴，东西横跨新近被撤并的宣武、崇文两区，其北到珠市口，东北到金鱼池，东南到天坛公园西门，西南到南纬路，西到万明路、西经路。狭义的天桥仅指在老人们记忆中存留的，有各种卖艺表演，包括三角市场、公平市场等在内的天桥这座桥西南侧，方圆不到二里的地方。在今天人们的表述中，狭义的天桥是一个含有文化情感（feeling）和情绪（mood）的，与人的地位、等级、身份等互动，并影响人对社会分类的地域概念与思维符号。[58]

虽然作为一个与昔日迥异的“虚脱”的都市空间，天桥仍然存在，但是历史上曾经存在过的天桥和与之匹配的人群的生活已经荡然无存。在传统文化似乎升温、政府也重视的情况下，昔日的天桥是今天被不同人言说、利用、开发与想象的对象。在此种意义上，天桥又是一个流动、虚拟的城市社区，是一种想象性的、伸缩余地极大的社会空间。

经过近百年主要是对西方现代都市模仿的市政建设以及不停地破“旧”立“新”，北京城已经“有城无墙”，天桥也“有天无桥”。但是，今天作为地名的“天桥”原本是一座桥的名称。《京师坊巷志稿》云：“永定门大街，北接正阳门大街，井三。有桥曰天桥，桥西南井二，街东井五。东南则天坛在焉，西南则先农坛在焉。”[59]林传甲亦曾记述道：“正阳门外跨石梁三，今正重修。工程浩大，余八门各一。天桥跨龙须沟中心。潘家河沿、莲花河诸水，由先农坛东北，过天桥，绕天坛北，纳三里河东南流焉。”[60]即，天桥这座桥位于现在北京天坛路西口、永安路东口、天桥南大街北口和前门大街南口四条大街的会合处。

称此桥为天桥，民间有种种解释，最普遍的说法是：它曾经仅仅是朝廷在天坛举行祭天、春仲在先农坛举行农耕等仪式时，仪式主角——贵为天子的皇帝——才能行走的桥。作为数百年的国都，同样相信风水的民众传闻，历代统治者对北京的喜好就是因为北京的好风水和统治者们精心建构出来的好风水。由此，北京城也被人们说成是一条头朝南的卧龙。正阳门是龙头，天桥是龙的鼻子，曾经在这座桥下面流淌多年的东、西长沟就是龙的胡须，所以这条沟才有了“龙须沟”的美名。

第三种关于天桥得名的传说则多了信仰的色彩和对现世的评判。人们相信，天桥的一端通向天界，另一端连接人间，是美好的天界与混乱并有着诸多不平的人间的界碑、间隔。所以，为所欲为的皇帝老儿通过此桥，进入另一世界，匍匐大地，向苍天求乞。最后一种说法则更多了民间的智慧与想象，说天桥的命名是外强中干的统治者为了虚张声势，迷惑假想之敌而有意为之的，是统治者有意摆的“地名阵”的一个组件，云：

> 永定门内建有天桥，城外设有七十二个民村，皆用军队连营编制为名，称谓七十二座营，如：赵家营、李家营、铁匠营等。不明真情的人闻听城外有七十二座营盘据守，城内又有天桥相阻，真是铜墙铁壁，壁垒森严，不敢冒然逾越入侵。[61]

关于天桥这座有着种种意义的桥的形状，不同人有不同的回忆。以演双簧著称的老天桥艺人“大狗熊”孙宝才儿时所见的天桥桥身很高，站在桥南望不见正阳门，站在桥北望不见永定门，桥面是用坚硬的花岗岩铺的，桥两边有汉白玉栏杆，这座依照江南的石桥修建的桥呈南北走向，桥下有孔可行大船。[62]或许在更早些时候，天桥要更高。传闻天桥下的沟直通大运河，船在天桥下通过时，人仰望此桥，桥如在天空。于是，这也成了“天桥”得名的一种说法。比孙宝才要晚生十年的朱国良则回忆说：

> 天桥那桥就在珠市口的交通岗那儿，往南往北，我亲眼见过。桥是三孔，就是没水。那桥跟天安门外金水河上的金水桥的形状差不多，也是白石头的。没有那桥的时候，就是在日本的时候，为了开车，把桥给拆了。桥的南边到信托往北一点，桥头就在那儿，北边到往东走不远，有一消防队在那儿。我只把桥的地点记得清楚，桥的尺寸是多少我不知道。桥孔的高矮也跟金水桥的高度差不多，不怎么高。桥面两侧有石栏杆，桥面是平的，一

块石头，一块石头，大方石头铺的，没有台阶。国民党那阵儿招兵的时候，还在桥那儿，拿着小白旗："当兵吧，当兵吧，当兵吃馍呀！"那阵儿，都还有桥。[63]

显然，天桥是后来才渐渐演化成其所在地域的名称。随着20世纪初北京城的现代化进程，天桥这座桥也彻底告别了往日的辉煌与尊贵，并最终在人们的足下和视野中消失。光绪三十二年（1906），翻修正阳门到永定门的马路，改天桥为小石桥。民国十五年（1926）因铺设电车路轨，将天桥改低。民国十八年（1929），因电车行驶不便，将天桥修平。民国二十三年（1934），因拓宽马路，把桥栏撤除，至此再没有了桥的踪迹。[64]

作为城市空间一部分的天桥地处前三门（崇文门、正阳门、宣武门）外的南城，在前门外，永定门内。与当政者和研究者所指不同，今天老北京人记忆中的天桥的大小仅仅是天桥这座桥西南方圆二里的地方，那里曾经有着种种撂地场子和表演。一直到20世纪末，在行政区划上，作为一个有着自己诸多行政职能部门的社区，天桥与京城其他社区没有什么不同，但是在老北京人的心目中，天桥却仍然沿袭了过去贫穷、下贱的空间属性，是块杂吧地。长年在永安路生活的李长荣曾说：

过去，内城是比较高层次的人，南边是低层次的人，等级不一样。内城的人是不屑于到天桥来的。如果一去天桥，别人就会问："你怎么到那个地方去呀？"你按现在来说的话，外国都知道有个天桥。可是，那时天桥是最低层次、下流的地方。一听说你在这地方住，你换房子都不好换。我以前有个同事，一听说在天桥住，别人就不跟他换房子了。一听说你在天桥，人们就有这个感觉：“在天桥，就没好人。”这是过去形成的，他不能指着你某某人说，但你说你在天桥住，就觉得你没什么水平。这就等于是低级似的。[65]

天桥何以有了这样的品性？我们不得不回溯天桥及北京城的发展变化。

2. 日渐繁荣的天桥

金、元时期，天桥还是一片江南水乡风光，几近于农村。直到明朝初年，天桥都还是“最美丽的一个处所”。[66]土木堡事变之后，出于防范的需要、城南本身发展而形成的对内城正常运转的重要性，明朝统治者才修建了外城及其城墙。但是，不但外城缺乏统一规划，杂乱无章，就连外城城墙的坚固度、高度、厚度等都远逊色于内城城墙。

换言之，外城仅仅是内城和京城之外世界的一个缓冲、过渡地带。这样，统治者在把外城纳入城市规划的同时，又将其与内城区分开来，将外城与城外的世界区分开来，有了高低好坏之别。前来京城谋生的乡下人也自然云集外城，而地处外城的天桥，由于其在南北中轴线的地理优势，也就日渐成为众多贫民的聚集之地。低矮、易拆、易燃的棚屋也就长期成为天桥的景观。《鸿一亭笔记》云：

北京正阳门前搭盖棚房，居之为肆，其来久矣。崇祯七年，成国公朱纯臣家灯夕被火，于是司城毁民居之侵占官街搭造棚房拥塞衢路者。金侍御光辰虑其扰民，上言：京师穷民僦舍无资，藉片席以栖身，假贸易以糊口，其业甚薄，其情可哀。皇城原因火变恐延烧以伤民，今所司奉行之过，概行拆卸，是未罹焚烈之惨而先受离析之苦也。且棚房半设中途，非尽接栋连楹，若以火延棚房即毁棚房，则火延内室亦将并毁室内乎？疏入，有旨停止。[67]

元、明、清统治者对整个京城的规划、建设，明清至民国北京城本身发展的规律，都加速了天桥所在的南郊商业贸易的发展，也加速了贫民在天桥云集的速度。元朝统治者的郊祭之所就在当时大都的南郊，也即现在的天坛一带。明代永乐年间，统治者在天桥东南修建了天地坛。永乐十八年（1420），统治者又在天地坛的西边修建了山川坛。[68]由此，天桥成为皇帝祭祀天地山川、标榜其重农并举行春耕仪式的必经之桥。万历十三年（1585）四月十七日，明神宗因天旱就“祷于郊坛，自宫中步行而出，祷毕仍步还宫”。[69]传闻宣统三年，年幼的宣统皇帝原本还要在冬至祭天。在替宣统皇帝视察路线时，站在天桥桥头的肃亲王对天桥左右杂陈的摊棚伞架非常不满。[70]

虽历经明末的战乱，但由于清朝仍将国都定于北京，在改朝换代之后，天桥也就较为迅速地恢复了往日风光。《日下旧闻考》云：“今正阳门前棚房比栉，百货云集，较前代尤盛。足征皇都景物殷繁，既庶且富云。”[71]清初至清中叶，由于天桥的空旷、疏朗以及江南水乡般的好风景，朱彝尊、黄仲则等文人雅士便常来此游玩、写作。那时的天桥一带还是内城人骑射、赛马跑车、赏花、观鱼、踏青游玩之地。[72]在嘉庆、道光年间，邵葆祺写了首题为“桥东诗草·同人游天桥池上”的诗，云：

浅绿不成春，名花开已晚，何处寻芳春又阑，天桥极目夕阳远。桥头新水活粼粼，桥外高楼聚酒人，酒人漫说登楼好，春衣且步沿溪草。碧瓦朱棂护泾云，千重坛树波光遥，飞埃东指何迷漫，举头不见城西山……[73]

也即，与同期在天桥生活的人将天桥视为是北京城的一个部分不同，对文人雅士和内城的贵胄而言，那些年代的天桥是作为与城市生活迥异的休闲之地，能激发灵感、增添人的活力。尽管如此，满汉分城别居的政策，使城市空间作为一种“权力配置”的空间更加分明。汉人官职再高者都只能在外城居住。对于外城的各色人等而言，越靠近内城城墙居住，人的身份地位就越高，相反，身份地位就越低。不仅是人，戏园的分布也同样如此。作为统治者居住、生活和统治臣民的地方所在，为了永保旗人斗志，康熙十年就议准，京师内城永行禁止开设戏馆。这使得在相当长的时期，供人娱乐的戏馆都云集外城。这些都强化了天桥低下的政治属性和整体的“社会事实”（social fact）[74]，也基本决定了在天桥长期谋生者是不同程度、不同性质的劣势群体：与满族官僚同殿称臣的汉官，都市中无以为计的落魄之人，乡下的难民，长期被主流意识形态轻视的没有“良民”身份的乞丐、妓女和艺人等边缘群体。

关于天桥东、西两边的发展，张次溪曾有详细的考证。[75]明代永乐初年，天桥这座桥两边就有了穷汉市和日昃市，桥的南首全是荷塘，遍种荷花。清初，这些荷塘尚无人问津。因为靠近天坛和先农坛，清廷禁止人们在此处的空旷之地盖造房屋，桥的东西两侧只有官方盖的房屋十间。直到乾隆年间，这一带才慢慢兴旺起来。到了道光、咸丰年间，天坛、先农坛坛根儿才有了流动性质的买卖摊。由于这个地方可以不交地租，摆摊设点者日渐增多，遂成小市。不同的是，桥东尽皆摊贩，桥西有各种卖艺之人，在空地设立游艺场。在桥的西首、北首，还开设有王八、五斗居、劈柴陈等茶馆，西沟旁南首又有鸟市。随着唱戏和练把式的人早晨纷纷去先农坛坛根儿空旷地喊嗓、练功，天桥西边比东边也就一天天地兴旺起来。

清末民初，在受西方城市建设并自发改革的总体趋势下，北京城的市政建设发生了变化，原先作为祭坛神庙的天坛、先农坛等也逐渐发生了向供市民休闲娱乐的公园的转型，城市的空间秩序被重新整合、配置。原本在市政规划中并没有居于重要位置的天桥，却随着先农坛、天坛、香厂等临近区域的转换与天桥作为一个交通枢纽地位的凸显而顺势兴旺繁盛起来。光绪三十二年，正阳门到永定门的马路翻修，宣统元年，香厂模范市区的建设，民国初年，政府在香厂招商赁设货摊茶棚等一系列的市政规划与建设等均带动了天桥的发展，并增加了天桥的吸引力。很快，在天桥南首的东边有了唱戏的歌舞台、燕舞台和乐舞台。民国四年，一批商人集资在天桥桥西建立了天桥市场七巷并开设茶肆、酒饭馆、镶牙馆、清唱茶社等。民国五年在先农坛东墙外南首修建的水心亭，民国六年在先农坛部分旧址上修建的城南公园，随后把华严、仁民两路，香厂以南的龙须沟，天桥西沟等改砌暗沟、修成公路，以及1919年城南游艺园的建成等，均促进了天桥西边市面的繁荣。同期，天桥的东边也日渐发展成为午市，卖估衣者多来此摆摊设点。

显然，鸦片战争以来，天桥外部环境的发展和近代社会城市的改造为天桥的繁荣提供了条件。随着殖民者的入侵、清廷的没落，京城分城别居的制度名存实亡，城市居住格局日渐打破。地安门、东四、西四、崇文门的花市、宣南的菜市口等北京城传统的繁华地段也逐渐没落，这使得失其依附的各种杂技群趋天桥。京津铁路车站设于马家堡，京汉车站设于卢沟桥，使往来必然出入永定门的旅客自然以天桥为旅馆。民国后，整顿市容，驱杂耍浮摊于天桥，兴建的“叮当车”（有轨电车）总站又设在天桥，交通既便，游人遂多。[76]

但是，日渐增多的人仍然是以穷人为主。自明代以来，铺陈市以经营旧货为主的自由集市主要的服务对象就是贫民。民国政府对天桥的规划、改造实际上延续了以往的传统，政府对天桥的经营亦确定为服务于平民。1918年，外右五区警察署开办天桥临时市场的《天桥临时市场暂行简明章程》就明确规定：“整顿天桥市场，维持小本经营为宗旨”，

“在本市场租地营业者，只准支搭棚屋、板棚，不得建盖房屋。”[77]这使天桥有了众多的、长期都是在芦席搭的棚子中营业表演的书茶馆、杂耍场，也决定了拥挤的天桥之外观脏、乱、差的必然性和不时发生火灾的可能。1915年，天桥的剧场都是席棚。直到1929年，除振仙、升平之外，其余的天桥剧场都是铅板之棚。[78]同年9月，虽然政府招标在天桥修建两座“模范厕所”的运作模式对当时的市政建设具有示范意义，但这两座成功修建的模范厕所本身并未对天桥已有的社会空间属性产生什么良性影响。

水心亭、新世界、城南游艺园以及大量坤书馆、坤角戏园的先后修建，尤其是男女可以同席看戏的吸引力，和形式多样、收费便宜的寮棚地摊的小吃杂耍等多重原因使天桥更趋繁荣。[79]1927年，天桥有戏园九家、坤书馆十家、杂技场五家、清茶馆十三家、挂货铺四家、布铺九家、估衣铺十七家、酒店四家、小饭铺十九家、茶叶钟表洋货理发等铺各一家。[80]到1930年，在天桥二十多亩地的范围内，共有饭业、估衣、戏园、坤书、木器、杂货、煤商、茶馆、卜相棚、酒店、茶叶店等“纳月捐领商照之正式商店”三百四十七处。另外，还有别的货摊四百九十一家，食品摊四十九家，游艺杂技六十二家，卦摊药摊二十七家。桥东除歌舞、燕舞、乐舞之外，均为商铺。桥西则游艺居多，有魁华、振仙、升平、吉祥等戏园，有振华、安乐、中华、合意等坤书馆，有忠义、宴乐、宾众、振兴等茶楼。[81]这些小戏园纷纷演出京剧、梆子、评剧、杂耍等，由此可知当时天桥的繁荣。在日伪时期，北京天桥的新年还是人山人海的景象：

天桥是一个百行荟萃，各路人才具备的地方。卖艺的人物，除去常年的几个之外，到新年更增加了不少。观众们亦拥挤不堪，尤其是在戏棚子里更是人山人海，到处都发现“醉翁”们的踪迹。遇到礼拜天，那热闹是更不必说了。小型电影和拉大片（即活动影片）在天桥地方特别地来得火炙，戏法场也围满了游人。[82]

就整个北京城市发展而言，天桥在清末民初的兴旺有着必然性。从区城贸易、对外交通线路以及城三个因素而言，城与对外通道间的关系是明清至民国时期的中国城市建置地扩张的重要因素。自明末到民国初年，北京外城的商业优势不断加强。北京城之所以主要的城郊发展不在东边而在南郊，主要就是因为南郊乃内城东西两半和远来人、货的交错点，而明初内城城墙的南移和外城的修建更加巩固了南郊的地位，也促使了南城的日渐繁荣。[83]这样，原本是在内城居住生活的旗人等有头有脸的人不愿涉足的天桥，成为清末与民国期间北京城最繁华的地方之一，有着“倾城车马下天桥”“多少游人不忆家”等诗性的赞誉，也有着“自见天桥冯凤喜，不辞日日走天桥”的没落的执著。这在老舍的《鼓书艺人》《龙须沟》等系列著作和张恨水的《啼笑因缘》等小说中多有再现。

3. “失范”的天桥

伴随长期的内忧外患，在晚清，尽管作为权力配置结果的京城不同部分的空间属性已经有一定的渐变，但天桥却更加紧密地与贫贱、卑微、肮脏、混乱、丑陋、邪恶、不法等联系在一起。这里是自视为“上等人”不愿去的地方，是如蚁的“贫民”和没头没脸的下层阶级的“乐园”。在20世纪30年代，由于“往游者品类不齐。售技者为迎合观众心理，举动亦往往猥佻，益以脂粉为生之游娼，复假此地为勾引浮薄之所”，所以“天桥乃不见齿于士林”。[84]在同期西人的眼里，由于早先云集并纠缠行人的成堆乞丐，当时只剩大理石桥栏杆的天桥整个区域都仅仅是恶名的载体、象征，与任何好名声丝毫没有关联。[85]

那时，天桥的建筑仍以席棚为多，仅用破板和布篷围着。直到1946年，市政府还在取缔天桥“有碍市容”和“观瞻”的灰棚、铅棚、席棚等百十来处棚户。[86]结幕而居的天桥不但有着几分“游牧民族”的遗风，[87]还杂乱、喧嚣、难闻：

高低不平的土道旁，连绵地都是“地摊”，穿的、用的，甚至于旧书和古董，色色都有。我跟着蚂蚁似的群众在这土道上挤向前去；前面密密层层排着小店铺，露天的小食摊，茶店，小戏馆，芦席棚，木架，和医卜星相的小摊，胡琴、锣鼓、歌唱、吆喝的声音，在我耳鼓上交响着；一股葱蒜和油的气息向我鼻子里直钻。[88]

于是，拥挤、喧闹、五方杂陈、“素质不高”的天桥也就成为那个年代意在改造、教育愚、弱、穷、私之民众的平民教育家们的首选场所。1936年，在提交给政府的把废弃的城南游艺园改建为北平市民众乐园的计划草案中，醉心于平民教育，并对平民有着片面想象和主观认知的规划者们进行了如下的理由陈述：

天桥一带，既为人烟稠密之地带，又为特别需要改进场合，民众乐园之成立，实为迫切需要之设施也。以天桥现状言之，娱乐场所并立，市民于工作之余，群集该处，多数作无益之消遣，以消磨光阴。各种娱乐组织，系利用人民心理之弱点，而表演有伤风化之戏曲杂剧，于有形无形之中，社会受其决大影响。虽经政府之积极取缔，但积习既久，亦未能即收成效，其必由政治与教育双管齐下，乃为至明之事实也。再者因娱乐场所之集中地域，人色因之复杂，小贩遍地铺陈，秩序因之凌乱。故自成区域，由来已久，为藏污纳垢之所，而作奸犯科者流，则恒寓其间，其影响社会之安全，妨碍市容观瞻，俱非浅鲜，此更极须事于民众教育之设施，而加积极之改革者也。[89]

1948 年，首次来京的女作家赵清阁还在变相重述天桥是“最下等”的地方：

出前门，就是一条长长的前门大街，这是北平最热闹的地区，也是商业集中所在。逼直走去，经过天桥，这里有点像开封的相国寺、上海的大世界，为贫民娱乐的场合。有各种杂耍游艺，只要花几分钱就可以看到很多的游艺，因此观众拥挤不堪。但所谓“上等人”是不会光临的，在“上等人”的眼里，这里是最脏、最乱、最“下等”的地方！我匆匆兜了一圈，就往天坛去了。[90]

尽管这些掌握了话语与表述权力并能够以书面形式留存下来的他者的客位认知有主观的偏见和虚饰，而且有些甚至不合事实，但从中我们仍然可以部分了解那个年代天桥整体的社会事实，即贱、脏、穷、乱、杂，并最终还被在天桥生活的“异质性群体”[91]不同程度地内化为自觉和局部的自我认同。

作为一个标志性事件，辛亥革命意味着满族人统治中国时代的终结，但正如鲁迅的小说《阿 Q 正传》所揭示的那样，这个具有纪念意义的标志性事件并没有断裂性地从根本上改变人们的观念。这既表现在北京城后来还上演了张勋复辟和袁世凯称帝的闹剧，也表现在北京人的日常生活之中。北京城“北贵南贱”的格局仍深深镶嵌在人们的观念和行为之中，稍有办法维持生计的先前的内城人、顾面子的有身份有地位的人依然不愿前往天桥。

天桥早年的江南水乡风光，在民国以来随着人口的增多反而成为污点，其“地势低洼，每至夏季，积水成渠，晚间蛙鸣不已，蚊虫坐集，早年尚有明沟秽水，臭水熏蒸”。[92]对此，邓云乡的回忆是矜持的，也是隐晦的，他强调的是天桥的枯燥单调和杂乱喧嚣。[93]如同本书上编“养穷人：口述的天桥”所展示的那样，天桥有被千人瞧万人看的戏子，有变相贬斥自己以讨人欢心从而要钱维持生计的撂地艺人，有站着给人剃头的剃头匠，有跪坐街边“缝穷”的老妪，有穷困艺人和流浪汉扎堆的“鸡毛小店”，有蓬头垢面使尽诸如“手执布杆追逐行人”等种种手段讨要的乞丐[94]和不时“倒卧”街旁的死尸。[95]

如关学曾回忆的那样，在日伪时期，天桥的烟馆跟饭馆似的，遍地都是。其实，根据现在开放的官方档案材料，老天桥长期都是个吸毒者“公开”聚首、交易、满足幻觉的所在。根据1931年的稽查报告，当年9月19日前夜7时许，“山涧口及刷子市一带各小店出入扎打吗啡人络绎不绝，几成为公开营业”。11月13日午后40分，“查见外五区界山涧口、刷子市等处胡同小店林立，时有扎吗啡吸食烟淋及白面之徒”。因为“天桥山涧红庙草市等处地方各小店十之八九代售吗啡”，所以仅10月10日当天，外五区署就在这一带抄获吗啡案件一百五十三起，自9月25日到10月10日，共查获扎打吗啡案件二十四起，共计一百七十七起。[96]

朱国良等合作者概称妓院的“下处”几乎成为天桥的代名词，[97]这在一定层面上巧合了本书所指称的“下体”。如同戏园子一样，越近天桥，下处的级别也就越低，以至于有了在天桥谋生的妓女“长得跟猪八戒一样”“猪不吃狗不啃”之类的印象。[98]虽然在近代，妓女和女艺人的界限已经日渐分明，但正如老天桥艺人在天桥一带的下等妓院卖艺的“串街”所显示的那样，[99]同样处于社会底层的这两个群体在天桥的生活还是有着交叉和部分雷同。艺人要串街维持生计，甚至有的初入班艺人会被穴头领着去妓院认妓女作姐姐。[100]与之相应，下处的妓女通常都会说唱大鼓等玩意儿，当生意不好时，下处的老板就会让妓女们演唱一台，以吸引顾客。[101]

如果再联想到当年臭气熏天的粪厂多云集天桥所在的南城，[102]大型的屠宰场也在南城，20世纪中叶的天桥还是国家暴力机关执行枪决的刑场，那么作为一个被政治权力强化的生活场域，天桥也就真正成为与人的吃喝拉撒睡和性等肉体需求、欲望相连，尤其是与“下半身”联系紧密的邪恶、淫秽、混乱与肮脏之地了。

辛亥革命时来到北京的著名学者黎锦熙就不常去天桥，其原因就是“嫌地方太脏，不卫生”。[103]与邓云乡的矜持不同，满族老人祁继红女士晚年的回忆非常直白：“那会儿天桥让我们住我们都不住，说那儿是下流之地，有唱戏的，还有窑子，姑娘不让带着上那边去，一般的好人都不去。”[104]

4. “街南”—天桥

直到1948年9月2日，北平市警察局侦缉队在关于整治天桥一带聚赌包娼等案的呈文中还有这样的自美之词：“天桥一带地痞流氓勾结荣军聚赌包娼，前经警备司令部一度查抄，近虽仍有，不过少数，民众亦罕有参加者。军警宪整饬成绩良好。”[105]这也从另一层面说明当年天桥之“邪恶”与繁荣。这使得就在那个年代，社会身份地位同样低下，与天桥近在咫尺的“街北”大栅栏的京剧名角也都以到天桥为耻。包括老天桥艺人在内，在老北京人的回忆与表述中，街北指珠市口大街以北，天桥因在珠市口大街以南，所以人们通常称为“街南”，这种区分在戏曲、说唱艺人中更为明显。

街北常与在大戏园子中出入的大戏班及京剧名角相连，街南则与天桥的撂地场子和简陋的小戏园子相连，两种空间有着不同的属性，街北的京剧名角根本不会到街南来，街南唱戏的也进不了街北的园子。在20世纪20年代，从美国留学归来在政府任职的雷齐虹曾这样写道：

当他们艺术水准提高并越来越受欢迎时，他们的酬劳也就会随之增加。但是，那些在天桥的男女艺人没有一个人每天的收入能超过五元。因为这些小戏园子的观众通常都是小贩、苦力、农民和士兵。一旦某个艺人有了一点知名度，他就会离开天桥前往一个名声更好的戏园中。当然，也有这些情形：当一个艺人倒仓时，因为太过贫穷而不得不回到天桥赚取几个钢镚儿以活命。[106]

正因为如此，1948年4月23日，当听说自己一度喜欢的名角侯喜瑞晚境潦倒，“已沦落到天桥的茶馆中清唱”时，黄裳发出了感叹：“无论如何，这位老伶工总使人觉得他的命运不免寂寞，使我深深地怀念不已。”[107]

由于在近代，现场观看艺人说唱表演仍然是中国社会最主要且影响也最广泛的娱乐形式，说唱艺人这种围绕天桥的街北、街南的空间之分也就有着特殊的意义。新中国成立后，被彻底改变身份、社会地位与政治属性的老天桥艺人，[108]自然以无比“感恩”的心情，强调着当年在相当意义上是基于娱乐市场自身运作逻辑而形成的等级、不公与文化分野，从而为改变他们地位、命运和日常生活的政治强力唱着悠扬婉转的情歌。[109]改革开放后，当年在天桥一带唱大鼓的魏喜奎曾回忆说：

过去，北京的戏曲演出地点，有“街南”与“街北”之分。以珠市口大街为界：珠市口大街以南，称为街南，主要就是天桥一带。在街南演出的，都是被认为不能登大雅之堂的小班社；能够在街北演出的，就是所谓高一等的大班社了。长期在街南演出的班社，没有资格到街北来；在街北演出的班社，也绝不会到街南来。但是，在珠市口大街上，坐南朝北的开明园（后改名为开明戏院、民主剧场，现为珠市口电影院）和坐北朝南的华北园（曾易名为华北戏院，十年动乱中停业。其后改建为丰泽园饭庄），稍有特殊。既被看作是街北的演出场所，评戏的个别名角也来演出。评戏前辈名家白玉霜、芙蓉花二位，都经常在这两个园子上演。这种现象，自评剧名角喜彩莲来京后稍有改变。她以带灯光布景的新评戏，演出于街北的各戏院。新中国建立以后，自新凤霞开始，街南的演出团体，陆续有来街北演出的，大多数是经市文化部门安排。但是街北的剧团仍以到街南演出有损声誉而从不涉足。十年动乱以后，天桥的万盛轩经过翻修，改称万胜剧场，才开始接一向在街北演出的戏曲团体演出，打破了旧日的界限。不过杂耍演员一直不受这种限制。[110]

作为流浪进城的孤儿，幼年长期混迹于天桥的老街坊刘景岚更形象、真切地说出了其记忆中相同的都市景观：

这个街南和街北，它有分别。街南都是低层次的，下九流的，五方杂居，那里头它什么都有。地痞、流氓、混混儿，什么人全有，干什么的都有。所以，它非常杂。说北边呢，它也有，但管束上要正统些，不像南边，它不是那么正统。

够那个层次的时候，他就上街北了。……你像马连良他们这个，是在街北的大戏院演出。但是，在天桥那儿，也有一个马派的，梁益鸣，被称为“天桥的马连良”。他就在天乐，一直他出不去，但是马连良他也不承认梁益鸣是他徒弟。梁益鸣也没跟他学。

那是大后大后说他们拜师了，好像是一个宣传，不一定是。……1949 年前，街南再好的也上不了街北，绝对去不了。解放后，才把这界限给打开了。

没名的街北艺人也会过街南来，但是有名的街北艺人他就不会过街南了。就是干别的，也不会上南边去。如果他有名，他要是到了南边，那的确骂名太大了。因为他还有师父，有一套的联系，这些联系控制着他呢！别人不光会骂他，还会骂他师父：“他妈的，你这徒弟是怎么收的？”这些约束着他，到别的地方干什么都可以，就不会去天桥。就是闯关外去了，也不上那儿去。[111]

天桥是杂吧地，在天桥谋生的人不得不处理好黑白两道的关系，否则仅凭自己的技艺、勤劳、体力仍然难以在天桥立足。朱国良、金业勤等老艺人当年在天桥卖艺时，都经历过侵略者、住在天坛的伤兵和天桥“四霸天”搅扰与欺压的情形。根据 1966 年 3 月、4 月整理的《天桥档案资料》“卷一”记载：“1926 年以前，天桥地区青帮道徒人数极少。大约在 1926 年左右，由天津、通州等地流传过来，大肆活动，以至基本上控制了整个天桥市场。在天桥卖艺、摆摊不拜师入道就难以立足。据了解，艺人中十之八九，摊贩中十之五六均为安清道徒。军、警、宪、特入道者亦不少。道徒分嘉白、兴武四、兴武六三个帮头。”[112]1931 年，因先农市场魏记戏棚的魏春和不愿入会，沈友三等“多方欺压，以致停演”，北平市公安局外五区警察署在查办此案的过程中，进一步对在天桥一带秘密结党的艺人沈友三、杨清臣、刘瀛洲、张立庭和郑连壁等进行了审讯。但他们加入的是分为江淮四帮、兴武四帮、兴武六帮、嘉白帮、杭三帮、嘉海卫帮等帮的“家礼会”。最终查审的结果是，因为家礼会由来已久，以仁侠尚义为宗旨，并无政治意味，且凡江湖之人，大多加入，以便随时随地有会友协助，尚无违法实据，也无招骗明显情事，所以在告诫交保后，沈友三等四人被释放。因为刘瀛洲编印官衔名刺，迹近招摇，所以拘留七天。[113]

掼跤老艺人马贵宝曾说：

> 天桥是一个鱼龙混杂的地方，要在此谋生的艺人还必须是“家里的”，都得加入青帮，拜个师父，烧个香堂。如果不加入青帮，肯定就会有人来搅你的场子，踢你的场子。你必须有靠山，得到有势力的人的保护。加入青帮也不是一定要做什么，就是给居高位的帮中人“上供”，在这些人家里有寿辰、满月等的时候，你得给上礼，给你分配了多少钱你就得交多少钱，否则你就只有走。青红帮在天桥的字辈是“大、通、悟、学、万、象、更、新”，我就是“学”字辈的。[114]

在近代，日渐成为京城内外交通枢纽的天桥在京城中也日显其地理位置上的重要。但天桥渐显的地理位置和部分没落的旗人流落天桥从事他们以往嗤之以鼻的职业，都未能从根本上改变天桥原有的属性和它的边缘性，反而在一定程度上强化了天桥的边缘性和天桥贫、贱的社会属性。在内城人心目中，在自以为尊贵的“上等人”的心目中，它是一个边缘地带，是穷途与没落之地。

5. 哀鸿之天桥

直至今天，对外来的打工者，自认为是“土著”并有着优越感的都市人依然矜持地认为，民工是从贫穷、落后和现代化的边缘进入到富裕、文明和现代化的中心，由此农民工的聚居地也就自然泥泞、低矮、污秽不堪、臭气难闻、堆满了垃圾。[115]这样，连同他们的住地一道，从乡村之边缘流动到标志现代化中心之都市的农民工再次沦为都市中的边缘，成为都市中的二等公民，和必要时就会被遣返、驱赶、关押、拘留的不法“流民”。尽管如此，对于乡村人来说，不管是出于哪种原因，自从有了城乡的分野，城市也长期是大多数乡村人渴慕又望而却步的地方。“食量大如牛”的刘姥姥和她孙子在大观园中的言行举止，典型地表达了乡村人和城市人之间的对立与不平等，但又不得不往来和相互倚仗的关系。[116]

鸦片战争以来，殖民者的入侵、洋货在中国市场的流通和中国的乡村经济在相当大的程度被强行拉入了世界贸易圈等，都加速了自给自足的小农经济的破产。民国以来，华北地区频繁的旱灾、蝗灾、水灾等自然灾害和层出不穷的战乱，使得京、津、唐一带乡村中无以为计的农民纷纷流落城市。洋务运动以来社会近代化所带来的交通便利等因素也加速了城乡之间的流动，原本是在唐山等京畿之地盛行的梆子、落子、大鼓、杂技等民间娱乐也纷纷涌到北京。但是，在近代中国，京、津、唐一代有着“良民”身份却不得不流落到北京城的乡村人同样难以在内城立足。如同败落但又要活着、不顾脸面的旗人之流动之途，众多的流动人口和早已定格的市政管理等都使得天桥成为这些欲延续自己肉体生命的乡下人首选的栖身之地。

显然，人流涌动、熙熙攘攘的天桥绝非是一个简单意义上的都市平民文化宫。虽然天桥的玩意儿众多，演者、观者却多为贫民。民国三年（1914），多愁善感的诗人易顺鼎曾伤感地写道：

> 天桥数十弓地，而男戏院二，女戏院三，落子馆又三，女落子馆又三。戏资三大枚，茶资仅二枚。园馆以席棚为之，游人如蚁，窭人居多也。落子馆地稍洁，游人亦少……自前清以来，京师穷民，生计日艰，游民亦日众，贫人鬻技营业之场，为富人所不至，而贫人鬻技营业以得者，仍皆贫人之财。余既睹惊鸿，复

睹哀鸿，然惊鸿皆哀鸿也，余与游者，亦哀鸿也，书至此，余欲哭矣。[117]

二十多年后，天桥的观者为中下层阶级人物的状况并未改变。在实地观察后，权国英曾写道：“总之，天桥表面上光怪陆离的不同，正和它内部复杂黑暗的不同一样。这里的生活，因为不是一般所谓‘上流’人物们的娱乐地，所以天桥每天所吞进去和吐出来的人们，以中下层阶级的人物为最多。”[118] 因此，在贫民与平民的包裹、环绕下，无论原本是艺人流落到此卖艺，还是流落到此之后不得不学艺卖艺的人，面对有限的生存资源，老天桥艺人内部自然也就形成一种特有的运作秩序和机制，即，要具有一定身份的人才能在此卖艺，哪怕仅仅是举行拜师、出师等象征身份获得的标志性通过仪式。

总之，由殖民者入侵为导火线进一步激发的中国社会近代化历程、以辛亥革命为标志性事件所引发的旗人命运的骤变、自给自足小农经济的渐变和天桥经过差不多八百年时间伴随京城的发展而拥有的空间属性等多重因素，使在那个年代破败并无以为生和不顾脸面的旗人、京郊破产的农民、无家可归的孤儿、乞丐、卖身求生的妓女和江湖上的金皮彩挂、评团调柳等行当纷纷会聚天桥，使天桥成为一块都市中的杂吧地。杂吧地天桥规训着他们，他们也强化、点染着杂吧地天桥的表征和内蕴，直至两位一体、水乳交融。

这样，在清末至20世纪中叶百余年的时间，天桥最终也就成为京城的下体，并在京城的内、外城和内、外城人的互审互视中履行着下体的职责，承载并点缀着内城的庄严、宏伟，上等人的高贵以及“新”社会的美好、祥和。在新中国成立以来，关于天桥这个下体的叙事也就在邪恶、肮脏与丰腴、肥美两者之间尴尬、窘迫地摇摆、游弋，并多少有些哀鸿式的凄凉、感伤与素朴： 或者说它是万恶“旧”社会的“毒瘤”，或者说它是民间艺人的“摇篮”。

（四）杂吧地的价值理性

杂吧地作为城市下体的这种隐喻关系并非近代北京所独有。事实上，在近代社会，诸如天津、上海、南京、杭州、沈阳、济南、扬州、西安、成都、开封等多数城市都有类似于天桥这样一块杂吧地，如“三不管”、徐家汇、城隍庙、夫子庙、北市场、大观园、青羊宫、相国寺，等等。新近，国内已经有个别关于这些杂吧地民俗事象的“浅描”，[119] 但仍然没有杂吧地何以会生成这些民俗事象的研究，更缺乏杂吧地与都市空间关系的探讨。同时，当下似乎热闹的都市空间的研究还处于急迫地介绍国外理论和对这些理论的验证阶段，更多的研究是对中国都市空间的横断面的研究，在不自觉中剔除了这些都市悠久的历史和都市内部空间相互之间的联系。

正如本研究所努力的那样，如果我们把城市看作是有着自己生命和呼吸的有机体而非一堆有序或无序静物的堆砌，那么从这个肌体的生理机能和不同群体的表述、认知，我们就能够很好地理解这些长期被主流话语掩饰的杂吧地上的纷繁复杂的民俗事象的生成之因，也能更好地理解杂吧地相对于都市社会的意义：社会不可能完美，不论什么社会都有边缘、异端，有与“治”相对同时也孕育衍生“治”的“乱”。

在西方发达国家的大都市，“贫民窟”（slums）以贫穷为其主要特征，是上与下的一种对立，是居高临下的俯视之果，研究者多强调其与主文化相对而言的异文化，或者说次文化以及反文化的特质，其与非贫民窟之间更多出现的一种居住形式、生活模式以及价值观念诸方面的对立。同样，从西方翻译过来的社区、街区等干瘪的“大词”则更多地被国内学界习惯性地运用，并常以此标榜研究者的价值中立、研究成果的客观与真实。显然，近代中国都市的杂吧地不仅仅是贫穷和外观的不雅，不仅仅是贫富之间的对立与异文化移民的聚居，更非价值中立、完全没有褒贬的空洞的都市空间与言说。

在都市研究中，较之贫民窟、社区、街区这些翻译过来并不乏机械套用的词汇，杂吧地这个“土头土脑”的本土表述对于认知中国近代都市社会不但有着工具理性，而且还有着更多的价值理性。

首先，杂吧地常与“闹市”相连，它始终都是一个城市繁荣、特色的标志与象征。在 19 世纪晚期至 20 世纪中叶，天桥这块杂吧地一直都是北京最为热闹和繁华的地方之一。但是，“闹”不仅意味着繁荣，在汉语语境中，其更多指的是喧哗、吵，还有发泄、害、弄、搞、干等意。[120] 即对于被禁锢者而言，与闹市相连的杂吧地是其心向往之的乐园，是芳心萌动、“红杏出墙”、两情相悦的沃土；对于反叛者而言，与闹市相连的杂吧地是其大展身手的天堂；对于当政者、伦理道德的维护者、法律法规的制定者和执行者而言，与闹市相连的杂吧地则是“乱”的，是失范、越轨、对抗甚至暴乱容易发生的地方，也是其要张灯结彩、标榜与民同乐的场域。

这样，在中国相当长的历史时期，诸如杂吧地，或者在元宵节、庙会等特定时空形构的“闹市”，既是日常被禁锢在房舍中的女性与风流才子、流氓恶少乐于前往的地方，也是如《隋唐演义》《水浒传》描述的那些作乱者“犯上”的绝佳时机，更是三纲五常的受益者要密切关注、严加防范和欲使之秩序化的场域。因为，各色人等在这种地方、时机和场域，更多了些人之本真与真性情。一句传衍千年，至今都为人们耳熟能详的“正月十五闹元宵”也就意味无穷。

因此，诸如天桥这样的杂吧地是象征的，也是实在的。它是“旧式的平民文化宫”，甚至象征着“东方的文化和中国人民杰出的智慧”。同时，就生活中的个体而言，在杂吧地生活的人也“更显露原形”，在这里可以看出人们是如何地“真吃、真喝、真玩儿、真乐、真说、真笑、真怒骂、真吵、真闹、真斗心眼儿，也真大方、真慷慨解囊、真拔刀相助”。[121]

其次，从对天桥这块杂吧地的浓描可知，杂吧地既是群内自发的认知，也是群外的他观，是局内人对自己生存于其中的空间和局外人对自己身外的空间认知的真切表达，二者都通过杂吧地表述着自己的身份与价值评判，均有着鲜明的感情色彩，或认命或贬斥或怀念。

一个城市中的部分人可以将杂吧地以及在杂吧地生活的人排除在自己的日常生活之外，不亲身前往，也阻止他人前往，可以对在杂吧地生活的人和前往的人嘲笑、轻视，但他却无法忽视杂吧地及其相关人群的存在，需想尽办法与生机盎然、繁华、喧闹、杂乱，也是失范、邪恶、不洁的杂吧地抗衡。然而，杂吧地强调的不是简单的对立，也非空洞苍白的价值中立，而是如维克多·特纳的“反结构”（anti-structure）所指称的那样，杂吧地所具有的边缘、下贱、不洁、丰盈等下体特征不是别的，在一定意义上，它反而是社会正常运转、良性运行的缓冲器与机制，并最终成为社会的基石和社会前行、发展的源点。[122]

“杂吧地”这个仍活跃在人们口头交流中，具有丰富情感内涵、历史意蕴并饱含价值认同、世界观的词汇及其所指既是了解、认知中国近代都市生理学的一个好的视窗与入口，也是认知一个时代、一段历史、一个城市、一个群体、一种表演、一个事件、一段传说故事等很好的入口。这些都是来自西方的街区、社区及贫民窟等游离于相关群体生活之外的词汇本身所不具有的。

有些反讽意味的是，在保护民间文化遗产、发扬民俗文化、活跃社会文化生活、发展社区经济等宏大叙事和正大光明的口号下，今天京城东南三环的潘家园旧货市场所做的似乎就是在重建消失的天桥，而媒体、文化人起哄式地对“草根相声”艺人郭德纲这个符号的打造、抬升也完全用足了“天桥”二字本身所有的韵味。重开的龙潭湖庙会、厂甸庙会、地坛庙会以及新兴的香山红叶节所表现出的各色人等的纷然杂陈，似乎都是要在一年有限的时日和空间中，局部地再现昔日杂吧地的光景，尽管这与消失的天桥已经有了很多的不同。

（五）边缘化的现代都市：泛化与泛滥的下体

利奥塔曾经用“房舍”和“大都市”来喻指两种文明、两种生活方式、两种人际关系和两种世界观，并不无保守地批评了亮堂的大都市的能指与所指。[123]20世纪以来，在中国纷纷上场的灯红酒绿的大都市，伴随日渐充盈的物质，急功近利的人的欲望也四处横流，这使得今天辉煌的都市、人们趋之若鹜的都市，位于地理、经济、政治、文化（如果有的话）中心的都市反而更多了边缘化的味道，下体被尽可能地张扬。

因为人的活动，同一城市不同部分之间总是在相互挤对、定位，在互动与互构中不同层面、不同程度地认同并显露、表达各自的身份、地位。一个空间的社会属性一旦形成，它就会反过来规训人们的行为与思想，要人们入乡随俗，在什么山上就唱什么样的歌。悖谬的是，讲求规范、秩序、等级、伦理道德的社会实际上永远都在违规、失范中前行，而追求名誉、身份、地位和尊严的人同样不可能永远都衣冠楚楚、道貌岸然，总有脱下衣服、裤子赤身露体的时候。与之类似，在任何国度、年代，一个都市都会自觉与不自觉地将自己的一部分边缘化、异质化，赋予其特定的意味，生成自己的下体，使自己的运行畅通，最终实现其生命。事实上，多数都市在伟大的设计者规划以及建设者建设之初就已经初步预设好了作为都市一部分的各个空间可能会有的属性、前景与命运。

但是，被边缘化、异质化却彰显人欲、本真的下体与其所在都市的物理学与地理学意义上的位置并没有必然联系，这在讲究风水术的儒家文化中同样如此。在某种意义上，左拉的小酒店、妇女乐园，哈贝马斯的酒吧，福柯的监狱与疯人院，至今在川西坝子兴旺的茶馆，澳门的赌场，香港的红灯区，现今日趋同一的都市中星罗棋布的酒吧、迪吧、KTV、水吧、网吧、广场、商场、竞技比赛、歌舞表演、庙会、饭馆以及各种名目的纪念馆、博物馆、游乐场等都不同程度地传衍了下体之特质。没有这些满足本能、欲望，释放能量的下体，一个都市将是垂死的，一个社会也将是垂危的。正因为如此，今天这些空间是否活跃、张扬、热烈已经被视为一个城市生命力旺盛与否的直接表征和量标。无论是法律法规的制定者，还是伦理道德的提倡者，任何人都无法回避这一他们并不愿意目睹和想到的实质。原因很简单，包括他们在内的人既是理性的，也是感性的，男人—统治者不代表理性，女人—臣民也绝非仅属于感性，被物化的人体仅仅是理智与情感、傲慢与偏见交织、搏杀和争夺的战场。

如同兼具静音、振动与彩铃的手机，一座城市不论大小，它既需宁静、秩序、富丽、宏大，也需喧闹、无序、猥亵与渺小。随着改革开放的巨大浪潮和相伴的以金钱为代表的经济的万能，传统的伦理道德、价值观念，对时空、生命本质的认知都悄然变异。伴随拆迁、腾退、整治后的辉煌灿烂的外表，展现城市生理学特征的下体已经变得更加模糊、暧昧，依托于历史累积以及自然空间的界限分野已经很难辨识。边缘化的有着下体属性的空间不仅散见于办公室、甲鱼宴、卡拉OK、按摩房，[124] 也散见于都市街头巷尾被驱赶的小贩，建筑工地上衣衫褴褛、疲惫的民工，节假日候车大厅污浊的空气，它几乎存在于今天都市的每一个角落，就在我们每个人的身上和身边。

在当下的语境中，我们不得不两条腿走路，用两种语言表述自己：正确的与内心的。边缘已不再仅仅是边缘，下体不再是单纯的下体，如同鬼魅与影子，它们已经坚定地附体于中心和上半身，并与整个都市、社会一道生死相依、荣辱与共，甚或可以颠倒过来说，中心和上体死乞白赖地与边缘和下体融为了一体。正是如此，在辉煌的北京，其昔日的下体——杂吧地天桥仍然有着言说的意义和价值。

注 释

[1] 刘沛林，《风水：中国人的环境观》，上海：上海三联书店，1995。

[2] F. W. Mote, "The Transformation of Nanking, 1350-1400", Skinner, "Introduction", van Der Sprenkel, "Urban Social Control", in G. William Skinner ed., *The City in Late Imperial China*, Stanford: Stanford University Press, 1977, pp.102-103, 258-261, 609.

[3] ［美］施坚雅，《中国农村的市场和社会结构》，史建云、徐秀丽译，北京：中国社会科学出版社，1998。

[4] 文化批评者朱大可对当代中国都市建筑的研究是少见的例外。他将北京与上海并列、历史与现实对峙、东方与西方并置，其流氓式叙事背后隐藏的是对专断、急功近利又在一定意义上献媚西方的主流意识形态的批评，对当下浮躁、浅薄与肉欲气息很浓的社会风气的焦虑。参阅朱大可，《流氓的盛宴：当代中国的流氓叙事》，北京：新星出版社，2006，页 312—326。

[5] Alison Dray-Novey, "Spatial Order and Police in Imperial Beijing", *The Journal of Asian Studies*, 1993 (52), No.4, pp. 885-922. 相关领域更精深的调查研究可参阅张孝诉，《北京会馆调查》，北平：燕京大学法学院社会学系学士学位论文，1936; David Strand, *Rickshaw Beijing: City People and Politics in the 1920s*, Berkeley: University of California Press, 1989; Richard Belsky, *Localities at the Center: Native Place, Space, and Power in Late Imperial Beijing*, Harvard University Asia Center, 2005；王诗愉，《联乡谊的会馆》，见刘铁梁主编，《中国民俗文化志·北京·宣

武区卷》，北京：中央编译出版社，2006，页327—380。

[6] 分别参阅：Hok-lam Chan（陈学霖），《刘伯温与哪吒城——北京建城的传说》，台北：东大图书股份有限公司，1996；*Legends of the Building of Old Peking*, Hong Kong: The Chinese University Press, 2008; Susan Naquin, “The Peking Pilgrimage to Miao-feng Shan: Religious Organization and Sacred Site”, in *Pilgrims and Sacred Sites in China*, Susan Naquin and Chün-fang Yü Edited, University of California Press, Ltd., Oxford, England,1992, pp.333-377; *Peking Temples and City Life,1400-1900*, University of California Press, 2000; Jeffrey F. Meyer, *The Dragons of Tiananmen: Beijing as a Sacred City*, Columbia, S.C.: University of South Carolina Press, 1991；赵世瑜，《狂欢与日常——明清以来的庙会与民间社会》，北京：生活·读书·新知三联书店，2002，页324—413；《小历史与大历史：区域社会史的理念、方法与实践》，北京：生活·读书·新知三联书店，2006，页188—257；吴效群，《妙峰山：北京民间社会的历史变迁》，北京：人民出版社，2006。

[7] 王笛（Di Wang），“Street Culture: Public Space, Urban Commoners in Late-Qing Chengdu”, *Modern China* 24.1 (1998), pp.34-72；《街头文化、下层民众及公共生活研究的现状、资料和理论方法问题——以成都为例》，收于杨念群、黄兴涛、毛丹主编《新史学——多学科对话的图景》，北京：中国人民大学出版社，2003，页419—441；*Street Culture: Public Space, Urban Commoners, and Local Politics in Chengdu, 1870-1930,* Stanford University Press, 2003；《街头政治——20世纪初中国城市下层民众、改良精英和政治文化》，收于孙江主编《事件·记忆·叙述》，杭州：浙江人民出版社，2004，页32—60。

[8] 黄金麟，《历史、身体、国家：近代中国的身体形成（1895—1937）》，北京：新星出版社，2006。

[9] Allan Pred, “Structuration and Place: On the Becoming of Sense of Place and Structure of Feeling”, *Journal for the Theory of Social-Behavior,* Vol,13, No.1, March, 1983, pp.45-68.

[10] 杨念群，《民国初年北京的生死控制与空间转换》，收于杨念群主编《空间·记忆·社会转型——“新社会史”研究论文精选集》，上海：上海人民出版社，2001，页131—207；《北京地区“四大门”信仰与“地方感觉”——兼论京郊

"巫"与"医"的近代角色之争》，收于孙江主编《事件·记忆·叙述》，杭州：浙江人民出版社，2004，页216—282。

[11] Florence Graezer, "Breathing New Life Into Beijing Culture: New 'Tradition' Public Spaces and the Chaoyang Neighbourhood Yangge Association", in Stephan Feuchtwang ed., *Making Place: State Projects, Globalisation and Local Responses in China,* UCL Press, 2004, pp.61—78.

[12] 岳永逸，《当代北京民众话语中的天桥》，《民俗研究》2001年第1期，页54—67。

[13] 杰华（Tamara Jacka），《都市里的农家女：性别、流动与社会变迁》（*Rural Women in Urban China: Gender, Migration, and Social Change*），吴小英译，南京：江苏人民出版社，2006，页10—15。

[14] 如Jeffrey F. Meyer, *The Dragons of Tiananmen: Beijing as a Sacred City*, Columbia, S.C.: University of South Carolina Press, 1991, pp.8-78; 薛凤旋，《北京：由传统国都到社会主义首都》，香港：香港大学出版社，1996，页5—67；Hok-lam Chan, *Legends of the Building of Old Peking*, Hong Kong: The Chinese University Press, 2008, pp.8-24。

[15] 参阅本书上编"茶馆的老东老伙"中"伙计的'机灵劲儿'与'眼力见儿'"，"我就不说朱元璋，我就说范聃老祖"中"拉洋片：没有声光电的时候，这是好玩意儿"两节。

[16] 张昱，《张光弼诗集卷之三》，上海涵芬楼影印常熟瞿氏铁琴铜剑楼藏明抄本，页十五下。

[17] 四库全书存目丛书编纂委员会，《四库全书存目丛书·子部二三九》，台南：庄严文化事业有限公司，1995，页318。

[18] 陈学霖，《刘伯温与哪吒城——北京建城的传说》，台北：东大图书股份有限公司，1996，页73、109、111。

[19] L.C. Arlington and Wm. Lewisohn, *In Search of Old Peking*, Peking: Henri Vetch, 1935, pp.338-339. 另该书的页28、175—176亦曾提及相关内容。根据这些记载，在其专著中，陈学霖还绘制有"哪吒身躯与北京内城相应会意图"，参阅陈学霖《刘伯温与哪吒城——北京建城的传说》的插图32，台北：东大图书股份有限公司，1996。

[20] 金受申,《北京的传说》，北京： 北京出版社，1981，页 3—8。另可参阅张紫晨、李岳南编,《北京的传说》，上海：上海文艺出版社，1982，页 1—5。在 20 世纪初叶，西方人编辑的中国神话传说中也收有哪吒城这个传说，参阅 E.T.C. Werner, *Myths and Legends of China*, London: George Harrap, 1922, pp.328-329。

[21] 对此，陈学霖有些片面地认为这是得了政治的强力之助，尤其是得了“社会主义”民俗研究的福。参阅陈学霖,《刘伯温与哪吒城——北京建城的传说》，台北：东大图书股份有限公司，1996，页 123。

[22] 信修明遗著,《老太监的回忆》，北京：北京燕山出版社，1992，页 97。

[23] 陈学霖,《刘伯温与哪吒城——北京建城的传说》，台北：东大图书股份有限公司，1996，页 7—8。虽然在迈尔的“北京的纬线”、董玥的“回收利用”(recycling)等认知基础上，陈学霖对自己关于北京建城传说的基本观点有所修正，但辨真伪、析缘起、明意义仍然是作为史家的陈学霖关于北京建城传说新著的本意，参阅 *Legends of the Building of Old Peking*, Hong Kong: The Chinese University Press, 2008，pp.249-260。

[24] Jeffrey F. Meyer, *The Dragons of Tiananmen: Beijing as a Sacred City,* Columbia, S.C.: University of South Carolina Press, 1991, p.122.

[25] Ibid.，p.6,122.

[26] Juliet Bredon, *Peking: A Historical and Intimate Description of Its Chief Place of Interest,* Shanghai: Kelly and Walsh, 1919, p.36.

[27] 齐如山,《北平》，台北：正中书局，1957，页 63—64。

[28] Jeffrey F. Meyer, *The Dragons of Tiananmen: Beijing as a Sacred City,* Columbia, S.C.: University of South Carolina Press, 1991，p.185.

[29] 这些对内外城的称谓同样见诸 20 世纪早期西人的著述之中，可参阅 L.C. Arlingtonand Wm. Lewisohn, *In Search of Old Peking,* Peking: Henri Vetch, 1935。

[30] [俄]巴赫金,《拉伯雷研究》，李兆林、夏中宪等译，石家庄：河北教育出版社，1998。

[31] 李家瑞编,《北平俗曲略》，国立中央研究院历史语言研究所，1933，页 121—122；伊增勋,《满族与岔曲》,《满族研究》2004 年第 1 期，页 55—64。

[32] 方颐积,《北平市之井水调查》,《顺天时报》1929 年 3 月 2 日。

[33] 20 世纪以来，相关的传说故事已经有了不少的文本记述，可参阅金受申,《北

京的传说》，北京：北京出版社，1981，页14—32、75—78、93、114—116，亦可参阅张紫晨、李岳南合编《北京的传说》，上海：上海文艺出版社，1982，页9—15；王文宝编《北京风物传说故事选》，福州：福建人民出版社，1983，页12—14；中国民间文艺家研究会北京分会编《北京风物传说》，北京：中国民间文艺出版社，1983，页1—7。

[34] 吴廷燮，《北京史志稿》，北京：北京燕山出版社，1990，页407。当然，甜水井少也与长期以来钻井技术不高有关，北京城多数井都只能从地下三米深的地层内取水。

[35] 史明正，《走向近代化的北京城：城市建设与社会发展》，王业龙、周卫红译，北京：北京大学出版社，1995，页163—227、248。

[36] 参阅本书上编“同盟、联盟与口盟·份钱与口盟”“现在说这些有用吗·学艺：自己挤自己”两节。

[37] 肖复兴，《奶子胡同》，《北京青年报》2005年11月8日B2版。

[38] 张如怡，《北平女招待研究》，北平：燕京大学文学院社会学系学士毕业论文，1933，页1—17。

[39] 张文升，《北平棚行业调查》，北平：燕京大学法学院经济学系学士毕业论文，1947，页24。

[40] 同上书，页34。

[41] 刘佳崇璋，《北京各行业祖师调查记略》之四“茶馆之祖师”，第八集传抄本，1961年首都图书馆藏。

[42] 蒋士铨，《京师乐府词·鸡毛房》，转引自雷梦水辑《北京风俗杂咏续编》，北京：北京古籍出版社，1987，页8。

[43] 参阅本书上编“我就觉得天桥有意思”中“伙房子”一节。

[44] L.C. Arlington and Wm. Lewisohn, *In Search of Old Peking*, Peking: Henri Vetch, 1935, p.216.

[45] ［明］史玄，《旧京遗事》，［清］夏仁虎，《旧京琐记》，［清］阙名，《燕京杂记》，北京：北京古籍出版社，1986，页115。

[46] 同上书，页94。

[47] 绿英，《广和楼的捧角家》，收入陶亢德编《北平一顾》，上海：宇宙风社，1939，页81。

[48] 参阅《抗战胜利后北平市查禁不良习俗倡导良善习俗史料一组》,《北京档案史料》2002 年第 4 期，页 27—59。

[49] 关于 20 世纪前半叶北京盛行的四大门信仰，可参阅李慰祖（Li Wei-tsu),《四大门》，北平：燕京大学法学院社会学系学士论文，1941；"On the Cult of the Four Sacred Animals (Szu Ta Men，四大门) in the Neighborhood of Peking", *Folklore Studies* 1948 Vol. Ⅶ:1-94。

[50] 关于清初，被满族统治者又打又拉并居于外城的汉族高官的尴尬、英雄气短，可参阅王成兰《清初京师汉官的生活空间和关系网络》，北京：北京师范大学硕士学位论文，2002。

[51] 分别参阅《国民党北平市政府关于防止共产党在平进行活动与北平市党务整理委员会市公安局、社会局的来往函（附国民党抄印的中国共产党北平市执行委员会第九、八十七次会议记录）》，北京市档案馆藏，J1 全宗 1 目录 95 卷;《日伪北京特别市公署警察局保安科中国三教圣道总会召开改选董事长大会向警察局备案之文件》，北京市档案馆藏，J181 全宗 14 目录 239 卷。

[52] 涵盖（encompassment）一词受惠于杜蒙（Dumont)、桑高仁（Sangren)、梁永佳等人的研究。在杜蒙那里，涵盖打破了学界惯常对矛盾双方对立的强调，而是强调对立的双方也有一种相互包含以及一统的关系。桑高仁将地域崇拜分为了聚落、村落和跨村落以及朝圣等不同的由小到大的单向级序。梁永佳明确提出云南大理地域崇拜的等级结构，并强调是高一级的地域崇拜涵盖了低一级的地域崇拜。岳永逸对华北乡村庙会的研究和对天桥街头艺人的研究都强调涵盖不是单向的，而是双向的，是一种你中有我、我中有你的关系。分别参阅杜蒙（Louis Dumont),《阶序人：卡斯特体系及其衍生现象》(*Homo Hierarchicus:The Caste System and Its Implications*)，王志明译，台北：远流出版事业股份有限公司，1992，页 139、417—419；*Homo Hierarchicus*, Chicago: University of Chicago Press, 1970, p.xii, 66；P. Steven Sangren, *History and Magical Power in A Chinese Community*, Stanford: Stanford University Press,1987；梁永佳,《地域的等级—— 一个大理村镇的仪式与文化》，北京：社会科学文献出版社，2005；岳永逸,《空间、自我与社会——天桥街头艺人的生成与系谱》之第六章"下半身与上半身的对话：主流社会中的天桥街头艺人"，北京：中央编译出版社，2007，页 181—225,《行好：乡土的逻辑与庙会》，杭州：浙江大学出版社，

2014，尤其是页 154、页 287—289。

[53] Robert Redfield, *The Little Community and Peasant Society and Culture, The Little Community* first published 1955 in Sweden as Vol.5 of the "Gottesman Lectures." *Peasant Society and Culture* originally published 1956 by the University of Chicago. All rights to both books reserved and published in 1960. Chicago, Illinois: The University of Chicago Press, pp.40-59.

[54] [美] 萨义德（Edward W. Said），《东方学》（*Orientalism*），王宇根译，北京：生活·读书·新知三联书店，1999。

[55] 这是一个极为复杂的命题，婚纱影楼在东亚尤其是中国的盛行和巨幅婚照悬挂厅堂就是东方对西方一厢情愿想象结果的典型案例。从西学东渐以来，一直就存在着学术"本土化"探讨与追求、摆脱范本成立学派的诉求。简单地说，东方人的西方主义经历了"西男东女"和"东男西女"两个阶段，即从东方这个被西方男性想象的女性甘愿做西方的情人的献媚，到把自己假想为男性的东方欲将西方视为女性的努力，后一阶段明显混杂着民族主义情绪和主动"断奶"的焦灼。胡谱忠对 20 世纪 90 年代中国电影的分析，给我们认知东方主义在中国种种复杂的表现、流变提供了一个很好的例证。参阅胡谱忠，《本土如何显影：九十年代中国电影问题》，北京：中国戏剧出版社，2003。

[56]《辞海》，上海：上海辞书出版社，1989，页 3207。

[57] [法] 蒂费纳·萨莫瓦约（Tiphaine Samoyault），《互文性研究》，邵炜译，天津：天津人民出版社，2003。

[58] 岳永逸，《当代北京民众话语中的天桥》，《民俗研究》2001 年第 1 期，页 54—67。

[59] 朱一新，《京师坊巷志稿》，北京：北京古籍出版社，1982，页 195。

[60] 林传甲，《大中华京师地理志》，北京：中华印刷局，1919，页 39。

[61] 宣武区政协文史资料委员会编《北京天桥大观》，油印本，1989，页 2。

[62] 白夜、沈颖，《天桥》，北京：新华出版社，1986，页 20。另可参阅云游客，《江湖丛谈》第二集，北平：北平时言报社，1936，页 44；张次溪，《人民首都的天桥》，北京：修绠堂书店，1951，页 3。

[63] 参阅本书上编"天桥这地方，真养穷人"中"天桥那桥"一节。

[64] 张次溪，《人民首都的天桥》，北京：修绠堂书店，1951，页 7、22。

[65] 参阅本书上编“落到天桥，你就不值钱了”中“一到南边来，名誉就给毁了”一节。

[66] 齐如山，《北平》，台北：正中书局，1957，页62。

[67] 转引自于敏中等，《日下旧闻考》，北京：北京古籍出版社，1987，页886—887。

[68] 外国学者更敏感地指出，明代统治者修建外城城墙的一个重要原因，是考虑到皇帝一年要两次前往天坛、先农坛祭祀的安全，和天坛是中国宇宙观体现的一个基本因素的缘故。参阅 Nigel Cameron & Brian Brake, *Peking: A Tale of Three Cities*, New York: Harper and Row, 1965，p.102。

[69] 于敏中等，《日下旧闻考》，北京：北京古籍出版社，1987，页922。

[70] 唐振宇，《天桥市场一瞥》，收于宣武区政协文史资料委员会编《北京天桥大观》，油印本，1989，页253。

[71] 于敏中等，《日下旧闻考》，北京：北京古籍出版社，1987，页887。

[72] 张次溪，《人民首都的天桥》，北京：修绠堂书店，1951，页44—58。

[73] 同上书，页33。

[74] [法] 迪尔凯姆（Émile Durkheim），《社会学方法的准则》（*The Rules of Sociological Method*），狄玉明译，北京：商务印书馆，1999。

[75] 张次溪，《天桥一览》，北平：中华印书局，1936，页1—6；《北平天桥志》，北平：国立北平研究院总办事处出版课印行，1936，页1—11。

[76] 齐如山，《天桥一览 · 序》，收入张次溪《天桥一览》，北平：中华印书局，1936，页1—4；《北平》，台北：正中书局，1957，页62—63。

[77]《天桥临时市场暂行简明章程》，收于《外右五区警察署民国七年开办天桥临时市场来往文件收支租款报告书》，转引自黄宗汉主编《天桥往事录》，北京：北京出版社，1995，页43—44。

[78] 扶平，《天桥戏棚之一瞥》，《京报》1929年3月24日第八版；克非，《戏园：三十年前有大棚之称，坤伶发源地》，《新民报 · 天桥百写（四十二）》1939年4月12日第七版。

[79] 王世仁，《宣南鸿雪图志 · 序》，收于北京市宣武区建设管理委员会、北京市古代建筑研究会合编《宣南鸿雪图志》，北京：中国建筑出版社，1997。

[80] 敏公，《天桥之一瞥》，《北平晨报 · 北平里面（一）》1927年7月31日第五版。

[81] 秋生，《天桥商场（一）：天桥可为本市繁荣地，五方杂处昔今不同》，《北平日

报》1930 年 2 月 14 日第七版。

[82] 权国英,《北平年节风俗》，北平：燕京大学法学院社会学系学士毕业论文，1940，页 88。

[83] 章英华,《明清以迄民国中国城市的扩张模式》,《汉学研究》第 3 卷第 2 期（1985），页 535—561。

[84] 王伯龙,《天桥一览 · 序》，收于张次溪《天桥一览》，北平：中华印书局，1936，页 1。

[85] L.C. Arlington and Wm. Lewisohn, *In Search of Old Peking*, Peking: Henri Vetch, 1935, p.224.

[86]《北平市政府为整理市容指定天桥一带棚户迁移办法的布告和工务局的呈函》，北京市档案馆藏，J17 全宗 1 目录 3025 卷。

[87] 钱歌川,《北平夜话》，上海：中华书局印行，1936，页 95—105。

[88] 姚克,《天桥风景线》,《申报 · 自由谈》1934 年 1 月 7 日第四版。

[89]《北平市社会局关于呈送设立民众乐园计划草案、经费预算给市政府的签呈及第一区民众教育馆的训令》，北京市档案馆藏，J2 全宗 3 目录 621 卷。

[90] 赵清阁,《行云散记》，天津：百花文艺出版社，1983，页 47。

[91] 异质性群体“是有着各种特点、各种职业、各种智力水平的个人组成”。参阅古斯塔夫 · 勒庞（Gustave Le Bon）,《乌合之众：大众心理研究》（*Crowd: The Study of Popular Mind*），冯克利译，北京：中央编译出版社，2000，页 134。

[92] 敏公,《天桥之一瞥》,《北平晨报》1927 年 7 月 31 日第五版。

[93] 邓云乡,《增补燕京乡土记》，北京：中华书局，1998，页 45。

[94]《市政府关于各庙会及天桥时有女丐索钱的饬令》，北京市档案馆藏，J181 全宗 20 目录 4375 卷。

[95] 截至 2005 年年底，在北京市档案馆向公众开放的四百零二种有关天桥的档案中，在案卷名中出现“倒毙”一词的案卷就有七十五卷之多，占总数的 18.6%。亦可参阅本书上编“我就觉得天桥有意思 · 伙房子”一节。

[96] 参阅《北平市警察局外五区署关于天桥等处、十五间等巷、山涧口等处各小店代售吗啡、白面抄办情形的呈》，北京市档案馆藏，J184 全宗 2 目录 19586 卷。另可参阅《密探关于调查外五区五段天桥六合公 19 号杨赵二姓等暗娼售烟情形的报告》，北京市档案馆藏，J181 全宗 20 目录 7490 卷。

[97] 解放前，在天桥北边的八大胡同是北京妓院最为集中的地方，文献中的“下处”仅指最低等的妓院。根据20世纪30年代的调查，一等妓院是“清吟小班”，其门首的木牌是金底黑字，二等妓院是“茶室”，其门首木牌是黑底金字，三等妓院才是“下处”，其门面狭隘，门框木牌是白底黑字，上明确写有“三等某某下处”的字样。下处的妓女不仅是容貌姿色逊于前两种，其接客的方式和服务的对象也与前两种不同。参阅柱宇，《如此下处》，《世界日报》1932年11月28、29、30日，12月1、2、3、4日第八版。还要指明的是，根据晚清无名氏的《燕京杂记》记载：“优童自称其居曰下处，到下处者谓之打茶园。”那时，京城的豪商富官多蛊惑于优童。对此，信修明亦曾回忆说：“北京戏园从前仅称茶园，四大徽班时，盛极一时。听戏者，不能卖女座。三品以上大员未敢进戏园看戏者，以狎优与狎娼等干犯法纪，惧御史揭参也。各显要之消遣地，为小胡同之私坊下处（梨园子弟练习处）。”参阅信修明遗著，《老太监的回忆》，北京：北京燕山出版社，1992，页102。

[98] 参阅本书上编“天桥这地方，真养穷人”中“天桥那桥”一节。

[99] 参阅高凤山，《艺坛沧桑话今昔》，收于中国人民政治协商会议北京市委员会文史资料研究委员会编《燕都艺谭》，北京：北京出版社，页401—405；白全福，《我家作艺生活忆述》，收于中国人民政治协商会议天津市委员会文史资料研究委员会编《天津文史资料选辑》第43辑，天津：天津人民出版社，1988，页219；赵玉明口述，孟然整理，《艺苑寻踪——赵玉明从艺六十年》，北京：新华出版社，1997，页37—43。

[100] 参阅本书上编“我就不说朱元璋，我就说范聃老祖”中“街南唱戏：‘起唇把点’”一节。

[101] 《北平市警察局外五分局刘玉等经济困难演唱大鼓一日之呈》，北京市档案馆藏，J184全宗2目录21406卷。

[102] 根据当时不完全统计，那时内外城粪厂共约四百处，而宣武门外以西就有约一百处。《北平的粪业》，《世界日报》1932年6月19、20日第八版。

[103] 黎锦熙，《人民首都的天桥・黎序》，收于张次溪《人民首都的天桥》，北京：修绠堂书店，1951，页1—2。

[104] 定宜庄，《最后的记忆——十六位旗人妇女的口述历史》，北京：中国广播电视出版社，1999，页12。

[105]《北平市警察局侦缉队关于整治天桥一带聚赌包娼等案的呈》，北京市档案馆藏，J181 全宗 29 目录 2110 卷。

[106] Lynn, Jermyn Chi-Hung, *Social Life of the Chinese in Peking*, Peking-Tientsin: China Booksellers Limited, 1928, p.57.

[107] 黄裳，《旧戏新谈》，上海：开明书店，1948，页 159。

[108] 参阅吴霜《评剧辉煌？》，《艺术家》1997 年第 2 期，页 5—17；傅任秋，《记解放初期的两期戏曲界讲习班》，收于中国人民政治协商会议北京市委员会文史资料研究委员会编《文史资料选编》第 33 辑，北京：北京出版社，1988，页 243—249。

[109] 岳永逸，《空间、自我与社会：天桥街头艺人的生成与系谱》，北京：中央编译出版社，2007，页 227—269。

[110] 魏喜奎，《天桥话旧》，《燕都》1986 年第 4 期，页 32。亦可参阅魏喜奎《艺坛姐妹——忆李再雯》，收于中国人民政治协商会议北京市委员会文史资料研究委员会编《燕都艺谭》，北京：北京出版社，1985，页 368；《我是怎样走向舞台的》，收于《艺术家的童年③》，天津：新蕾出版社，1984，页 52。街南、街北又称道南、道北，二者之间的分别不仅在于演员，也在于戏园的设备和观众的差别。相关的表述还可参阅王登山，《戏曲艺术家李桂云》，收于中国人民政治协商会议北京市委员会文史资料研究委员会编《燕都艺谭》，北京：北京出版社，1985，页 96—97。

[111] 本书上编“天桥的艺人都是混饭吃”中“街南再好的也上不了街北”一节，另可参阅本书上编“同盟、联盟与口盟 · 撂地与戳活”一节。

[112] 宣武区政协文史资料委员会编，《北京天桥大观》，油印本，1989，页 352—353；黄宗汉主编，《天桥往事录》，北京：北京出版社，1995，页 285。

[113]《北平市公安局外五区警察署送沈友三等天桥一带秘密结党设会啸聚多人欺压群众卷》，北京市档案馆藏，J181 全宗 21 目录 52317 卷。

[114] 参阅本书上编“摔跤，一举一动都是文化”中“抽白面儿 · 家里的 · 拜把子”一节。要指明的是，在老艺人口中反复被强调的青帮，可能也遭受了主流话语的强力并经历了话语的转换。青帮在天桥和“三不管”的真实情形，可能与老人们事隔多年后的回忆有些出入。新中国成立后，在特有的政治背景下，青帮很可能是对相当一部分“非法”结社的一种统称，并进行了有意

译写的叠加与转换。

[115] 杰华，《都市里的农家女：性别、流动与社会变迁》，吴小英译，南京：江苏人民出版社，2006，页1—5。

[116] 曹雪芹，《红楼梦》，济南：齐鲁书社，1994，页110—128、637—648。

[117] 转引自张次溪，《人民首都的天桥》，北京：修绠堂书店，1951，页34。

[118] 权国英，《北平年节风俗》，北平：燕京大学法学院社会学系学士毕业论文，1940，页88。

[119] 参阅齐守成，《都市里的杂巴地——中国传统闹市扫描》，沈阳：辽宁人民出版社，2000。

[120] 中国社会科学研究院语言研究所词典编辑室编，《现代汉语词典》，北京：商务印书馆，1992，页821。

[121] 李景汉，《人民首都的天桥·李序》，收于张次溪《人民首都的天桥》，北京：修绠堂书店，1951，页1—11。

[122] Victor W. Turner, *The Ritual Process: Structure and Anti-Structure*, Chicago: Aldine Publishing Company, 1969.

[123] ［法］让—弗朗索瓦·利奥塔，《非人——时间漫谈》，罗国祥译，北京：商务印书馆，2000，页207—221。

[124] Liu Xin, *The Otherness of Self: A Genealogy of the Self in Contemporary China*, The University of Michigan Press, 2002, pp.51-73.

三、老天桥艺人的来源、认同与译写

尽管人与其生存的空间相互建构，但在某种意义上，人只是空间的物而已。借用圆形监狱“中央监视点”之能指与所指，福柯进一步完善了其权力的空间化理论，认为空间是权力运作的基础，空间配置就是一种权力技术。[1] 以此观之，人不是自在自足的个体与主体，而是空间化的人，言行都得遵从其所在空间的潜在规则，生活在“全景敞式结构”中个体的生活道路与命运抉择也就存在诸多源自空间这个主体的形形色色的限制。更进一步而言，个体人不过是相应社会空间的附属物而已，仅仅是弥漫在该社会空间中的权力关系的集中体现、载体与符号。

“龙生龙，凤生凤，老鼠生儿打地洞”就以民间惯有的幽默，表述出这种无可奈何而宿命的伤感：在特定空间中的个体人有限的生命机会（life chance）。达瑞多·拉尔夫认为，生命机会是受到社会关系、责任以及期待所影响的人的行动选择，是不均等也不公正的。[2] 事实上，生命机会既会影响到个体或群体生活的选择，也会影响到人们对世界的看法，影响到人们对于“好生活”（good life）的评价与憧憬，影响到人们的道德价值判断，等等。

人与权力化的社会空间之间的关系是复杂的，因为人的身体是“游动”的，生命机会也只能在一定程度上制约个体的生命历程，游动的身体也对相应的空间进行着重构和再造。在社会发生巨大转型的年代，个体的生命机会存在着更多的变数和可能，生存机会成为生命机会在具体情景下的个性化表现。在此种情形下，社会空间属性的形成既是人身体直接感知与行动的结果，是身体体认的“地方感觉结构”，也是权力参与其中的历时性累积的过程。老天桥艺人这个群体与天桥这块杂吧地之间就存在此种互相建构与体认的关系。

如前文所述，经过数百年的发展，到清末，老天桥成为北京城的“杂吧地”与“下体”。包括撂地艺人在内，在天桥生活的人群与天桥这块杂吧地之间存在着互相建构的关系：空间与相应的人群相互吸引、规训着对方，并互为主体。

（一）生存的空间化抉择：人穷了当街卖艺

1. 一步一步往外挪：内城旗人的天桥之旅

如同传闻中最早到天桥撂地的“穷不怕”朱少文那样，很早就有贫穷的旗人开始了由内城到外城的天桥之旅。虽然如此，作为一个标志性事件，辛亥革命从根本上动摇了此前作为统治阶层的旗人整体上尊贵的命运，曾经过着悠闲、典雅生活并喜欢耗财买脸的旗人以及其他既得利益群体都不可避免地、不同程度地与往日的优越话别，没落者要么自缢，要么纷纷前往南城栖身，大面积地开始了从四合院到大杂院甚至街头的生活转型。收录在《京津风土丛书》中的无名氏《燕市百怪歌》之“怪二十五”说的就是没落旗人的惨状：“游手好闲，柔弱无力，穷到尽头，相对自缢。”20世纪30年代，会说书等多种技艺并混迹于天桥的连阔如亦曾慨叹道：

入民国以来，时代改变，满汉蒙二十四旗人，没了铁杆庄稼，丢了老米树，方字旁的落了价。城里头除了隆福寺、护国寺还有各种杂技场有人游逛，其余的地方，就都灯消火灭了，天桥才日渐兴旺，亦是香厂新世界、城南游艺园陪衬着兴旺起来的。[3]

那时，西方人也对满族这一族群生活的骤变有着记述：

他们的数量当然相对来说是有限的，但他们的境遇却相当悲惨，因为他们中的大多数是从富贵与悠然的境地突然堕入贫穷的境地。对他们而言，痛苦也较其他人来得大。不必去观看新闻栏目，任何人今天都可以看到出身高贵的满人在拉洋车，他们的妇女被人雇为女佣，最悲惨的是，他们的姑娘过着不名誉的生活，其目的只是为了自己的生存和家庭的生存。众所周知，北平城里至少有七千妓妇，其中大部分是满族人。人们也知道，满人家的姑娘和妇女们化装或者蒙上头在夜里拉洋车。几乎每周都有人自杀，不是上吊就是投河。当地报纸上充斥着这样的新闻。[4]

雷齐虹也曾将那个年代的满族与大洋彼岸的印第安人的悲惨命运相提并论：

在清帝国覆灭之前的很长一段时间里，满人就在城内的府邸里与汉人聚居，自从民国以来，满人变穷了，而现在，甚至那些贵族们也要拍卖自己的府邸和珍宝，而那些贫穷的居住在营地的满人被迫离城出走以谋生计。北京城的常住人口有一百二十万，其中三分之一是满人，现在这四十万满人中只有很少人尚有生计，也只有很少人能够体面地谋生。据说，他们如今最高尚的职业是教外国人北平方言，每月可以挣到六到三十块大洋；有些满人上街卖艺，因为他们有一副天生的好嗓子和优雅的举止，他们赚的钱显然比给外国人教书来得多，但许多满人过于自尊，宁可受穷也不肯登台卖艺。……这个不幸的民族的妇女和儿童所经受的痛苦更甚于族中的男人……许多非常漂亮非常年轻的姑娘在妓院里卖身，天坛附近的天桥大多数的女艺人、说书人、算命打卦者都是满人。[5]

老舍也曾以“谜”和“梦”点染出这凄凉的美感，云：“他们为什么生在那用金子堆起来的家庭，是个谜；他们为什么忽然变成连一块瓦都没有了的人，是个梦。”[6]在谈到自己幼时学艺谋生时，关学曾也说出了旗人当年群体性类似的经历：

我们家是旗人，从小我就没见过祖父和祖母。只听说我祖父是一个宫中卫士。那时，旗人是由国家养起来的，每月都有钱粮，生活富裕。到民国时，就什么也没有了。我父亲什么也不会，就只有卖着吃、当着吃，到生我时，已经搬到了崇文区的贫民窟。为了能做小买卖，就只好躲开旗人住的地方，怕丢人。……我父亲从东北回来以后就做小买卖，卖菜。他什么都做，什么挣钱就干什么：卖菜、拉洋车、打小鼓，等等。打小鼓就是买破烂，然后再到小市卖。我母亲就在崇文门大街便道那儿，弄点针线、布头给别人补补袜子、衣服，就是“缝穷”。我常跟着去，在那儿玩。……小时候，吃不上饭是常事。我们院里街坊处得都挺好，有时候别人还接济我们，给点儿吃的。北屋是一个打铁的，姓赵，他们家的日子还比较富裕，常照顾我们。那时，在东大地住。后来，我们家先是从东大地搬到唐洗泊街，从唐洗泊街又搬到沙土山。[7]

在这样的境况下，到了十岁，关学曾开始帮着家里做小买卖，山里红、西瓜、择手果子、臭豆腐、酱豆腐等什么都卖过。最后，为了将来能够生活，年少的关学曾开始了在天桥学艺、卖艺的人生历程。同样，旗人出身的相声艺人常连安[8]、说书艺人连阔如[9]、河北梆子艺人珍珠钻[10]以及我的合作者车技艺人金业勤等都是因为家道没落而从内城一步步地走向天桥。

随着清廷灭亡和社会的近代化历程，与清廷以及传统生活形态紧密相关的一些特殊行业群体都不可避免、不同程度地脱离了原有的生活场域，走向天桥。在清代，作为宫廷护卫并供皇上娱乐的善扑营的扑户（武士）都是旗人。在清廷灭亡后，除了摔跤之外别无所长的扑户的生活失去了依附，只好纷纷走出宫廷，或看家护院，或授徒，或直接拉场子撂地卖艺。天桥后来有名的掼跤艺人沈三、宝三等都是曾在善扑营伺候皇上的宛八老爷的徒弟。[11]在今天保护非物质文化遗产的语境下，掼跤的这一渊源，使得曾经在天桥宝三儿场子撂跤的马贵宝老人一再强调掼跤、中幡这些都绝对不是江湖玩意儿。

与善扑营的扑户发生的变化类似，镖行的镖师虽然不一定是旗人，但作为一个与传统农业文明相伴的行业，随着日渐便捷的交通，失去生计的镖师们也纷纷走上街头。孟继永当年在天桥撂地开场时：

常结合手上的动作，扯开嗓子喊镖趟子“合合……合合……”等人围上了后，师爷就说：“我是镖行的人，在前清时保过镖。如今有了火车、轮船、邮电局，我们镖行的买卖没有了，镖行的人，不是立场子教徒弟，便是给有钱的富户看家护院，我是拉场子卖艺。我拿的这东西叫甩头一子……”[12]

这形象地表述了镖行这个行当在近代社会的转型及其末路。

旗人流落天桥学艺卖艺，是整个社会发生巨变给原本属于特权阶层一员的卑微个体带来的灾难性的骤变，是从上而下的垂直流动的结果。但是，老天桥艺人远不仅是这些从府邸豪宅、内城、宫廷走出的旗人。

2. 不要问我从哪里来：乡巴佬的天桥之旅

鸦片战争以来，殖民者的入侵，战争的频繁，洋货在中国市场的流通，加速了农村自给自足小农经济的破产，同时相伴的华北地区频繁的天灾人祸将乡村陷入绝境的难民挤向天桥，穷途的人们都希望这里能有更多的生存机会。在某种意义上，清末民初道貌岸然的内城不但依然无情地洗涤、驱赶着落魄失势者，也同样矜持地拒斥着这些土里土气的、操着乡音的“乡巴佬”。作为京城“下体”的天桥同样是这些乡下人进城后可能去和只能去的地方。

相声艺人郭瑞林祖籍山西太原。他的父亲年轻时给人家看果园，后因灾荒，逃荒到了北京，落脚天桥，在天桥附近的一家杠房做工。小时候的郭瑞林学京戏，唱小花脸。1908 年，因“断国孝”（即给光绪皇帝戴孝）不许唱戏，才由人介绍到了相声场子，拜范长利为师学相声。[13]

有“天桥马连良”之称的梁益鸣出生在通县的偏僻农村。1920 年，京东大旱，地里颗粒无收。梁益鸣的父亲不得不去开滦煤矿当矿工。一年后，矿井塌方，梁益鸣父亲的右臂被砸断，因此遭到开除，随后进城做保姆的母亲也被人辞退。在“家有半斗粮，不进梨园行”为整个社会共识的年代，为了活命，八岁的梁益鸣进了天桥群益社科班学戏。[14]

李桂云是当年在天桥享有盛名的河北梆子艺人。在其不满周岁时，逃荒的父亲用一根扁担将她从河北宁晋县挑到了北京。[15]快板艺人高凤山出生在河北三河县沈庄子。四岁时，因他的姐姐被人贩子拐走，母亲气疯而亡。父亲只有带着一家老小流落北京。仅仅一两年间，他的老奶奶、父亲、哥哥均因劳累过度、连病带饿先后去世。年仅五六岁的高凤山成了孤儿，先后学打剃头刀，学织带子，给妓女梳头，在天桥摆小摊，住小店，打执事，流浪街头。最终在他自己的恳求下，被在天桥说数来宝的"曹麻子"曹德魁收留学艺。[16]

数年来，我所访谈的老天桥艺人几乎都有着类似的流浪经历。朱国良老人弄不清自己祖籍所在，只知他爷爷最早从农村流浪到北京。后来才改行卖糖葫芦的父亲一开始是拜孟继永为师学习把式。马贵宝是父亲生意破败后，很小就自己独自谋生。拉洋片的王学智小时候虽然父母俱在，父亲卖估衣，生活尚可维持，但他先天眼睛弱视，加之父亲店铺的破产，年幼的他也就终日逗留在了天桥的撂地场子。魔术艺人班秀兰不知自己小时候被卖过多少次。每次被卖时，人贩子总是要她根据买家的需要，说自己的年龄大小。因为最后一次被卖到天桥班家，所以她才姓班。至今，她也不清楚自己究竟出生在何时何地。[17]

同样，在天桥跌爬滚打，练就一身本领，并在20世纪中后期享有盛誉的相声大师侯宝林不知自己生于何时何地，更不知自己的生身父母是谁。被卖给了内城穷困旗人的小侯宝林没有自己的名字，被称为"小西八""豁牙子""小麻子"。[18]按照女儿吴霜的记述，在天桥唱红的新凤霞的真实身份至今都是个谜。[19]小时候的新凤霞也没有自己的名字，被称为"小女儿"。[20]这些并非老天桥艺人身世的特殊情形，而是常见的情形。因此，对自己知道家世，能说出父母并还上过学，马三立感到非常庆幸，晚年的他不无伤感地说：

从旧社会过来的老艺人，许多人说不清自己的身世，甚至也不知道自己的生身父母是谁，真正的籍贯、姓名也都全然不知不晓。他们有的是自幼跟养父母长大学艺的，有的是被拐骗落入江湖的，也有的是艺人收养的孤儿孤女，你叫他们如何说得清自己的身世呢？[21]

连同天灾人祸，社会近代化进程带来的交通便利等因素也加速了京津唐地区城乡之间的流动。原本是在京畿之地等京城外的落子、大鼓、杂技等民间艺人也纷纷拥到天桥。正如朱赤说的那样，天桥有名的杂技艺人“狗熊程”世家就是从“杂技之乡”河北吴桥来到天桥的。

3. 从自由到卑从：下海走穴

对于1812—1932年间伶人来源的变化，潘光旦曾指出：这期间的后三四十年，由于从舞台演出的过程中，仕宦出身的人可以获得一种心理的满足和心态的平衡，商人玩票下海常会由娱乐的需要而到迷恋，所以出身商业和仕宦阶层的伶人明显增多。[22]但是，玩票下海仍然不像今天人们想象的那样简单，因为受儒家文化熏染的多数国人常常在“伺候”与“被伺候”互动的二元对立中来给自己和他人分类、定位。这样，直至解放前，由于伶人的像姑遗风，与观众尤其是官太太之间的浪漫行径、取媚财势、男扮女、缺乏教育、妒忌心过重、好奢华、吸毒等多种原因，[23]靠舞台表演谋生的艺人几乎都无法改变其低贱的社会地位与身份，经常有机会出入宫廷府邸，往来于帝王将相的他们依旧是低贱的、卑微的。

曾在清末升平署担任民籍教习的梨园会首田际云成功地奏请清廷废除了“私寓”，禁女伶营娼，并首开梆子、皮簧同台、同戏合演。民国元年，田际云还发起组织了正乐乐化会，任副会长。但是，他这样一个锐意革新的名角，也和郝寿臣一样，不愿意儿子继承其业，欲使其“专门致于学问，奈其不能上达，无法，亦为伶人”[24]。1917年4月，年迈的谭鑫培同样无法避免遭受侮辱的命运。因患病，谭鑫培没有应承北京的军政要人为广东督军陆荣廷接风举办的堂会，于是受到了这样的羞辱：“不就是个唱戏的吗！不识抬举！打发人三番五次请，这个请字就是给你脸，可你姓谭的是敬酒不吃吃罚酒啊！好，今天是非把你请来不可！”[25]

是时，已经很受上层精英宠幸的京剧艺人尚且如此，被这些街北的京剧艺人歧视的街南的老天桥艺人的身份地位就可想而知了。

在相当意义上，原本不无浪漫色彩的兴趣爱好常常悖谬也是宿命地决定了一个人的职业，并最终将爱好者框束在一种索然寡味、循规蹈矩而忙碌的“工作世界”中。在尚不需以兴趣爱好谋生时，兴趣爱好是自由的、闲暇的，常常是生命的意义和价值所在，是工作世界的终极价值的体现，是“自由的艺术”。可是，一旦兴趣爱好在不得已的情景中变为谋生的方式，它也就成为功利的、卑从的，变成忙碌工作世界的一部分，沦为“卑从的艺术”。

清代旗人尊贵的地位、“岁管钱粮月管银”的衣食无忧的生活，天然地孕育了旗人带有些闲暇、自由色彩的多种嗜好。就是生计已经出现危机了，旗人还是尽可能地维持着自己的闲暇。关学曾就曾提及已经在外城大杂院中生活的旗人女眷的闲暇：

> 在我学艺之前，我们家及众多的亲戚中专门学艺的没有。但像我母亲，在家里做姑娘的时候，她就会唱着玩。你像现在那单弦，当时就是八旗子弟书。为什么打的那叫八角鼓呀？那都是八旗的玩意儿。一般旗人都会唱两口儿。曾与我们住一个院的，我那姨就能弹弦子，我母亲能唱唱。她们是玩，没拿这个挣过钱，

就在家里唱着玩。

我们住的那个大杂院，十间房子一个院，住了十户。一户一间房。有的时候，攒两个钱，门口过来一个瞎子，弹着弦子，算命呀，唱曲呀。把他请进来，大伙给俩钱，听他唱唱。有时候，我姨就拿过弦子弹弹，我母亲也唱两句。院子里的人都挺高兴的。而且那时，院子里头，十户起码得有几户喜欢文艺，喜欢曲艺，有喜欢评书的，有的还喜欢自己说书。到夏天没事，把院子里的人凑一块儿，说书。所以，我很受这个影响。[26]

除大街小巷都自娱自乐地说唱八角鼓之外，围绕京城内外的众多庙会，耗财买脸的行香走会也成为旗人生活的一大特色和北京人长久的生活传统。朝山进香的十三档武会培育了大批各种娱神表演的业余爱好者。[27]

在那个动荡而多变的社会，生活世界中的个体的生存方式可选择余地少之又少。近百年前，夏仁虎《旧京琐记》卷十“坊曲”中记述完京戏、二黄不少的票友因走票破家而终于下海后，接着勾画出了今天所谓曲艺的票友下海卖艺的历程：

子弟班者所唱为八角鼓、快书、岔曲、单弦之类。昔有抓髻赵最有名，供奉宫中以为教习，某王恶之，乃轰出焉。立班之始，盖富贵人家子弟游手好闲，习为娱乐，乃后走票，不取资，名之曰“耗财买脸”。至于末流，遂成贱业。有奎弟老者亦贵家子，易装登台，直似好女，所演有所谓摔镜架、黛玉悲秋、花亭夜宿之类，皆靡靡之音也。单弦有德寿山，亦内府官，通文墨，后亦卖技为活，善说聊斋，词较雅训。此外如荣剑尘以八角鼓著名，皆子弟而下海者也。至快书之张某，大鼓之刘宝泉则专门卖艺者。岔曲则已成广陵散，音调最佳。昔曾闻刑部友人寿君歌一曲，至今思之。[28]

不但落魄的八角鼓的票友纷纷踏上天桥撂地卖艺，与信仰和闲暇生活紧密相关的朝山进香、行香走会的爱好者们也不得不纷纷下海走穴。原本是因为行香走会而练了身功夫的人，因走会的散了，再也无财买脸的他们也就撕下脸皮前往天桥撂地谋生。朱赤曾提及的当年在天桥抖空竹享有盛名的王雨田就有类似的经历。他自幼好叉，曾随黑窑厂的开路走会。清末和民国，虽然他先后有在步营当差以及在商团、警界从业的多种尝试，但最终他还是落到天桥等地“走穴”——撂地卖艺。[29]

换言之，虽然我们不否认个别票友完全是出于对艺术的痴迷而下海走穴，但对于最终到天桥撂地的下海走穴者整体而言，对艺术的痴迷或者仅仅是他者不乏主观的想象。与商人因迷恋而玩票下海不同，在更多的意义上，下海走穴到天桥谋生的艺人实则是“人穷了当街卖艺”的异文。当自由的艺术向卑从的艺术转变的同时，同一种艺术表演者也发生了由典雅向世俗、由高贵向低贱、由中心向边缘、由闲暇向忙碌、由业余向职业的转化。

4. 漂泊的群体：时空位移的体认者

社会的动荡、上层权力的更迭、科技的发展、天灾人祸加剧的农村的萧条及个体本身各异的因素形成一股强大的合力，把来自不同地方、不同出身、不同年龄、不同性别的人从四面八方推向作为京城下体的天桥，聚拢于此，形成一个传统社会已有的，但又有别于以往的靠卖艺为生的特殊群落。在京城位居“边缘”和长久以来形成的具有贱、脏、穷、邪等空间属性的天桥，意味着身份地位低下的天桥，连接天地两界而模棱两可的天桥，预示着生活中存在无穷变数的天桥，也就成为这些穷途者的最终和唯一的去路。

事实上，老天桥艺人的形成是社会变迁带动下的垂直流动、水平流动、地缘流动与心理流动合力的结果。相对而言，从内城到外城的旗人的天桥之旅，主要经由的是社会地位和身份的垂直流动。虽然经历的是从乡村到城市的旅行，但就社会地位和认同而言，从中国社会长期以农为本的传统而言，因饥荒、破产而流落到天桥学艺、卖艺的“前”农民，所经历的同样是垂直流动。就身份的认同而言，由于都从事的是“千人看，万人瞧”的行当，即使是在民国，这些不同行当的艺人都一样地被来自不同阶层的观众蔑视，所以“倒仓”或者不得志的京剧艺人、要饭的穷家门的人到天桥撂地卖艺则主要经历的是水平流动。垂直流动和水平流动最终都是通过身体的空间位移——地域通过[30]体现出来的，并伴随心理的认同。

这些被原有的生活空间从精神、物质、肉体（血缘 / 亲缘）抛出的个体纷纷会聚杂吧地天桥，形成了老天桥艺人这个特殊的群体。因此，也可将老天桥艺人称为“被抛出的群体”或“漂泊的群体”。同样是民间文化的传承者，但与民间故事讲述家、民间歌手不同，作为被原来生存空间、生存秩序抛出的人，老天桥艺人不得不以他们所在行当的技艺表演为基本的谋生手段，这就使得在老天桥这样有限的空间，在生存资源有限的情况下，其身份的获得与认同变得异常复杂，必须要经历拜师、学艺、摆支、盘道、表演以及绰号的获得等一系列对其身份进行再塑和确认的或大或小的通过仪礼。[31]

简言之，从来源可知，老天桥艺人都是被主流社会以形形色色的方式抛出，为生计所迫，都要在被动中主动地经历和感受不同时空的游戏规则，都要经历一个时空体认的转换，这既包括可视的地域通过——从街北、内城、京畿之地等不同的空间漂泊到作为京城下体的天桥，也包括不可视的心理通过——抛弃原有的面子、身份、地位，认同主流社会以及他们自己也可能曾经一度鄙弃的低贱与下流。换言之，老天桥艺人都必须要从原有生活世界脱离出来，融入一个新的生活世界，抛弃前者的秩序、规则，遵循后者的文化逻辑与理念并实践之，这也使得他们有了在与主流话语对撞中形成的“我们都是爬小店的”“我们都是老和”“我们都是吃开口饭的”等群体认同。

（二）自观与他评——伺候人的“下九流”

1. 结构性冲突中的主动

在成为艺人之前，老天桥艺人是被主流社会及其原有的生活空间、生活秩序抛出的一群，是代表结构性不平等的，既承认个人选择的自主性，也肯定社会结构因素对个人自主性的限制的“生命机会”的体现。[32]如果从被原有的生活秩序抛离而言，这些后来才成为老天桥艺人的人经历的是一个被动的过程，但从个体有限的生命机会而言，这一过程则是主动的。在其随后所经历的、由老天桥艺人所构成的底边社会社会化的过程中，其公开语本是处于劣势的徒弟—新人（novice）在被动地接受以师父为代表的处于优势的老天桥艺人的教化。但是，只要考虑到认同是个人与群体在互动中呈现的相互定义的过程，考虑到既存的优势群体与劣势群体的结构性冲突，我们就会发现新人在此过程中的主动性，即徒弟学艺的隐蔽语本。

事实上，围绕任何有形、无形的资本，不仅仅是处于优势的统治者和处于劣势的下层群体之间，任何对立冲突的双方都会同时使用公开语本和隐蔽语本两种斗争形式，处于优势的师父和处于劣势的徒弟同样会在不同的时候运用不同的手段、策略来折冲其关系。在此过程中，虽然是师父、老天桥艺人群体和他们所奉行的规范在教化新人，但新人为了尽快地习得这个另类社会的知识并被新群体认同，他自己也在主动地追寻、认同这个底边社会的规则、规范，并能动地对其进行建构与巩固。实际上，在一位新人决定要拜老天桥艺人为师之前，他们自己或者其家庭已经认知到了他们可能会面临的生活。

拜师直至绰号的获得等一系列通过仪式都是结构性的限制与个人能动性互动的过程。同时，这些过程是在主流社会对老天桥艺人本身惯性认知和角色期待以及老天桥艺人群体对这些认知、角色期待的回应、调适下进行的。士、农、工、商等“良民”的优势和老天桥艺人的劣势，老天桥艺人内部师父的优势和徒弟的劣势，老天桥艺人不同行当之间的优势与劣势，都同时对一位流落到杂吧地天桥并愿意拜师学艺的新人身份的建构产生着影响，新人也主动地回应着这些影响并使与之关联的人身份、观念发生变化。

2. 无奈的抗争：我们怎么能是“下九流”呢？

《孟子·滕文公上》中的“劳心者治人，劳力者治于人；治于人者食人，治人者食于人”的古训，经过数千年的习演教化，其影响所及远非识文断字的国人。在相当意义上，劳力者和劳心者之间的对立决定了中国社会迥异于印度社会的洁与不洁的二元对立，从而形成中国人“伺候”与“被伺候”的二元对立。中国社会这种伺候与被伺候的对立也决定了不同中国人社会地位的高低，并先天性赋予其角色期待与群体认同。[33]

虽然历朝历代都有一些解除贱籍的律令，但对于被归于“伺候人”行列，供人娱乐、提供闲暇的艺人，由于其所作所为可能会从思想、精神以及武力等不同层面威胁统治者的安稳，或者让统治阶层“意志消沉”“腐化堕落”，所以如前文所述，近代社会艺人的社会地位并没有太大的改变，一直十分卑贱。经过长期的实践，这种卑贱的认识已经由一种外在强加的观念内化为艺人自己的认知，并最终从艺人自己的言行中表达出来。就整体情形而言，学艺、卖艺完全是老天桥艺人的末路和无法选择的选择。除非是孤儿，一个原本有着大家庭的人如果要走上老天桥艺人之途，他就会不可避免、不同程度地遭到家人、亲戚以及邻里的贬视与唾弃。

一开始，竹板书艺人宋来亭在天津说书。认为他辱没了家门的二伯父揪住他就打，拆掉了他卖艺场子的布棚子，如此数次。无奈之下，他前往塘沽卖艺，但他二伯父同样追到塘沽，掀了他的场子。最后，宋来亭只得远离天津，来北京天桥撂地。正是在他逃到天桥时，曾经在宫里说书的张福魁才给困惑、痛苦的他讲了下面这段故事：

> 其实，我们说书的地位不低。我在宫里听一个老太监说，周朝的第十五代王是周庄王姬佗，他特别孝顺母亲，是个大孝子。母亲有病时，为了解除一些母亲的病痛，周庄王在母亲病床前给老人讲故事。母亲听了很高兴，病也见轻了。时间一长，周庄王的故事都讲完了，可母亲还想听，周庄王就让梅、清、胡、赵四位大臣轮流给母亲讲故事。后来周庄王去世了，换了新君，认为这些大臣就会讲故事，对朝廷没什么功劳，要去掉他们的俸禄，轰出朝廷。四位大臣说老王有旨，让给民间讲故事，并且拿出了证据。后来这梅、清、胡、赵四大臣就成为曲艺界四大门户的祖师爷。据说说书人的扇子是代表周庄王的令箭，醒木代表官印。起初，国家给说书人俸禄，说书的怎能是下九流呢？

但是，就是这个早年被自己伯父驱赶的艺人，自己亲身经历他人凌辱和歧视的艺人，在自己的女儿宋香臣顶替病中的他在茶馆说书，并挣钱为他买回滋补身体的必备食物时，宋来亭倔强地不吃女儿买回的这些食物，并坚决不准女儿再去茶馆说书。[34]

在20世纪30年代晚期，当得知年幼的孙雅君在学戏时，孙雅君的父亲说："像我们孙家这样的家族怎能学戏呢？这让我怎么再抬头走路？"后来，当有钱有势的三伯父知道她唱戏后，就找到孙雅君家骂道："老孙家出了败类！以后不认这门子亲，不准到三义庄去演……"[35]

与天津"三不管"众多的说唱艺人一样，不时在京津唐一带流动卖艺的新凤霞在20世纪40年代晚期来到北京天桥万盛轩唱评戏。在新凤霞小时候学艺时，她做中医并会算命的大伯父说："你们唱戏的不就是给人家开心解闷的吗？闻闻算什么呀？"在得知她跟着她二伯父及堂姐学唱戏的时候，她父亲骂她母亲道："你这倒霉娘儿们！偷偷地叫小女儿上他们院儿跟他们学戏，唱戏，丢人！败坏了杨家的门风。怎么着？还起了唱戏的艺名，把杨家的本姓都摆出去了？谁让你这么干的？真丢人现眼……"对于新凤霞的二伯父，新凤霞的祖母不承认这个二儿子是她自己的儿子，因为他"又唱戏，又开下处，赌钱，抽大烟，吹、拉、弹、唱，给杨家丢尽人了"。所以，她祖母说："他不算我的儿子，我管不了他们……"新凤霞后来之所以能拜师学评戏，就是因为那时祖母死了，父亲也管不了她了，而懂事的她一心要早挣钱为母亲分忧。尽管如此，因为学唱戏，年仅十三岁的新凤霞也"自觉不是高尚职业"，"不大去杜奶奶家"。连她苦命的二姨同样对她说："你也是苦命呀！唱了戏下地狱，活着被人欺，死了做鬼也叫人看不起呀！"[36]

这种内化为自觉的自我认同也体现在早年的马三立身上，以至于同样是艺人的他在相当长的时期都忌讳说自己母亲的职业：

> 我的母亲恩萃卿，习唱京韵大鼓，为生活所迫随父撂地卖唱。旗人家的闺女，落魄到卖唱，自己觉得实在寒碜，所以非常忌讳说自己是旗人。而我们也像她忌讳说自己是旗人那样，忌讳

说母亲是唱大鼓的。正是由于这种忌讳，“马三立的妈是干什么的？”从我的嘴里没有说过，母亲的职业是“保密”的。在旧社会里，说相声、唱大鼓比唱戏更轻贱，所以我的祖父、外祖父和父母虽然都是颇有点名气的艺人，而且各自怀有一身技艺，可是吃“开口饭”的屈辱，“下九流”的帽子，压了几辈子，就恨不得脱离这个行当，把更换门楣的希望寄托在我们哥俩身上。[37]

3. 自豪的回忆：我们都是爬小店的

天桥撂地卖艺的行当众多。从庚子年间到1950年前后，天桥的说唱有三十八类，软硬杂技有二十八类，在此期间，传闻或者事实上在天桥撂地卖艺的有名的艺人有百人之多。[38] 在新中国成立后，由于有国家行政力量强制介入的“改人、改戏、改制”的“戏改”等原因，京城流动撂地艺人曾经一度被集中到天桥所在地宣武区，政府给他们建档案，并对其进行社会主义教育和改造。1958年，由宣武区代管的北京零散的曲艺、杂技艺人有二百一十名之多。[39]

不论哪个行当的老天桥艺人，虽然以语言表演为主的艺人和以形体动作表演为主的艺人在技艺习得的具体方式上有着明显的差别，不同行当之间也存在差序，甚至卖艺地点都意味着艺人内部的等级。[40] 但是，相对于那个年代的观众这些“良民”而言，老天桥艺人重构、再造的模式则大致相同。这既与不同行当老天桥艺人共有的社会属性、主流社会对他们的角色期待和他们对这种角色期待的部分认同相连，也是他们实际卖艺生活中因需要而形成的行当内部的认同和行当之间的认同所决定的。除不同行当之间存在一定的流动之外，临时搭班卖艺不同的行当艺人也常需要相互“反串”，而且他们还不得不频繁地在城乡流动卖艺，这势必就形成了他们内部相互之间公认的语言、规矩、禁忌、等级秩序，等等。因此，不论是哪个行当，在一个人拜师、出师时，只要具体情况允许，经常都会邀请说书的、说相声的、变戏法儿的、唱八角鼓的、练把式的等不同行当的艺人参加。这在强化杂吧地天桥不同行当艺人之间认同感的同时，也在老天桥艺人之间形成一种“大家庭式的师承关系”，或远或近的拟亲属关系和社会网络。[41]

但是，平地抠饼的老天桥艺人的生活是艰难的，他们绝大多数都过着朝不保夕的生活，多数人也无家无眷，一人吃饱全家不饿。包括早年的侯宝林、高凤山及其师父曹德魁等在内，很多老天桥艺人都有着住天桥左近的鸡毛小店的经历。老天桥的小店其实如同今天低级别的旅店，是社会分化、多样化需求和市场运行机制等原因自然形成的。但是，在新的语境中，小店成为“旧”和“恶”的象征与标签。

新中国成立后，虽然有着抵触、不适或者反复，但“旧”天桥艺人整体性地很快与主流话语合流，并成为“新”文艺工作者。如果今天还健在并仍在言说自己昔日的生活，那么，老天桥艺人习惯性的“忆苦思甜”式的诉苦回忆仍然或有意或无意地恪守着“新旧—好坏”截然对立的二分经典叙事模式。他们经常用来给自己以前生活定位的“我们都是爬小店的”“我们都是老和”“我们都是吃开口饭的”等表述，既是基于以前生活的部分真实与事实，也是由于在新时期的不同语境下，艺人们对这些社会事实之官方表述、定格、版本的认同。同时，在“共产党拿要饭的当宝贝”的激进时代，也就是当苦难的经历能够非常容易地转化为政治资本并能带来名誉、身份和地位时，“爬小店”“老和”“吃开口饭”这些作为一种被表述的经历也就洋溢着讲述主体的自豪，而非凄凉与悲壮。

在吵吵嚷嚷要保护、传承非物质文化遗产、民间文化遗产的当下语境中，作为一个地名，老天桥一时间成为北京民俗文化的代名词。顺应时代潮流，老天桥艺人及其表演随之发生了由政治资本向文化资本、象征资本的转型。政府、文化产业的经纪人等都纷纷叙说着与老天桥和老天桥艺人的渊源。因此，“老天桥艺人”事实上成为今天北京城时髦的流行语。不但传统的拜师仪式公开恢复，一个冠之以“天桥艺人”头衔的新群体呼之欲出。

（三）底边与中心的错位、合流

1. 社场之于结构

在提出社会（society）和社场（communitas），以及分别与之对应的结构（structure）和反结构（anti-structure）、状态（state）和过渡（liminal）时，维克多·特纳在强调二者的不同、对立的同时，也强调二者的互补和相互可转换性，强调结构之于社会的显性、主体性和反结构之于社会的隐性、从属性，以及反结构在社会整体性的仪式——社场——等部分场域中的主导性、主体性。特纳指出，在时间的横坐标中，社会和社场交替出现；在人们观念和行为的纵坐标上，结构的社会和反结构的社场的共同作用才构成了一个完整社会；社会生活中的每个个体和群体的生命经历都包含在结构和社场之中，包含在状态与过渡之中。一定意义上，在结构社会中，是边缘的或低等级的社场中的人才象征了“普遍的人类价值”（universal-human values），才是具有“人的情感”（the sentiment of humanity）的人。[42] 由此，或者可以进一步说，社场是社会前行的源点和动力机制，是社会良性运行的基础，在此意义上也可以说，结构的社会是为反结构的社场而存在的。

尽管老天桥艺人及其表演能让多数人欢乐，在撂地现场的心理场的互动中部分满足观众的欲望与虚荣，这些表演也被近代的报纸等传媒不时地报道，但是相对于整个大的社会体系而言，老天桥艺人是长期被忽视、贬斥的，属于边缘，是次要的。在都市的“下体”，他们形成了包括日常用语、生计方式、价值观念等异于他者的生活世界。在这个生活世界中，老天桥艺人豪侠放任、任性而为，迷狂、张扬，义气、平等，他们的表演和生活都在不同意义上强调着承载人之本性的下半身，有着典型的社场特征。[43] 这对于在本质上更讲究秩序、层级与形式，并在20世纪后半叶占统治地位的主流意识形态而言，彰显人性和人之本真但却以"乱""旧""恶"为表征的近代都市杂吧地也就普遍地被视为社会的毒瘤，并经历了彻底的整治。伴随对艺人的同化、妓女的改造、恶霸的惩治、市容的美化，在人民首都的杂吧地天桥也经历了暴风骤雨般的洗礼。事实上，正是伴随对这些毒瘤不遗余力的清除，与数千年农耕文明相伴的，整合传统结构社会的价值、伦理、道德被撕得七零八落，而变相地转化为与改革开放后经济发展相符的甲鱼宴、卡拉OK厅中贪婪的嘴和按摩房中看不见的温柔的手，并进一步使充满欲望的人在日常生活中成为"自我的他者"。

但是，也正是自改革开放以来，尤其是21世纪的这几年，主流意识形态发生渐变——将部分传统的东西视为一种文化"遗产"——之后，原先在首善之区艰难地讨生活的老天桥艺人及其表演在京城猛然间有了全新的意义。曾经是政府整治的邪恶的杂吧地天桥有些反讽地被打造成"民间艺人的摇篮"，是慈祥的、肥沃的、多产的。人们不断在调整自己对当年这些在街头撂地艺术的认知，并力求将其作为一种文化来传承。因为缺失年代的久远和新的定位，在内容和形式上没有太大变化的撂地艺术倍增了其存在的价值和意义。昔日低贱的老天桥艺人的撂地表演也就在一念之间成为具有再生能力的货币资本。不少老天桥艺人以及与之有些渊源的人都被基层政府相关的职能部门以及部分文化经纪人竭力统合着、享用着，力求以此给自己带来更多的社会效应和经济效益。

2. 走向中心的底边：拜师仪式的回归

如合作者王学智、马贵宝等人回忆的那样，改革开放给老天桥的玩意儿带来了新的生机。什刹海的荷花市场、地坛庙会等地纷纷出现了拉洋片、掼交等老北京人熟悉的表演。而在天桥重建的天桥乐茶园就以老天桥艺人及其传人的表演吸引着大量的海内外游客，这在丰富天桥社区的文化生活的同时，再次为老天桥赢得了国际性的声誉。虽然20世纪90年代北京市政府曾经认真规划的要全面恢复老天桥旧貌的宏伟计划因种种原因搁浅，但官民双方都表现出了对老天桥极大的兴趣，并在力所能及的范围内进行着诸多的实践。

2000年，在朝阳区左安东路的潘家园附近，欲再现"原汁原味"老天桥的华声天桥民俗文化城开业。这里不但云集了各色的旧货，相声、中幡、掼交等与老天桥有关的艺人纷纷在此现身卖艺。2001年，厂甸庙会重开以来，老天桥的表演成为每届庙会组织者必然首先邀请的对象，并成为庙会期间游人驻足最多的地方。同样，地坛庙会、龙潭湖庙会等众多的庙会都以老天桥艺人的表演为特色。2005年6月，在拆迁后的天桥社区，新建成的天桥文化广场除修建了四面钟这一老天桥的标志性建筑之外，还重塑了设计者们认可的"天桥八大怪"的雕像，并将克非等人当年拍摄的部分照片翻拍放大装在精美的橱窗内。通过空间的形塑和雕刻的动作，官方、文化经纪人与艺术家合谋，使老天桥呼之欲出，跃然纸上。在众多关于北京文化的网页中，老天桥和老天桥艺人都处于醒目的位置，并占有相当多的篇幅。

北京城区、郊区的中小学以及部队等不同的行业群体也纷纷邀请老艺人到学校传授抖空竹等当年老天桥艺人以之谋生的技艺、绝活。作为国家基层行政机关，天桥街道办事处尽力组织成立了定期活动的各种类型的天桥民俗表演队，宣武区政府近几年来也围绕老天桥例行性地举行形式多样的文化节，并尽力寻找尚健在的老天桥艺人。政府这种重建的努力，也部分得到了健在的老天桥艺人的回应。当年在天桥盘杠子有名的艺人“飞飞飞”曹鹏飞就是政府找回的老天桥艺人之一。2005年年底，当我在宣武区校尉营胡同28号一间小屋找到自己赁屋居住、已经83岁高龄的“飞飞飞”时，老人激动地说：“我从安徽回来，就是听从政府的号召，希望能为老天桥的恢复做一点自己的贡献。”事实上，一直到2009年，还有人在北京朝阳区的高碑店竭力打造老天桥民俗文化。

与这一片似乎欣欣向荣、百废待兴的镜像相伴，使“新人”能获得技巧、名誉与身份的传统的拜师仪式纷纷重现京城。但是，杂吧地天桥盛行的讲究等级、尊卑与秩序的拜师仪式正是20世纪50年代之后被视为封建陋习，并遭到严厉批判的传统。断裂的历史似乎只是一个美丽的误会，在不同的语境下，虽然拜师仪式的能指与所指迥然不同，但人们回到了起点。

拜师仪式时的“字据”——拜师帖尤其有着重要的象征意义。如同主流社会具有法律意义的合同，老天桥艺人的字据有着明显的约束力，不但是一个艺人身份的凭证，也对整个艺人群体具有整合力。规定了辈分乃至于艺名的字据在对“我”以及与他人关系的强调中赋予了一个艺人个体感与群体感。因此，不论在哪种语境下，拜师帖都成为拜师仪式最为基本的质素和必然要宣扬的东西。

对于老天桥艺人而言，拜师的根本动力是求生存，这使得拜师仪式的举行至少在形式上意味着一个穷途末路之人可能将会有了自己的生路。正因为这样，老天桥艺人拜师帖是严酷的，它明确规定了授业内容、学艺期限、收入分配方法及应负担的责任，是对师父绝对权威的强调，并隐示了师徒之间既如父子又如主仆的复杂关系。1949年6月拜师的佟大方的拜师帖是这样写的：

立字人佟大芳〔方〕艺名钰承情愿拜金凤魁字晓珊门下为授业学鼓曲书词代学口技言明六年为满期限内所挣之钱与老师均分吃穿自备年期月满谢师后挣钱归自己并养赡老师直到养老送终钰承担负完全责任恐口无凭同众立字为证由国立三十八年六月日起至四十四年六月止双方各无返〔反〕悔立字为证

立字据人佟钰承
介绍人
保师
代笔师
师父[44]

在20世纪末，形式上回复传统拜师仪式的拜师帖已经有了不同，因为虽然是按传统的形式拜师，但人们并不是非得靠此谋生。在1999年10月举行拜师仪式时，陈友全的拜师帖已经没有了意在强调师徒结构性冲突的责任和义务的“僵硬”字眼，温和了许多：

久慕学智先生，精通相声快板洋片艺术，学生陈友全愿拜在先生门下为徒习艺，愿先生赐教。习艺期间一切听从先生教诲。如有不逊，敬请引、保、代诸师管教。空口无凭，立此为据。弟子陈友全敬上。

从2005年左兆河的拜师帖，我们能读出的已经完全不是师徒之间的或紧张或和缓的关系，几乎完全是一种“文化自觉”：

我叫左兆河，男，出生于一九五六年十一月五日。自幼酷爱武术和摔跤，自从和天桥老艺人、老跤王宝三的得意弟子，人称快跤马的马贵宝老师结识后，深感老师品德高尚，跤技过人，更使我深感中华文化瑰宝继承发扬光大的重要性。

今左兆河正式跪膝顶帖拜马贵宝老师学艺，敬请老师收纳弟子。

介绍人：杨杨

证明人：周家臣

顶帖人：左兆河

于二〇〇五年五月二十九日[45]

这张拜师帖表明：当年在天桥撂地讨生活的掼跤已经不是一门谋生的技艺、一种职业，而是需要继承和发扬光大的“中华文化瑰宝”；拜师的根本目的不是为了谋生，而是因为对掼跤是“文化瑰宝”的属性认知、个体对掼跤的喜好和对师父“德艺双馨”的尊敬。

当下京城此起彼伏的拜师仪式，人们对传统拜师仪式作为“民俗文化”的认知，报纸等传媒对传统拜师仪式文化性格的张扬，[46]似乎表明人们正在新的年代重塑一个天桥艺人群体。作为一种传统，在新的语境下，实现象征资本、名誉资本和货币资本转化的老天桥与老天桥艺人被今天各有所图的群体进行了有些类似霍布斯鲍姆所说的“传统的发明”，[47]实现了升格、升位。原本边缘、不入流的民俗今天被视为是北京的、民族的、国家的象征，是需要彰显和发扬光大的。

正因为这样，新的拜师仪式对个体身份建构的意义也处于了次要、从属的位置。今天话语中的老天桥和老天桥艺人正在远离着老天桥和老天桥艺人。当然，这也不排除人们确实有重温历史和不忘过去之意，只是针对过去一个时空和群体的集体记忆经过了筛选、过滤，并特意根据当下的需要进行定格和刻写。虽然如此，或者我们依然可以认为，这些新时期的拜师仪式在一定程度上标志着已经发生“转译”的昔日的底边与现今中心的合流，标志着这些译写后的底边已经逐渐部分地占有了今日中心的位置，或者说现今的中心高姿态地对昔日的底边进行了俯就、收编。这样，原本的社场与反结构在今天的社会有了正统、合法的地位，并正成为一种秩序日渐分明的新结构。

注 释

[1] ［法］米歇尔·福柯（Michel Foucault），《规训与惩罚：监狱的诞生》（*Surveilier et Punir*），刘北成、杨远婴译，北京：生活·读书·新知三联书店，1999。

[2] Dahredorf Ralf, *Life Chance: Approaches to Social and Political Theory*, London: Weidenfeld and Nicolson, 1976.

[3] 云游客，《江湖丛谈》第三集，北平：北平时言报社，1936，页 97。

[4] Tong Y. L., “Social Conditions and Social Service Education in Peking” , *The Chinese Social and Political Science Review*, 1923, No.7，转引自吴永平《论巴迪先生近年来的“老舍研究”——老舍先生百年祭》，《民族文学研究》1999 年第 1 期，页 28。

[5] Jermyn Lynn, “Les Mandchoux D’hier et D’ujourd’hui”, *La politique de P’ekin*, 1930. 转引自吴永平，《论巴迪先生近年来的“老舍研究”——老舍先生百年祭》，《民族文学研究》1999 年第 1 期，页 28。

[6] 老舍，《四世同堂》，天津：百花文艺出版社，1979，页 271。

[7] 参阅本书上编“现在说这些有用吗？”一节。相关的表述，亦可参阅本书上编“我就不说朱元璋，我就说范聃老祖”中“晃到穷家帮，晃到天桥”一节。

[8] 陈笑暇，《记相声前辈常连安》，收于中国人民政治协商会议天津市委员会文史资料研究委员会编《天津文史资料选辑》第 43 辑，天津：天津人民出版社，

1988，页 222—228。

[9] 连丽如，《回忆父亲连阔如》，收于中国人民政治协商会议北京市宣武区委员会文史资料委员会编《宣武文史》第二辑，1993，页 83—85。

[10] 刘荻，《珍珠钻今昔》，收于宣武区政协文史资料委员会编《北京天桥大观》（油印本），1989，页 130—133。

[11] 亦可参阅柱宇，《蹭蹬家沈三访问记》，《世界日报》1932 年 12 月 23—25、29—31 日，1933 年 1 月 8 日第八版。

[12] 参阅本书上编"天桥这地方，真养穷人"中"我们一家"一节。

[13] 郭荣起，《我的学艺经过》，收于中国人民政治协商会议天津市委员会文史资料研究委员会编《天津文史资料选辑》第 14 辑，天津：天津人民出版社，1981，页 206。

[14] 刘东升，《天桥人民艺人梁益鸣》，收于中国人民政治协商会议北京市宣武区委员会文史资料委员会编《宣武文史》第二辑，1993，页 118。

[15] 王登山，《戏曲艺术家李桂云》，收于中国人民政治协商会议北京市委员会文史资料研究委员会编《燕都艺谭》，北京：北京出版社，1985，页 86—87。

[16] 高凤山，《艺坛沧桑话今昔》，收于中国人民政治协商会议北京市委员会文史资料研究委员会编《燕都艺谭》，北京：北京出版社，1985，页 378—382。

[17] 合作者：班秀兰，访谈者：岳永逸；访谈时间：1999 年 12 月 11、13 日；访谈地点：北京宣武区天桥市场居委会。

[18] 侯宝林，《我的自传》，收于中国人民政治协商会议北京市委员会文史资料研究委员会编《燕都艺谭》，北京：北京出版社，1985，页 161—179。

[19] 吴霜，《我的母亲——新凤霞》，《中国戏剧》1998 年第 3 期，页 15—17。

[20] 新凤霞，《新凤霞的回忆》，北京：北京出版社，1982，页 1—8；《以苦为乐——新凤霞艺术生涯》，北京：中国戏剧出版社，1983，页 44—45。

[21] 马三立，《艺海飘萍录》，收于中国人民政治协商会议天津市委员会文史资料研究委员会编《天津文史资料选辑》第 23 辑，天津：天津人民出版社，1983，页 203。

[22] 潘光旦，《中国伶人血缘之研究》，上海：上海书店出版社，1991 年根据商务印书馆 1941 年版影印，页 228—231。

[23] 刘曾壮，《北平梨园行之研究》，北平：燕京大学法学院社会学系学士毕业论

文，1940，页 65—68、86—88。

[24] 潘光旦，《中国伶人血缘之研究》，上海：上海书店出版社，1991 年根据商务印书馆 1941 年版影印，页 238—239。

[25] 刘松崑，《谭门七代献艺梨园》，收于中国人民政治协商会议北京市宣武区委员会文史资料委员会编《宣武文史》第六辑，1997，页 24。

[26] 参阅本书上编“现在说这有用吗？”中“一般旗人都会唱两口儿”一节。

[27] 这十三档武会分别是：开路—神道、五虎棍—人路、高跷—栅栏、中幡—大旗、狮子、双石—门槛、掷子—锁、杠子—门闩、花坛—圣水坛、吵子—钟、杠箱—供品、天平—秤、神胆打鼓—鼓。在今天仍然例行性地前往妙峰山朝山进香的会首中，还流行这样的韵文：“开路打先锋，五虎紧跟随。门前摆设侠客木（指高跷），中幡抖威风。狮子蹲门分左右，双石门下行。掷子石锁把门挡，双石把门横。花坛盛美酒，吵子响连声。杠箱来进贡，天平称一称。神胆来蹲底，幡鼓齐动响太平。”

[28] ［明］史玄，《旧京遗事》，［清］夏仁虎，《旧京琐记》，［清］阙名，《燕京杂记》，北京：北京古籍出版社，1986，页 106。

[29] 参阅本书上编“拜师拨眼：家传还是要投师”中“刘家门、空竹王与‘神弹张’”一节；云游客，《江湖丛谈》第二集，北平：北平时言报社，1936，页 90。

[30] Arnold van, Gennep, *The Rites of Passage,* Trans. Monika B. Vizedom and Gabrielle L. Caffee. Chicago: University Chicago Press, 1960, pp.15-25.

[31] 岳永逸，《脱离与融入：近代都市社会街头艺人身份的建构——以北京天桥街头艺人为例》，《民俗曲艺》第 142 期（2003.12），页 207—272；《空间、自我与社会：天桥街头艺人的生成与系谱》，北京：中央编译出版社，2007，页 51—142。

[32] 张茂桂，《“社会化”的冲突性：理论与实践》，《中央研究院民族学研究所集刊》第 60 期（1985），页 175、187。

[33] 乔健，《乐户在中国传统社会中的地位与角色》，《汉学研究》第 16 卷第 2 期（1998），页 267—285。

[34] 崔金生，《宋香臣和她的竹板书》，《北京市曲艺志・人物志》（打印稿），1990，页 131—142。

[35] 崔金生，《集戏、曲于一身——孙雅君艺术生涯纪实》，《北京市曲艺志・人物

志》(打印稿),1990,页 85、87。

[36] 新凤霞,《我当小演员的时候》,北京:生活·读书·新知三联书店,1985,页 25、27、263、108。

[37] 马三立,《艺海飘萍录》,收于中国人民政治协商会议天津市委员会文史资料研究委员会编《天津文史资料选辑》第 23 辑,天津:天津人民出版社,1983,页 200。

[38] 张次溪,《人民首都的天桥》,北京:修绠堂书店,1951。

[39]《北京市文化局关于将宣武区代管的曲艺杂技零散的艺人分别交各区领导管理的请示及市人委的批复》,北京市档案馆藏,164 全宗 1 目录 232 卷。

[40] 岳永逸,《空间、自我与社会:天桥街头艺人的生成与系谱》,北京:中央编译出版社,2007,页 196—219。

[41] 同上书,页 143—179。

[42] Victor W.Turner, *The Ritual Process: Structure and Anti-Structure*, Chicago: Aldine Publishing Company, Chicago, 1969,pp.94-165.

[43] 岳永逸,《空间、自我与社会:天桥街头艺人的生成与系谱》,北京:中央编译出版社,2007,页 181—225。

[44]《中国曲艺志》编辑委员会、《中国曲艺志·北京卷》编辑委员会编,《中国曲艺志·北京卷》,北京:中国 ISBN 中心,1999,页 559。

[45] 陈友全和左兆河的拜师帖分别是王学智和马贵宝老人提供给我的。

[46] 梁琦,《传统拜师仪式再现京城》,《北京青年报》2005 年 9 月 28 日 A8 版;王岩,《89 岁娄师白昨收徒,拜师礼出人意料》,《北京青年报》2006 年 11 月 19 日 B7 版。

[47] [英] 霍布斯鲍姆(E. J. Hobsbawn),《导论:传统的发明》,收于霍布斯鲍姆、兰格(Ranger, T.)编《传统的发明》(*The Invention of Tradition*),顾杭、庞冠群译,南京:译林出版社,2004,页 1—17。

四、生活、政治、商品及艺术：草根相声的知识考古

（一）理念与方法：文化社会生态中的整体研究

作为关键词，草根相声并非是近些年来因为媒体写作而为公众熟悉的主流相声或正统相声的对立面，亦非非主流相声、民间相声、传统相声的等义词。对于本研究而言，草根相声既存在于特定的社会结构、关系、观念等共同形成的一种庞杂的、动态的文化生态之中，其本身也是一种文化生态，并有着适应性和多种生发的可能性，其表演内容、形式与风格是在已有的传统基础之上，在特定时代背景下演者与观者之间的局部认同和互动的结果。换言之，后文按时间演进罗列的撂地相声、政治化相声和商品化相声都是草根相声，或者说是特定时代草根相声的主要表现形式。寄生也衍生于草根相声这个母体之上的三类时代特征明显的相声绝非是简单的进化关系，后一阶段的相声对前一阶段相声的否定与反动正是以继承为基础，且同时又直接受益于草根相声这个母体，并还有着其他枝蔓。如果把

草根相声比作一棵树，那么接近于地面的树干下端的撂地相声的草根相声特性、母性就更加明显、浓厚与雄壮。

在20世纪前半叶，虽然相声表演也有进杂耍园子、茶社、小戏园子，演堂会、上电台以及在城乡流动卖艺等多种形式，并在表演内容、风格上与撂地有着或多或少的差别，但在北京天桥、天津三不管、济南大观园这样的都市杂吧地，撂地卖艺仍然是近世相声艺人谋生的基本方式。因此，本文对近世相声常以撂地相声称之。近世相声的起点是今天相声界仍在传闻的“穷不怕”朱少文前往天桥撂地卖艺的时间——同治元年（1862）。[1] 狭义近世的终点在新中国成立时，因为以此为界，相声艺人的身份、地位、观念等都群体性地发生了质变。广义的近世则一直延伸到今天。

20世纪50年代，相声一跃“成为全国性曲种，成为最有影响、扶摇直上的艺术，是现知三百多种曲种中最受欢迎的一种”。[2] 因此，数十年来有了众多关于相声历史、表演技巧的研究著作，也有不少相声名家的传记、回忆录。整体而言，前类著述的重点是相声的“俗”（lore），后类著述的重心则是说相声的“民”（folk）。由于对作为“俗”的相声研究脱离了“民”，自然就出现了对相声文本的思想内容、形式技巧的文学批评式的研究，再就是对相声历史的追溯，欲通过历史的悠久来阐释相声在中国文化传统中的正统性与合法性、当下存在的必然性与合理性。对相声相关的“民”的研究更显褊狭，基本只关注相声表演者，尤其是不同年代有名的表演者，忽视相声的另一催生—接受—创作主体——观者，而对相声表演者的研究出现了相声名家生活史自述和名家表演技巧探微的两种趋势。虽然诞生于20世纪前半叶，多数都没有上学读书识字的机会，但名家自述（或自己写，或自己口述他人笔录）大都采用相似的策略，历数随着社会的变迁，尤其是新旧社会的更替而发生的思想、身份地位的变化。与“大历史”书写的策略一致，这些叙写显现的是旧社会的苦、坏、恶，新社会的乐、好、善，主人公则典型地经历了英雄成长的磨难，一直都是好人，而且是越来越好的人，必将成为名人的人。简言之，这些基本是一种一览众山小的“向后看的”快意的写作。和相声名家表演相关的著述主要是该名家有哪些经典的段子，表演技巧怎样，但这些段子究竟是怎样创作出来的，为什么要这样创作，演给谁看，谁在看，怎么看等问题的探讨则是残缺的。

对演者身份、地位、观念世界及其在不同时代、语境变迁的疏忽，使相声史、相声名家的研究过分专注于表演技巧，多数研究也沦为文献的注疏，不是知世论人、知人论事、知事论技，而是舍本逐末，常常停留在“技”之“末”，忽视了相声的“世”与“人”之“本”。没有将特定时代的认知体系、社会结构、社会关系，不同群体的社会认同、价值观念，相声的演者，相声这种“笑的艺术”，相声的观者，表演时空结合起来进行的这些研究，大致呈现出以下共性：1）相声是笑与讽刺的艺术，是关于说、学、逗、唱的艺术，但也是与社会历史情境无关的艺术；2）相声“可溯之源长，可证之史短”；3）后世的相声优于前世的相声，即“发展就是好的”，看似合理的片面认知；4）相声名家是品德完美之人，是注定会成为名家的人。尤为典型的是，相声史家常常习惯性地将近世相声之源追溯到先秦两汉的孟优、俳优，根据相声的说、学、逗、唱等表演手段，从古文献中找寻出相似的记载，甚或将个别古文段落分行改写、转化为今天的相声。[3]

就可证之史而言，虽然不少研究也意识到撂地相声与旗人生活变迁之间的关联，表演技巧方面对八角鼓的继承，但整体上仍然淡化甚至否认闲暇的旗人生活，尤其是八角鼓对撂地相声的直接孕育以及落魄旗人对撂地相声的直接生产，更未认识到新中国成立后政治主导一切和经济主导一切的不同年代，作为一种文化社会生态的撂地相声在“发展”的同时也必然走向“死亡”的宿命与悖论。如侯宝林等就反复强调“相声艺术来源于‘八角鼓’的论断显然是不正确的”，“‘八角鼓’和相声艺术之间并不存在从前者到后者的转化关系”。[4] 正因为相声史研究的这种状态，注意到八角鼓与近世相声关联的盖玛雅曾尖锐地指出：

> 从旗人生活到艺人靠其技艺谋生的这种变化并未得到社会性的赞许。但是，清门儿和浑门儿两个传统的合流肯定极大程度地丰富了相声这个门类。毫无疑问，八角鼓传统在其他很多方面都对相声产生了影响。……因此，相声史最主要的著作《相声溯源》完全没有注意到这个传统就显得十分怪诞。甚至许多其他的研究拒不承认满族的影响。（The change from bannermen life to artistes earning their living with their art was not socially appreciated. But the combination of the *qingmenr* and *hunmenr* traditions have certainly enriched the *xiangsheng* genre a great deal.There is no doubt that the *bajiaogu* tradition has influenced *xiangsheng* even in many other ways.… It is therefore quite remarkable that the main work on *xiangsheng* history, *Xiangsheng su yuan*, pays no attention to this tradition at all. Even many other sources refuse to recognize the Manchu influence.）[5]

尽管考虑到这一点，但盖玛雅主要是以《曲艺》杂志为基本研究对象与资料，力图对 20 世纪 50—80 年代的相声进行政治史分析，尤其强调意识形态对相声创作、演技、内容、演者观念的“宰制性力量”，反而不同程度地忽视了相声演者的主动性、受众的变化、演观双方社会关系的变迁，和由此进一步导致的受众对相声从“观”到“听”的不同的体化实践及其背后的认知意义。

基于以上认知和研究现状，本研究将主位的表述和客位的认知并重，在特定社会脉络下对草根相声进行世、人、事相结合的整体研究。同时，本研究虽然强调众多研究者有意忽视甚或否认的近世相声与八角鼓和旗人闲暇生活之间的关联，但并无意否认作为一种“笑的艺术”，撂地相声本身就有的在风格、品性上与俳优、参军戏、滑稽戏、说浑话、隔壁戏等之间的历史传承，[6] 也不否认撂地相声与京畿一带同期存在的其他诸多说唱、小戏、杂耍等草根艺术之间的互动。鉴于“技”方面的研究已经非常之多，本研究将着力于撂地相声发展演化的另一个面相：伴随传统社会向现代社会转型的价值理性向工具理性的变化，不同时代演者和观者结构性关系的变化导致的撂地相声污名化发展的吊诡。

换言之，在前人对近世相声演技探析的基础之上，本研究主要是在大的时代背景、社会结构中，从相声与演者身份、地位、生活之间的关联，从演者与观者的互动关系，即从文化生态与社会生态的角度对近一个半世纪以来草根相声的演化进行研究，是关于草根相声文化社会生态与心态的知识考古，力求做到知世论人、知人论事，求相声之“本”，在丰富相声研究的同时也指出研究草根艺术、民间文化可能有的另条路径。更确切地说，本研究是关于草根相声的社会史、生态史与心态史，而非草根相声的艺术史、技巧史。进而，本研究也无意评说哪种相声的好坏，在演者与观者关系变动的长河中，所能改变的是“艺术的结构”，而非“艺术的价值”。[7]

本研究是将草根相声这个“俗”还归于演者和观者这个“民”，并将“俗”与“民”均视为过程中能动的主体，在日常生活之流中研究一直处于过程中且互动的“民”与“俗”。[8] 所以，本研究是“直面相声所关联的人、社会、文化、心态与形态，更是直面相声本身”。

（二）草根相声的传统：自由的艺术

1. 八角鼓：撂地相声的母体

与研究者的文献寻根不同，20 世纪 30 年代，在京津两地享有盛誉的“相声八德”之一的焦德海就认为，相声创始人是同治、光绪年间，开始在天桥撂地的“穷不怕”朱少文，并强调“相声系北京土产，其口吻表情，皆为北京式，外埠人或有瞪目不解之遗憾。故本行艺人，仍以本地为根据”。[9] 晚年的马三立也认为，“相声是清代咸丰年间落魄文人朱少文创始的”比较接近史实。[10] 尽管朱少文可能最早到天桥撂地说相声，并极大促进了相声的形成与发展，但作为一种草根艺术，相声不可能是一人的独创。焦德海所说的“相声系北京土产”更为准确，而孕育、滋生撂地相声的一个主要母体就是京城旗人的闲暇生活和体现旗人闲暇并传承数百年之久的“八角鼓”。

在歌舞升平的年代，甚至到清末，“闲暇”是旗人生活的本质。老舍这样艺术化地吹响了清末旗人的挽歌：

> 在满清的末几十年，旗人的生活好像除了吃汉人所供给的米，与花汉人供献的银子而外，整天整年的都消磨在生活艺术中。上自王侯，下至旗兵，他们都会唱二黄，单弦，大鼓，与时调。他们会养鱼，养鸟，养狗，种花，和斗蟋蟀。他们之中，甚至也有的写一笔顶好的字，或画点山水，或作些诗词——至不济还会诌几套相当幽默的悦耳的鼓儿词。他们的消遣变成了生活的艺术。[11]

那时，“天棚 / 凉棚、鱼缸、石榴树”充满灵动的人居空间是那样的惬意，[12]“老爷 / 先生、肥狗、胖丫头”则依旧言说着“主子”的优越。品茗、遛鸟、驯鹰、养蛐蛐等则表达着当年旗人生活的典雅与舒展。为“抢洋斗胜，耗财买脸”而成群结队地朝山进香、行香走会彰显着旗人的豪奢与爽朗。[13] 直到 20 世纪 30 年代，京城满人婚姻都没有媒人之说，并将赔上时间、金钱、精力，义务地为亲戚邻里撮合姻缘的人称为“喝冬瓜汤的”。[14] 而且，不少出身高贵但已经破败的旗人也尽可能坚持着自己的矜持与兴致，从而呈现出传统“乐感文化的漫画形态”[15]：

他们不做工，不谋职业，除非等到肚皮挨了饿；把整个的时间和精力都寄托在花，鸟，虫，鱼上。一盆花，一只鸟，这便是他们的生命，甚至比自己的生命还爱惜，还珍重。自己宁可吃“杂合面”，而画眉的食不能不讲究，小米里头还要拌鸡蛋。自己虽然每天要睡到正午才起床，不过因为“遛画眉”，不能不鸡鸣而起。此外，吃馆子，听名角戏，也是他们特殊的嗜好，如口味的高低，唱功的好坏，一经品题，便成定论，这你不能不说他们是批评家，鉴赏家。不过他们只知留恋过去，留恋昔日那种豪贵的生活，不思进取，不知奋斗，这是北平典型的人物，独具的特性。北平的风俗习惯，受到他们很大的影响。[16]

由于“游手好闲，斗鸡走狗者日多”，渐浸润于汉文化的八旗子弟创作的子弟书成就“颇不少”。[17]这些都鲜明地体现出旗人生活整体性地不牵涉目的要素、不计功利得失的“自由”本质。这种闲暇与自由同样浓缩在即使落魄了，“一般旗人都会唱两口儿”的八角鼓中。

主要在满、汉两种文化不对等的交流和融合中形成的八角鼓，是满族人遗留给后世的“礼物”。[18]《大清律例》就多处明文规定，除八角鼓外，旗人子弟不得排演任何戏剧，甚至不许旗人和官员前往外城的书场戏园看戏听唱。再加之舒适、无忧、闲暇的生活，八角鼓在京城日渐繁荣且形式多样。梁绍壬的乐府诗《八角鼓》云：

十棒花奴罢歌舞，新声乃有八角鼓，一木一扇一氍毹，演说无事兼子虚。虚中生实无生有，别是人间一谈薮，操成北地土风音，生就东方滑稽口。有时按曲苏昆生，有时说书柳敬亭，有时郝隆作蛮语，有时公冶通鸟声，有时双盘旋空际，公孙大娘舞剑器，有时累丸掷空中，伛偻丈人承蜩功。须臾座中响弦索，引上雏儿一双玉，不习梨园旧谱声，自调菊部新翻曲。曲边人物尽风流，燕样身材莺样喉，入局先输钱买笑，当筵又费锦缠头。眼波眉语通消息，别有温柔描不得，巧虐新谐倍有情，秾歌艳舞都无色。由来此戏五方同，不及京师技最工，此辈亦须官样好，马伶无怪客严公。[19]

诗中所述八角鼓已经由一种乐器演化为多种说唱、杂耍的统称。今天在小范围内传唱的八角鼓已经与过去的形式相去甚远。除“文革”时期之外，闲暇的八角鼓票房活动一直都存活于京城。[20]2006 年，相声和岔曲都成功申报为北京“首批市级非物质文化遗产”。正是数百年京城中有的八角鼓这种说唱传统，随着旗人社会地位整体性的骤变，清末民初天桥的说唱自然也就丰富多彩。[21] 在 20 世纪名声显赫的相声显然深受八角鼓的影响。

嘉庆三年（1798）刊行的戴全德《浔阳诗稿》中有一首《花柳调》如下：“八角鼓，武艺高，伙计三人嗓子好，做正的打鼓弹弦子，丑脚是站着，家伙响动开唱；曲词新鲜，嗓子脆娇；丑脚斗亘堪笑，脖子打肿了。可爱初次听，真畅快，可惜再复说，俗气了。”晚清小说《风月梦》对八角鼓的表演有着更为具体的描述：

两人退下，换了三个人上来，将桌子摆在中间，有一个拿着一担大弦子坐在中间，那一人拿着一面八角鼓站在左首，那一人抄着手站在右边。那坐着的念了几句开场白，说了几句吉祥话，弹起大鼓弦子。左边那人敲动八角鼓，那坐着的人唱着京腔，夹着许多笑话。那右首的人说闲话打岔，被坐着的人在颈项里打了多少掌，引得众人呵呵大笑，这叫作斗绠儿。扬州不行，北京城里王公大臣宴客总少不了的。三人说唱了一回，退下，又换了一个人手拿一柄纸扇先学了些各色鹊鸟声音……[22]

这些文字中描述的八角鼓表演中“斗亘”“斗绠儿”，就是后来相声专家一再强调的相声表演的基本技巧。夏仁虎《旧京琐记》卷十“坊曲”中亦云：

京师杂技并八角鼓班，统谓之杂耍。其中种种，如抖空竹、耍花坛、踢毽子，皆有独到之技。有说笑话者曰穷不怕，滑稽突梯，不可方物，盖柳敬亭之流也。继之曰万人迷，又有百鸟张者，其学鸟兽音足以假乱真。厥后有戏迷华子元者，能学各名角之音调，非惟曲折毕肖，并其疵处亦模仿之，可怪也。[23]

从今天仍然能够看见的拆唱八角鼓《小上坟》和《劈牌》两个段子[24]，我们也可知在演技上撂地相声与八角鼓的姻缘关系。

虽然不以说相声为本业，但早年长期在江湖游走，并以说书和研究江湖著称于世的云游客曾明确说明相声源自八角鼓，云：“八角鼓儿迭经变迁，又产生相声之艺术。按八角鼓之八部，分为乾坎艮震巽脱坤兑，由此八卦中分其歌曲之艺术为八样，即吹打弹拉说学逗唱是也。八角鼓的班儿，向有生旦净末丑。其丑角每逢上场，皆以抓哏逗乐为主。”早年，八角鼓中有名的丑角张三禄因生性怪僻，受人排挤，遂愤而撂地，并不说自己的玩意儿是八角鼓，而说是“相声”。云游客接着解释道：“相之一字是以艺人之相貌，形容喜怒哀乐，使人观而解颐；

声之一字，是以话的声音，变出痴痴呆傻，仿作聋瞎哑，学各省人说话之语音。”[25]

有“北京通”之称的金受申指出，八角鼓全班包括鼓、柳、彩三种。鼓是八角鼓，柳是小曲，彩是戏法。表演时，先是岔曲、单弦或杂牌子曲、琴腔，此后八角鼓才正式登场。八角鼓表演中的第二个表演是“哄哏”，三个人的相声；第四个表演是三人相声或是变戏法；终场则“牌子戏”，即拆唱八角鼓，由两人或三人演唱，需要切末彩扮，滑稽突梯，令人喷饭。[26]

老舍也将相声与京韵大鼓、梅花大鼓、单弦牌子曲、快书、莲花落、北京时调、太平歌词一道，视为是在北京“土生土长的”。[27] 正因为相声“生在北京，长在北京”，所以老段子中才有“许多许多北京的土语方言”。[28] 直至晚年，相声艺人罗荣寿还强调“相声占说、学、逗、唱这四门口技，就是模仿曲艺‘八角鼓’里的特点”，并指明二者之间的异同。[29] 在回顾了“比相声还相声”的八角鼓的诸多形式和表演手法时，金名也不无风趣地指出，安居北京杂吧地天桥的相声是八角鼓的“锅子里爆出”来的。[30]

如今，随着郭德纲的红火，其相声票价也一路飙升时，自称表演在于娱己娱人而非名利的“清门儿”的相声传承人，反复强调着“清门儿”相声与“浑门儿”相声的诸多不同。[31] 除了说明在商品化社会，当下这些自视为清门儿相声传人的人仍欲坚守传统，洁身自好，拒斥工具理性而崇尚价值理性的诉求外，这股在文化经济洪流中声音孱弱的“清流”同样也表明了旗人当年生活的闲适以及撂地相声与八角鼓之间可能有的渊源。因为八角鼓在不同的年代也有着“大爷高乐，耗财买脸，车马自备，茶饭不扰”的走局—清门儿和“为吃”、破财保身的走局—浑门儿之别，而且这两种本质不同的走局还有着顺应时势的强弱起伏和攻守异位的变迁。

2. “粗俗”的撂地相声

当旗人作为一个阶层被抛入社会底层时，八角鼓这一曾经意味着身份、地位，原本娱己的消闲玩意儿就成为不少落魄旗人谋生的方式。朱少文对此有着自嘲，他撂地使用的两副竹板上分别刻写着：“满腹文章穷不怕，五车史书落地贫”，“口吃千家饭，夜宿古庙堂，不做犯法事，哪怕见君王？”当时的失意文人对他有着同病相怜的吟唱，诸如：“信口诙谐一老翁，招财进宝写尤工。频敲竹板蹲身唱，谁道斯人不怕穷？日日街头撒白沙，不须笔墨也涂鸦。文章扫地寻常事，求得钱财为养家。”[32]

与八角鼓的渊源和演者由尊贵旗人沦落为江湖艺人的身份变化，使早期相声艺人会多种技艺，也使表演发生了由“娱已”向“娱人”、由“雅”到“俗”的转换。

撂地相声艺人的基本功并非今天简单的“说学逗唱”四个字，而是开场诗、“门流儿”（即会唱“什不闲”）、白沙撒字、太平歌词、一个人的单口、捧、逗、三人相声、要钱、双簧、口技、数来宝等多种。而且一个撂地相声艺人不会唱，不会白沙撒字，在和别人搭班时，他就“挣不到同样一份钱”。[33]王学智、杜三宝和马贵宝等人也都强调，一个会一边手捻白沙撒字，一边唱“太平歌词”的艺人才是真正知道相声行当老规矩的艺人。事实上，早年的太平歌词范围可能更广：

> 雍乾年间，西征将帅带旗兵到边塞外，每逢年节，多有离乡背井之感。为帅者想出安慰旗下子弟之法子，在北京招来唱歌教习，教旗兵学唱歌跳舞，如什不闲、八角鼓、单弦、五音大鼓，总其名为太平歌词，此句通俗。凯旋后，相习成风，旗下子弟多学之。[34]

正因为这些“剪不断，理还乱”的因缘关系，20世纪30年代在天桥的焦德海和刘德智二人的相声场子是这样的：

> 前边儿，两边儿各有三层大板凳，后边是一层凳。一层凳前留有演员的座位，还有张桌子。桌子上放着钱板，茶壶，白沙袋子，唱太平歌词用的竹板、醒木、扇子等。老早以前，还有个香盒子，一尺长，三寸宽，二寸到三寸高，中间用铁丝架起个框，上面搁着根点着了的香，那是给观众点烟预备的。[35]

就表演的内容，老人们强调八角鼓十分儒雅。甚至包括“浑门儿”在内，在没有流落到杂吧地天桥之前，因为八角鼓主要是在官邸宅院等私性空间玩耍，娱己自乐，还有内眷观看，其调笑嘲讽等表演自然就很有分寸，笑料还不时与《水浒传》《聊斋》《红楼梦》等经典文学作品有着关联。到了天桥之后，基本内容就变得粗野、卑俗了。1929年，在同意牛静波在共和舞台改演男女杂耍、八角鼓小戏以谋生计的同时，公安局就特意要求牛静波“不得临时加演淫邪书词致伤风化”。[36]因为没有“人话”，早期的撂地相声是不允许妇女进场子听的。[37]20世纪30年代，刘德智、郭启儒、于俊波在天桥说相声时，虽然人永远是满满的，可是“所说的不怎么雅，常常撒村”。[38]老舍也曾强调，相声艺人在天桥或别处撂地时，因为地方欠文明，听众里面又没有妇女，“他们嘴里就野一些”。[39]

相声艺人，尤其是那些在新中国成立后名声显赫的艺人，如张寿臣、侯宝林、马三立等都强调自己早年所说相声的“文明”，或者强调自己对相声文明化的努力。如今，老艺人也非常推崇朱少文，而较少提在相声史上非常重要甚至可能还早于朱少文的张三禄，就是因为朱少文的相声文明、诙谐幽默、寓教于乐。[40]这些自述与强调从反面说明荤口、粗俗、村野是撂地相声的常态之一。直到1948年，在西单游艺社听侯宝林说相声的女作家赵清阁仍然有“不太舒服”的感觉。[41]

强调撂地相声“粗俗”的一面，并不是要否认属于都市下层阶级娱乐形式之一的相声有的对观者的教化功能。中国的传统社会是个“万般皆下品，唯有读书高”的社会，对读书的推崇甚至影响到日常生活中的习惯，如对字纸的敬惜等。但传统中国又是个读书人很少的社会，这使得讲究纲常伦理的儒家文化在民间社会的传承中，口耳相传的各种地方娱乐扮演了重要的角色。不同于书面文化传统“之乎者也”等对民众的屏蔽，口头文化的表述是浅白的、口语化的，用的事象要么是日常生活中常见的、熟知的，要么是民众代代口耳相传又蕴含儒家伦理的传说故事。所以，“粗俗”在本文并非一个贬义词，而是用来指称口头文化—民间文化基本特征的中性词，是对后来社会精英一味强调“文明”和观念受精英影响并发生改变的相声艺人在新的语境下也一味强调、标榜的“文明”的反动与修正。带有野味的粗俗、肤浅、直白正是草根文化的生命力所在，也是生活本真。从老人口中还在吟诵的撂地相声艺人必会的“太平歌词”就可见撂地相声“粗俗”中质朴可爱、形象生动、润物无声的一面，云：

> 这一字儿，写出来，一架房梁。
> 二字儿，要写出来，上短那个下长。
> 三字儿，写出来，横着川字的模样。
> 四字儿，写出来，四角四方。
> 五字儿，写出来，半边翘。
> 六字儿，写出来，一点两点三点一横长。
> 七字儿，写出来，凤凰单展翅。
> 八字儿，写出来，撇捺分个阴阳。
> 九字儿，写出来，金钩独钓。

十字儿，写出来，一横一竖在中央。

十字儿，添一撇念个千，千里迢迢送京娘。

九字儿，添一点念个丸，丸散膏药王先尝。

八字儿，添笔念公字，姜太公钓鱼保文王。

七字儿，添白念个皂，田三嫂分家打过皂王。

六字儿，添笔念个大，大刀关胜美名扬。

五字儿，添笔还念伍，伍子胥打马过长江。

四字儿，添笔还念泗，泗州城的济小堂。

三字儿，添笔念个王，王祥卧鱼孝顺他的娘。

二字儿，添笔念个土，土木之工属丁郎。

一字儿，添笔念个丁，丁郎寻父美名扬。[42]

3. “自由的艺术”

“自由的艺术”（artes liberales）是“一种意义隐藏不露的人类活动方式”，不牵涉目的的要素，不为社会功能或工作的制约而存在，它受到“酬谢”，产生的土壤是“闲暇”以及其中的“默观”；与之相对，“卑从的艺术”（artes serviles）则是“一种含有目的的人类活动方式，其目的必须经由实际运作后产生有用的效果”，被付之以“工资”。[43] 以此观之，产生并存在于闲暇的八角鼓是“自由的艺术”。而就演者与观者共同进化的关系而言，作为末路者生计和生活方式的撂地相声同样是“自由的艺术”。

子弟八角鼓票友外出的表演主要是“走局”。“清门儿”走局的演者—票友是旗人，主家—观者同样是旗人，而且通常是地位更高的旗人。这些人不只是八角鼓的观赏者，也是八角鼓的爱好者和支持者。在长期的走局活动中，衣食无忧的子弟八角鼓票友是出于“大爷高乐，耗财买脸”，并对主家做到“车马自备，茶饭不扰”。宣统年间，子弟八角鼓票友“走局为吃”的事情见之于报端。宣统元年五月初五日的《白话画图日报》第三版就刊载了《票友为吃》一文。显然，如同前文提及的朱少文、张三禄等人那样，子弟八角鼓票友为吃、破财保身、撂地卖艺的事情应该是早已发生。换言之，当今个别相声演员还在强调的“清门儿”和“浑门儿”在历史上有着交错并存的时期和强弱异位的历程。当“清门儿”整体性地发生向“浑门儿”的转化时，也反向意味着旗人闲暇生活的终结。

整体而言，在相当长的时期，占主导地位的“清门儿”八角鼓传承者的旨趣在于八角鼓这种说唱艺术本身，他们有闲暇琢磨说唱内容、演技，做到雅而不俗、肥而不腻。八角鼓既是旗人闲暇生活的体现，也是旗人的生活方式，它集中展现了旗人对生活、对世界的默观、把握和理解，酬谢是“高乐”与“脸”。作为一种“自由的艺术”，八角鼓与演者—票友、观者—旗人之间不仅仅是被观与观的关系，兴起之时，二者的角色也是可以互换的，演者变成观者，观者变成演者。这样，出于高乐、爱好而聚首的演者—观者是两位一体的，在相互的切磋观摩中得到技艺和性情的提升。在“清门儿”八角鼓处于强势、主流和生活常态的升平年代，同时处于暗流、弱势并受人诟病、不齿的为吃的“浑门儿”则埋下了草根相声向商品化相声发展的可能。

与高乐的走局不同，对演者—艺人而言，包括逐渐在天桥发展起来的相声在内，沦落到杂吧地天桥的诸种说唱纯粹是为了生计、养家糊口。面对贫穷的观众，艺人撂地“画锅”，要从平地抠出饼来。比贫穷观众社会地位更低贱、属于“下九流”的撂地艺人基本过的都是“等米下锅”的日子。于是，在撂地场子，面对流动的穷苦观众，艺人不得不使用残虐肉身、自贬、色语、骂街、嘲讽、迎合潮流等种种手段吸引观者的注意，以讨到生活。[44] 尽管在杂吧地天桥这个三教九流、鱼龙混杂的表演时空促生了撂地相声的“粗俗”“野性”，多了对肉身、欲望的张扬，但正因为一心要吸引观众的注意，希望观者驻足并“赏”几个钱，艺人在表演时就更加注意观者的反应，力求与观者互动，这自然激发了艺人即兴的创造力与灵感，“粗俗”“野性”的撂地相声也就有了“天天来的观众”[45]，具有旺盛的生命力。

就如众多的民间艺术与生计相连，是特定群体一种生活方式和常态生活一样，撂地相声完全吻合天桥这块杂吧地低贱而丰产的社会空间属性。在那个年代，被原有生活秩序抛出，本来就无所谓“脸面”，被称为“天桥货”“叫花子”，[46]并在天桥撂地讨生活的艺人基本不受功名利禄的约束，他们豪侠放任，任性而为，推崇“义气”。[47]撂地卖艺也就如同其生活风格一样，无拘无束，迎合时尚与观众的胃口，与观者融为一体，虽然表演现场少了“清门儿”八角鼓表演时有的演者与观者之间角色的直接对调。他们表演观者所期望的，骂不在任的贪官，骂失势的军阀、政客，讥讽与传统价值观念相违的新时尚。诸如康熙私访、刘墉与和珅斗智、八臂哪吒城、小寡妇上坟、朝山进香、怯学、赶考、烟卷、卖估衣、粥挑子、切糕架子、上寿、出丧、相面、耍猴、戏法、淘沟、义和团、北伐、女招待、摩登女郎等都是他们表演时顺手拈来的题材。[48]这些正是那个年代丰富多彩、苦乐相间的市井生活本身。

虽然表演场地变了，演者、观者的身份地位变了，表演形式和目的也都发生了相应的变化，但“娱己”的八角鼓与“娱人”的撂地相声都体现出演者与观者的互动和如同蜜蜂与花一样的共同进化的关系。尽管对街北人或者票友而言，雅致、干净的八角鼓就是他们生活的意义、目的所在，但这在街南人看来可能是无病呻吟或者无聊的。同样，对街南人或者说江湖艺人等下等阶层而言，街头吸引人、“解馋”“逗乐”也“解恨”的相声就是他们生活的本真，尽管这对街北人而言是低俗与下流的。换言之，在这两个截然不同的表演场域，同一场域中的演者与观者是一体的、互动和互显的。而且，无论是八角鼓还是撂地相声，二者都不仅仅是演者与观者的客体，它们还是能动者或者说行动者，在各自出现的场域再生着演者与观者。[49] 我们熟悉的雅、俗之别都只是处于强势的街北人的自命清高和对他者文化的客位认知，并有意忽视了街南人对自己文化的主位认知。

因此，“粗俗”“野性”的撂地相声与“雅致”“闲适”的八角鼓一样，是“自由”而非“卑从”的。当然，如果仅仅强调撂地相声是穷途者生计的功利目的，就很容易简单也是褊狭地将撂地相声视为“卑从的艺术”。[50] 作为今天已经列入首批北京市非物质文化遗产名录、被人们想象与言说的民间艺术，与杂吧地天桥互现的撂地相声也就如同丰产的大地，具有基因性、根源性、丰富性、可塑性等多种特征。融生计、娱乐、教化、宣泄、嘲讽、颂扬、粗俗、野性等于一体的多元而叠合的撂地相声本身就孕育、预示了其可能将会被政治、经济主宰，从而“污名化”的宿命。反之，由于有着撂地相声的某种基因，任何一种污名化的相声都可以宣称自己是传统的、草根的、民间的、真的、正统的。在后来相声“追宗认祖”的过程中，孕育撂地相声的杂吧地天桥也就成为“福地”、“息壤”、象征和标签，反复被人们利用与再生产。

4. 北京是出处，天津是聚处

鸦片战争以来，侵略者多走水路，经过天津再到北京。这促使了天津商业的繁荣，天津的经济实力也一度超过北京。同时，交通的便利也使不少前清遗老遗少寓居天津。“闲人”的增多以及闲人既有的生活情调和对失去尊贵的凭吊，也为清末与民国时期天津曲艺的繁荣提供了土壤。社会的动荡、天灾人祸、列强入侵、社会的分层和城市本身的发展，使天津也形成了一块与北京天桥一样的杂吧地——“三不管”。[51] 出于生计的需要，撂地相声艺人在相距不远、交通方便的天桥和“三不管”两地之间的流动也就成为必然，并强化着相互之间的认同。由于撂地相声真正兴起的年代并不久远，再加之严格的师缘传承的限制，主要在京津两地流动卖艺的相声艺人都有自己的师承，在相声艺人的谱系中都有自己的位置。[52] 这种对师承关系的强调、师门之间的忌讳纷争，在今天的相声界仍然是公开的秘密。

受方言的局限，加之撂地相声特殊的形成史与发展背景，早年相声艺人从天津“三不管”出发，经济南大观园等地南下上海、南京等处谋生并未取得成功。[53] 直至新中国成立前后，除了东北之外，相声的受众仍然主要局限在京津唐所在华北地区的大小城镇。由于交通便捷，在“三不管”和天桥之间，相声艺人的流动更为频繁。在相声行内，也就有了“北京是出处，天津是聚处”的说法。换言之，“北京是相声的发源地，天津是相声的根据地”。[54] 一个相声艺人要是在天桥学成了，如果在“三不管”也能得到观众的认可，那么他就算是真正成名了。相反，如果一个在“三不管”有些声名的艺人能够在天桥说“火”，回到“三不管”他也就会更加叫座儿。“相声八德”以及后来的张寿臣、马三立、侯宝林等都在天桥、“三不管”等地流动卖艺。

今天以相声为职业的演员仍然深知“北京是出处，天津是聚处”的所指，即相声是天桥土产。正是有着这样的历史渊源，今天红火的郭德纲公开、私下都会强调他与“三不管”—天津和天桥—北京的亲缘关系，红火前后的他所领衔的德云社也主要是在京津两地游走。

（三）草根相声的政治化：卑从的艺术

1. 旧与新：从艺人到文艺工作者

新中国成立后至改革开放前，主流意识形态极力与封建社会、旧社会进行切割。其主要方式不是靠经济建设，而是靠社会主义运动式的“道德理想教育”。这不但使得在进行经济建设的同时，意在教育、改造国民的政治运动层出不穷，也使得以道德理想——社会主义、共产主义

（马列主义、毛泽东思想）——为本的新社会—社会主义社会不是迈向工具理性主导的现代社会，反而是在本质上趋同于价值理性主导的传统社会，重伦理，讲道德，讲理想。[55]

新政权着力打造其在民众中的“感恩型国家”形象。利用土地革命以来一直就有的模式，新政权对与“旧”社会有着种种关联的不同群体利用诉苦、学习教育、批判等多种方式进行改造、洗脑，使其有“翻身”之感而自以为是“新”社会的一部分，并感受到快乐和幸福。[56]在将“戏子”改造为“文艺工作者”的戏改运动中，“诉苦”是政府对旧社会的戏子进行道德洗澡、政治洗礼、素质提高和后来的体制改造、国有化的重要起始阶段。[57]与此相类，在首善之区的天桥撂地艺人也经历了类似的重塑：讲习班的学习教育、帮助与提高，唤醒、惊醒与迷茫并存。在强大政治攻势面前，在政协委员、人大代表、人民艺术家等政治身份、社会地位以及较为稳定的经济收入的引诱面前，大部分昔日被称为下九流、吃开口饭，归属于警察局和社会局管理，但也善于审时度势、随机应变的撂地艺人在道德理想教育的“内在亲和力”下，多数都主动依附了政治，洗心革面做“新人”。顺应此潮流，“江湖艺人”逐渐群体性地成为“演员”“人民的文艺工作者”“党的宣传员”，个别人还被尊称为“艺术家”或者“××大师”。于是当年，当有人还在纳闷自己本是个大文盲，怎么一下就成为了文艺工作者的时候，[58]政治强力在一夜之间使得卑贱的江湖艺人的政治地位、社会身份发生了前所未有的质变，甚至转瞬间成为社会的精英与上等阶层，并直接影响到改革开放后浅薄、浮躁的明星文化的形成，甚至推波助澜。

显然，由价值理性主导的新中国的传统社会本质决定了“党的宣传员”才是成为新人的文艺工作者的核心身份与角色。而“党的宣传员”这一核心角色的转换，也暗合了撂地相声本身就有的教化基因，连同被认同、被尊重、被提升而产生的天变了、翻身了和感恩的心一道，不少被转换者并不觉得转换的勉强与艰难。延续“五四”以来社会智识阶层对民间文化、民间艺术的定位与期望，更是贯彻执行毛泽东1942年在延安文艺座谈会上讲话的精神，相声与其他民间艺术一道主动“参与民族国家建构”。[59]

1949年，在为毛泽东等中央领导专场演出的那天晚上，侯宝林激动得几乎一夜没睡，感觉自己和其他人一样“翻身”当家做主人了。于是，他开始了“新生活”，开始“根据每一时期的形式和任务编写一些新段子”。1949年底和1950年初，配合《中华人民共和国婚姻法》的宣传，他创作了《婚姻与迷信》。随后，配合取缔反动会道门，他创作了《一贯道》。而且，由于认识到“旧”相声中有些“低级、庸俗、不健康”的糟粕，在老舍的支持与鼓励下，1950年岁首，侯宝林参与发起、成立了“北京相声改进小组”，创作以“歌颂”为主的新相声。[60]同样，由于认识到自己是新社会的文艺工作者，并“要为新社会演出，为新社会创作”，1950年受到党“礼遇”从而感恩的马三立，把老相声段子《百家姓》改为《新百家姓》。[61]随后，包括侯宝林、马三立和“小蘑菇”常宝堃等人在内，不少相声演员积极参加赴朝慰问演出、国内各地的慰问演出以及政治宣传活动。由于有深知撂地相声三昧的张寿臣、马三立、侯宝林等一大批杰出艺人的皈依，表演形式的快捷，演出成本的低廉以及皈依后的相声艺人在抗美援朝和祖国城乡建设一线出色的服务，相声很快成为主流政治和媒体的新宠，作为“轻骑兵”在新中国主流文艺中获得不可动摇的地位。

要指明的是，这里所叙的仅仅是一个“旧”变“新”的总体态势。新中国对不同层次、不同行当艺人的改造、提升是非常复杂、曲折与多样的。如同“土改”一样，不同地区对旧艺人的改造除了时间上的差别外，还有着各自的地域特色。例如，在北京，虽然都已经是新社会的人民文艺工作者了，但是来自边区的文艺工作者与来自国统区杂吧地的文艺工作者之间还是存在着“人民内部矛盾”，以至于出现过同班同团的两类文艺工作者分用厕所的现象，后者是不能使用前者的厕所的。而且，从反右开始，这些翻身也主动皈依的艺人同样是被整治、批斗的对象。[62]很快就出现由高到低、由好到坏的剧烈反差，使不少艺人和那个年代的老舍等知识精英一样，付出了甚至包括生命在内的沉重代价。虽然如此，不但改革开放后侯宝林、马三立等能够著书立说的名家，就连20世纪末叶我的合作者朱国良、朱有成、班秀兰等名不见经传的老艺人，都是发自肺腑地感激共产党、新中国、新社会。

2. 歌颂与宣传：政治化相声的成形

这种在被动中又有着主动的与政治的联姻、结盟，使得原先作为生活方式，有着生活真实并与观众“共同进化”的撂地相声逐渐远离了生活、观众，成为文艺工作者的、舞台的、话筒的、宣传的或者说政治的、教化的艺术。相声的创作、表演都必须要歌颂新人、新事、新气象、新生活、新社会、革命，要批判、讽刺旧社会、旧人、旧行为、旧观念。这使得相声的娱乐本性和生活本真退居幕后，成为次要的。原本以讽刺、调侃、滑稽、逗乐、取笑为主要特征的相声向以“歌颂”（批判“旧”实际也就是歌颂“新”）为主导的相声转型，使得相声成为主流意识形态的传声筒和延伸的“手”，成为转述、演绎主流话语、方针政策的工具。时过境迁，正是当初这一“成功”的转型与实践直接在改革开放后将政治化相声送入窘境。

如同居高位的侯宝林、马三立一样，作为一种明智的生存策略，位卑的王学智就不无自豪地强调当年他最听毛主席的话：

在1956年前后，我写了相声段子，叫《修渠》。为什么呢？已到合作化了，不能靠老天爷吃饭了，咱们得修大渠浇水。《修渠》这段子我编得挺好。1958年3月的《北京文艺》周刊上，有我这段子。1958年，我又编了相声《深翻土地》，还写了一个小歌剧《决心入伍》，各新华书店都有卖，还有小快板《夜灌小麦》。我出了这么五六个段子，新华书店摆着卖。后来，我还编了快板《红色保管接班人》、相声《人民公社颂》，等等。我编的东西太多了，也记不了那么多。

一辈子，我就抱着这个态度：党号召什么我就编什么，党号召什么我就写什么！那时，我老听毛主席的话。毛主席号召水利化，我就编演水利化，毛主席号召深翻土地，我就编演深翻土地，说大炼积肥，我就编演积肥。……所以，我没有因编演节目挨过批斗，老是红五类。[63]

原本谋生、逗乐、野性十足的表演也就成为一种政治味浓厚、中规中矩、追求技巧的舞台艺术和广播艺术，虽然微笑也不乏煽情，骨子里却始终都有着私塾先生般僵硬、冷漠、严厉的面孔。这也与相声表演时空从室外撂地的开放、自由到室内舞台的封闭、拘谨的象征性转化相符。自由、生活化的撂地相声在新中国成立后很快自觉地也是欢喜地戴上了“政治”这个“紧箍咒”，多了一道道有形和无形的“门”。“自由”的撂地相声成为“卑从”于政治的艺术，并发生了符合新社会主流话语要求的由“俗”到“雅”、由“生”到“熟”的转换。但也正是由于这种卑从和转换使相声在新中国获得“新生”并得以延续。

在此过程中，演者从艺人到人民的文艺工作者—演员身份的变化，使得他们已经不是观者—市井百姓中的一员。对于这些演员而言，相声表演不再仅是生计本身，而是职业、任务与不得不做的工作。门、舞台、话筒、荧屏等创设的“间隔时空”既使得撂地相声活泼多样的表演形式僵化，也使得撂地时艺人必须有的现场与观者互动、白沙撒字和“现挂”等综合素质、能力成为可有可无的东西，还使得真实的时空共享不再是演者和观者沟通、交流的前提。文艺工作者的表演可以先录音、录像，再播放，并且还要经过层层的检查与审批。由此，原本撂地现场有的“看相声”就完全变成了如今老少熟悉的“听相声”，并导致了现今大多数人以为相声一直都仅仅是听的错觉。既看又听的撂地相声的“观者”也变为政治化相声的“听者”。在相当长的时期，主要通过广播电台传播的相声被声音化了，与说同步的体态语言，也是撂地艺人“圆黏儿”时非常重视的并强调视觉效果的“演”变得不再重要。同样，与原本眼耳并重不同，随着广播成为政治化相声传播的主要手段，观者耳朵的重要性大大超过了眼睛，身体接受、愉悦的方式被改变。在成为空中回响的一种技术化的声音后，撂地相声原有的“味儿”也就必然淡了，变了。这一不足也成为后来商品化相声，尤其是剧场相声、茶馆相声接近观众，在新的时代赋予相声一些活力的再生点。

在一个娱乐文化相对单一也贫瘠的年代，在政治强力的推行下，通过广播电台，政治化的新相声拥有了前所未有的广大的听众。事实上，很多时候是受者听也得听，不听也得听。与侯宝林回忆中的相声改进小组所说的新相声很叫座有些相左，王学智在回忆那个年代“上面”要求曲艺必须说唱新段子的情况时说：

> 到1964年，国家不许唱老段子，说书的不准说老书，什么《三侠剑》《小五义》都不许说，就许说《铁道游击队》《平原枪声》《敌后武工队》《林海雪原》，就说这些。可是茶馆里一个人没有，没人听。听惯了武侠小说，谁听你这个？有的挺大名望的人，才有一个人在那儿听。[64]

显然，王学智的回忆也仅仅是那个年代相声听者的情形之一，并非全部。在政治化的新相声叫座与不叫座的矛盾叙述中，撂地相声这种源自市井和生活的草根艺术所有的演者与观者“共同进化”的本质特征也日渐消失。更进一步而言，新中国的相声演员不得不钻进脱离生活世界的艺术的象牙塔和政治的象牙塔，苦心琢磨演技的同时也琢磨着党的需求、顶层设计的方针与政策。同时，在新中国成立后，创作和表演分离倾向也日渐明显。专业作者创作的东西可能也不无精彩之处，但要社会地位较高、收入颇丰、生活稳定，主要以表演技巧见长的专业演员深入领会其中的微言大义，显然有着不可逾越的障碍。生活世界也就被隔离在两次转化和过滤之前。而这些障碍在昔日创作者和表演者兼一身，并在生活底层与穷苦观者一道跌爬滚打的艺人那里几乎是不存在的。当然，在新的形势下，与相声作为文艺轻骑兵在政治强力的推演下在全国广泛传播同步，也是在20世纪三四十年代以来部分相声艺人努力将相声文明化的延续，以侯宝林等人为首的相声改进小组为标志，政治化相声亦真正全民化。去除脏字、“撒村”的相声真正成为男女老少可以共享的相声。由此，相声在日益变得精致、唯美、“雅”、“熟”与正确的同时，也变得空洞、卑从与普世。

近些年来，随着侯宝林、马三立等有撂地经历的老一辈演员的去世，在广播、电视上依旧频频出现的相声不可避免地走上末路，不得不让位于赵本山等人新近从东北黑土地上捡来的、多少还有些野性的“忽悠”。在如今这样一个充满文化感伤和失落的年代，同时也是工具理性决定的商品拜物教和拜金主义深得人心、大行其道的年代，在首都北京，人们再次将目光投向了曾经是“杂吧地”但却丰饶多产的天桥。

（四）共谋：作为商品的相声

1. 人与物：民俗的再生产

改革开放后，随着经济的发展、国力的增强，古老中国作为一个现代民族国家的文化建设也日渐凸显出重要性，被提上了议事日程。但是，在经济发展、物质条件改善、生活水平普遍提高的同时，尤其是自20世纪90年代以来，拜金主义也悄无声息地改变着人们的生活方式、价值观念、伦理道德，使人群体性地沦为自己熟悉而又陌生的“他者”。[65]全球的金融化、货币化和工具理性的全面渗透，带来了整个社会全面庸俗化和市侩化的倾向。在乡土中国，农耕文明占主导地位的社会是讲人情重伦理也更讲究价值理性的“熟人社会”，包括艺术在内的人们创造、使用的“物”都在不同意义上承载着该群体的世界观、技艺、知识、价值、伦理、美感、交往方式，并与人（群）不可分割。人与物的关系表达的是人与人的关系，此时的物不仅仅是物，而是有着感觉和感情的存在。进入工业文明、信息文明的现代社会以及后现代社会，则是工具理性主导的重利轻义的“技术世界”与“生人社会”。在生人社会，现代意识形态中占“主导地位的经济观点把人与人的关系贬低为人与物的关系”。[66]人们仍然在创造、使用、交换的“物”与人的感情、感觉相隔离，沦为进行买卖和有钱就可以买也必须用钱买的商品。于是，人与人的关系不再是人与物的关系，而是人与商品的关系。随着物的商品化，人也被商品化。人的技艺、技术、能力可以卖多少钱，获多少利，有多少名，成为群体性的追求和行事的基点。最终，人与人的关系也就沦为商品与商品之间的关系。

在20世纪90年代，已有的成功的经济改革也加速了中国社会全面的庸俗化、市侩化。此前数十年来，政治完全处于强势，并且以道德理想教育为基本特征的中国社会加快了现代化的步伐，向现代社会跃进。在这个工具理性全面主导的社会中，艺术的标准不在于艺术，文化的标准不在于文化，都同样在于金钱，强调短平快、方便面式的一次性消费，这对绝大多数人来说都是无法抗拒的。这种肤浅而缺少思考、深度与内涵，花里胡哨充满欲望也似乎满足欲望但实际单一化、单调性的“青少年文化”越来越支配我们整个社会。[67]作家、画家、歌手等“星”级人物的年龄越来越小。顺此潮流，在强大媒体的推波助澜下，“超女”“快男”席卷全国，拍卖行中一幅幅年少画家的天价作品比比皆是，艺术资本主义“正在从每个毛孔渗透进我们的血液”。[68]这些被“青少年化”的，却冠之以音乐、绘画等原本讲究积累、深度、厚度的伪精英艺术，迎合着商品市场的游戏规则，满足着“最新的就是最好的”大众胃口，也改变着父子两代人的价值取向和人生追求。成为媒体人物的欲望使大小艺术院校门庭若市，镜头前的媒体学者也应时而生，前赴后继。

与此同时，早在浪漫主义和民族主义盛行的年代就被知识精英视为承载、体现民族特质的民间艺术、草根文化也引起当政者、知识精英和主流媒体的广泛关注。一方面是叫停蓬勃滋生的“超女”“快男”，急切地宣传国学、经典、传统的重要性，开设《百家讲坛》；另一方面是利用春晚、《星光大道》、原生态歌舞大赛、非物质文化遗产展演等充斥人们的视野，与“超女”“快男”抗衡。实际上，虽然有官方和知识精英参与的主流传媒将文化生产的目光投向了传统与民间，但就运作方式而言，春晚、《星光大道》、原生态歌舞大赛等与“超女”“快男”这种张扬、充满欲望的艺术资本主义并无本质的不同，只不过是一种隐晦些的艺术资本主义而已。新世纪以来，带有浓厚假想色彩的“原生态”和作为官方工作语言的“非物质文化遗产”两个词语在社会各个阶层快速蔓延。不同种类原生态的批量包装、上市，不同级别的非物质文化遗产频频审批、公布，都耐人寻味。这些固然使更多的文化传承人知道了自己还有文化并有着价值，但同时也表明官方、主流传媒和各色精英的浮躁，因为这些同样是运用（也不得不运用）要获利的市场经济的基本规则去抗衡另一种快餐文化、流行文化和大众文化。这也就导致“原生态”本来就局部表达的对都市现代文明不满、思乡重土和寻根底蕴的迷失，也使原本要张扬民族特性的“非物质文化遗产”沦为形式甚至闹剧。

2005年，新建的天桥文化广场上作为雕塑存在的天桥艺人中的“八大怪”，仰望蓝天的就是作为雕塑的赛活驴的妻子

正是在主流意识形态明确将一部分“旧”“边缘”的东西定性为传统或民族民间文化遗产之后，也是在一种吊诡的快餐文化生产的两难语境中，原先在杂吧地天桥艰难讨生活的艺人及其表演猛然间有了全新的意义。包括相声在内，这些原本是民间的、传统的，也是在新社会一直占据着主流媒体艺术舞台的草根艺术在一念之间成为具有再生能力的象征资本。

与前文提及的改革开放后，官民共谋，广泛而急切地重建、复兴老天桥悖谬的是，原本流动、鲜活、充满感情色彩并生生不息的民间叙事、表演被定格，而且赋予了当下的想象以及与这种想象合拍的现代审美情趣，天桥文化广场新雕刻的“天桥八大怪”就是典型的体现。[69] 昔日“平地抠饼”并曾经从“驴”背上摔下来过的“赛活驴”的妻子，[70]犹如美女维纳斯，婀娜多姿，向当下北京的蓝天坚挺着饱满的双乳。尽管老街坊们指指点点，摇头叹息，但这却吸引了年轻人和外来游客的好奇，老天桥和老天桥艺人及其背后凝重也鲜活的文化也就在当下一次简单的刻写动作中被现代化、青少年化。

与这一片欣欣向荣的景象相伴，使“新人”获得技巧、名誉与身份并讲究等级、尊卑、程式的传统拜师仪式纷纷重现京城。2006 年 10 月 29 日，正值长期在天桥乐茶园说相声的德云社十周年社庆，刚刚红火不久的郭德纲举行了隆重的收徒仪式，一次收徒五人。2008 年，当北京大学中文系毕业的、近几年以说“文”相声著称的徐亮（艺名徐德亮）与王文林一道公开宣布退出德云社时，徐亮与其“师父”张文顺之间的关系同样引起网民和媒体的高度关注。[71]至 2009 年春，关于张文顺“清理门户”的网页仍然愈万。和当下此起彼伏的拜师仪式实践一道，《新京报》《晨报》《北京青年报》等报纸和网络各色传媒对这些仪式的叙写，似乎表明人们正在合力重塑一个新的天桥艺人群体。

在新的语境下，作为一种象征资本、名誉资本的杂吧地天桥及其艺人被今天各有所图的异质性群体进行着再造、利用与发明，上演着中国的“民俗学主义”（folklorism）。[72]而在各方合力打造、哄抬的天桥乐茶园中上演的一切最具典型意义。政府相关的职能部门、文化公司、经营者、演员和观众似乎都要在这里寻找过去，试图尝试发出与主流话语不同但又能够被主流话语容忍的另一种声音，试图在此找出草根艺术曾经有的旺盛生命力，找出五六十年前这里曾经有的那种不洁却饱含生机、活力的感觉。

2. 复调的草根英雄与非主流相声

思想解禁后政治化相声的颓势、媒体的发达、大众文化生产的吊诡

2005 年，天桥乐茶园的入口

今天的天桥乐茶园又有了向一般市民回归的气息，这是在 2005 年，结合抗战胜利六十周年，德云社举办相声大会的广告牌，票价仅 20 元

和整个社会品位的“青少年化”等为郭德纲这样的艺人成为新时代都市文化英雄提供了契机和可能。采取了传记“向后看”写作的基本模式，作为一个已经受人追捧的明星，自述中的郭德纲不但类似早期革命经典小说中高、大、全的革命者这种单面人，而且还有着神秘的“圣诞”色彩。[73] 如同早年撂地艺人凤凰涅槃式的学艺经历一样，郭德纲强调自己年少忍辱负重、卧薪尝胆、发奋图强的学艺经历，正所谓“历经寒暑，洒尽汗水，尝尽个中滋味，复辗转于梨园”，终而“工文丑、工铜锤”。同时，年龄仅三十多岁的他也没有忘记讲述自己是虎投生，是驾着祥云的神仙把自己送给父亲的灵异故事。正如有人对他的传记分析后所总结的，其成长“活脱脱就是金庸小说中的一个英雄少年，除了缺少‘成功求婚’的环节外，其余叙述，从情节结构到场景设置、人际关系、江湖守则，基本遵循着英雄命运的程式”。[74]

事实上，郭德纲本人确实经历了相声艺人该有的磨炼。除了用心学艺、苦练基本功，在其成名之前，他组建德云社，往返于京津两地，数年在潘家园等地“撂地”低价说相声，近距离接触观众，表演淡化了政治化相声浓郁的说教色彩，多了些娱人成分和彰显人欲的烟火气息。在调侃、辱骂中还归了撂地相声曾经有的一些“俗”气。这种立足并显现“小我”的风格，不但受到当下京津两地一些有闲阶层的喜爱，也受到一些生活高度紧张，偶尔需要彻底放松的都市白领的喜爱。这样，在还说教相声于嬉笑怒骂的娱乐与粗俗时，以他为代表的相声也在一定意义上将政治化相声还归于民。于是，在有人质疑郭德纲相声的同时，不少严肃且会写作的观者也对之寄予美好的期望并毫不吝啬赞美之辞。

但有些奇怪的是，在多处说相声的他最终是在杂吧地天桥旧地的天桥乐茶园说时才引起传媒的广泛关注和追捧。2005 年、2006 年之交，数年来在天桥乐茶园说相声的郭德纲一夜之间成为媒体之星。他曾经在一个下午接受九家媒体记者的采访。[75]2006 年春节期间，包括凤凰卫视中文台在内的多家电视台为其录制了长时段的专题节目。因为这些媒体铺天盖地式的重复播报，当初曾在潘家园“撂地”说相声的郭德纲的演出地点也经历了老天桥艺人卖艺曾经有过的“登堂入室”的历程：明地（潘家园）、小戏园子（天桥乐茶园）、大戏园子（天桥剧场、嘉里中心饭店等五星级酒店）、电台电视台。[76]

当然，在杂吧地天桥升空的郭德纲除充分借用了天桥这块杂吧地的历史隐喻和作为下体的生理学特质，还有着时势造英雄的运数：在视频传媒，尤其是“央视春晚”，政治化相声已经长期让赵本山的小品抢尽了风头；在北京、沈阳等原本多少有着相声土壤的表演重镇，试图以亲民姿态出现的“回归剧场”的俱乐部式的相声表演也因种种原因上座率并不高。在这种大背景下，虽然有些偏离政治化相声的主航道，在天桥乐茶园说相声且上座率不错的德云社相声得到了主流话语的放行，有了这默许的扶持、媒体的造势，“十年寒窗”的郭德纲和“纲丝”一道成就了明星郭德纲，也加速了相声市场化和商品化的转型。

通过网络博客、专著和记者采访等多层次、立体地反复重述，在不同的言语和语言叙述中，以天桥乐茶园为据点演出的郭德纲的相声俨然有了不同的性质和意义，被冠之以真、善、正统与地道的“传统相声”“草根相声”和“非主流相声”等头衔。红火的郭德纲也俨然成为“传统相声”的救命稻草，“非主流相声”的代言人。为什么从天桥出来的就是民间？就是草根？就是英雄？这或者是郭德纲自己也始料未及的。正如八角鼓向撂地相声转化、撂地相声向政治化相声转化一样，“传统”仅仅是一个相对的概念，它一直处于发展变化的动态过程之中。以郭德纲为代码的相声的传统性是在实践和不断的重述中叠加出来的。这种重述与叠加在一定层面上又迎合了不一定是爱好相声而是有着别种心理渴求的观者，尤其是“纲丝”的欲求。

有着都市快餐文化生产者和主流意识形态宣传者双重角色的媒体写

作者的复调叙事引导着郭德纲与观者，也规范着郭德纲对自己相声表演的思考与表述。在一次次镜头前的问答中，原本与政治化相声相较而言有着民间色彩和草根性的德云社相声也就完成了与传统的对接、粘连，并提升为真、善和正统，从而与政治化相声抗衡。显然，对僵化的政治化相声的叫板背后，有着对单面文化的不满和都市文化多样性的渴求，也显现着在已经发达的市场经济社会，个体日常生活的苦闷、无趣。换言之，在狭隘的、自私自利的个人主义张扬且敏感的现代都市社会，有着双重角色的媒体和郭德纲合谋完成的真、善、正统的民间相声、草根相声和草根英雄这些叙事的隐蔽语本是新兴的“小”市民这个民间和官方之间的意识形态的冲突。在个体和国家的衣兜里多少有了些钱后，“青少年化”的个体这个“小我”更多的是需要形式上的快慰和欢畅，是肉身的张扬，[77]而国家这个“大我”要追寻的是民族的认同、凝聚力和强大。于是，小我的个人主义与大我的民族主义就形成了一个张力场。由此观之，在今日北京这个敏感的都市，新社区天桥仍然扮演了当年杂吧地天桥的角色，是具有反结构的社场，依然与民间、非主流相连。这样也就不难理解，数百人前往天桥乐茶园抢买名声大噪的郭德纲相声门票，并挤破门玻璃的狂热。[78]

成名之后，与媒体通力合作的郭德纲已经身不由己。他曾经有的对相声是穷人的玩意儿的历史、相声重在娱人本质的反思也沦为“片面的文化自觉”[79]。作为名人，作为一种相声的代言人，他不得不调和好“权力的文化网络”中的各种关系。或者是进一步向体制内的正统相声挑衅，或者是主动回归体制内，郭德纲除公开声明自己不是主流相声的敌人之外，[80]还拜侯耀文为师并加入体制内的“中铁说唱团”，[81]也一再表明要上“春晚”的决心与自信。[82]有些诡异的是，有着影响力、号召力，表演确实有些个性和特色并不乏“粉丝”的郭德纲，被娱乐圈视为荣耀的同时，也多年被央视春晚拒之于门外。在迎合与俯视的两种心性和体态之中，一度在叙事学中被强调的泾渭分明的民间与官方、主流与非主流、传统与现代的界限分明又模糊。

3. 天价相声的能指与所指

如同众多影视明星一样，红火后的郭德纲迅速成为广告商追逐的对象，成为政治要笼络的社会精英。一千万元人民币的个人收入使郭德纲荣登 2007 年《福布斯》“中国名人榜 100”，与郎朗、张艺谋、赵本山等“腕儿”比肩而立。[83] 与名声日隆同步，和郭德纲相关联的传统、草根、非主流相声也成为诸多名利场的一个符号，成为文化市场中一种有些昂贵的商品，有时甚至沦为“夸富宴”的一道小菜。2007 年 3 月 4 日，新春佳节的最后一天，郭德纲在北京嘉里中心饭店说“天价相声”，票价在 1280 元至 2880 元之间。[84] 至 2007 年岁尾，郭德纲相声门票最高价已达 7000 元。[85]

尽管对台湾青春版昆曲《牡丹亭》的表演风格存在诸多疑义，但形形色色的人对其火爆仍然惊讶和赞赏，进而乐观地认为这个古老剧种在当代仍然有传衍还魂的希望。与此相类，有着郭德纲出场的这些相声门票的天价也一度是人们关注的焦点，并被不少人视为相声史上的光荣，是中国草根艺术的光荣，是中国文化的骄傲。原则上讲，很难弄清楚这些天价相声的听者的身份，和他们究竟是喜欢相声，还是喜欢郭德纲的相声？是喜欢郭德纲这个活生生的人，还是喜欢郭德纲头上的光环？正如前文已经提及的那样，不仅仅是在这些特殊场合，有郭德纲出场的德云社相声的观者已经不是穷人，而主要是今天都市中的白领和标榜自己有文化品位与个性的有闲阶层。不要说打工仔、下岗工人，就连收入还过得去的出租车司机也很少有人愿意花费数十元、上百元去听一场郭德纲的相声。当然，消费群体的根本改变与整个社会的转型、变迁，尤其当下视频传媒的发达有关，也与前文述及的小我肤浅的自得其乐、自我

前来观看相声大会的百分之六十都是年轻人

满足的个人主义有关。

诸如“相声八德”中的“万人迷”李德锡那样，早年撂地谋生的相声艺人确实也进达官府邸演堂会，但那并非一个撂地艺人谋生的根本方式。撂地相声的演者是以穷苦观者为衣食父母，并和他们休戚与共的。再联想到更早的八角鼓票友为吃、破财保身的历史，为达官贵人、富人说一两次相声，作为后者身份、地位、财富的点缀原本无可厚非，当下媒体关于“天价相声”浓墨重彩报道的叙事本身显然有着更为深刻的社会动因。

在这些叙事中，媒体一如既往地对郭德纲的关注、叙写已经不再强调他说的是什么类型的相声，而是有他出场的相声门票价格和门票销售的张数。换言之，媒体关于草根相声写作、报道和舆论导向的基本原则已经由官民意识形态的较量，转为对文化经济和金钱万能的颂扬。天价相声的门票能卖出去，还供不应求，在某种意义上说明包括演者在内的经营者与观者共享的逻辑是：a. 郭德纲有名了，所以他表演的相声价格贵；b. 价格那么高，相声肯定好；c. 想听好相声，就得多出血；d. 多出血了，就能听到好相声。这正是市场经济和商品交易最浅薄的思维：贵的就是好的，好的肯定贵；好的肯定是名牌，名牌肯定好。

在这些相关的报道中，郭德纲有时自己也会声明，他并不知道票价是怎样定的，也不知道票卖了多少张，他只管说好相声。显然，无论怎样声明，作为事件核心的郭德纲是无法将自己和文化经纪人划清界限的。不论是主动还是被动，处在艺术资本主义时代的郭德纲这个个体与他同时代许多声称从事草根艺术的演者一样，都遵循了文化艺术商品市场的基本运作规则。顺应此规则，声称是草根的、民间的和非主流的当代相声，也就在演者和观者双方的观念中，发生了由高尚的、审美的、娱人的、宣教的文艺向有着剩余价值并能带来利润的商品的质变。与之相应，这时的演者已经不是闲暇的八角鼓票友，也非平地抠饼的撂地艺人，更不是奉命而作而演的政治化相声的“人民的文艺工作者”，而是生产相声这种商品的生产者。同样，此时的观者也非喜好八角鼓并与票友共创共赏的主家，不是处于社会最底层并在共享空间中激发艺人灵感、培养艺人演技的穷人，更不是要接受教化和改造的人民大众，而是主动地拿钱买乐子买面子的消费者。也即，在当下所谓“非主流相声”表演现场形成的演者和观者的关系，实际上是由经济学意义上的生产者—卖家和消费者—买家主导决定的；反之，在人与商品的二元结构主导下的相声观念的改变，演者与观者关系性质的改变也预示了以歌颂、宣教为主的政治化相声必然会被商品化相声取代的命运。

就表象而言，商品化相声夸富宴式的表演似乎与昔日票友的走局，尤其是为吃的走局同出一辙，但演者已经完全“翻身”居高位，拥有名利、财富的事实，和商品化相声演、观双方的生产者与消费者这一主导关系却使得二者有着本质的不同。在“大爷高乐，耗财买脸”的走局中，身份地位相类的演者和观者聚首是不计名利、回报的闲暇和对艺术本身的爱好，而在为吃的走局中，社会地位已经迥异的观者与演者两个群体之间是雇用与被雇用、伺候与被伺候、赏玩和被赏玩的关系。虽然天价相声这种夸富宴式的观者与演者的身份、地位类似于耗财买脸的走局中的二者的身份、地位，但居高位的人百年后的再次聚首，众星捧月、月映众星式的互乐互显，不是因性情而是以天价的门票为平台的，表面上追捧、欣赏艺术、国粹的本质则是赤裸裸的买卖关系。而且，对于耗财买脸的票友而言，在于闲暇、情趣的走局是他们日常的生活，反之夸富宴式的当下聚首则是一次性的消费，是这些人生活中的非常态。尽管观者是以群像出现，处于一种匿名状态，但在青少年文化的大背景下，在天价的买卖关系中，夸富宴现场演者和观者的身份、地位、名誉、脸面都得以强化。显然，这与为吃而走局的票友，尤其是名票为吃的走局所形成的观与被观的结构性关系更趋一脉，尽管二者表演空间、运作模式都有了很多不同。

在商品化相声道成肉身的过程中，与为吃的走局有着关联的撂地相声的生计特征得以极度膨胀，娱乐的相声成为必须付钱才能消费的商品。由此，相声成为意不在相声本身的“夸富宴”的名片和点缀也就顺理成章。在“青少年化”的文化观念驱遣下，在生产者—演者和消费者—观者的共谋中，本意似乎在娱人也顺带能教人的商品化相声也就背离了撂地相声平民化、生活化的本真，现场观看相声表演也就成为奢侈的事情。与相当长的时期几乎全民都听也只能听的政治化相声相较，当今视频传媒的发达似乎使相声完全突破了时空限制，最大化地扩大了相声的受众。随时随地，只要想听相声的人都能听到，甚或还可以看到表演，但显然这种隔着屏幕的“看”实际上也只能是“听”。少数人偶尔现场奢侈的“观”无法改变商品化相声“听”的实质。观者无法与演者互动，视频中的演者也不需要与你观者互动，不想看的观者也可以直接关掉开关，让虚幻的影子彻底化为无形。形式上“自由”的商品化相声同样“卑从”，而作为艺术的相声和撂地的相声也知趣地悄然退到了演者与观者身后，消失在屏幕的背面。同政治化相声一样，商品化相声的演者还是演者，观者则依然是听者。因此，对相声而言，“看”和“听”这两种不同的人体动作既是不同性质的演者与观者关系的体现，也是自由的艺术与卑从的艺术的身体分野和体化实践。

4. 举步维艰：艺术家的艺术

复杂的是，正因为与政治化相声相较，商品化相声或多或少地增加了“观”的因素，卑从的商品化相声也有着些许自由艺术的因子，以至于不少乐观者将当下相声在小范围内的风行与“城市剧场”甚至“市民社会”等宏大的题目勾连起来。

在对莫扎特的研究中，将社会、文明和人都视为一个动态过程[86]的社会学家埃利亚斯沿袭并深化他自己所开创的理论传统，同时从“心理发生”和“社会发生”两个维度来探析处于宫廷乐匠和自由艺术家之间的天才音乐家莫扎特早亡的悲剧。在这一经典的对艺术家的社会学研究中，埃利亚斯辨析出了与宫廷乐匠相应的工匠艺术（Handwerkerhunst）和与自由艺术家相应的艺术家艺术（Künstlerkunst）。[87]就艺术生产者和消费者之间的关系而言，宫廷乐匠类似于同期宫廷的其他仆人，其艺术创作是为私下认识的委托人，即为主人服务的。因为委托人和工匠艺术家之间极大的社会权力的差异，艺术家个人的想象力受到严厉的束缚。相反，自由艺术家是为了不认识的消费者——付钱却不一定认识——的市场而创作，中间夹杂着艺术商人、音乐出版商等中介，当艺术家的才能通过杰出的艺术表现引发受众共鸣时，他也就拥有更多的权力。

如果抛开媒体浓墨重彩的天价相声的“天价”，逼视当下商品化相声观演的现场，我们就能发现，以郭德纲为代表的所谓向传统回归的草根相声时下的“红火”，正是因为在经济主宰的当下社会，作为艺术的相声逐渐从政治（“宫廷”）宰制的工具化艺术品位中独立出来，取得了较高的艺术自主性。夹杂“现挂”等传统演技、回归剧场近距离面对面与观者的互动促生了相声消费现场民主化因素的增多。也正因为明确的自由买卖的关系，生产者—演者和消费者—观者之间在观演现场地位平等，甚至演者高于观者。进一步，在面对广大消费者，尤其是“纲丝”时，直接回归撂地相声部分传统的郭德纲及其所在的德云社，扮演了时下相声艺术品位的带领者和先行者。反之，在相当意义上，时刻通过网络博客等媒介关注观者反应、注意余音袅袅的政治化相声和其他门类草根艺术现状，并全方位与社会、市场、媒介以及政治“合作”的郭德纲同时被独立意识增强、有着个性化消费品位的观者所左右。

显然，正如社会是在向前演进一样，卑从也自由的商品化相声是与演—观双方一道共同演进的结果。它应运而生，适应了今天的社会文化生态和人们的心理。正是作为局内人的郭德纲这样看重老段子也熟悉老段子的演者对工具化色彩浓厚并居主导地位的政治化相声现状的不满，他才自觉地从演技到内容都直接回归撂地相声的部分传统，直接拿当下都市人熟悉又陌生的不公、不平、不对劲等日常生活开涮，并使在茫茫人海中的观者发现了潜藏在心灵深处的“小我”。于是，因为“我”被注意了，哪怕是被捉弄，不少忙碌的消费者也愿意现场去消费、忘我一回。同时，绝对代表官方的央视春晚对郭德纲的长期拒斥或者说有意为之的冷落和包括凤凰卫视、北京卫视在内的其他多少有些自主意识的“非主流”传媒的哄抬，主人公自己一度有意为之的与政治化相声“割袍断义”的言说，充分利用电视、网络、广播、出版社为自己造势的聪明，在表演手段上回归小剧场、表演技巧部分性地认祖归宗、表演内容对小我的关注和斗胆对现实社会不公的嬉笑怒骂等，从各个方面强化了以郭德纲为代表的德云社相声的草根形象。

正因为如此，顺应了都市社会个体意识膨胀的商品化相声也才在当下的经济大潮中如鱼得水，在仍然有着强大意识形态和官方媒介强力支撑的政治化相声的地盘分流了观者，有了挤破门的热闹，也才有了天价相声的必然。当然，传媒的多元，娱乐文化的多元，个体的成长，使得商品化相声很难有政治化相声数量庞大的听者。事实上，作为土生土长的草根艺术的新近变体，商品化相声的影响和消费群体仍然浓缩在有限的范围之内。悖谬的是，正是政治化相声这个布景凸显了商品化相声的草根、非官方的形象，就连商品化相声有限的消费群体，也与政治化相声长期对观众的培养息息相关。

当今，国家相关管理部门正在进行的对文化表演团体等事业单位的改制、转型的调研与实践，其基本思路正好与新中国初期要将各种文艺国有化的改造相反。当下政府文化管理部门的基本思路是要“断奶”，让这些政府包养了数十年的艺术、艺人回归社会与市场，自谋生路。显然，这其中不乏当下似乎繁荣的文化艺术市场的引诱，也不乏政府真诚地对曾经实施的文艺管理方针、制度与文艺精品贫瘠之间关系的反思。政府一方面要引导精神文化的生产，另一方面又或明或暗地在否定自己过往的文化管理制度。可是，政府引导新型文化的生产要么是还处在摸索阶段，要么就是流于形式，不了了之，于是，就出现了一些边缘地带。也正是在这些边缘地带，有着老草根气息的相声、二人转等，与有着新生草根气息的超女、快男的歌声等一道汇成了当下中国“青少年化”文化的洪流，有着自己的地盘和存身的合理性。

但是，在一个少有文化品位、独立反思和真正文化自觉的年代，在“青少年化”文化盛行的年代，在物质、技术、形式上具备却并未真正形成“市民社会”“公共领域”的年代，在绝大多数个体沽名钓誉、借助种种手段满足虚荣、顾影自怜的年代，“英雄”郭德纲究竟能走多远？说相声的郭德纲是幸运的，但又是身不由己的！他被打造成为有着自己个性，并有别于所谓垂死的主流相声艺术——政治化相声的“天桥艺人”，被一只只看不见的手强行推上了都市民间文化的战车，误打误撞地将相声带进了商品市场、艺术资本主义市场，还不得不常常在剧场外、舞台下，身先士卒、赤膊上阵地与赵本山、宋祖德等各类名流或合作、互捧或叫阵、“裸骂”。适得其反的是，这些正、反的合谋使得本意在捍卫相声等娱乐文化艺术的卫士、急先锋角色反而又污损了相声这些娱乐艺术本身。及至2013年，郭德纲急切也一本正经地在央视春晚的现身，原本堆砌在其身上的“草根”“民间”“非主流”以及“英雄”的光环也只剩下点点光晕。

对于埃利亚斯而言，社会过程就犹如一个交织化的“赛局”，参赛者并不拥有绝对的权力，仅仅是在步步博弈中拥有相对的竞争力。[88]由此观之，尽管应运而生的商品化相声已经有了声势，也不乏优秀的演者和热心的观者，但原本主要在于逗乐、解恨且篇幅短小的语言艺术——相声在当下这个社会赛局中仍然前途难测。在某种意义上，郭德纲已经不是郭德纲，艺术家已经不是艺术家，艺术已经不再是艺术。在交织化的赛局中，身不由己、见招拆招从而随波逐流的商品化相声及其演、观者既是由多种因素、多种力量、多种心理编织成的巨网中的一个结点，也是今天秉持不同世界观且紧张、困惑与忙碌的人们思维、斗争的符号与工具。

不仅仅是明星郭德纲有着这样身不由己的尴尬，作为四川方言文化的代表人物，早已在20世纪90年代初就以散打评书风行四川各地的李伯清是如此，后起之秀的小沈阳同样如此。就连依托央视发家致富、财大气粗、一度被视为“不倒翁”的赵本山，在经历不时对央视的婉讽与揉捏之后，也在一夜之间完全失声、哑火。民间艺术—草根艺术—原生态艺术—非物质文化遗产这些指向同一事象的艺术究竟有多大的能量？究竟能走多远？究竟该怎样走？是否能“两肩担道义”地担负经国之伟业、不朽之盛事？观、演者究竟该有怎样的激情，而非一时的沉醉、浮躁、轻狂，以至于追捧与对骂？

在新中国刚刚成立之时，侯宝林有些幸运地将相声从京城下体的天桥带进了京城上身的中南海。与此从下到上的历程和转变不同，郭德纲似乎是将相声救活，并将其从主流意识形态还归边缘、民间、世俗与市场，及至重新沦为一种“市声”。这一切都是围绕杂吧地天桥和天桥艺人发生的，历史再次发出了它那诡异、谁也无法揣摩明白的微笑！

（五）味儿：草根相声的污名化与增魅化

旗人闲适、典雅的八角鼓孕育了近世撂地相声，八角鼓的受众也主要是旗人这个“踱着方步”的闲暇群体。当相声从旗人的府邸，浅吟低唱地走上杂吧地天桥，成为落魄者的生计和穷苦观者的笑料时，撂地成为相声基本的存在方式。虽然与闲暇、娱己的八角鼓相较，撂地相声粗俗、野性十足，整体上发生了“娱人”的转变，但撂地相声是自由、生机勃勃的，依然是“看—听”的，延续了八角鼓“自由的艺术”之本质。在“低贱”艺人和穷苦观者的共同催生下，撂地相声既是生活本身，也是一种生活方式，草根相声之味也就更加香醇、浓厚。

在新中国成立之初，既是大势所趋，又是出于艺人的自觉，相声幸运地从京城“下体”的杂吧地天桥走进了京城“上身”的中南海，从街南走向街北。于是，歌颂、宣传、教化成为相声的主色，娱己、娱人处于从属地位。在政治的强势面前，在与广播电台相随的大小喇叭遍布的年代，相声的受众也扩及大江南北城乡社会的人民大众。撂地相声被政治“污名化”，成为政治化的相声，自由的艺术成为卑从的艺术。从主流意识形态的角度及其改造的结果而言，撂地相声在形式上、名义上也实现了由“生”到“熟”、由“俗”到“雅”、从“下”到“上”的转化。与此同时，“听相声”取替了“看相声”，相声被技术化，成为空中回响的声音。但从作为一种生活方式和生计的撂地相声观之，这种自上而下的变化反而是反向的，是从“熟”到“生”的，观者不但是匿名的，还是被动的。正因为这种转化，改革开放后，当主导社会的不再是要教化人民的政治运动而是要人们吃饱穿暖的经济发展时，随着有撂地经历并熟知来自生活中的“相声套子”中老段子的老一辈相声演员的过世，作为新中国主流艺术重要形式的相声不可避免地走上末路。但是，新中国数十年的历史说明，政治化的相声是成功的：作为主流意识形态的工具，它长时间占据着无线电波、舞台与闪烁的镜头，并在形式上拥有相声史上前所未有的最为广泛的听者。

从当前京津沪等大都市“民间（俗）”艺术热闹的表象而言，郭德纲似乎是将垂死的“主流”相声救活，将相声从主流意识形态还归边缘、民间与市井。从表层而言，草根、民间、非主流等表述是对政治化相声的反叛和污名化，但在更深的层次它则言说着在市场全球化语境下，中国文化的“青少年化”所引发的社会焦虑以及个人主义和民族主义两种意识形态之间的张力。遵循“最贵的就是最好的，最好的就是最贵的”这种经济市场的运作逻辑，似乎缺席的官方、多声部的媒体、郭德纲及其追捧者、文化经纪人等共谋将“传统”的相声转换为用金钱买卖的，甚至昂贵的商品。买卖自由、自主，载体多样的商品化相声本质上仅仅是“听”的。与政治化相声听者显在的被动不同，商品化相声的消费者—听者形式上是自由的、自主的，被动性则是内隐的。拥有多种传播渠道的商品化相声的观者是无处不在的，但也是处处不在的。所以，被金钱“污名化”的商品化相声同样是卑从的。不同于政治化的相声，主动迎合市场的商品化相声少了些宏大的歌颂与说教，多了些“俗”气并潜伏了些自由艺术的因子，但它既不同于孕育相声之八角鼓的闲暇、品位与情趣，也与撂地相声的生活化、平民化风格渐行渐远。

虽然深受八角鼓影响的撂地相声经过政治的污名化后再度被经济污名化，也付出了将撂地相声创作主体之一的“观者”变为“听者”的代价，但是两度的污名化都是撂地相声顺应了不同时代的诉求，分别将撂地相声的教化和生计之基因膨胀到极致的必然结果。换言之，撂地相声的演进是由其顺应社会转型和潮流的某一个基因压制、冻结其他基因的结果，是中国社会从重伦理讲人情，由价值理性主导的传统社会向以工具理性为主导的现代社会转型的使然。这种适者生存的演进策略，虽使作为一种文化社会生态的撂地相声最终终结了自己，但草根相声却因此存活下来。这也是中国20世纪以来与传统、草根有着关联的文化艺术生产大众化、庸俗化的共有命运。

与政治化相声相较，似乎是由演者和观者自主的商品化相声好像是回到了“民”间，回到了撂地相声的起点，但相声“味儿”却大不相同了。作为当下国人“夸富”众多风景的一道，近些年来的中国人往世界各地免税店、品牌店“冲”与“挤”，让惊讶于中国经济改革成功却又担忧中国崛起的西方人释怀了许多。在他们眼里，中国人还是穷人，只不过由物质的赤贫滑向了精神的赤贫。吃穿不愁了，也有钱买品牌了，但“过年没年味儿”“没劲”“无聊”却成为新旧世纪之交不同阶层、性别和年龄群体的国人的口头禅。[89]与之相类，对于众多老戏迷而言，在神态、步伐、唱腔上努力继承传统并尝试创新的京戏、昆曲等都已经没有过去的“味儿”了。与没劲、无聊一样，“味儿”这个儿化音已经成为北方方言区的人，尤其是北京人表达自己生活感受的口头禅。

在1999年以来我对天桥的调查访谈中，诸如李长荣这样的老街坊时常挂在嘴边的一句话就是：“现在的天桥不是过去那味儿，你看天桥广场那八大怪不像八大怪！姜昆的相声就火了吧，但已经没有了侯宝林那味儿了！”显然，这里的“味儿”指的是在个体、族群、国家都风雨飘摇的年代，在天桥这块杂吧地形成的演者与观者共享并互动的露天的撂地场子，指的是没钱也得演也可观的具体行为，指的是在撂地场子这个共享空间中，演者和观者的平起平坐、相依为命、互相理解与包容的生活方式。进一步言之，老人嘴中的“味儿”不但是对儿时生活的美好回忆，更是撂地相声中有的他们自己的生活和他们自己对这些生活的感受、理解与评价，是对熙熙攘攘、穷、脏、乱、邪乎的杂吧地天桥这个反结构的社场的整体感觉。简言之，撂地相声不仅仅是演者的，也是这些观者自己的。而后起的自上而下的、时空领域和技术都无限扩大的政治化相声与商品化相声本质上都与观者日常生活没有多少关联。

对于经历了从小农经济向计划经济，从计划经济向市场经济多次社会转型的老人而言，这些味儿既是他们记忆中、感觉中真切有过的，也是完全不可能重现与复制的“昨日”，还是我们这个民族一直挥之不去的怀旧、思乡重土与伤感的情结。它是常见于经史子集中的“尧舜之世”“文武周孔”的当下民间表述，也是散发着唾沫星味儿的身体感受的语音化再现。

当西方价值观念主导的都市文明在中国全面开花的时候，怀旧的长者用“味儿”来表达的情绪感伤的回审也就自然使得当下现代性的“好”东西都得打点儿折扣。包括文化保守主义者在内的国人惯有的这种思维和表达模式，在使撂地相声百余年来的演变经历着上述的污名化的同时，又从另一个层面赋予了作为一种文化社会生态的撂地相声更多美好的，或真切或虚幻的成分。这已经完全不是马克斯·韦伯用来表述他对现代文明、现代社会不满的“去魅化”（disenchantment），而正好是一个与去魅化相反的，当然也是一个无可奈何花落去的“增魅化”的努力与叹息。相距时间愈久，“魅”就愈多，愈加不可复制。在强烈的思念与深深的遗憾之中，“青少年文化”包裹之下的憋屈感得以进一步强化。于是，似乎在污名化过程中走向死亡的撂地相声也在“增魅化”的历程中成为永恒。“味儿”也就在“在”与“不在”之间彷徨，低唱。[90]

从文化社会生态以及心态的角度和演者与观者的结构性关系，对百余年来草根相声污名化与增魅化逆向互动历程的勾勒，是将相声这种传统视为“流动于过去、现在、未来这个整个时间性中的一种‘过程’，而不是在过去就已经凝结成形的一种‘实体’”[91]。由此，本研究试图说明作为相声的某个阶段，撂地相声、政治化相声和商品化相声都是不同年代的人，尤其是观者和演者一道在各自生活的具体时间对相声及整个文化社会生态的理解、改造和创造形成的，是相应时代的人们所拥有的权利自由、社会结构、相互关系、文明形态、生产方式、生活方式、价值观念以及冲突与妥协的反映，是伽达默尔所言的“效果的历史”（effective-history）[92]。在效果的历史中，应运而生且显要的“英雄”也就成为人们言说的对象和下意识表达自己思维的工具与符号。同时，本研究也绝非单线进化论的思考模式，将历史断裂，把复杂的问题简单化。反之，本研究关注文化艺术的本质，并试图以相声演进的个案说明：我们曾经故意漠视和批判的“旧”之中好的一面，和我们津津乐道、齐声叫好的“新”中潜存的不好甚至危险的一面。因此，与媒体快速的写作和叙述策略不同，我还原了“草根”应时而生、因运而变的荣枯的基本内涵，而非将其与雅、官方、精英、主流／主体、现代对立，并把撂地相声、政治化相声和商品化相声都视为是草根相声的不同形态，还强调这些形态历时的共时性和共时的历时性。在此意义上，本研究亦可称之为草根相声的形态学或生态学。

前文提及的21世纪以来，多少有些指向传统的、作为一种文化社会生态的原生态和非物质文化遗产，事实上已经成为当下中国叙事的主色。它确实有着文化反思后的自觉追求，但却依然是“文化搭台，经济唱戏”的老路，强行将文化与经济“拉郎配”，只不过是打着保护生态或文化的旗号，向政府向上级要钱，向外界扬名，在年度工作报告中丹书工作业绩，然后再以此为平台，找文化公司、广告公司、开发公司，利用学者、记者、明星、名流和名牌，发展旅游，当然会加上文化旅游、生态旅游、寻根旅游之类的字样。在发展经济、让人们过上好生活幻象的呼召下，这些既是阳谋又是阴谋的策略也不同程度地得到生态拥有者和文化享有者的回应，甚至是积极的响应。这样，过分地“入世”、顺应现实，过分向商品拜物教的自觉妥协，使得被称之为原生态、非物质文化遗产种种原本还具有些许价值理性的传统、文化、艺术在“大跃进”式的批量生产与捧杀中，飞蛾扑火般地一头扎进工具理性编织的绵密巨网。如同草根相声在新世纪被浓墨重彩一样，原生态与非物质文化遗产被高唱的事实，也说明诸多作为一种文化社会生态的传统实际上“已经丧失了它的力量”。

（六）余论：草根艺术、闲适和非物质文化遗产的吊诡

1. 草根艺术的宿命？

早在近百年前，就庙堂艺术、精英文学与草根艺术、民歌之间的渊源，王国维已经阐释得很清楚。在1913年刊行的《宋元戏曲考》中，王国维就写下了被后来的中国文学史家反复引用的句子：“凡一代有一代之文学：楚之骚、汉之赋、六代之骈语、唐之诗、宋之词、元之曲，皆所谓一代之文学，而后世莫能继焉者也。”[93]这一论断几乎成为百年来中国文学史书写遵循的基本范式。换言之，当从民间而来的文体/文类经过文人的反复演绎、登堂入室而生命力枯竭之时，有创造力也不甘寂寞和束缚的文人就会再次将其触角伸向民间，从口头传统吸取营养，造就一代之文学。对于这一点，在《宋元戏曲考》刊行之前的《人间词

话》中，王国维就已经看得非常清楚。《人间词话》第十七、三十九条分别云：

> 诗至唐中叶以后，殆为羔雁之具矣。故五代、北宋之诗，佳者绝少，而词则为极盛时代。即诗词兼擅如永叔、少游者，亦词胜于诗远甚。以其写之于诗者，不若写之于词者之真也。至南宋后，词亦为羔雁之具，而词亦替矣。此以文学升降之一关键也。

> 诗之三百篇、十九首，词之五代、北宋，皆无题也。非无题也，诗词中之意不能以题尽也。自《花庵》《草堂》每调立题，并古人无题之词亦为之作题，其可笑孰甚。诗词之题目本为自然及人生。自古人误以为美刺投赠咏史怀古之用，题目既误，诗亦自不能佳。后人才不及古人，见古名大家亦有此等作，遂遗其独到之处而专学此种，不复知诗之本意。于是豪杰之士出，不得不变其体格，如楚辞、汉之五言诗，唐、五代、北宋之词皆是也。故此等文学皆无题。诗有题而诗亡，词有题而词亡。然中材之士鲜能知此而自振拔者矣。[94]

从文化社会生态的角度，对百余年来草根相声的知识考古与形态描述也验证了王国维上述关于文艺演进宿命与悖谬的结论。诸如相声这样，壮族歌圩、中幡、马街书会[95]等原本在民众生活中生机勃勃的艺术，一旦“登堂入室”，被官方规训，被精英雅化、固化，也就同时意味着末路的到来以及与质变相伴的形变。岂止相声，昆曲、京剧、评剧等，哪一种今天要保护、申遗的，原本生发于民间和生活的“原生态”艺术没有类似的、走向死亡的发展历程与变形？这正如我曾经指出的那样：

今天要保护、申遗的，原本生发于底层和生活的民间艺术，几乎都在经济市场游戏规则的支配下，在金钱这只“看不见的手”的诱招下，被商品化，只是贴上了文化的标签，形成今天中国经济大潮中的蔚为壮观的文化经济。接下来的问题是：包括传承人在内，在参与各方的共谋下，一窝蜂式急功近利地将被视为原生态的民间艺术商品化究竟能产生多久的经济效应？民间艺术—原生态艺术原本是民间的，它是民众生活体系有机的组成部分。土生土长、源自乡野、市井的民间艺术究竟该何去何从？[96]

2. 闲适的旗人与北京的非物质文化遗产

正如前文所述，在清代，旗人长时间闲暇的生活成为后来众多被称之为“艺术”的形式之母体。宫廷、王府生活不但促生了绢花、料器等手工制作的繁荣，也促生了撂跤、中幡等带有竞技性表演的兴旺。旗人衣食无忧的生活则使他们直接投身于包括八角鼓在内的“什样杂耍”和“行香走会”等耗财买脸的活动之中，这不但给后世留存了一度被文学史家为之惊叹的《白雪遗音》《霓裳续谱》等“雅音”，也滋生了被民俗学家津津乐道的《百本张》等“俗曲”。在与汉文化以及其他族群文化互动的场景下，清代享有特权、衣食无忧的官民双方的旗人共同培育并进一步发展了今天的琉璃烧制技艺、宫毯织造技艺、插花、料器、绢花、玉雕、弓箭制作、白纸坊太狮、妙峰山庙会、东岳庙庙会、天桥摔跤、评书、相声、单弦牌子曲、京韵大鼓、面人等国家级非物质文化遗产[97]和杠箱会、西北旺少林五虎棍等北京市级非物质文化遗产。[98]

其实，这并非偶然，也非历史的简单回环与悖谬。早在六十多年前，同样旗人出身的老舍对晚清旗人艺术化的生活和情趣有过这样的感叹：

他们没有力气保卫疆土和稳定政权，可是他们会使鸡鸟鱼虫都与文化发生了最密切的关系。他们听到了革命的枪声便全把头藏在被窝里，可是他们的生活艺术是值得写出多少部有价值与趣味的书来的。就是从我们现在还能在北平看到的一些小玩意儿中，像鸽铃，风筝，鼻烟壶儿，蟋蟀罐子，鸟儿笼子，兔儿爷，我们若是细心地去看，就还能看出一点点旗人怎样在最细小的地方花费了最多的心血。[99]

于是，民国元年元月降生在一座有花园亭榭的大宅子中，会弹琵琶会拉胡琴会唱两句也会玩儿金鱼白鸽却不知家仇国恨的小文夫妇，在已经沦落到“小羊圈”胡同六号这个小杂院的东屋玩儿票还暗中拿“黑杵”时，仍然是这样一副心性：

他们没有留恋过去的伤感，也没有顾虑明天的忧惧，他们今天有了饭便把握住了今天的生活；吃完饭，他们会低声地歌唱。他们的歌唱慢慢地也能供给他们一些米面，于是他们就无忧无虑的，天造地设的，用歌唱维持生活。他们经历了历史的极大的变动，而像婴儿那么无知无识地活着；他们的天真给他们带来最大的幸福。[100]

虽然诸多的关于旗人的不同学科的研究都不怎么提及旗人与这些非物质文化遗产的关系，并似乎有意熟视无睹，但一个不容否认的事实是：如今北京这些不同级别的非物质文化遗产的传承人多数仍然是旗人的后裔，而且还有着与小文夫妇相类的，不管风吹浪打都自得其乐的闲适心性。

2008 年 9 月 7 日，在北京民间文艺家协会于志海秘书长的陪同下，我与韩国国立民俗博物馆的崔顺权、金镐杰研究员一道对“聚元号”弓箭技艺的传承人杨福喜、“面人郎”的传承人郎志丽、“花儿金”的传承人金铁铃、“葡萄常”的传承人常弘进行了访谈。令人意外的是，杨福喜、金铁铃、郎志丽都是满族，常弘虽不是满族，却是蒙古正蓝旗人，即这四位都是“在旗的”。因此，旗人生活与当今北京文化艺术之间的关系是尤其需要研究者关注的话题。

当下“清门儿”相声的重现，除了说明旗人当年生活的闲适、撂地相声与八角鼓之间的渊源外，也表明了这些“清门儿”相声传人在工具理性的现代社会洁身自好的心态。与之相类，这种与闲暇相关的心性正好是当下这些出身旗人的非物质文化遗产传承人的共有心态。年近五十的常弘不无自豪地说道：

> 现在生活节奏快，而艺术这个是慢工出细活，一定要喜欢才能出成绩，现在的小孩坐不住。我们从事这个都不是以之为生，不以其为生活来源。我们是拿着退休费，做着自己喜欢做的事情，可以说是年龄不大，生活无忧。这样才能出成绩。[101]

在与以自己女儿为代表的年轻人生活的对比之中，年逾五十的金铁铃清楚地说明了旗人的生活态度与闲暇生活、性情之间的关联：

> 满人喜欢交朋友，好客，喜欢玩鸟、虫、花、摔跤。为什么喜欢？他是吃俸禄的，干不干都有“工资”，就不用去奔波劳碌，过去是这样，所以好交朋友，喜欢玩，玩的是“闲心”，如养鸟，养鸽子、蛐蛐，还有启功的书法，都是玩，这得有经济基础。有俸禄才能这样广交朋友，好客，才能不是特别抠，而且性格豪爽，有草原豪爽的气质。
>
> 我父亲公私合营后挣一百九。他是老艺人、政协委员、人大

> 代表，国庆还上过观礼台，那阵儿他穿水獭大衣，够显眼的啦！他好客，家里朋友多，吃饭常是一两桌，来人就添双筷子。钱有多少花多少，生活“悠闲”。我父亲的老师喜欢摔跤，十八岁就当禁卫军。所以我们家沿传了满人的生活习惯，不省着过日子，吃点儿、喝点儿，大家都好。今天先生活好再说。
>
> 我不反对现在年轻人的生活方式，节奏快，但压力大。都是电脑了，但人与人之间的交流少了。我适应不了这种生活，还不能干急事。我们这些人，没有“落伍”一说，不像现在的年轻人。我们所从事的在一个国家、社会来说算是“冷门”了，是手工艺，手工业。我女儿大学刚毕业，老找工作也老换工作。我们不一样，一辈子都不用换，就一直干这工作。[102]

从今天这些旗人后裔的表述明显可知，经过百余年来不少的升沉起伏和转换，与百多年前旗人生活的闲暇相近，今天这些不同级别的非物质文化遗产传承人的基本生活也处于一种与他们祖辈相近的状态。因此，不但旗人生活与北京文化艺术的问题需要研究者关注，在对相声知识考古中所叙及的约瑟夫·皮珀曾深刻论及的“闲暇”与“文化”“艺术”之间的关系仍然是需要进一步厘清的话题。

与相声等表演艺术在近一百多年来的演变相类，曾经与宫廷府邸生活关联更紧的绢花、料器等手工艺在清亡后更为彻底地走向市井街头。解放后，这些曾经与宫廷府邸有着紧密关联但却沦落街头市井的手工艺，同样经历了公私合营和国有化的历程，被新社会体制化。其产品成为能换来大量外汇的商品、能产生国际友谊的礼品和具有收藏价值的艺术品，因此在改革开放前的新中国的国计民生中占有重要地位。改革开放后，随着经济增长点的多元化，曾经汇集了大量精湛技艺的北京绢花厂、北京料器厂、北京玉器厂和北京手工艺厂纷纷倒闭（一说是有意的目标明确的转型），从业者再次从官方走向民间，走向市场，在市场经济的浪潮中自谋生路，多数人改行，少数人坚持了下来。[103] 郎志丽原本是北京手工艺厂的职工，金铁铃原本是北京绢花厂的职工，常弘原本是北京料器厂的职工，而杨福喜则曾经开出租车多年，猛然间拾掇起了祖传的技艺。

在今天非物质文化遗产语境下，一度被冷落的技艺首先被定性为文化、传统、国宝，成为工具理性和价值理性兼具的象征资本，坚持或重新拾掇起这些技艺的传承人的生活状况明显好转。目前，预订的弓箭杨福喜至少要做两年。在这样的境况下，在时势、传统和族群意识等叠加的自我认同的基础上，传承者也在不知不觉中对记者、官员、学者等他者将自己一度孤寂坚守的技艺自豪地说成是“爱好”与“性情”。由此衍生需要更进一步探讨的第三个问题是：作为数百年首善之区的北京，精英艺术与民众艺术之间究竟是一种怎样的互动与演进？这种互动与特定族群的生活之间是怎样的关系？不同群体在不同年代对生活的观念如何交相错杂地影响这些被称之为“文化”与“艺术”的事象的发展？讲究品位与闲适的生活、疲于奔命的生计与精美的艺术三者之间究竟是一种怎样的三角关系？

注 释

[1] 要指明的是，同治元年只是象征性的时间点，因为这是如今相声界的常识，故本文采用此说。为了将近世相声历史追溯得悠久，侯宝林等人就否认此俗说，参阅侯宝林、薛宝琨、汪景寿、李万鹏，《相声艺术论集》，哈尔滨：黑龙江人民出版社，1981，页 101—110。

[2] 赵景深，《相声史杂谈·序》，收于金名《相声史杂谈》，福州：福建人民出版社，1983，页 1—3。

[3] 参阅罗荣寿，《相声表演漫谈》，上海：上海文艺出版社，1979；侯宝林、薛宝琨、汪景寿、李万鹏，《相声艺术论集》，哈尔滨：黑龙江人民出版社，1981，页 83—193；侯宝林、薛宝琨、汪景寿、李万鹏，《相声溯源》，北京：人民文学出版社，1982；金名，《相声史杂谈》，福州：福建人民出版社，1983；薛宝琨，《中国的相声》，北京：人民出版社，1985，页 5—38。

[4] 侯宝林、薛宝琨、汪景寿、李万鹏，《相声艺术论集》，哈尔滨：黑龙江人民出版社，1981，页 123—127。

[5] Marja Kaikkonen, *Laughable Propaganda: Modern Xiangsheng as Didactic Entertainment*, Institute of Oriental Languages of Stockholm University, 1990, pp.62-63. 事实上，直至今天，不仅仅是当下众多艺术门类的研究，就是本意在于人、族群和文化研究的众多满学著述也未从认知论层面探讨满族文化艺术与其族群日常生活的关系，以及曾经是一种时尚、风范、象征的这些生活和艺术对当下北京文化结构、生活、艺术以及北京人性情的影响。在多数满学研究中，满族人日常有的精气神儿似乎随着清朝的没落也骤然消失。由此，立足于那个社会巨变时期北京人生活而进行创作的老舍、张恨水的作品以及穆儒丐前期的小说《同命鸳鸯》《北京》，近年来邓友梅的《那五》等文学创作有着非凡的认知意义。也正是因为出于旗人文化“还未曾真正进入研究视野”和对创作界敏锐的欣赏，赵园在 20 世纪 90 年代初对老舍以来的京味文学进行了系统的再阐释。参阅赵园，《北京：城与人》，上海：上海人民出版社，1991。

[6] 对此，金名的《相声史杂谈》有着经典的梳理和辨析，但是将该书称为“笑的艺术史杂谈”或者更为合适。

[7] ［德］诺贝特·埃利亚斯，《莫扎特的成败：社会学视野下的音乐天才》，吕爱华译，桂林：广西师范大学出版社，2006，页 46。

[8] 近二十年来，对于民俗本质的认知，中国民俗学界有了大的转变。民俗学者已经超越了将民俗视为老百姓创造、传承、享用的知识这一朴素认知，提出了民俗是包括农民文化和官宦文化中生活文化层面在内的“生活文化”，是“生活层面的文化”等命题。进而，研究者心目中想象的，作为整体的均质的同时也是被动的“民”、被动的“俗”纷纷受到质疑，出现了在日常生活之流中研究作为一种过程的民俗和互为主体性的民俗的研究。这是一个非常复杂的中国民俗学学科史和学术思想史的问题，将另文专述。已有的研究可参阅刘铁梁《中

国民俗学思想发展道路》,《民俗研究》2008 年第 4 期，页 24—39。

[9] 参阅《相声家焦德海访问记》,《世界日报》1932 年 5 月 11、12 日第八版。

[10] 马三立,《京津相声演员谱系》，收于中国人民政治协商会议天津市委员会文史资料研究委员会编《天津文史资料选辑》第 33 辑，天津：天津人民出版社，1985，页 205—215。

[11] 老舍,《四世同堂》，天津：百花文艺出版社，1979，页 270。

[12] 这种灵动与惬意是今天的建筑学家、胡同与四合院文化的保护者所忽略的，也是游客很难品味到的。

[13] 吴效群,《妙峰山：北京民间社会的历史变迁》，北京：人民出版社，2006，页 52—158；《走进象征的紫禁城：北京妙峰山民间文化考察》，南宁：广西人民出版社，2007，页 42—61。

[14] 周恩慈,《北平婚姻礼俗》，北平：燕京大学法学院社会学系学士毕业论文，1940，页 28。

[15] 赵园,《北京：城与人》，上海：上海人民出版社，1991，页 216。

[16] 孟起,《蹓跶》，收入陶亢德编《北平一顾》，上海：宇宙风社，1939，页 131。

[17] 郑振铎,《郑振铎全集》第七卷《中国俗文学史》，石家庄：花山文艺出版社，1998，页 601。

[18] 关于八角鼓的起源、演变历程以及满汉文化各自所起的作用，可参阅王素稔,《八角鼓与单弦》，收于中国曲协研究部编《曲艺艺术论丛·第二辑》，北京：中国曲艺出版社，1981，页 7—14；伊增勋,《满族与岔曲》,《满族研究》2004 年第 1 期，页 55—64。要指明的是，关于八角鼓这种乐器的来源，除满族萨满的法器之外，还有“金川鼓”——“勒倭勒德”，即番苗乐器的说法。参阅刘振卿《八角鼓遗闻》,《北平晨报》1931 年 4 月 8—24 日，转引自朱炳荪,《岔曲研究》，北平：燕京大学文学院国文学系学士毕业论文，1938，页 50—51。

[19] 转引自李家瑞编《北平风俗类征》，上海：上海文艺出版社根据商务印书馆 1937 年版影印，1985，页 360。

[20] 谢磊,《闲暇、生计与文化——近世京城八角鼓票房的流变》，北京：北京师范大学硕士学位论文，2007。

[21] 或者因为“多半是从纸片子里寻求出来的”，李家瑞对北平诸多俗曲的考证忽

视了近在咫尺的八角鼓这一文化母本，并得出“北平原有的俗曲不多，大半都是从外省输入的”结论。参阅李家瑞编，《北平俗曲略》，国立中央研究院历史语言研究所，1933。

[22] 邗上蒙人，《风月梦》第二册，上海申报馆仿聚珍版印，1883，页7b—8a。

[23] ［明］史玄，《旧京遗事》，［清］夏仁虎，《旧京琐记》，［清］阙名，《燕京杂记》，北京：北京古籍出版社，1986，页106。

[24] 两个段子的具体内容，参见《中国曲艺音乐集成》编辑委员会、《中国曲艺音乐集成·北京卷》编辑委员会编，《中国曲艺音乐集成·北京卷》，北京：中国ISBN中心，1996，页643—692。

[25] 云游客，《江湖丛谈》第一集，北平：北平时言报社，1936，页43。

[26] 金受申，《老北京的生活》，北京：北京出版社，1989，页283—287。

[27] 老舍，《三多》，《北京日报》1961年4月6日第3版。另可参阅Marja Kaikkonen, *Laughable Propaganda: Modern Xiangsheng as Didactic Entertainment*, Institute of Oriental Languages of Stockholm University, 1990, p.9, 11。

[28] 老舍，《相声语言的革新》，《曲艺》1959年第9期，页15。

[29] 罗荣寿，《相声表演漫谈》，上海：上海文艺出版社，1979，页89—90。

[30] 金名，《相声史杂谈》，福州：福建人民出版社，1983，页92—93。

[31] http://bb.news.qq.com/a/20060520/000003_1.htm; http://www.xiangsheng.org/bbs/dispbbs.asp? boardid=3&id=12911.

[32] 张次溪，《人民首都的天桥》，北京：修绠堂书店，1951，页136。

[33] 侯宝林，《我的自传》，收于中国人民政治协商会议北京市委员会文史资料研究委员会编《燕都艺谭》，北京：北京出版社，1985，页245—255。

[34] 信修明遗著，《老太监的回忆》，北京：北京燕山出版社，1992，页114。

[35] 侯宝林，《我的自传》，收于中国人民政治协商会议北京市委员会文史资料研究委员会编《燕都艺谭》，北京：北京出版社，1985，页205—206。

[36]《北平特别市公安局关于撤销报加演杂耍，征收天桥各戏园坤书馆弹压费，改演男女杂耍、八角小戏，吉庆社改为魁庆坤社等问题的指令》，北京市档案馆藏，J184全宗2目录17967卷。

[37] 王决、汪景寿、藤田香，《中国相声史》，北京：北京燕山出版社，1995，页176。

[38] 张次溪,《人民首都的天桥》，北京：修绠堂书店，1951，页 198。

[39] 老舍,《相声语言的革新》,《曲艺》1959 年第 9 期，页 14。

[40] 这在 1949 年前的报纸中也有记载，说朱少文的相声“不村野，能入大雅之堂”。参阅侠公《穷不怕》,《民强报》1947 年 4 月 6 日第二版。

[41] 赵清阁,《行云散记》，天津：百花文艺出版社，1983，页 45—46。

[42] 参阅本书上编“摔跤，一举一动都是文化”中“避讳话·相声·太平歌词”一节。

[43] ［德］约瑟夫·皮珀（Josef Pieper),《闲暇：文化的基础》(*Leisure: The Basis of Culture*)，刘森尧译，北京：新星出版社，2005，页 29—30、56—60。

[44] 岳永逸,《空间、自我与社会：天桥街头艺人的生成与系谱》，北京：中央编译出版社，2007，页 106—137。

[45] 参阅本书上编“天桥这地方，真养穷人”中“天天来的观众”一节。

[46] 张笑侠,《相声记》，北平：艺术新闻社，1931，页 2。

[47] 岳永逸,《空间、自我与社会：天桥街头艺人的生成与系谱》，北京：中央编译出版社，2007，页 188—196。

[48] 参阅《相声套子》,《新民报》1946 年 12 月 26 日第三版；张次溪,《天桥一览》，北京：中华印书局，1936，页 85—86;《骂摩登》一段也可参阅克非,《数来宝：打着三才板耍着金钱骨，唱一段妙曲“骂摩登”》,《新民报·天桥百写（十九)》1939 年 3 月 18 日第七版。

[49] 这实际上是长期被视为客体的“俗”与能动的“民”之间的基本关系。在当今保护非物质文化遗产、发扬优秀传统文化的语境下，沿袭传统的乡村庙会等民俗文化同样再造着多种异质的传承者。参见岳永逸,《乡村庙会的政治学：对华北范庄龙牌会的研究及对“民俗”认知的反思》，收于黄宗智主编《中国乡村研究》第五辑，福州：福建教育出版社，2007，页 203—241。

[50] 岳永逸,《空间、自我与社会：天桥街头艺人的生成与系谱》，北京：中央编译出版社，2007，页 255—259。

[51] 周恩玉,《解放前的天津南市概况》，收于中国人民政治协商会议天津市委员会文史资料研究委员会编《天津文史资料选辑》第 33 辑，天津：天津人民出版社，1985，页 216—248。另可参阅刘海岩,《空间与社会：近代天津城市演变》，天津：天津社会科学院出版社，2003，页 286—297。

[52] 马三立,《京津相声演员谱系》,收于中国人民政治协商会议天津市委员会文史资料研究委员会编《天津文史资料选辑》第33辑,天津:天津人民出版社,1985,页205—215;王决、汪景寿、藤田香,《中国相声史》,北京:北京燕山出版社,1995,页336—356。

[53] 但吉坪三是个例外。吉坪三本在天桥说相声和评书,传闻他技艺欠佳,只能说三天,于是也有了"吉三天"的别名。在此境况下,他南下沪杭一带说相声。因为会当地方言,民国九年在上海"大世界"唱太平歌词时,他开腔就红,轰动月余,还灌制了唱片。参阅云游客,《江湖丛谈》第一集,北平:北平时言报社,1936,页47。

[54] 陈笑暇,《最早由京来津的相声演员》,收于中国人民政治协商会议天津市委员会文史资料研究委员会编《天津文史资料选辑》第43辑,天津:天津人民出版社,1988,页228—231。

[55] 甘阳,《古今中西之争》,北京:生活·读书·新知三联书店,2006,页125—130。

[56] 郭于华,《倾听底层》,桂林:广西师范大学出版社,2011,页23—78、127—156。

[57] 张炼红,《从"戏子"到"文艺工作者"——艺人改造的国家体制化》,《中国学术》2002年第4期,页158—186。

[58] 参阅本书上编"天桥这地方,真养穷人"中"从'没饭门'到'文艺工作者'"一节。关于相声艺人这一转型的详细研究,可参阅祝鹏程《文体的社会建构:以"十七年"(1949—1966)的相声为考察对象》,北京:中国社会科学出版社,2018,页93—155。

[59] 张士闪,《从参与民族国家建构到返归乡土语境——评20世纪的中国乡民艺术研究》,《文史哲》2007年第3期,页17—28;胡嘉明,《延安寻真:晚期社会主义的文化政治》,香港:香港中文大学出版社,2018。要指明的是,对于20世纪以来,民间艺术共有的精英化、革命化、意识形态化和政治化的倾向,西方学者过分强调了政治的强权、精英文化的霸权和民众的被动性,而忽视了民众尤其是民间艺人在中国传统文化中一直就有的教化人的角色,以及在国难当头的年代,民众对精英的部分认同与主动合作。可参阅Holm David, *Art and Ideology in Revolutionary China*, Oxford: Oxford University, 1991; James A. Flath,

"Printing Culture in Rural North China", a Ph.D. dissertation of University of British Columbia, 2000; Felicity Anne Lufkin, "Folk Art in Modern China. 1930-1945", a Ph.D. dissertation of the University of California. Berkeley, 2001。

[60] 侯宝林，《我的自传》，收于中国人民政治协商会议北京市委员会文史资料研究委员会编《燕都艺谭》，北京：北京出版社，1985，页282—299。关于老舍与相声、相声艺人、相声改进小组之间的关系，对歌颂型相声的促生以及相声改进小组的具体情况，可进一步参阅王决、汪景寿、藤田香，《中国相声史》，北京：北京燕山出版社，1995，页221—234；老舍，《老舍曲艺文选》，北京：中国曲艺出版社，1982，页185—215。

[61] 马三立，《艺海飘萍录》，收于中国人民政治协商会议天津市委员会文史资料研究委员会编《天津文史资料选辑》第23辑，天津：天津人民出版社，1983，页229—233。

[62] 吴霜，《评剧辉煌？》，《艺术家》1997年第2期，页5—17。

[63] 参阅本书上编"我就不说朱元璋，我就说范聃老祖"中"党号召什么我就编什么"一节。

[64] 参阅本书上编"我就不说朱元璋，我就说范聃老祖"中"旧瓶装新酒：名改了，词没改"一节。

[65] 不仅仅是在都市生活的人，在乡村生活的人都在不知不觉中群体性地发生了类似的"异化"，城市繁荣的表象与乡村的裂变相映成趣。这是一个非常复杂的命题，相关研究可参阅 Liu Xin, *The Otherness of Self: A Genealogy of the Self in Contemporary China*, The University of Michigan Press, 2002; Yan Yunxiang, *Private Life Under Socialism: Love, Intimacy, and Family Change in a Chinese Village, 1949-1999*, Stanford: Stanford University Press, 2003；董磊明，《村将不村——湖北尚武村调查》，见黄宗智主编《中国乡村研究》第五辑，福州：福建教育出版社，2007，页174—202。

[66] [法] 杜蒙，《阶序人：卡斯特体系及其衍生现象》，王志明译，台北：远流出版事业股份有限公司，1992，页39。

[67] "青少年文化"是甘阳相对于中国古典文明这种"成年人文化"提出的一个分析当下中国文化特征的术语。他还曾形象地指出："中国现在某种意义上是没有'父亲'的。"由此，我在后文会不时使用"青少年化"这个有着比喻色彩

的表述来分析当下中国文化特征以及群体心理和社会心理。参阅甘阳，《通三统》，北京：生活·读书·新知三联书店，2007，页 65—77。

[68] 朱其，《艺术资本主义的实验》，《读书》2008 年第 2 期，页 36—46。

[69] 岳永逸，《空间、自我与社会：天桥街头艺人的生成与系谱》，北京：中央编译出版社，2007，页 271—293。

[70] 参阅本书上编“落到天桥，你就不值钱了”中“大狗熊、赛活驴与蹭油的”一节。

[71] http://ent.sina.com.cn/j/2008-09-19/16542175915.shtml; http://hi.baidu.com/autumn_rain/blog/item/ 508ab8a16e6cdb8d4610646a.html.

[72] 简言之，民俗学主义，又译为民俗主义，指的是包括传承者在内的第三者对民俗的利用。相关的探讨可参阅：岳永逸，《乡村庙会的多重叙事：对华北范庄龙牌会的民俗学主义研究》，《民俗曲艺》（台湾）147（2005.3），页 101—160；周星、王霄冰主编《现代民俗学的视野与方向：民俗主义·本真性·公共民俗学·日常生活》，北京：商务印书馆，2018，页 29—723。

[73] 郭德纲，《郭德纲话说北京》，北京：中国城市出版社，2006，页 1、309—319。

[74] 施爱东，《郭德纲及其传统相声的“真”与“善”》，《清华大学学报（哲学社会科学版）》2007 年第 2 期，页 47—61。

[75] 郭佳，《郭德纲，民间相声他最火》，《北京青年报》2006 年 1 月 5 日 C5 版。

[76] 杂吧地天桥相声艺人卖艺空间的升迁变化，可参阅本书上编“我就不说朱元璋，我就说范聃老祖”中“低一等的‘穷家门’”一节；马三立，《艺海飘萍录》，收于中国人民政治协商会议天津市委员会文史资料研究委员会编《天津文史资料选辑》第 23 辑，天津：天津人民出版社，1983，页 209；薛宝琨，《天津相声史话》，收于中国人民政治协商会议天津市委员会文史资料研究委员会编《天津文史资料选辑》第 33 辑，天津：天津人民出版社，1985，页 187—190。

[77] 岳永逸，《都市中国的乡土音声：民俗、曲艺与心性》，北京：中国人民大学出版社，2015，页 145—157。

[78] 娄启勇，《数百人抢买郭德纲，两道门玻璃被挤坏》，《北京青年报》2006 年 2 月 28 日 A9 版。

[79] 文化自觉这种保护和发扬一个民族文化最为根本的品质与精神仍然是整个浮躁的社会所缺少的。一切仍然是从实用与功利出发，唯利是图，文化值得存在与

否的评判标准是看它能带来什么样的效益。这样，在今天的语境中，本应该有着独立品格的文化成为政治、经济的附庸，成为货币资本、名誉资本。在此语境下，今天绝大多数从事传统艺术或草根艺术的传承者也仍然关注于技巧等形而下的问题，高兴于有了几位徒弟或传人，而少了博大的胸襟和立足于整个民族文化的独立反思精神，更缺乏对自己所从事的传统艺术的自信。我把这种将文化艺术视为工具，立意低下的自觉称之为“片面的文化自觉”。参阅岳永逸，《民间艺术、商品与文化自觉——当代中国民俗文化市场繁荣的反思》，《民俗学研究》2008 年第 6 期，页 137—159。

[80] 郭佳，《郭德纲，民间相声他最火》，《北京青年报》2006 年 1 月 5 日 C5 版。

[81] 崔峻，《郭德纲、于谦正式加盟中铁说唱团　师徒联袂主打相声晚会》，《北京青年报》2006 年 3 月 17 日 C7 版。

[82] 郑媛，《郭德纲说〈我要上春晚〉》，《北京青年报》2007 年 1 月 13 日 C3 版。

[83] 肖扬，《2007 年福布斯中国名人榜揭晓　青年钢琴家郎朗列文艺界收入榜首》，《北京青年报》2007 年 3 月 6 日 C3 版。

[84] http://e.yesky.com/462/3092962.shtml.

[85] http://www.nen.com.cn/73748651528159232/20071218/2369451.shtml；http://www.henannews.com.cn/newcnsnews/40/2007-12-21/news-40-60931.shtml.

[86] ［德］埃利亚斯，《文明的进程：文明的社会起源和心理起源的研究》(*Über den Prozeß der Zivilisation: soziogenetische und psychogenetische Untersuchungen*)，王佩莉译，北京：生活·读书·新知三联书店，1998；《什么是社会学》(*Was ist Soziologie*)，郑义恺译，台北：群学出版有限公司，2007，页 128。

[87] ［德］埃利亚斯，《莫扎特的成败：社会学视野下的音乐天才》(*Mozart: Zur Soziologie eines Genies*)，吕爱华译，桂林：广西师范大学出版社，2006，页 42—53。

[88] ［德］埃利亚斯，《什么是社会学》(*Was ist Soziologie*)，郑义恺译，台北：群学出版有限公司，2007，页 79—120。

[89] 对“没劲”“无聊”的人类学解读，可参阅 Liu Xin, *The Otherness of Self: A Genealogy of the Self in Contemporary China*, Michigan: The University of Michigan Press, 2002, pp.165-172。

[90] 事实上，这也是从作为“社会戏剧”的炕头二人转到作为“媒介景观”的电视

化二人转发展演变的历程。当大江南北的电视观者为雄踞“央视”春晚十年的赵本山式的二人转欢呼时，东北黑土地的不少人在惊叹的同时也摇首叹息。参阅王杰文《媒介景观与社会戏剧》，北京：中国传媒大学出版社，2008。

[91] 甘阳,《古今中西之争》，北京：生活·读书·新知三联书店，2006，页 53。

[92] ［德］伽达默尔（Hans Georg Gadamer),《真理与方法》(*Wahrheit und Methode*)，洪汉鼎译，上海：上海译文出版社，2004，页 396—397。

[93] 干春松、孟艳弘编,《王国维学术经典集》，南昌：江西人民出版社，1997，页 181。

[94] 同上书，页 321、327。《人间词话》的九十七、九十八、一〇九、一二五诸条皆表达了相同之意，参阅《王国维学术经典集》，页 344—352。

[95] 关于北京天桥中幡、广西壮族歌圩和河南马街书会都有深入的民俗志研究。从这些民俗志研究中，我们可以清楚地发现在民众生活世界中传承的这些民俗文化传统与在官方等利益群体参与下包装出来的“遗产”之间深远的距离。分别参阅杨静,《非物质文化遗产的保护与传承——以天桥中幡的保护与传承为例》，北京：北京师范大学硕士学位论文，2007；王诗愉,《说唱与敬神：对马街书会说唱艺人及“还愿戏”表演的田野考察》，北京：北京师范大学硕士学位论文，2007；陆晓芹,《“吟诗”与“暖”：广西德靖一带壮族聚会对歌习俗的民族志考察》，桂林，广西师范大学出版社，2016。

[96] 岳永逸,《民间艺术、商品与文化自觉——当代中国民俗文化市场繁荣的反思》,《民俗学研究》2008 年第 6 期，页 137—159。

[97] http://www.bjfwzwhyc.com/mbdt_Detail.asp? newsid=502&qxid=A1A.

[98] http://www.bjwh.gov.cn/bequest.htm; http://www.bjwh.gov.cn/bequest2.htm.

[99] 老舍,《四世同堂》，天津：百花文艺出版社，1979，页 270。

[100] 老舍,《四世同堂》，天津：百花文艺出版社，1979，页 271。需要说明的是，在整部小说中，小文夫妇都是配角，与小羊圈胡同的邻里也是种若即若离的关系，着墨不多：借冠晓荷对文若霞的非分之想，写了小文夫妇俩房间雅致的布置；在小崔死后，夫妇俩捐出了家中仅有的三元四毛钱；小文跟瑞宣说有两声枪响；不出场地教招弟唱戏；在祁天佑死后，小文到街上借电话给瑞宣报信，在祁家的门框上贴白纸，给李四爷打白干；在第二部《偷生》的末尾就安排了小文夫妇俩壮烈惨死的场面。尽管如此，在我看来，小文

夫妇实际象征着那个动荡年代的旗人文化和心性，是所有主人公活动的场景与舞台，作品中的其他正反角色都仅仅是这对夫妇心性中的一个面相的凸显、放大而已。

[101] 受访者：常弘；访谈者：岳永逸、金镐杰；访谈时间：2008 年 9 月 7 日；访谈地点：北京崇文区花市社区博物馆。

[102] 受访者：金铁铃；访谈者：岳永逸、金镐杰；访谈时间：2008 年 9 月 7 日；访谈地点：北京崇文区花市社区博物馆。

[103] 岳永逸主编，《新中国北京文艺 60 年：1949—2009·民间文艺卷》，北京：中国文联出版社，2010，页 5—8、58—89。

后 记

在《老北京杂吧地：天桥的记忆与诠释》出版之后，该书有幸位列2011年中国图书商报社“阅读城市·城市阅读”主题推荐书目“城市文化部分”（二十种）。

与此同时，该书也得到不少师友的加持。加华兄认为因为更多关注到人，较之纯粹历史地理学的著述，拙著更显有血有肉；用“城市生理学”，而非社会空间理论进行解读，更增添了一种活生生的感觉。2013年2月19日，在剑桥大学访学的我收到当时在纽约大学攻读博士学位的谢一谊来信。信中写道：

> 近日拜读岳老师大作《老北京杂吧地》，此书在天桥老艺人议题上，细腻并深入的访谈研究以及对田野伦理的反思，实在令人钦佩。拜读大作后如饮清泉，对老北京南城的历史沿革，茅塞顿开。我与几个北京朋友，日前正聊到如何思索南城这个地理区位在这两年的消失，老师对南城社会的历史爬梳，对此议题真提供了个深入的庶民视角。

在看到拙著后，亦师亦友的赵旭东教授贺诗一首，云：

> 京韵老北京，天桥杂吧地。多少辛酸泪，而今似太平。故事

比理多，回忆自从容。

诠释小人物，气味自不同。愿君有续篇，可以现皇宫。不是汝不为，何处无俗民。

如果说上述这些溢美之词让我欣慰，2012年11月8日，署名熙之的来信则让我感动。云：

大作《老北京杂吧地》我是在万分感慨中拜读的，首先对您在这样一个社会背景下能够关注民俗、关注民间艺人并进行理论上的分析表示敬意。

我是一名三十多岁的年轻人，也许是太喜欢北京旧时的文化风情，也或许是对日渐消亡中北京文化的留恋与对小时候某种记忆和祖辈人口中的景象的追忆，我近年不断地在看一些如《北平岁时志》《旧京遗事》《人民首都的天桥》等关于北京的资料，但没有您这本书在后面进行理论的分析。在书中我似乎能读到您对北京民俗文化的一些担忧，同时也看到您对其进行的关注和努力。所以我非常希望您能够继续进行挖掘整理，多写一些像这样的好书。

另外，书中有一些文字上的失误，想必是在编辑中未经注意，仅就我所发现的记录如下，请查：

第161页 “张广太”应为“张广泰”

第191页 “李存元”应为“李存源”

第192页 “李鑫泉”应为“李鑫荃”

第230页 “张晓玄”应为“张小轩”，“张派”京韵大鼓创始人

第236页 “谁人不知月云勇”应为“谁人不知岳云勇”

第236页 “水漫栏桥蓝瑞莲”应为“水漫蓝桥蓝瑞莲”

第236页 莲花池旁“为景园”应为“魏景元”

第387页 《风月梦》“邦上蒙人”应为“邗上蒙人”

虽然我当即回复了熙之的邮件，也在2013年9月归国后试图联系，但终未有结果。一本书，能得到读者诸君的鼓励，实乃幸事。遗憾的是，虽然持续关注北京，但我并未能再写出本“像样的好书”或“续篇”来，尽管《朝山》一书与北京关联不小。

就杂吧地天桥研究的始终，书中多有交代，此不赘述。它基于杰出的人类学家乔健教授关于底边社会的架构与数年的谆谆教诲，但又多少偏离了该架构。关于自己的天桥研究，尽管并未局限于口述史，却依旧是口述史的底色。要再次声明的是：通过“小人物”的口述史重现一个真实的天桥，并非是要揭天桥的短，揭北京的短，而是希望让作为社会事实的天桥、作为记忆的天桥和不断被刷新的天桥更加丰满，从而呈现一个有人情、接地气也生机勃勃的天桥和北京。成长、前行从来都是艰难的！它甚至永远都是一个试错的过程，街区、城市也不例外。

此次重刊，仅修正了些字句、注释，即只进行了必要的修订。同时，为使之更加紧凑，也更加“天桥化”，修订版删除了原先的“附录”部分。上编的诸篇访谈都是在十多年前先后进行的，与各位当事人有过多次往返确认。2011年出版之后，我也将书一一送到合作者或其家人手中。如今又过去了七年，物是人非，既未能做回访，也没有新的访谈，当年的诸篇访谈遂一仍其旧，不敢稍加篡改。

作为外省人的我，是通过天桥来认知北京这座伟大而多艰的城市的。重读旧作，一直在持续关注日新月异的天桥、北京的我，有了本书“序”所叙写的新思考。这些思考是将杂吧地天桥作为一种方法论的结果。对我而言，“杂吧”抑或“杂拌”“杂合”不仅仅是社会空间、文化空间与地方（place）的根性，也是人的根性。所幸的是，胡嘉明、张劼颖的近著《废品生活：垃圾场的经济、社群与空间》同样揭示了当下光鲜亮丽的现代性之北京的“杂吧性”的一面。

目前在天桥地界纷纷巍峨耸立的诸多豪奢建筑，并不仅仅是景观、剧场，也是一种意味深长且绵密的叙事，是一幕幕戏剧固定也流动的布景，也是杂吧地天桥这出漫长历史剧的当然主角。它们在不停地强行嵌入，叠写天桥，又力求全方位覆盖以刷新。然而，传统的脐带终究难以斩断。杂吧地的根性、基因更是难以背弃。于是，这些高高矮矮、色彩斑斓的建筑，出现了诸多的纠结：时而挨挨擦擦，勾肩搭背，暗送秋波；时而我行我素，横眉冷对，怒发冲冠，不苟言笑。

总之，对北京而言，杂吧地天桥不仅是一个街区、地景。作为“老街”，它更是一种思维方式，是一种方法论，至少是一缕永难泯灭的“念想”。

新序的写成，要感谢珠哥、守峰和我数次骑车漫游天桥！感谢数年来与诸多朋友的闲聊给我的启迪，他们是：刘宗迪、季剑青、严优、富晓星、鞠熙、杨青青、赵兴力、齐晓谨、朱起鹏、梁琛、李扬、祝鹏程、张青仁、杨旭东、寇淑婷、陈首、彭建、许宸玮……名单很长，恕难一一列举。近十年来，在与我指导的研究生交流互动的过程中，年轻的她们及其研究同样给了我诸多的启迪。在此，尤其要感谢王雅宏、董梦、刘娟、孔雪、陈旻、赵雪萍、蔡加琪和谷子瑞。妻子武向荣、刚上初中的珠哥也奉献了他们的智慧，给我了不少评点与问候。在此，一并谢过。当然，文责自负，与他人无关。

感谢三联书店再版此书！感谢老友刘蓉林中肯的建议和前前后后的辛劳！没有她的坚持与付出，也就没有面前的这本小书！

岳永逸
2018 年 9 月 18 日初稿
2019 年 1 月 8 日定稿